◎全国教育科学“十二五”规划单位资助教育部规划课题“西部地区山区县实施教育现代化的战略研究——以陕西省为例”（FGB120528)资助研究成果
◎陕西理工学院学术著作出版基金资助出版

西部地区山区县实施教育现代化的战略研究

——以陕西省为例

董文军　谭娟　余婧　刘凤娟◎著

西南交通大学出版社
·成都·

图书在版编目（CIP）数据

西部地区山区县实施教育现代化的战略研究：以陕西省为例／董文军等著. —成都：西南交通大学出版社，2015.10
ISBN 978-7-5643-4330-9

Ⅰ. ①西… Ⅱ. ①董… Ⅲ. ①县－地方教育－教育现代化－研究－陕西省 Ⅳ. ①G527.41

中国版本图书馆 CIP 数据核字（2015）第 239133 号

Xibu Diqu Shanqu Xian Shishi Jiaoyu Xiandaihua de Zhanlüe Yanjiu
Yi Shanxi Sheng Weili

西部地区山区县实施教育现代化的战略研究
——以陕西省为例

董文军　谭　娟　余　婧　刘凤娟　著

责任编辑	邹　蕊
封面设计	严春艳
出版发行	西南交通大学出版社 （四川省成都市金牛区交大路 146 号）
发行部电话	028-87600564　028-87600533
邮政编码	610031
网　　址	http://www.xnjdcbs.com
印　　刷	四川煤田地质制图印刷厂
成品尺寸	165 mm × 230 mm
印　　张	19.5
字　　数	341 千
版　　次	2015 年 10 月第 1 版
印　　次	2015 年 10 月第 1 次
书　　号	ISBN 978-7-5643-4330-9
定　　价	68.00 元

前　言

“教育现代化”问题，似乎是近、现代教育经久不衰的永恒话题，特别是第二次世界大战之后，伴随着人们对“现代化”与“人的现代化”关系的研究，教育现代化对经济社会发展的积极效果的显现，教育现代化运动显得更加 “热闹”。进入 21 世纪之后，教育现代化运动并没有因成效不错而停步不前，也无偃旗息鼓之势，对新世纪的教育现代化呼声反而显得异常迫切。其原因在于知识经济和信息化时代，社会的现代化对教育的依赖更加强烈。也即，没有教育现代化就没有“人的现代化”，也就没有社会经济文化的现代化，一个国家就会落伍。当然，尽管名称以“教育现代化”谓之，但不同时代，其内涵是不一样的。

为了顺应时代潮流，我国的教育现代化，可以说从清朝末年就已经开始，但真正上升到国家意志、全民共识是在 21 世纪初的事情。2010 年，我国颁布了《国家中长期教育改革和发展规划纲要（2010—2020 年）》，明确提出：“到 2020 年，基本实现教育现代化，基本形成学习型社会，进入人力资源强国行列”，并且，把“教育现代化”限定为：更高水平的普及教育、惠及全民的公平教育、更加丰富的优质教育、体系完备的终身教育以及充满活力的教育体制等五个方面。

山地众多，是我国的典型地貌特征，并且山地主要集中在西部地区；同时，我国也是一个以县域治理为行政传统和特色的国家。因此，西部地区山区县的教育现代化进度、水平，在一定程度上决定了我国教育现代化的进程、水平。在世界上，没有哪个国家实现教育现代化的经验可以完全被复制到中国、移植到中国西部的山区县，只有我们自身进行科学研究和不懈探索！

作者身处西部山区，加之学科研究之缘，大约从 2002 年开始，我们一直在研究西部地区教育发展问题，先后承担了国家发改委“西部贫困地区教育反贫困战略研究”“西部地区人力资源开发对策研究”等科研项目。在研究过程中，曾经深入广大西部地区开展入户调研，也和广大的行政官员、校长、教师、家长等有着长期的接触。在调研活动中，我们一方面为西部地区的深厚文化底蕴所感动，也同时为西部地区经济文化的滞后，特别是西部地区山区县教育的落后而纠结辗转、焦虑难眠。源于这种纠结，本研究团队于 2012 年申报并获批全国教育科学“十二五”规划 2012 年度教育部规划课题“西部地区山区县实施教育现代化的战略研究——以陕西省为例”，使“西部教育问题”这一研究得以持续，也可为西部地区、为我国的教育现代化进程尽一个“教育人”应有的绵薄之力。

研究中，尽管我们查阅了大量文献，走访、调研等基础性工作也做了不少，特别是为文献资料的分析、数据的解读、书稿的结构等问题，费尽心思，召开了多次研讨会，开展了激烈争鸣，但效果究竟如何，同行是否认可，难题是否真正破解等，这些问题在我们内心一直是忐忑的。因此，我们唯有期待着社会各界，特别是同行的批评指正，研究目标才能得到真正检验。

本书是团队研究的成果，参加研究及书稿撰写的成员均是陕西理工学院教育科学学院教师，分别是：董文军（第三章、第四章、第五章、第六章、第七章、第九章、第十章）、谭娟（第一章）、余婧（第二章）、刘凤娟（第八章），最后由董文军对全书修改定稿。陕西理工学院教育科学学院学前教育专业 2012 级学生参与了调研活动，在此表示感谢。

本书的出版，离不开全国教育科学规划办提供的宝贵研究机会，离不开陕西理工学院提供的经费、资料、人员等支持，特别是教育科学学院领导、教师的支持，更离不开西南交通大学出版社编辑们的辛苦劳动，在此深表谢忱！书中引用了许多他人研究成果，有的做了引注，有的没有引注或者引注不全，在此也表示谢意和歉意。也同时，由于作者水平有限，有许多不足之处，还需读者慧眼批评指正。

董文军

2015 年 9 月 10 日于陕西理工学院

目　录

第一章 导 论

第一节 教育现代化的进程与趋势

一、教育现代化的含义及其演变

教育现代化是传统教育向现代教育转化的动态发展过程，包括教育观念的现代化、教育制度的现代化、教育内容的现代化、教育设备和手段的现代化、教育方法的现代化、教育管理的现代化以及教育队伍的现代化等内容，具有教育的民主性和平等性、教育的个性性、教育的终生性、教育的多样性、教育的开放性、教育的国际性、教育的创新性、教育的信息化和网络化以及教育的科学性等特征。2010 年中共中央国务院颁布的《国家中长期教育改革和发展规划纲要（2010—2020 年）》（以下简称《纲要》）对未来我国“教育现代化”的外延规定为：更高水平的普及教育、惠及全民的公平教育、更加丰富的优质教育、体系完备的终身教育以及充满活力的教育体制等五个方面。

教育现代化是一个动态概念，具有鲜明的时代特点。它先后经历了与 19 世纪工业化相适应的普及义务教育阶段，20 世纪 30 年代的人力资本理论兴起带动的教育投资阶段，20 世纪 70 年代兴起的直到现代依然进行中的第三次教育现代化运动。第三次教育现代化运动与前两次比较，出现了新的趋势，表现在强调改革传统教育，实现从增长转向“发展”，形式上摒弃了早期全面西方化的发展模式，强调结合本国实际，创立具有本国特色的现代教育体系，认识到后发型与早发型现代化的区别，强化区域间的互助互动，并注重整体规划的教育战略研究，凸显了教育现代化面向未来的发展特性。第三次教育现代化的特点是：教育全民化、终身化、开放化、塑造人的现代素质。第三次教育现代化思潮对推进国家现代化扮演着重要角色，它是社会现代化的一个加速器，是对传统教育的扬弃和改革，是广采博纳各国教育先进经验的开放过程。

二、教育现代化的研究现状

（一）国外教育现代化及其研究

第二次世界大战之后，随着科学技术迅速发展，西方国家工业化和现代化步伐不断加快，人的现代化问题成为一个国家实现现代化的制约因素，与之对应，教育现代化就成为20世纪60年代的一个研究热点。比较有代表性的早期研究有：美国教育史学家巴茨研究了教育现代化起源问题，把教育现代化的道路从观念框架上理解为文明塑造的进程；社会学家哈弗罗克总结归纳了教育现代化的三种主要模式，即研究发展推广模式、社会互动模式和问题解决模式等。截至本研究启动时的2012年5月，从中国国家图书馆网检索结果来看，涉及“教育现代化”的外文图书较多，但以“教育现代化”为研究主题的外文图书仅有3本；从德国SPRINGER期刊数据库和TAYLOR期刊数据库检索结果来看，20世纪以来，关于“教育现代化”研究的论文仅有15篇。这说明，国外近年来虽然对教育现代化问题比较关注，但系统研究相对较少，且上述研究成果主要以欧洲平原国家和地区的教育现代化为研究对象，关于以山地国家和地区的教育现代化问题为对象的研究成果，课题组尚未发现。

（二）我国教育现代化及其研究

教育现代化既是教育自身向前发展走向现代化的过程，更重要的是教育适应整个经济社会发展面向未来整合、重建的过程。邓小平同志曾经指出，教育要面向世界，面向未来，面向现代化。这既是教育改革发展的战略指导方针，也是教育发展的根本要求。教育现代化是我国未来教育发展的基本国策，具有丰富的内涵和外延。

从历史进程看，我国的教育现代化始于清末民初，特别是五四运动之后，奠定了我国现代教育的基础，新中国成立后，我国着力构建社会主义教育体系，改革开放后，特别是邓小平同志在1983年提出教育的“三个面向”后，我国教育真正开始融入世界教育现代化大潮之中，并构建具有我国特色的现代化教育体系。进入新世纪后，面对时代的挑战，经济全球化的竞争，我国能否屹立于世界民族之林，能否实现中华民族的伟大复兴，关键在人才，基础在教育。胡锦涛同志指出：“优先发展教育、提高教育现代化水平，对实现全面建设小康社会奋斗目标、建设富强民主文明和谐的社会主义现代化国家具有决定性意义。”2010 年《国家中长期教育改革和发展规划纲要》提出了到 2020 年基本实现教育现代化的战略目标，今后一段时期，随着工业化、信息化、城镇化、市场化、国际化的深入发展，教育必须面向“五化”，抢抓机遇，开创未来，不断提升教育的现代化水平。

我国著名教育家顾明远将现代教育与传统教育比较以后，提出了现代教育的八大特征，包括：受教育者的民主性和公平性，教育的终身性和全时空性，教育的生产性和社会性，教育的个性化和创造性，教育的多样性和差异性，教育的信息化和创新性，教育的国际性和开放性，教育的科学性和法制性。《国家中长期教育改革和发展规划纲要》把我国“教育现代化”的外延规定为：更高水平的普及教育、惠及全民的公平教育、更加丰富的优质教育、体系完备的终身教育以及充满活力的教育体制等五个方面。具体来讲，它首先是基础教育、职业教育、高等教育、继续教育等各类教育的现代化；其次是教育投入、教育过程、教育结果等教育管理要素的现代化；最后是教育观念、教育内容、教育方法、教育管理、师资队伍、办学条件等教育要素的现代化。

我国教育现代化问题的研究始于 20 世纪末的改革开放，是伴随邓小平同志提出的“三个面向”而兴起的。课题组通过中国国家图书馆网、中国期刊全文数据库等途径，以三个不同层面的关键词进行检索，结果如下：一是以“教育现代化”为关键词，发现有相关图书 128 本，论文 5 582 篇，全国教育科学规划课题（2001—2011 年）10 项。主要集中于教育现代化的内涵、特征、评估指标体系、发展模式与动力、区域教育现代化以及教育现代化的国际比较等问题。二是以“西部地区教育现代化”为关键词，结果是图书“无记录”，相关论文 5 篇，相关课题 1 项，主要集中于西部地区教育现代化发展的制约因素、指标体系以及发展对策等问题。其中，全国教育科学规划课题《我国西部县级区域教育现代化行动研究》（谢强，2011 年）主要从一般层面关注西部县级区域教育现代化的问题。三是以“西部地区山区县教育现代化”为关键词，检索结果是图书“无记录”，论文 1 篇，课题“无”。理论研究发现：教育现代化的研究是近年的热点。通过中国知网——中国学术期刊数据库，以“主题”为“教育现代化”进行检索发现：1979 年 1 篇，1990 年 20 篇，1995 年 123 篇，2000 年 277 篇，2010 年 548 篇，2013 年 619 篇。增加幅度比较大，特别是 2000 年之后。

综上所述，教育现代化问题已经引起教育学界的关注，但主要从理论层面研究。随着国家关于西部大开发，特别是城镇化及发展县域经济政策的出台，从 2011 年开始，有学者开始对西部县域教育现代问题进行研究，但对西部地区山区县教育现代化问题尚无人涉及。

三、本书研究涉及的主要概念及其界定

本书是由陕西理工学院承担的全国教育科学规划2012年度课题“西部地区山区县实施教育现代化的战略研究——以陕西省为例”课题研究成果。

（一）西部地区山区县

西部地区包括陕西、重庆、四川、贵州、云南、广西、甘肃、青海、宁夏、西藏、新疆、内蒙古等十二个省、市和自治区，土地面积538万平方公里，占全国国土面积的56%；其中，山地占其陆地面积的86%以上，共有山区县492个，占西部地区全部县份的62.5%。其中，陕西省山区县是重点研究对象。

（二）实施战略

教育战略，是一个国家或地方政府在一定时期内教育改革与发展全局性的目标取向与策略体系,也是其在一定时期内制定教育政策的框架基础。本课题专指西部山区县在新一轮西部大开发、城镇化、发展县域经济背景下,未来几年实施县域教育现代化的宏观策略和具有可操作性的选择路径。

第二节 研究的立意与研究设计

一、研究目的

（1）围绕《纲要》中规定的战略目标，破解实现西部地区山区县教育现代化的难题，寻找问题，找出原因，提供对策。《纲要》明确提出，“到2020年，基本实现教育现代化，基本形成学习型社会，进入人力资源强国行列”。该目标实现的难点和重点在西部，尤其是西部山区。在未来8年内要实现此目标，开展有针对性的科学研究，探索西部山区县实现有中国特色和西部特色的教育现代化之路，是当务之急，也是教育研究者“绕不开”的现实问题。本书力图解决这一重难点问题，确保全国教育现代化目标的如期实现。

（2）推进西部山区县域经济发展。西部大开发战略实施十余年来，西部地区特别是陕西、新疆等省（区）由于资源优势、科学定位等，经济社会各方面都取得了巨大发展，在全国的经济总量排序不断靠前；同时西部山区县都确立了突破发展的战略思路，特色经济及现代化水平不断提高。因此研究与经济形势和区域现代化相适应的山区县教育现代化新战略，使之成为引领和推动区域经济社会发展的强大动力。

（3）实现教育民主和教育机会均等，缩小社会差别，促进经济欠发达地区、特别是民族地区的社会稳定。本研究通过实现西部地区山区县的教育现代化，缩小其与其他地区教育发展的差距，逐步实现教育均衡化、民主化，促进社会和谐。

二、研究价值

（1）丰富教育基本理论，为构建有中国特色、适应现代教育发展的教育理论体系积累成果。教育与社会的关系，是教育的基本理论范畴，特殊的文化、地理环境以及现代的生活方式，特别是信息技术的普及，冲击着传统的教育理论和教育命题，因此，本书可以在微观和现代视野下审视经典教育理论，使其得以不断丰富和创新。

（2）丰富区域发展教育学理论，揭示区域教育发展与区域经济之间的互动规律。区域发展教育学是近年来兴起的一门新兴边缘学科，涉及教育学、文化学、区域经济学等领域。本书以山区县教育现代化问题为研究内容，极具典型性。

（3）尝试破解我国教育现代化实践难题。我国是典型的山地国家，西部地区山区县又有着独特的文化传统、民族习惯、经济欠发达等其他地区所不具备的特点，而教育现代化又有着共同的价值取向和衡量指标，存在着巨大的隐性和显性冲突。因此，必须进行科学研究和梳理，才能使其教育现代化的实施有效、不变味，减少阻力。

三、研究内容和研究方法

（一）研究内容

本研究的基本内容有三方面，一是理论研究，主要依据教育科学理论、比较教育理论、区域教育发展及区域经济学理论展开研究，揭示山区县教育现代化的逻辑规律；二是现状研究，研究西部地区山区县教育现代化的现状及其存在的主要问题和原因，分析影响西部地区山区县教育现代化发展的因素；三是战略研究，研究西部地区山区县实施教育现代化的政策、管理及可操作的目标、重点、步骤、政策及可操作的路径选择，主要针对西部地区山区县实施教育现代化存在的问题提出创新思路、政策建议和可行性策略。

（二）研究假设

（1）当区域经济社会发展水平达到一定程度时，区域教育必须与之相适应，实施教育现代化；否则会制约区域经济社会发展。

（2）西部地区山区县教育现代化的发展路径有其独特之处，可以实现跨越式、突破式发展。

（3）教育现代化是一个系统工程，涉及教育思想、教育目标、教育者和受教育者、教育内容、教育方法手段、教育过程等，可以找到具有统领作用的突破口。

（三）采用的研究方法

本书主要包括三个层面的方法，构成了本课题的研究方法体系。

（1）宏观层次（理论研究）的方法。以马克思主义科学理论为指导，以《纲要》、各级政府经济发展布局及教育发展战略为导向，借鉴区域教育学、区域经济学和文化学等相关学科研究方法。

（2）中观层次的方法。定性研究与定量研究相结合、全面研究与个案研究相结合等方法，力求科学、全面、深入、可行。

（3）微观层次的方法，包括文献法、比较法、调查法、统计法、行动研究法等。具体路径包括：利用各种数据化和非数据化文献资料库，掌握与课题有关的理论研究资料；搜集西部地区各山区县统计年鉴，全面了解西部山区县实施教育现代化的历史与现状；以陕西省山区县为重点研究样本，确立深入研究的具体方案→编制问卷，对典型山区县（主要是陕西省）进行调查，包括实地考察、问卷调查和访谈等方式→对调查数据和资料进行处理、分析→形成“西部山区县实施教育现代化的基本战略”；在陕南地区选择 1 ~ 2 个典型的山区县进行行动研究；完成研究成果。

四、研究资料的来源

（一）文献资料来源

（1）学术文献资料。主要是近 10 年发表的相关学术论文和专著，包括网络媒体的最新报道；特别是 2000 年之后主要学术期刊相关学术论文和学术专著。

（2）政府发布的旨在推进教育现代化的政策文件，包括国家、省、市县级相关文件、计划、规划、总结等材料。

（3）各种教育统计资料。包括国家、省、市、县等层面政府发布的与教育现代化相关的统计信息，重点搜集了《陕西教育志》《陕西省教育统计年鉴》等数据。

（二）调研资料

1. 访 谈

遵循方便原则，选择陕西省内延安市、西安市和汉中市进行调查研究。山区县重点选择位于秦岭、巴山之间的陕西省汉中市，及该市西乡、宁强、佛坪等 3 个山区县，通过走访、实地考察、访谈、搜集资料等方式，对山区县教育现状及教育现代化的推进措施进行调研。对汉中市层面的调研情况是：一是走访汉中市教育局分管副局长，就汉中市教育适应汉中市市域经济社会发展需要，落实教育现代化规划等方面的整体布局调整方面进行 3 次专访，并结合汉中市教育“十三五”发展规划思路进行了解；二是走访汉中市人民政府教育督导室工作人员 5 人次，重点就区域城乡教育均衡、教育公平的评价体系及结果进行了解，并搜集近 5 年相关内部数据；三是对汉中市教研室 2 名领导、5 名教研员进行 12 人次访谈，重点就教育思想现代化、高效教学改革等进行访谈。

对 3 个山区县的调研情况是：走访了 5 名县教育局领导，进行 8 人次访谈，走访了 15 名县教研室、县电教机构负责人及部分工作人员，掌握县域教育现代化的基层态度、现状、未来设想、预测估计等。

对 5 所学校的调研情况是：选择汉中市龙岗学校、洋县龙亭中学、宁强天津中学、宁强燕子砭初级中学、佛坪中学等，选择 8 名校领导，21 名教师，56 名学生和家长进行访谈。

2. 问　卷

（1）编制问卷。在前期小样本局部深度访谈基础上，编制调查问卷。问卷分为三种，一是笔答问卷，二是个别访问面询问卷，三是座谈会问卷。三种问卷均征询了教育专家、教育管理干部、校长、教研人员、教师等方面人员意见，进行三次试测之后确定的。目前问卷已经定稿，于 2015 年初发放问卷，进行调研。

（2）问卷调查。于 2015 年初在全国发放问卷 1 300 份，其中重点是西部，西部的陕西，陕西的陕南，陕南的汉中。

五、研究结论

（1）西部山区县实现教育现代化必须走特色之路、突破发展之路。

（2）在西部地区山区县实现教育现代化的各要素中，教师专业化水平、县域教育信息化应用普及程度和民办学校是实现西部山区县教育现代化的三大突破口。

（3）西部地区山区县教育现代化的实施战略，包括要素优化、差异推进和生态优化三大战略，并以开放的、跨越的、内涵发展的路径推进山区县教育现代化。

第三节　结构与内容安排

本书的研究目标是梳理出区域教育现代化的理论和衡量指标，以及国内外相关经验与教训；摸清西部地区山区县经济社会、特别是教育现代化现状和存在的问题；探索山区县教育现代化发展的基本规律，尝试提出西部地区山区县教育现代化的实施战略。为达到此目标，通过全书四部分十章内容进行阐述。

一、教育现代化的理论研究（第 1～2 章）

第一章，导论，是对本研究的总体介绍，涉及研究背景、研究方案的设计、研究过程以及基本结论等，主要回答为什么要开展本研究活动，是如何研究的？本书包括哪些内容？目的在于使读者对本书的来龙去脉有一个概要把握。

第二章，教育现代化的价值追求，是站在全球视野、理论视野、普遍视野的角度对教育现代化的理论解读，通过对教育现代化历史进程、内涵和外延分析，概括出教育现代化的特点和价值追求，并从真正实现教育现代化的角度梳理出影响教育现代化的因素以及如何衡量教育现代化及其进程。本章既是本书的理论研究成果，也是本研究的理论支撑。

二、山区县教育现代化问题研究（第3～5章）

第三章，山区县教育现代化的基本问题和困境。在对教育现代化一般意义探讨的基础上，对区域、对山区县教育现代化特殊性规律的认识和解读，核心回答：什么是山区县教育现代化？山区县教育现代化有何特点？该章的“山区县”，是在世界范围、从地貌结构、行政特性、区域属性等一般意义上所有“山区县”实施教育现代化存在的基本问题和困境进行归纳。具体内容包括教育现代化进程中的区域差异、区域教育发展、教育与区域经济社会发展的互动关系、山区县的特点、影响山区县教育现代化的核心因素和主要困境。

第四章，西部地区山区县教育现代化的基本判断。这是第三章内容的更进一步深入，是对我国西部地区的山区县教育现代化的现状、问题、障碍所进行的有针对性梳理。具体内容包括：我国教育现代化进程中的区域差异判断（西部地区的自然条件、西部地区的社会文化特点、西部地区的经济发展水平）、西部地区山区县教育现代化的现状判断（西部地区山区县分布及其特点、西部地区山区县教育现代化水平）、西部地区山区县教育现代化的主要问题和障碍。

第五章，国内外山区县教育现代化的基本经验。在世界范围内，山区县教育现代化的问题是一个全球性问题，制约山区县教育现代化实施的障碍和问题有普遍性。该章通过重点梳理虽然多山地、多岛屿但教育现代化一直走在世界前列的日本，探讨其山区县实现教育现代化的经验，同时，围绕“山区县”实施教育现代化的过程中遇到的普遍问题，研究美国、俄罗斯、印度等国的应对措施，目的在于为研究提供比较开放的国际视野。在国内，则重点选择已经率先实现现代化的东部地区山区县，在实现教育现代化过程中的经验。

三、西部地区山区县教育现代化的现状研究——以陕西省为例（第6～7章）

第六章，西部地区山区县教育现代化的探索之路——以陕西省为例，是对有山区县分布的省域教育现代化进展状况的分析。主要是在对陕西省山区县分布情况梳理的基础上，通过问卷调查、访谈等实证研究，搜集了陕西省部分县区（含山区县）对教育现代化的认知态度和教育现代化的经验，通过比较全国、陕西省总体、陕西省山区县、陕西省平川县四个层次的研究样本，对教育现代化的认知态度、人才培养模式、教育现代化的信心、教育现代化的要素、山区县实现教育现代化的障碍等进行比较，分析认知差异。然后以陕南山区县密集区——汉中市的教育现代化情况进行重点研究。

第七章，陕西省山区县教育现代化进程中的案例研究。本章是基于“县域”层面的个案研究。在对陕西省“省域”教育现代化“全扫描”的基础上，对分布在陕北的浅山区、关中地区的半山区和陕南深山区三个（类）山区县进行“特写”式解剖，旨在从细节上把握不同类型“山区县”教育现代化的进程，以梳理出山区县教育现代化实施的相同问题和不同问题。

四、西部地区山区县教育现代化的实施战略（第8～10章）

第八章，西部地区山区县教育现代化的战略选择。本章是对山区县实施教育现代化各要素的针对性研究，包括教育目标、手段、师资等关键瓶颈问题。其中，关于山区县教育目标民主化问题，提出“小班小校是教育现代化的外在特征，撤并学校必须慎重”；“山区教育乡村化——教育现代化不等于简单城市化”“树立质量文化意识是提高山区县教学质量的有效途径”等观点。

第九章，西部地区山区县教育现代化的推进策略。从我国经济社会发展的城镇化背景下提出的教育现代化梯度推进战略，指出城镇化要求培养现代城市公民、依托城镇化的梯度推进和基于经验的山区县反梯度推进战略。

第十章，山区县教育现代化的教育生态优化策略。从教育生态学角度，研究了通过民办教育生态嵌入、内涵发展理念嵌入和高等教育的动力引领等方面，提出山区县教育现代化的生态系统优化战略，借助外力促进山区县教育系统的现代化。

第二章 教育现代化的价值追求

如果说，教育现代化是当代社会对教育发展的一种状态愿景，或者说是一种发展导向并通过一系列政策进行激励的行为，那么支配这种行为背后的价值追求更具“现代”特性。也就是说，影响教育现代化行动的背后是人们对教育价值的追求。教育现代化并不在单纯的外在行动的现代化，而是其思想深处的价值追求，即通过教育现代化所要达成的目标。

第一节 教育现代化的背景及其本质

一、教育现代化是一个“永远在路上”的教育革命

教育现代化是社会现代化在教育领域的表现形态，也是教育活动价值目标追求的时代体现，更是一个持续发展的历史进程。教育现代化大致始于 18 世纪，它不仅是教育变迁的一种形式，亦是社会现代化的组成部分。经济现代化和社会现代化的前沿轨迹包括两个阶段和六次浪潮，相应地，教育现代化的前沿轨迹也可以分为两个阶段和六次浪潮（见表 2.1）。第一阶段的三次浪潮已经发生，第二阶段的三次浪潮已经发生或即将发生。纵观教育现代化的历程，可以明显发现从 18 世纪到 21 世纪末教育的巨大变化，并且，虽然都称为“教育现代化”，但本质、价值追求的变化却非常大。

虽然，教育现代化的萌芽从 18 世纪就已经呈现出势不可挡的蓬勃生机，但是关于现代化的研究一直到 20 世纪 50 年代后期才出现，以美国通过《国防教育法》为标志，推动了包括课程在内的一系列改革。这是在普及了中等教育、高等教育进入大众化以后，特别是科学技术在第二次世界大战以后迅猛发展的基础上提出来的。

表 2.1 教育现代化的两大阶段和六次浪潮[①]

<table>
<tr><th>浪潮</th><th>大致时间</th><th>教育现代化的内涵</th><th>注 释</th></tr>
<tr><td>第一次</td><td>1763—1870</td><td>世俗化，科学化，实用化，大众化，发展义务教育</td><td rowspan="3">第一次教育现代化专业化，科学化，标准化，制度化，普及义务教育</td></tr>
<tr><td>第二次</td><td>1870—1945</td><td>法制化，标准化，普及基础义务教育，发展中等教育</td></tr>
<tr><td>第三次</td><td>1945—1970</td><td>民主化，电气化，普及中等教育，发展高等教育</td></tr>
<tr><td>第四次</td><td>1970—2020</td><td>信息化，个性化，国际化，教育质量，普及高等教育</td><td rowspan="3">第二次教育现代化信息化，个性化，国际化，普及高等教育，终身学习</td></tr>
<tr><td>第五次</td><td>2020—2050</td><td>终身学习，信息转换器，知识和信息无障碍获取</td></tr>
<tr><td>第六次</td><td>2050—2100</td><td>学习成为一种体验，学校和教育形态将发生巨变</td></tr>
</table>

我国对教育现代化的研究始于 20 世纪 80 年代中期，但真正全面、系统、深入地研究教育现代化的问题是 20 世纪 90 年代以来的事情。1993 年我国颁布的《中国教育改革和发展纲要》中指出：“经过几十年的努力，建立起比较成熟和完善的社会主义教育体系，实现教育的现代化。”从此，关于教育现代化的研究也成了教育理论界的一个热点问题。《国家中长期教育改革和发展规划纲要（2010—2020 年）》提出，到 2020 年，中国将基本实现教育现代化。这一政策的颁布，进一步推动了我国教育现代化的研究与实践。

二、教育现代化的内涵和外延

（一）教育现代化是一个存在争议的概念

我国关于教育现代化的研究是伴随着 1983 年邓小平同志对教育未来发展的“三个面向”后逐步热起来的。研究教育现代化问题，首先面临的是教育现代化的概念问题。纵观自上世纪末开始的教育现代化各种概念，并对其进行梳理，大致可以归纳出三大类：其一，从教育现代化的内容（外延）角度加以界定，分为有三层说、四层说和六因素说。如六因素说，认为教育现代化指教育思想、教育发展水平、教育体系、办学条件、师资队

① 何传启. 世界教育现代化的历史事实和理论假设[J]. 教育学术月刊，2013（8）：3-8.

伍和教育管理的现代化；其二，从功能角度加以界定，认为教育现代化就是能充分适应现代化事业的发展，能为国家现代化的建设提供优质服务的教育；其三，从形态变迁角度加以界定，认为教育现代化是与教育形态的变迁相伴的教育现代性不断增长的历史过程，教育形态的变迁指教育各个层面的变化、演进过程，主要指教育结构分化和教育功能增生、改变的过程。具有代表性的有以下几种：

1．教育现代化是一个动态的过程

有学者认为：教育现代化就是指传统教育向现代教育转化的过程，并且是一个历史过程，一个动态的、不断发展的过程；同时认为教育现代化是社会现代化的组成部分，教育现代化不是教育西方化等。如顾明远认为，教育现代化是传统教育向现代教育转化的过程,在这个动态发展的过程中，教育现代化在社会现代化不同阶段中具有各不相同的特点。[①] 基于教育现代化是一个动态的发展过程，也有学者认为教育现代化是从低级向高级、从不完善走向完善、从传统的农业社会向现代工业社会和信息社会状态转化并不断升级且具有明显阶段性特征的动态的发展变化过程，如冯增俊从比较的角度提出了广义论和狭义论，认为：“教育现代化是从适应宗法社会的封建社会的旧教育转向适应大工业民主社会的现代教育的历史过程，是大工业运动和科技革命的产物，是一切有关进行现代教育的改革和发展的总称。在狭义上教育现代化主要是指第二次世界大战后比较教育家积极倡导的一种运动及理论，在这里教育现代化主要是指新独立的落后国家如何学习发达国家推动本国教育现代化从而赶上发达国家现代化的运动，即后发外生型国家在赶超早发内生型国家实现现代化的过程中，同时达到先进国家教育发展水平的问题。”[②]

2．教育现代化不仅是一个过程，也是一种状态，其目标指向人的现代化

有学者从“运动”的现代化和“状态”的现代化出发指出，动态的教育现代化既是与世界现代教育发展趋势相适应的发展和变化，也是与它所处社会的现代化进程相适应的发展和变化；而静态的教育现代化是指教育所具有的能够体现当代教育发展的高度或现代水平的形态，包括教育观念现代化、教育内容现代化、办学条件现代化、教师队伍现代化、教育管理

① 顾明远. 试论教育现代化的特征[J]. 教育研究，2002（9）：4-10，26.

② 冯增俊. 试论我国教育现代化的基本任务及主要特征[J]. 中国教育学刊，1995（4）：5-8.

现代化。"实现人的现代化"则是教育现代化的核心任务。如褚宏启较之以前对教育现代化界定的概念，其对教育现代化之现代性的本质进行了详细的论述：教育现代化是指与教育形态的变迁相伴的教育现代性不断增长和实现的过程，其本质在于教育现代性的增长，教育现代性是教育现代化的灵魂。教育的人道性、民主性、理性化等是现代教育区别于非现代教育的本质属性；教育形态的变迁并不意味着教育现代性的增长，教育体系、教育内容与方法（课程与教学）、教育管理、教育资源等方面的变化是教育现代性的表象；教育现代性是价值理性和工具理性的融合，价值理性或价值的合理性永远排在第一位，工具理性服务、服从于价值理性；物质和制度的现代化的关注固然是必要的，然而人的现代化，尤其是人的观念和精神的现代化是绝对不能忽视的，也不能以物质和制度的现代化来替代人的现代化。[①]又如谈松华采用了二维分析模式，对教育现代化进行分析理解。他认为，从时间尺度讲，教育现代化是指从与传统的封闭的农业社会相适应的教育转化的过程；从价值尺度讲，教育现代化是指传统教育向现代教育转变过程中通过分化整合所获得的新的时代精神和特征。[②]还有学者从知识经济时代对教育功能、人才素质提出新要求出发，认为教育现代化的核心内容是素质教育，其具体内涵包括学会生存、学会学习、学会关心、学会合作、学会创造。

3．从内容角度界定教育现代化

有学者认为，教育现代化包括六个方面，即教育思想、教育发展水平、教育体系、办学条件、师资队伍、教育管理现代化。有学者认为，教育现代化至少具有三个不同的层面：教育在物质层面的现代化，即教育在数量、规模上的发展，以及在办学条件、校舍、设备、技术手段、教育经费等方面的先进程度；教育在制度层面的现代化；教育价值、教育思想、教育观念等方面的现代化。还有学者认为，教育现代化除物质、制度、观念三个层次外，还包括知识层面的现代化，具体指学校的课程体系、教材、教法、学法等方面的现代化。如杨东平认为，教育现代化至少包括三个层面的含义：一是教育在数量、规模上的发展以及在办学条件如校舍、设备、技术手段、教育经费等方面的先进程度；二是教育在制度层面的现代化；三是

① 褚宏启．教育现代化的本质与评价——我们需要什么样的教育现代化[J]．教育研究，2013（11）．

② 谈松华，王建．教育现代化区域发展模式研究[M]．北京：北京师范大学出版社，2011：25．

教育价值、教育思想、教育观念等方面的现代化。杨明和欧自黎认为，教育现代化的内涵包括八个方面：教育理念现代化、办学条件现代化、教师队伍现代化、教育信息技术现代化、教育体制现代化、学校现代化、教育管理现代化、教育发展水平现代化。[①]

从上述关于教育现代化的界定可以看到国内对于教育现代化的内涵探讨比较宏观，很少有人把教育现代化放在整个社会现代化的背景下来进行动态的考察，也很少有人从政策的层面研究教育现代化的目标、阶段及实施的步骤等。尽管对其概念的界定说法不一，但是有一点是共同的，教育必须在物质投入（指硬件）等于信息投入（指软件）等方面提高到现代化程度，教育必须在实现自身现代化的同时更好地适应和服务于社会现代化建设。教育现代化是与社会现代化同步进行的，它同样是一个具有诸多层面、丰富内涵、渐进和互动的复杂过程，它具有特定的功能、价值和相应的体制、结构。

本书综合现有关于教育现代化内涵的理论探讨，并在分析总结现有教育现代化实践经验的基础上，认为教育现代化是传统教育向现代教育转化的动态发展过程，特指教育观念、教育制度、教育内容、教育设备和手段、教育方法、教育管理以及师资队伍等方面的现代化。

（二）教育现代化的外延

根据上述定义，教育现代化的外延表现在以下几个方面：

1．教育观念现代化

罗素曾说过："全部智能生活系由信念组成，由所谓'推理'的东西从一种信念过渡到另一种信念组成，信念给予知识和错误；它是传达真理和虚伪的工具。心理学、知识论和玄学都围绕着信念而旋转，我们的哲学见解大半依赖于我们从信念取得的意见。"[②]信念这个看似坚硬的结构，对于人们理解自己和他人以及适应社会和他们自己所处的环境都很重要。信念这种不易改变的东西，也许会提供个人意义并有助于定义"关系"，它们帮助个体认同彼此，并构筑群体和社会系统。持有信念让人们变得舒适，同时，信念变成了人们自己，以便能够通过个体所拥有的信念、习惯的本质来认识并理解个体。迈克尔·富兰认为教育工作者的改变至少包括由低到

① 杨明，欧自黎．我们需要什么样的县域基础教育现代化[J]．浙江外国语学院学报，2011（5）．

② [英]罗素．心的分析[M]．李季，译．北京：中华书局，1958：172．

高、由易到难的三个层次：教学材料和教学手段的变化、教学行为的变化、教育观念的变化，而只有教育观念的变化才意味着改变的真正实现。因此，可以说教育观念的现代化是教育现代化内涵的首要因素。

教育观念现代化，实质就是由百年来盛行的知识中心观向创新智慧观转换的过程。反映在具体的教育场景下，即从灌输教学走向对话教学。传统教学模式奉行让每一个人彼此间的个性差异和文化差异服从划一的外部标准并由此而消除差异，实质上是专制主义与话语霸权在教学领域中横行的表现。传统教学模式奉行以教师讲授为主的“讲授教学论”，其基本思想及相应的表达方式，即“教师起主导作用”“讲授方法居主要地位”“一切学习都是接受学习”“学生主要通过学习知识去间接认识世界”“学生主要学习人类社会历史经验即现成知识”“教学认识检验标准主要是考试”等等。实质上，“讲授教学论”人为地将“人类总体的认识”凌驾于“学生个体的认识”之上，把教师看作介于“人类总体认识”与“学生个体认识”之间的管道，教师的任务就是将人类总体的认识源源不断地输送给学生，在这种传统教学模式下，教师沦为丧失主体性的“传声筒”。学生整合反思与互动，在尊重差异的前提下合作创造知识和生活的话语实践，该实践旨在发展批判意识、自由思想、独立人格、关心伦理和民主的社区。[①]从本质上讲，对话教学并非一种具体的教学模式、方法或技术，而是一种“融教学价值观、知识观与方法论于一体的教学哲学”，是一种“教学关系，以参与者持续的话语投入为特征，并由反思和互动的整合所构成”。

20 世纪中国的教育现代化历程，基本上是以西方教育现代化为参照的。新中国成立以后尤其是进入历史新时期，技术理性一直占据着我国教育价值的主导地位，唯知主义在教育领域中泛化。表现在教学过程中，师生双边的互动均围绕着知识轴心运转，前者以传授知识为至高的教育使命，后者则以接受知识为求学的唯一目的。知识中心观又衍化出“教材中心”“教师中心”等现象，这些“中心”偏废了师生之间人格平等、知识分享、心智融洽、教学互补的民主关系。而这些知识既缺乏主体创新意识的统帅，成了陈词老调的堆积，又被视为一成不变、终身受用的永恒真知，无需新陈代谢。这样，为传统的知识体系所负累的人，难免不被教育流水线铸造成思维复制、鲜有创造性的工具人。全球化所接纳的是具有自我选择、自我拓展和自我建树功能的主体人，是主动获取知识而不为知识所役、尊崇传统而不为传统所累的创新性主体，这就要求走向全球化的中国教育变知

① 张华. 研究性教学论[M]. 上海：华东师范大学出版社，2010：61.

识本位为创新智慧本位。英国诺丁汉大学校长杨福家院士著名的“火把理论”指出：教师要以高度的民族责任感和巨大的敬业热忱去点燃学生内心深处的创新意念之火把，开发学生的主体潜能和创新智慧。教师唯有尊重学生的交互主体性，避免用预设或凝定的规范去限制学生思维的多向流动，才能促进学生个性、求异性、批判性和想象力的发展，使其人格独立性蓬勃生长，催生其创新智慧的萌发，激发其追本溯源的无穷兴致和动力。

可以确定地说，未来教育现代化的发展方向就是基于“在差异中，通过差异，为了差异”的话语环境，以欣赏、尊重并提升差异为己任。

2．教育制度现代化

作为教育现代化的重要内容之一，西方在早期教育现代化过程中，就展开了对现代化教育制度的构想。以美国的托马斯·杰弗逊为代表，其现代化教育制度思想在今天看来仍然闪耀着熠熠光芒，并对世界各国的教育制度产生着重要影响。例如其建议把每个县都划分为 5 ~ 6 平方英里的分区，其大小要适合于成立一个初级学校，在这个学校里教授读、写和普通算数，这对于我国区域特别是县域教育发展带来重要启示；杰弗逊强调“大学要根据学生的意向学习”，并以此作为开设选修课的依据，这一具有原创性的教育现代化思想，影响着近现代大学教育的课程运转；同时，杰弗逊认为“由于许多有合适的天赋并足以成为公众有用之才的人因为贫困无法自费受到文法中学以上的教育，因此，发现这样的人，并且由全体人民共同承担费用去教育他们，其意义要比把全体人民的幸福托付给无能的或品德败坏的人更好”，这一观念成为学校设立奖学金制度帮助贫困天才的理论基础。①

《国家中长期教育改革与发展规划纲要（2010—2020 年）》中明确提出建设现代学校制度。具体措施包括推进政校分开，管办分离。建设依法办学、自主管理、民主监督、社会参与的现代学校制度，构建政府、学校、社会之间新型关系，明确政府管理的权限和职责，明确各级各类学校办学的权利和责任，避免千校一面。完善学校目标管理和绩效管理机制。健全校务公开制度，探索建立符合学校特点的管理制度和配套政策。落实和扩大学校办学自主权。政府及其部门要树立服务意识，减少和规范对学校的行政审批事项。高等学校按照国家法律法规和宏观政策，自主开展教学活动、科学研究、技术开发和社会服务，自主制定学校规划并组织实施，自主设置教学、科研、行政管理机构，自主确定内部收入分配，自主管理和

① 朱旭东. 杰弗逊的现代化教育制度思想[J]. 比较教育研究，2000（增刊）：30-34.

使用人才，自主管理和使用学校财产和经费。扩大普通高中及中等职业学校在办学模式、育人方式、资源配置、人事管理、合作办学、服务社区等方面的自主权。公办高等学校要坚持和完善党委领导下的校长负责制。健全议事规则与决策程序，充分发挥学术委员会在学科建设、学术评价、学术发展中的重要作用。探索教授治学的有效途径，充分发挥教授在教学、学术研究和学校管理中的作用。加强教职工代表大会、学生代表大会建设，发挥群众团体的作用。加强章程建设——各类高校应依法制定章程，依照章程规定管理学校。尊重学术自由，营造宽松的学术环境。全面实行聘任制度和岗位管理制度。确立科学的考核评价和激励机制。扩大社会合作。探索建立高等学校理事会或董事会，健全社会支持和监督学校发展的长效机制。探索高等学校与行业、企业密切合作共建的模式，推进高等学校与科研院所、社会团体的资源共享，形成协调合作的有效机制，提高服务经济建设和社会发展的能力。推进高校后勤社会化改革。推进专业评价，鼓励专门机构和社会中介机构对高校学科、专业、课程等水平和质量进行评估，建立科学、规范的评估制度。探索与国际高水平教育评价机构合作，形成中国特色学校评价模式。建立高等学校质量年度报告发布制度。完善中小学学校管理制度，完善普通中小学和中等职业学校校长负责制。

我国建设现代教育制度，应当注重完善正规学校教育体系和构建终身学习平台的相互统一。我国现代教育制度内容的基本法律依据，是《中华人民共和国教育法》第二章第十七条至第二十四条规定的国家实行涉及教育的制度，有九种之多，即学前教育、初等教育、中等教育、高等教育的学校教育制度、九年制义务教育制度、职业教育制度、成人教育制度、国家教育考试制度、学业证书制度、学位制度、教育督导制度、学校及其他教育机构教育评估制度，并以法律方式首次确认了“终身教育”概念，可以说，呈现出多样化的制度格局，为今后完善现代教育制度奠定了法理基础。然而，由于教育现代化是中国特色社会主义现代化建设不断推进的必然要求，既是与时间相关的系统渐进过程，也是在一定参照系中对比定位的过程，同社会经济的现代化紧密地联系在一起，因此，在改革开放背景下中国特色社会主义教育的现代化，不再可能是封闭、孤立的现代化，是在我国深度参与经济全球化竞争的过程中逐步推进的。

我国建设现代教育制度，既要深刻认识历史延续下来的正规学校教育体系的有用性、有效性和有限性，还要着眼于基本国情的实际和国际社会终身学习的潮流。按照中央的战略部署，未来中国的现代教育制度，必将置于“全民学习、终身学习的学习型社会”的长线链环之中，应当在条件具备或初步具备的地区先试先行，统筹协调好政府部门、学校和科研机构、行业组织、企事业单位、城乡社区、居民家庭和学习者个人在参与终身学习过程中的关系，在推动学历教育和非学历教育协调发展、职业教育和普通教育相互沟通、职前教育和职后教育有效衔接的制度建设上取得新的进展，充分借助教育信息化手段，加强优质教育资源的开发与共享，注重保证和不断提高教育质量，逐步形成灵活开放、多样便捷、高效实用的公共学习资源平台。今后，特别要在建立终身学习相关学分积累与转换制度、实现不同类型学习成果的互认和衔接等方面积极开展探索和创新，这是我国现代教育制度的一个明显薄弱的环节。

我国建设现代教育制度，应当注重强化公共教育资源配置和引导社会多样化教育资源开发的相互统一。现代教育制度所体现的现代性，主要特征是对多样性的包容和对开放性的追求，这必然涉及教育服务的机会供给及资源支持的方式。我国现代教育制度正常运行的支撑条件，首先是强化公共教育资源有效配置的体制机制，同时也要引导社会上非公共教育资源的开发。进入新世纪以来，国家宏观政策正在大幅度地向教育公平倾斜，并努力使其法制化制度化，在改善办学条件、提高教育质量等方面迈出新的步伐，但在公共教育资源配置方式和调动社会参与教育积极性等方面，还有许多制约发展的体制性障碍需要克服。今后，国家将继续转变政府教育管理职能，按照建设服务型政府的要求，切实完善公共财政制度，建立起财政教育支出刚性保障的体制机制，健全政府主导、社会参与、办学主体多元、办学形式多样、充满生机活力的办学体制，使更加公平运行的教育服务在基本面上能够大体满足社会的多样化需求。尤其是我国的基本国情之一是区域、城乡之间发展很不平衡，不同地区的产业结构、就业结构存在着很大差异。

我国建设现代教育制度，要从不同地区实际出发，坚持以科学发展观统筹教育资源配置全局。按照基本公共服务、非基本公共服务、非公共服务的分类定位，健全科学配置公共教育资源和多渠道筹措其他资源的机制，因地制宜，分区规划，分类指导，分步实施，努力营造全社会关心、支持教育事业科学发展的良好氛围。为此，现代教育制度建设要让人们满意，需要特别关注以下三个问题：在基本公共教育服务方面，力争让所有人尤其是低收入者阶层满意，重点是将义务教育全面纳入财政保障范围，促进义务教育均衡发展，从区域内做起，使均等化的基本公共教育服务尽快覆盖城乡，并逐步缩小区域之间的差距。在非基本公共教育服务方面，力争让有分担成本能力的阶层满意，资助具备必要资格条件的低收入阶层让其基本满意，就要坚持教育的公益性质，加大财政对教育投入，重点保证现代化建设的人才需求，政府将继续加大公共教育资源向贫困地区、民族地区倾斜支持力度，着力健全困难群体学生资助体系，规范公共教育服务成本标准及收费行为，鼓励社会资源进入教育领域，引导开展准公益性或非营利性的教育服务。在非公共教育服务方面，力争让有特别选择需求并有充分支付能力的阶层满意，关键是对按照市场机制运作的社会教育培训包括营利性教育培训进行规范，形成依法有效监督监管的制度环境。

3．教育内容现代化

从世界范围看，自课程研究创始人博比特 20 世纪初叶倡导“目标模式”以来，各国课程领域普遍以学科知识内容为本位，导致对人的塑造预定化、共性化和机械化等诸多弊病。在中国，作为应试教育心脏的课程领域弊病更多，诸如学科分类更细、专业设置更窄、教材编写过时等，致使学生文化视野偏窄，缺乏融合与创新能力。尤其是课程设置中系统的唯知主义和稳定的封闭主义倾向，泯灭了对健全理想人格的建构和人性人情的优化。因此，以全球化视野来更新课程思维，当是中国教育现代化的急迫使命之一。

德雷斯尔在评述 20 世纪 60 年代的课程改革时，指出了如下方法论上的弊端：① 仅仅着眼于各门学科框框之内的内容更新，跨学科的内容尚未触及；② 仅仅着眼于各年级的教学内容，跨年级的内容尚未触及；③ 仅仅着眼于学校范围内的教学内容，只研究一些脱离生活的课题。[①]从德雷斯尔的批评中，我们可以看到未来课程的走向将呈现出跨学科综合课程、跨年级系统课程、社区协作实施课程的趋势。

不难发现，世界课程的走向表现出国际化、信息化、开放化的特点。

（1）课程国际化。

全球化增加了世界各国与异文化接触的机会，拥有不同文化和语言的人居住在同一个社区、工作于同一个单位、就读于同一所学校的现象越来越普遍。各国在课程改革方案中都致力于培养能够活跃于国际社会，拥有国际信用和国际沟通力的“国际人”。第二次世界大战后，联合国教科文组织一直推进国际理解教育，并在 1974 年接受世界人权宣言的理念，提出了国际理解教育的指导原则：第一，所有阶段及形态的教育都应具有国际

① 钟启泉. 现代课程论（新版）[M]. 上海：上海教育出版社，2006：29.

侧面与世界性视点；第二，对所有民族及其文化、文明、价值观及生活方式的理解与尊重；第三，认识各民族及各国国民之间世界性相互依存关系正在日益强化；第四，同他人沟通的能力；第五，不仅懂得原理，而且懂得个人、社会集团及国家各自负有的义务；第六，每一个人准备着参与资金所归属的社会、国家和全球种种问题的解决。国际理解教育可以说是“异文化理解教育”“多元文化教育”。1995 年，联合国教科文组织大会重新界定了教育的使命，强调旨在培养“世界公民”的三个问题：第一，培养和平、人权与民主的具体实施过程中所仰赖的价值观；第二，不仅强调认知学习，更强调情感与行为学习；第三，立足于共同的价值观和知识的应用，学做“世界公民”。①

（2）课程信息化。

在今天这个信息化的时代，单纯在学校中开设信息教育课程已经不再是教育信息化的唯一表现，实际上，课程信息化涵盖了学校教育中各科课程领域。到今天，问题已经变成了如何利用信息技术改造课堂生活、改变学生学习方式以及设计、开发和管理各种教学资源，建构信息化教学环境等。网络型信息化时代，一方面对学习者的“信息能力”提出了新的要求：第一，“运用信息的实践力”——视课题与目的而适当运用信息手段，主动收集、判断、表达、处理、创造必要的信息，能够视受信息者的状况发信、传递的能力；第二，“信息科学的理解”——理解运用信息的基础、信息手段的特性，理解基础理论与方法，以便适当地处置信息，评价、改进自身的信息；第三，“参与信息社会的态度”——理解社会生活中的信息与信息技术的作用及其产生的影响，认识信息伦理的必要性和对信息的责任，参与信息社会的理想的态度。②另一方面，从目前一些国家实施信息教育所面临的难题来看，教师培养问题、评价问题、网络社会中的信息伦理、个人隐私的保护、安全性等应对信息化负面影响的教育都将成为课程信息化过程中无法回避的问题。

（3）课程综合化。

课程综合化的追求最早体现在 19 世纪德国赫尔巴特教育学派的“中心统整法”以及 20 世纪初“合科教学”的研究中。进入 20 世纪 90 年代，软化学科界限、寻求课程综合化成为 21 世纪交叉教育课程改革的基调。课程综合化存在着从“多学习领域设计”到“统整设计”的不同综合程度和不

① 钟启泉. 现代课程论（新版）[M]. 上海：上海教育出版社，2006：33.

② 钟启泉. 现代课程论（新版）[M]. 上海：上海教育出版社，2006：39.

同形态。1989 年英国倡导的“交叉课程”，1998 年日本倡导的“综合学习”，2001 年我国倡导的“综合实践活动”等，都是统整设计的适例。国际理解教育、信息技术教育、环境教育、健康教育等则是这种统整设计的主要论题。①

事实上，课程的综合化是以整体教育论为依据的。1990 年 6 月，在《整体教育评论》的执笔者和读者的呼吁下，第一届整体教育国际会议召开。整体教育思潮包括如下一系列假设，这些假设也成为未来课程的价值追求：第一，所谓“教育”，是渐次辩证地展开的开放的人际关系本身。第二，“教育”是学习者就自身生活的种种维度，诸如道德、文化、生态、经济、技术、政治等做出自己的判断。第三，人人拥有难以测量的多种潜能。人的求知方式拥有多样的风格，表现为种种的广度与深度，应该珍视所有的求知方式。第四，在整体教育的观点中，在认识事物时，注重通过前后流程和背景的解读、直觉性理解、创造性活动以及操作活动加以掌握。第五，所谓“学习”，不限于学校教育，而且是持续终身的活动。第六，“学习”是发现自我的内部过程，同时也是在同他人的关系之中协作活动的过程。第七，“学习”是自主的、自我控制的活动，是震撼、激励人类精神或灵魂的活动。第八，整体教育的课程是超越了学科框架的综合性的跨学科活动，是统整本地视点与全球视点的活动。②

4．教育设施和方法现代化

1976 年以来，人类被卷入以数据通信技术和网络技术为核心的信息化革命中。这次革命，“不仅对现代工业社会有巨大的社会经济影响，它将引起如此规模的社会变化，使现代制度转变为全新类型的人类社会，即信息社会”。信息网络技术的广泛应用，首先变革的是人们获取信息的方式方法，从而改变人们的思维方式、行为方式、生活方式和发展方式。信息社会的发展，对世界政治、经济、军事、科技、文化、社会等领域产生了深刻的影响，正在加速重构社会发展与人的发展的物质基础。在信息化背景下，现代教育设施已经走向了数字化、网络化、智能化和多媒化的道路，数字化使得教育信息技术系统的设备简单、性能可靠和标准统一，网络化使得信息资源可共享、活动时空少限制、人际合作易实现，智能化使得系统能够做到教学行为人性化、人机通讯自然化、繁杂任务代理化，多媒化使得

① 钟启泉. 现代课程论（新版）[M]. 上海：上海教育出版社，2006：39.
② 钟启泉. 现代课程论（新版）[M]. 上海：上海教育出版社，2006：201.

信媒设备一体化、信息表征多元化、复杂现象虚拟化。[①]我国已经建成并启用的中国教育与科研网（CERNET）、中国卫星宽带远程教育网络、中小学“校校通”工程、高校“数字校园”建设工程、中小学远程教育建设工程，以及应用于学校教学的普通电教室、多媒体综合电教室、计算机室、微型电教室、CAI 教室、网络教室、语言实验室、电子阅览室、闭路电视系统等都是教育信息化中信息网络基础设施建设的重要内容。这些基础设施建设搭建了我国教育设施现代化的发展道路。[②]

教育设施的现代化和教学方法的现代化是教育信息化背景下相伴相生的现象，例如目前国内外热衷的“翻转课堂”教学方式就是在教育设施现代化水平达到一定程度后出现的新的教学方法模式。实际上，任何新的教学方法的出现都是对传统模式下以讲授占主导的教学方法的不满与挑战。我国传统的“讲授教学论”因把“知识传授”视为“教学的本质”，“教学论”因而变成“知识传授论”。这里的“知识”，“是前人、他人实践、认识的成果”，具有“客观真理性”，这样，教学研究的重心就落在了现成知识的传授方面。教学研究的根本使命就是寻找有效传授知识的方法，由此导致“方法主义”倾向。这种教学观还认为教学方法不仅体现“教学规律”，而且必然有自身的规律。“教学规律”既“客观存在”，又“普遍有效”，由此使教学陷入“普遍主义”。[③]现代教学需要超越教学论中的“普遍主义”倾向，将教学视作描述个体差异、倾听个体差异、研究个体差异的活动，实现弗莱雷所说的“对话教学”。以对话理念引领现代教学方法思路，把教学方法理解为智慧或问题解决、社会互动与合作、个人风格与个性独特性三者的“合金”，这既体现了对话教学对“关系价值”的追求，又呼应了对话教学的知识基础——尊重知识的探究性、社会性和个人性。把教学方法视为一个开放并动态生成的整体，永远不存在唯一正确、合理或占主导地位的教学方法。唯有把教学方法作为问题去探究和理解，分析其构成要素，根据不同教学情境的特殊需要对已有的方法进行再发明或创造全新的方法，我们才可能把握教学方法的真谛。[④]

5．教育管理现代化

教育管理现代化包括教育管理理论现代化、教育管理手段方法现代

---

① 左美云. 从信息化涵义看我国信息化建设[EB/OL].（2000-12-01）http://www.e-works.net.cn/XXH/QA9.htm.

② 杨晓宏，梁丽. 全面解读教育信息化[J]. 电化教育研究，2005（1）：27-33.

③ 张华. 我国普遍主义教学方法论：反思与超越[J]. 全球教育展望，2009（9）：8-15.

④ 张华. 重建对话教学的方法论[J]. 教育发展研究，2011（22）：35-41.

化、教育管理人员达到现代化所要求的水平等，教育管理现代化要将依法管理教育和民主管理教育有机地统一和结合起来。首先要依法管理教育，促使管理规范化、法制化。其次要加强民主管理，促使管理科学化，教育管理过程要能体现出现代化的管理思想，管理手段实行规范化、科学化和灵活性相结合，管理方式应该建立在参与、民主的基础上，要善于运用现代化的办公设备提高管理效率，注重调动教师、学生的积极性，建立起一套既有集中，又是开放的、民主的管理机制。就具体学校而言，其内部管理应引进竞争机制，应该具有一支素质高、事业心强的教育管理队伍，在教育决策、管理手段上应采用现代化技术设施和科学的先进方法。

（1）管理理念现代化。

在具体的管理过程中，首先需要更新的是教育管理理念。将学生作为具有独立意志和主体精神的人，树立“主体性管理理念”。这种新的管理理念具有以下两个非常显著的特征：

第一，主体性管理理念认为，学生与教师、学校、社会不再是一种从属性的关系，学生是具有主体性的人，是具有主体意识和自由意志的人，教育管理不再是压抑、控制个体自主性发挥的桎梏，传统的管理理念只能培养出一味顺从权威、甘于现状的“顺民”，而现代社会需要未来的人才具有批判意识与创新能力。批判意识与创新能力从哪里来？一个很重要的因素就是我们的教育、我们的学校、我们的社会是否为人提供了较为宽松的氛围，使个体的批判意识能够生成，个体的创新能力能够萌发，因而现代教育呼唤管理理念更新先行。

第二，主体性管理理念以尊重个体差异为己任和价值追求。传统管理模式带来的恶果就是为了方便管理者，而采用统一的标准要求被管理者，其造成的结果是被管理者就像被工具磨平了棱角的石头,各个圆滑而一致，毫无个性可言。主体性管理理念以尊重差异为特点，希望为个体提供充分彰显差异的环境，最终希望达到的结果是每个人都能够有自己独特的、区别于他人的个性，每个人都能够实现自己最好的发展。

（2）管理技术现代化。

国家教育管理信息系统建设以科学发展观为指导，全面贯彻落实《教育规划纲要》和《教育信息化十年规划》对教育管理信息化建设的总体要求，以服务国家教育改革发展中心任务为目标，以建立教育管理信息系统和基础数据库为核心内容，以建设“两级建设、五级应用”体系为重点，全面建成覆盖全国各级教育行政部门和各级各类学校的国家教育管理信息系统，为实现教育管理现代化提供坚实的技术支持和数据支撑。国家教育管理信息系统建设是一个系统工程，其建设、管理、应用、运维等各个环节十分复杂。在建设过程中要坚持“统筹规划、统一建设、集中运行、分步推进”的原则。目标建设全面覆盖、功能齐全、安全高效的教育管理信息系统、决策支持系统和教育管理服务平台，建立终身使用的学生教育卡，形成覆盖全国各级各类教育的教育基础数据库，实现系统的全国联网和数据的交换与共享，提升教育监管与服务水平，促进教育管理现代化、决策科学化、服务网络化，全面保障教育的改革和发展。

（3）管理体制的现代化。

管理体制的现代化是教育管理现代化需要解决的客体成分。孙绵涛教授认为教育体制是教育机构与教育规范的结合体或统一体，它是由教育的机构体系与教育的规范体系所组成的。在这里可以将机构等同于组织，将规范视为制度。教育体制由学校教育体制和教育管理体制两者构成，后者又包括教育行政体制和学校管理体制两部分，它们都是相应的机构与制度的共同体。因此，要实现教育管理的现代化，就是要实现教育行政体制的现代化和学校管理体制的现代化，而机构和制度、规范问题又是交融在一起的问题解决的关键。

就教育行政体制的现代化而言，主要厘清五大关系：中央办学与地方办学的关系；政府办学与其他社会力量办学的关系；政府与教育行政部门的关系；教育行政部门与教育行政部门的关系；政府与学校的关系。通过对这些关系的梳理，使其呈现出利于现代化着陆的环境。长期以来，我们的教育行政体制受到诸多因素的影响，比如国家对教育统得过死、政府包揽办学大权、政府一般行政部门与教育行政部门各自为政、条块分割严重、组织机构臃肿、人浮于事等。由于这些传统性因素的影响，降低了现代性的体现水平，要改变这种状态，就得朝着简政放权、分级办学分级管理、明确教育行政部门的应有地位几个大问题上考虑。比如在办学上，政府应该由原来的前台管理转变为后台监督和服务，基础教育权应该完全下放到地方，而作为国家意义方面对高等教育的管理也应较多地体现为服务色彩，让高等教育走向自治。在确立教育行政部门性质的问题上，应该将教育行政部门看作与政府其他职能部门同级的一个职能部门，它对上受到上级行政部门的管理，对下能够实现对教育的真正控制，而政府同级的其他职能部门更多的是与之协调。同样学校管理体制的现代化就其体现的内容来讲，也是要处理好领导体制上的校长负责制、分配制度上的结构工资制、人事制度上的教师资格制、职责权上的岗位责任制几大制度改革的顺利实施。

从目前的实践来看，还存在一些问题没解决：比如如何灵活恰当地处理好学校“一把手”与党支部书记之间的关系问题；如何发挥校务委员会的监督、审议职能；如何在工资改革上处理好学历、教龄、教学业绩、职称几者的关系和权重；如何解决拖欠教师工资的问题；如何解决民办教师问题；教师的流动与稳定性问题；如何解决流动教师的户口问题等。对于以上问题的解决正在进行，也是学校管理体制现代化目前所必须解决、应答的课题，这些问题解决好了，学校管理体制现代化基本上就实现了。

6．师资队伍现代化

教师的专业成长和社会的发展动向紧密相关，教师在教学现场直面的问题总是和社会联动的。一个很显著的例子就是：面对 E 时代的原住民们，如何有效利用信息技术完善教学将是每一个教师都需要思考的问题。现代教师特别需要掌握三种能力：① 顺应各种教学方式的能力。社会的变化发展相应要求教师实践以往未曾经历的教学方式，掌握相应的教学技术。② 适应学生个性的教学能力。社会的发展变化要求教师抛弃传统的划一化的教学方式，尊重并发展学生的差异和个性。③ 从教学实践中学会“教”的能力。[①]

事实上，上述三种能力大多是教师入职之后，通过从业经验积累而成的，所以，终身学习成为教师队伍现代化的关键。日本教员养成审议会的《面向新时代的师资培养的改善方策》（1996）全面勾勒了终身学习时代的教师形象，强调“21 世纪特别要求于教师的素质能力”包括：① 立足于全球视野的素质能力。理解地球、国家、人类，丰富的人性与理性，国际社会所需的素质能力。② 生存与变革时代的素质能力。课题解决的能力，人际关系能力，应对社会变化的知识技能。③ 教师职务所要求的素质能力。理解青少年，理解教育之本质，对于教师职业的执着、自豪和一体感，学科教学、学生辅导的知识、技能、态度。[②]虽然新的时代对教师素质和能力提出了诸多要求，但这并不意味着我们能够苛求每一位教师成长为“全能型选手”，理想的现代化的师资队伍应该是每一位教师都具备基本的素质能力，具有终身学习的意识并付诸行动，进而积极地谋求各人特长领域的形成与个性的发展。我们希望像尊重学习者个体差异和多样性一样，尊重教师实现有差异性的发展。

① 钟启泉．现代课程论（新版）[M]．上海：上海教育出版社，2006：526.

② 钟启泉．现代课程论（新版）[M]．上海：上海教育出版社，2006：535.

第二节　教育现代化的特点及其价值追求

一、教育现代化的特点

教育现代化作为一种发展过程和水平状态，必然会表现出其不同以往的特征，这些特征既有现实性又有预测性。对此，学者们所论述的教育现代化的特征主要有以下几种代表性观点：

第一，把教育现代化作为一个目标，从相对静止的角度提出了教育现代化的重要特征。例如顾明远从静态的角度出发，认为教育现代化具有九个主要特征和标准：一是教育的民主性和平等性；二是教育的个性；三是教育的终身性；四是教育的多样性；五是教育的开放性；六是教育的国际性；七是教育的创新性；八是教育的信息化和网络化；九是教育的科学性。[①]这九个特征是根据现代社会的基本情况和当前世界教育发展形势所归纳出来的。

第二，把教育现代化作为一个过程，从动态的角度提出推进教育现代化过程中会表现出的特征：教育现代化具有历史性、动态性、阶段性、差异性、相对性。如刘尧教授指出教育现代化具有的特征：① 教育现代化具有历史性，它包括教育现代性随教育发展而增长的历史过程和教育现代化是民族传统教育的现代转化两个方面的涵义。② 教育现代化具有动态性。③ 教育现代化具有阶段性。④ 教育现代化具有差异性。从纵向上讲，在不同发展阶段教育现代化的内容、目标和特征是有差异的。从横向上讲，在不同的地区教育现代化的形式、进程和道路也有较大差异。⑤ 教育现代化具有相对性。[②]

第三，把教育现代化视为社会现代化的一个组成部分，不可避免地受到社会政治、经济、文化等方面的影响，其具体特征为教育发展的受动性、能动性、继承性、开放性、生产性、终身性以及多样化。如谈松华看来，对教育现代化的特征分析可以从时间维度和价值维度两方面来思考。从时间维度看，教育现代化有五个特征：一是动态的持续发展过程；二是教育整体转化的运动或教育形态的变迁过程；三是对传统教育的批判、继承和发展过程；四是全球性的历史演进过程；五是人自身现代化的实践活动过程。从价值维度看，教育现代化也有五个特征：一是以实现人的现代化为

① 顾明远．论教育现代化的基本特征[J]．教育研究，2012（9）：4-10.

② 刘增俊．试论我国教育现代化的基本任务及主要特征[J]．中国教育学刊，1995（4）：5-8.

其根本目的；二是教育与生产劳动相结合；三是教育的民主性；四是教育的科学性；五是教育的开放性。[①]冯增俊则主要从我国教育现代化的发展模式和策略及任务的角度入手，通过对我国沿海开放地区尤其是珠江三角洲地区的教育实践及经验的总结，提出了教育现代化的五个特征：一是在巨大压力下强行启动；二是强烈的示范作用影响；三是实施政府行为主导的由上及下的教育策略；四是坚持全面出击与分阶段相结合的方针；五是以获取经济最大发展为办教育的最高原则和最终目的。[②]

学者们普遍认为，教育现代化体现了现代社会特征。一些人对于冯教授提出的前四个特征基本上没有争议，而对“以获取经济的最大发展为办教育的最高原则和最终目的”这一特征，有学者持有异议，认为目前我国各方面的工作都是以经济建设为中心，但根据这一点就认为经济建设就是各项工作的最终目的有失妥当。我们认为，冯的观点是“实然”判断，而不是“应然”判断。如果说前两者是从国际范围进行的理论概括的话，那么后者则是从国内实际进行的现实归纳，具有更强的指向性。作为最大的发展中国家，中国在其历史文化制度的约束性条件下的教育现代化所体现的特殊性，正是值得进一步深究的问题。

另外一种分类视角认为，现有文献中关于教育现代化的特征表述，可以分为定性特征和定量特征两种。定性的特征包括普及化、民主化、科学化、多样化、开放化、国际化、终身化、世俗化、国家化等；定量特征包括 15 岁以上人口识字率；平均预期受教育年限；中等教育毛入学率；高等教育毛入学率；每万人口在校大学生数；公共教育经费占 GDP 的比例；人均公共教育经费；教育信息化水平等。美国社会学家英格尔斯提出，进入现代化的基本标准是人均 GDP 大于 3 000 美元，这已经成为国际上通行的进入现代化的基本标准。

二、教育现代化的价值追求

（一）人的现代化是教育现代化的根本动力

伴随着全球化思潮在世界范围内的蓬勃兴起，20 世纪 90 年代以来中

① 谈松华，王建. 教育现代化区域发展模式研究[M]. 北京：北京师范大学出版社，2011：26.

② 冯增俊. 试论我国教育现代化的基本任务及主要特征[J]. 中国教育学刊，1995（4）：5-8.

国的教育哲学观几乎同时也开始了从传统适应论向现代超越论的革命性变化。[①]前者倾向于教育的价值在于通过规范严整的课程程序铸造出能够完整地继承和内化既有文明成果、以作立身现存世界之根基和手段的受教育者；后者则注重于通过科学和艺术兼备的教育流程来创造出能够不单纯受役于现存世界之规范、且在人文本质上有所超越的新人，以期在承继和内化既有文明成果基础上以我为主、不拘一格、矢志创新，从而不但适应现存世界而且改造、丰富、发展之。如何变沉重的人口负担为丰富的人才资源，这是教育现代化的一项紧迫使命。而全球化视野中的教育现代化就是围绕着人的精神结构现代化这个中心而展开的，换言之，是以点燃个体生命的创新热情、开发其创新潜能、发展其创新才华为最高宗旨的。人的精神结构的现代化是一项系统工程，其中包括培育人的崇高理想、纯正品德、优雅情操、健康个性、坚定意志等情意子系统，也包括完善人的渊博学识、深沉思维、丰富想象、敏锐判断等智力子系统，中国当下最需要的就是对人的创新理念和热情的激扬、对人的创新思想和创新潜能的开发。

存在主义哲学家奈勒痛心描述："我们的儿童像羊群一样被赶进教育工厂，在那里无视他们独特的个性，而把他们按同一个模样加工和塑造。"[②]这样的教育表面上获得了大工业生产统一标准、批量复制的高效率和高产出，实际上是以泯灭人的主体性、特殊性和独创性为沉重代价的，这种对人的物化和商品化究其实质是大工业文明及其教育模式所导致的"人类一种新的普遍的奴隶化"。[③]按照日本思想家池田大作的观点，所谓教育现代化，其要义就是"启发、锻炼'人'内在的无限潜能，把它导向创新价值的方向"。[④]全球化所接纳的是具有自我选择、自我拓展和自我建树功能的主体人，是主动追求知识而不为知识所役，尊崇传统而不为传统所累的创新主体。

众多的现代化理论认为，要实现现代化，必须实现人的现代化。现代化的核心是人的现代化。现代化理论是美国学者 M. J. 列维于 1966 年在《现代化与社会结构》一书中最早提出，他将人的现代化作为社会现代化的核心。美国哈佛大学教授英格尔斯所著《人的现代化》，其理论更为系统。他认为：一个国家，只有当它的国民是现代人，它的国民从心理和行为上

---

① 鲁洁. 论教育之适应与超越[J]. 教育研究，1996（2）.

② 陈友松. 当代西方教育哲学[M]. 北京：教育科学出版社，1982.

③ 伽达默尔. 赞美理论[M]. 夏镇平，译. 上海：上海三联书店，1988.

④ 池田大作. 1990 年 5 月 28 日在北京大学演讲[M]//何劲松. 池田大作集. 上海：远东出版社，1997.

都转变为现代的人格，它的现代政治、经济和文化管理机构中的工作人员都获得了与现代发展相适应的现代性，这样的国家才可真正称之为现代化国家。否则，高速稳定的经济发展和有效的管理，都不会得以实现。即使经济开始起飞，也不会持续长久。1984 年，英格尔斯在访问我国时就提出："希望中国除'四化'以外，进入第五个现代化，就是人的现代化。"英格尔斯认为，现代人具有以下十二种特征：① 现代人准备和乐于接受他未经历过的新的生活经验、新的思想观念、新的行为方式。② 准备接受社会的改革和变化。③ 思路广阔，头脑开放，尊重并愿意考虑各方面的不同意见、看法。④ 注重现在与未来，守时惜时。⑤ 强烈的个人效能感，对人和社会的能力充满信心，办事讲求效率。⑥ 计划。⑦ 知识。⑧ 可依赖性和信任感。⑨ 重视专门技术，有愿意根据技术水平高低来领取不同报酬的心理基础。⑩ 乐于让自己和他的后代选择离开传统所尊敬的职业，对教育的内容和传统智慧敢于挑战。⑪ 相互了解、尊重和自尊。⑫ 了解生产及过程。[①] 德国社会学家 R. 贝伦特认为，现代人主要具有以下的特征，即自觉的人、成熟的人、有创造精神的人、能掌握技术的人和能动的人。美国人本主义心理学家罗杰斯认为，未来的"新人"（现代人）有如下特征：开放的态度、真诚的品质、对科学技术的怀疑态度、对完整性的渴求、对亲密关系的需求、对生活不断变化的敏锐意识、热诚待人的关怀之心、对大自然的亲切感和关怀感、反对因循守旧、信赖自己的内在权威、不看重物质利益、对精神生活的渴望等。[②]

现代化的前提是人的现代化，没有从心理、思想和行动方式上实现由传统人到现代人的转变，真正能顺应和推动现代经济制度与政治管理的健全发展，那么，这个国家的现代化只是徒有虚名。而人的现代化的前提又是教育现代化，教育现代化是促进一个国家全面现代化的根本动力之一。这些都表明，在整个国家向现代化发展的过程中，人是最根本的因素。实现人的现代化，是建设现代化国家的根本保障，是建设创新型国家的首要前提。教育思想现代化是前提，教育发展水平现代化是标志，教学体系现代化是根本，办学条件现代化是基础，教师队伍现代化是关键，教育管理现代化是保证，实现人的现代化则是教育现代化的核心和根本目标。人的现代化是国家现代化必不可少的因素。它并不是现代化过程结束后的副产品，而是现代化制度与经济赖以长期发展并取得成功的先决条件。

---

① 殷陆君. 人的现代化[M]. 成都：四川人民出版社，1985：22-33.

② 武斌. 我们离现代化还有多远[M]. 北京：中国经济出版社，1999：271-272.

（二）教育全民化是社会发展的时代诉求

1990 年 3 月，由联合国教科文组织、联合国儿童基金会、联合国开发计划署和世界银行共同发起，在泰国宗滴恩召开了“世界全民教育大会”。会上，正式提出了全民教育理论。其目标正如《世界全民教育宣言》指出的：“就是满足全民的基本教育要求，即向人民提供知识、技术、价值观和人生观，以满足他们能自尊地生活，不断学习，改善自己的生活并为国家发展做出贡献的要求。”这一目标不仅主导了当前教育改革和努力的方向，也代表了未来教育发展和进步的趋势，是世界教育最宏大的目标之一。但这一目标的实现还要面对诸如经费、人口等问题的挑战，因此，实现全民教育目标还需要全世界的共同努力。

1990 年 9 月“世界儿童问题首脑会议”在其制定的儿童生存、保护与发展的行动计划中，规定了到 2000 年的基础教育目标：普及基础教育，使至少 80%的学龄儿童完成初等教育；把 1990 年的成人文盲数减少一半，特别是重视妇女的扫盲工作。《世界全民教育宣言》指出：全民教育的目的是满足基本学习需要，使“每一个人，儿童、青年和成人，都应能够受益于旨在满足他们的基本学习需要的教育机会。这些需要包括人类能够生存、发展其全部能力、有尊严地生活和工作、全面地参与发展、改善他们的生活质量、作出有知识依据的决策以及继续学习所要求掌握的基本学习工具（如读写、口头表达、数字、解决问题等）和基本学习内容”。“这些需要的满足，使得任何社会的个人能够，并且赋予他们一种责任去尊重和依赖他们共同的文化、语言和精神遗产，改善他人的教育、促进社会正义的进程，实现环境的保护，对不同于自己的社会、政治和宗教制度抱以宽容的态度，保证得到普遍接受的人道主义和人权得以维护，以及为一个相互依存的世界的国际和平与团结而工作”。教育发展的另一个同样重要的目的，是共同文化与道德价值观的传递与丰富，个人和社会正是在这些价值观念中找到了他们的认同感和价值。此外，基本教育还是终身学习和人类发展的基础。

《世界全民教育宣言》认为：满足所有人的基本学习需要，不仅仅是要求重新负起对现有基本教育的责任，而是要超越当前的资源水平、结构制度、课程和常规的实施体系，并建立在目前最好的实践之上。因此，要扩展教育的视野，包括：① 机会的普及与促进公正。应为所有的儿童、青年和成人提供基本教育。② 以学习获得为重点。基本教育的重点，必须是实际的学习获得和结果，对有组织的计划的继续参与和达到资格要求，而不仅仅是入学率。③ 扩大基本教育的手段与范围。④ 改善学习环境。社会必须保证所有学习者获得他们需要的营养、健康护理和一般的物质与情感支持。⑤ 国家、地区和地方教育当局对为全民提供基本教育负有独特的责任，但不能期望他们满足这一任务的每一人力、财政或组织要求。

《世界全民教育宣言》对实施全民教育提出了三点要求：① 创造一个支持性的政策环境。为全民提供基本教育，取决于适当的财政手段支持和教育政策改革与制度的加强所强化的政治责任与政治意愿。② 调动资源。对提高现有教育资源和计划的效能的高度重视，不仅能产生更大的结果，还能吸引新的资源。满足基本学习需要的紧迫任务，可能要求部门之间的重新分配，如从军事支出到教育支出的转移。首要的一点，正在进行结构调整和面临沉重的外部负担的国家，需要对基本教育给予特殊保护。今天，教育必须比以往任何时候更被视为任何社会、文化和经济计划的一个基本方面。③ 加强国际间的团结一致。全球社会，包括政府间的组织和机构，都负有紧迫的责任以缓解阻碍某些国家实现全民教育目标的限制因素。所有国家还必须共同努力消除冲突和摩擦，结束军事占领，安置流落异国的人口或促使他们返回原来的国家，并保证他们的基本学习需要得到满足。[①]

（三）教育终身化是人和社会可持续发展的体现

教育终身化思潮自20世纪60年代起在国际上流行，特别是在《终身教育引论》《学会生存》两书出版后，终身教育成为指导未来教育的一种理念和实践。“终身教育是正在使整个世界教育制度革命化的过程中的一种新的观念。”在林林总总的世界教育思潮中，终身教育思潮以其独有的魅力令世人瞩目，以至其产生和发展被视为“世界性的需要”，是“对未来国际社会的大挑战”。

法国终身教育理论的奠基者保罗·朗格朗以“现代人面临的挑战”为题列举了许多方面的因素。这些因素是：变革的加速、人口的增长；科学技术的发展、政治的挑战；信息；闲暇；生活模式和相互联系的危机；身体、意识形态的危机等。在朗格朗看来，人类正处在一个物质、精神和道德领域的变革不断加速的时代，各种变革的因素具有一个共同的特征，这就是摧毁传统的教学理论以及方法的大厦，使教育和教育工作者面临形形色色的问题与需要。那些时代形成的传授知识的方式与结构，很大程度上失去了它们的效率，以至于教育本身以及传统教育的作用如今成了人们抨

① 施晓光. 现代教育思想专题[M]. 北京：当代世界出版社，2001：102-111.

击和指责的对象，并使得教育越来越被迫寻找新的出路。由于目前大多数国家面临人口的迅速增长，要求不仅教育的数量，而且它的作用以及职能、性质都要加以改变，而无论传统教育制度的规模有多大，都不具有这种应变性。为了确保人们能得到日益增长的知识以及各类训练，教育工作将不仅仅局限于现在正规的学校教育。

一般认为，终身教育是“人们在一生中所收到的各种培养的总和”，它指的是包括正规和非正规教育在内的教育体系的各个阶段和各种方式；它指的是从生到死所接受的连续的有系统的教育。

全球化教育理论家大卫·史密斯曾这样评论终身教育：它“不过是资本生产的劳动力模式的转义：人们必须学会将自己看作可以不断再培训的对象，以便适应市场的反复无常”。[①]其实，以全人生化为内涵的终身教育，除纵向追求教育对人生各个时期的贯穿性、以知识和职业技能的及时更新来应对劳动力市场的频繁挑战之外，就横向而言，更由开发智力扩大到发展情意要素诸方面，包括全球化对人的智慧、能力、情操、品德和精神修养等综合要求，是各种形式的教育和自我教育在一生的总和，具有对现实层面的极大超越性。

终身教育开始出现的时候，主要与成人教育、职业培训联系在一起，后来逐渐扩展到所有教育，而且逐渐向终身学习的概念转化。教育终身化的社会意义就在于促进教育社会化——学习社会化的机制与格局的形成和完善。终身学习已经不限于人们为了谋生需要，而是成为人们生活的一部分，成为文明社会的生活方式。关于终身教育的理念，联合国教科文组织的报告《学会生存》中讲得很全面，很深刻。党的十六大提出，到小康社会建设成功的时候我国“要形成全民学习、终身学习的学习型社会，促进人的全面发展。”所谓学习型社会，就是以学习求发展的社会，就是创新的社会，就是全民素质高水平的社会，形成学习型社会需要通过终身教育来实现。《教育规划纲要》也把“基本形成学习型社会”作为教育发展的战略目标，提出“构建体系完备的终身教育、学历教育和非学历教育协调发展，职业教育和普通教育互相沟通，职前教育和职后教育有效衔接，继续教育参与率大幅提升，从业人员继续教育参与率达到50%，现代国民教育体系更加完善，终身教育体系基本形成，促进全体人民学有所教，学有所成，学有所用”。所谓教育的全时空性，是指教育已经不限于学校，也没有年龄

① 联合国教科文组织国际教育发展委员会. 学会生存[M]. 华东师范大学比较教育研究所，译. 北京：教育科学出版社，1996.

的限制，逐步做到全民学习，时时能学，处处可学。特别是随着现代传播技术的发展，人们可以从多种渠道获得信息，因此，教育现代化需要有全时空的大教育观的视野，把正规教育与非正规教育、正式教育与非正式教育统一起来，把学校教育、家庭教育、社会教育、自我教育有机地结合起来。①

（四）教育民主化是人的平等权利诉求

自 19 世纪末以来，教育平等成为许多国家教育政策的一个主导思想。20 世纪中叶，世界各国更是高举“教育民主化”的大旗，推动本国教育、社会、经济、政治等方面的发展。到 20 世纪中叶，发达国家基本上普及了初等教育与中等教育，各种类型的高等教育也有相当大的发展，各阶层人民受教育的机会显著增加。这表明：不同阶级成员之间，在绝对意义上受教育机会大量增加。而在相对意义上，受教育机会不均等的现象依然普遍存在。长期形成的“制度化教育”体系反而加剧了受教育者成功机会的不平等。《学会生存》明确指出：好多年来，批评家们指责学校是“充满不公平、极权主义和歧视的蜂窝”，而这种“真正的不平等”，又以“貌似民主的词句”为烟幕。从小学各年级开始，一直进行到以后各个教育阶段，为挑选未来的杰出人才而进行筛选。按照杰出人才论，即使学生人数增加，只会导致选材标准更严，不会改变培养少数人的事实。这种教育模式在稳定而封闭的社会里，为社会提供了一个“安全阀”，使统治阶级问心无愧，也为杰出人才队伍补充了新鲜血液。然而，这毕竟不是民主的教育。这种教育体系不可能解决教育民主化问题。要争取教育的民主（人人受教育），更要谋求民主的教育。只有民主的教育，才能导致教育的民主。而这里所谓民主，又不是旧的“形式的民主”，而是“新的民主”。新的民主意味着“一个人有实现他自己的潜力和享有创造他自己未来的权利”。

从渊源上讲，教育民主化思想是机会均等思想引申而来的。机会均等观认为：不同的结果，并非取决于个人的能力和努力程度，而在于不平等的起始条件，因而主张要为每个人创造公平的机会。我国的孔子早在 2000 多年前就提出“有教无类”的思想；古希腊雅典的公民教育也隐含了民主教育的思想；在柏拉图《理想国》里，已经闪耀着开放式社会和自由教育的思想。17 世纪初，夸美纽斯提出“把一切知识教给一切人”。至 18 世纪末，教育平等思想开始在一些西方国家（例如美、法等国）转化为最初的

① 施晓光. 现代教育思想专题[M]. 北京：当代世界出版社，2001：11-25.

立法措施，经过西方资产阶级大革命，终于在法律上否定了教育特权，确认人人都有受教育的平等权利。

教育平等观的最重要的发展源于马克思主义的教育理论。马克思在1866年提出了一个基本观点：教育是“人类发展的正常条件”和每一个公民的“真正利益”。他说：“儿童和少年的权利应当得到保护，他们没有能力保护自己，因此社会有责任保护他们……只有通过国家政权施行的普遍法律才能办到。”恩格斯在1866年更明确指出：“国家出资对一切儿童毫无例外地实行普遍教育，这种教育对任何人都一样，一直进行到能够作为社会的独立成员的年龄为止。这个措施对我们的穷兄弟来说，只是一件公平的事情，因为每一个人都无可争辩地有权全面发展自己的才能，而且当社会使愚昧成为贫穷的必然结果的时候，它就对人犯下了双重的罪过。”马克思和恩格斯论述的“教育的平等性”包含了两层深刻的含义：一，教育是每个公民都应拥有的一项平等权利；二，这种平等变现为每个人智力和能力发展的平等。[①]

综上，我国的教育民主化包含两个层次的含义：

第一层含义是受教育者权利和机会的平等。1948年12月10日通过的《世界人权宣言》规定，“受教育权”被普遍确认为一项人权。《世界人权宣言》第26款对受教育权作了界说，规定：“教育，至少初等教育以及基础教育应是免费的”，“初等教育是义务的”，“而高等教育的入学，应该根据才能对所有人完全平等地开放”。第14届联合国大会于1959年通过《儿童权利宣言》，更进一步确认了儿童的教育权益。这标志着法律上的教育权利平等在全球实现。然而，法律条文中所确定的教育平等并不意味着人人都有受教育的机会，人人都能受同样的教育。事实上，教育权利平等的理想并未在现实中实现。为了真正实现法规中所确认的教育平等，自20世纪50年代始，西方各国的社会科学家进行了大规模的实证调查，力求了解机会均等在教育领域中已达到什么程度。随着英国的《普洛登报告》(1966)、美国的《科尔曼报告》(1996)、联合国教科文组织关于各国学生学业成绩差异的系列研究报告等的发表，人们发现，教育平等还广泛受制于影响受教育机会的各种社会因素及其他社会不平等因素。这促成了教育平等观的进一步延伸：教育机会均等概念的演变。20世纪末，中国高等教育已开始由精英化而步入大众主义时代，需要关注的是：今后如何在不牺牲学术品位和教育质量的前提下，按照1998年世界高等教育会议所提出的那样，视

① 施晓光. 现代教育思想专题[M]. 北京：当代世界出版社，2001：47-57.

个体的努力程度、献身精神、能力、成绩而向任何年龄段的求学者提供均等机遇。至于法定九年制义务教育，尤要强调平等和高质量的兼得，谋求在大陆各个地区的相对平衡之发展。

第二层意思是教育管理的民主化。这是全球范围内教育现代化的一个基本走向。在池田大作与汤因比的著名对话中，针对许多发展中国家普遍存在的“教育垄断”现象，两位大师一致认为：“遗憾的是，现代的教育被置于国家权力的支配之下，教育行政隶属于国家所追求的目的。”“国家还往往要对接受政府款项和控制的教育，在意识形态上加以干预。”这就自然导致教育政治化、教育经济化等国家本位主义倾向的蔓延，使作为独立主体的人的个性活力受到相当程度的窒息。在当下中国，伴随着入世之转机和由此而形成的对外开放、内部改革的广度和深度之拓展，正在出现一个办学主体以及经费投入多元化和教育管理科学化的新格局，进而将促进办学模式及其内孕文化精神的多元化。人是文化的活标本，民主、和谐与自由的办学模式和教育氛围当会孕育具有相应人格特征的文化人。因此，我们有理由相信，体现了全球化时代精神的多元主义价值观在中国会逐渐弘扬。

（五）教育开放化是全球化催生的结果

教育开放化意味着教育对外面临全球化带来的教育国际化的挑战，对内面临学习者学习方式改变带来的挑战。

全球化实质上已成为整个人类文明现代化的逻辑演绎和必然表现，全球化呼吁世界范围内的全方位的现代化，而发展中国家的现代化更需要依托全球化的推进。全球化对中国教育的影响是极其广泛、全面和深刻的。首先，全球化市场经济必然要求中国教育市场逐步向世界开放。既然各国经贸市场的发展正快速趋向全球化，那么作为具有供求关系和经济属性的教育市场，自然也承受着向全球充分开放的重大压力。事实上，近年国内教育市场伴随着办学主体多元化，已围绕着生源展开了空前激烈的角逐；而某些发达国家，也通过在北京和东南中心城市举办教育展等形式争抢国内生源。由于作为 WTO 法律体系的《服务贸易总协定》将教育服务列为第五大类服务，故中国入世以后，境外著名院校及企业来华独资办学或与中方教育机构合作办学的势头必然有增无减。当然，教育不是纯粹的经济领域，它除了具有经济功能外，还承载着社会、文化和道德等其他功能，因而国家对教育市场的全方位开放会持审慎态度。但全球化所促成的整个经济运作体制的革命性变化，必然要求中国教育市场逐渐开放。问题的严峻性还在于，处在由传统应试模式向现代素质教育模式转型过程中的中国教育，其现代化进程远远滞后于全球市场经济的发展，从教育理念、人才目标、办学体制、课程设置到师资建设等都面临着外国优质教育服务大量进口的巨大挑战。

教育是一种国际现象，现代教育制度就是国际化的产物，全球化更是带来了教育国际化的加强。随着科学技术的发展，国际间的交通越来越便捷，信息交流越来越快捷，地球变得越来越小，某一国家的某项教育改革迅速传遍全世界。教育的国际性和开放性表现在国际间的人员交流、财力支援、信息交换（包括教育观念和教育内容）、学分学历互认、教育机构的国际合作和跨国的教育活动等方面。只有坚持开放，才能更好地吸收一切优秀文化，充实和丰富我国的教育。过去我们只讲经济全球化，不讲文化全球化、教育全球化。但是毋庸讳言，全球化不仅影响到经济，也影响到文化和教育。如果认为全球化并非一体化，而是指不可避免的互相交往、互相联系、互相影响，那么，教育也不能不纳入全球化的轨道中。教育只有加大开放力度，才能了解世界上的先进科学技术，吸收世界优秀文化成果，为我所用。教育国际化的另一个重要内涵是培养具有国际视野，关心和了解国际形势和发展，了解多元文化，懂得国际游戏规则，具有国际交往能力的人才。没有这种人才，我们很难与别人竞争。日本早在 1984 年教育咨询报告中就提出要培养国际的日本人，韩国也早已提出教育国际化的问题。《国家中长期教育改革与发展规划纲要（2010—2020 年）》就有专门一章“扩大教育开放”，提出要“加强国际交流与合作”“引进优质教育资源”“扩大留学生规模、培养国际化人才”“加强与联合国教科文组织等国际组织的合作，积极参与双边、多边和全球性、区域性教育合作”“加强内地与港澳台地区的教育交流与合作”等。

新教育体制应灵活地向所有社会成员平等开放“绿色通道”，满足其更新自我、发展自我、创造未来的教育需求。这种开放型体制应充分具备学历与非学历、长期与短期、一般与专项相结合的内容结构，具备定点定时、多点多时、随时随地的时间结构，具备整合信息渠道、学习途径多样化，调动广播电视、多媒体及计算机等诸多手段的形态结构。与此配套，创设富有活力的教育评价和认定制度，包括校外学习成就认可制、新型职业资格制等，最终克服与开放教育时代格格不入的、高枕在既得文凭上不思进取的唯学历主义价值观。而从世界范围看，开放的中国教育还应促进师生的国际流动和培训、强化科研的全球交流和合作。前者有助于引进代表人类文明走向的现代教育观念、教育技术、教学模式；后者有助于中国教育吸取国际先进的教育科研手段和方法，尽快缩短与发达国家的学术差距，并迅速站到学科理论的前沿。

（六）教育信息化是教育现代化的制高点

当今世界，国际竞争愈演愈烈，但归根结底是知识、人才和教育的竞争。在新的信息技术环境下，信息化水平已经成为衡量一个国家和地区的核心竞争力、现代化程度的重要标志，以及促进社会生产力发展的重要因素。教育信息化作为国家发展战略要素，成为提升国家竞争力的重要途径。因此，推进教育信息化提升本国竞争力，世界各国纷纷将教育信息化纳入国家发展战略，通过信息化带动教育改革创新。21 世纪头二十年是我国现代化建设的战略机遇期，教育信息化发展必须走在国民经济与社会信息化发展的前列，成为率先实现教育现代化的突破口。“信息技术对教育发展具有革命性影响，必须予以高度重视。”

21 世纪的社会，经济发展和社会生活的各个方面无处不渗透着信息技术，这极大地改变着人们的生产方式、生活方式以及学习方式。世界各国普遍关注教育信息化在提高国民素质和增强国家创新能力方面的重要作用。《国家中长期教育改革和发展规划纲要（2010—2020 年）》正式把教育信息化纳入国家信息化发展整体战略，明确指出：“信息技术对教育发展具有革命性影响，必须予以高度重视”“加快教育信息基础设施建设”“加强优质教育资源开发与应用”“构建国家教育管理信息系统”，要超前部署教育信息网络，大力推动信息化教学深入应用与管理信息化，反映了我国追赶教育信息化国际先进水平的决心。《教育信息化十年发展规划（2011—2020 年）》进一步明确发展目标是：到 2020 年，全面完成《纲要》所提出的教育信息化目标任务，形成与国家教育现代化发展目标相适应的教育信息化体系，基本实现所有地区和各级各类学校宽带网络的全面覆盖，基本建成人人可享有优质教育资源的信息化学习环境，教育管理信息化水平显著提高，教育信息化整体上接近国际先进水平，其次对教育改革和发展的支撑与引领作用充分显现。

随着我国全球化进程的加剧，教育信息化建设的“主动国际化”是不可避免的，教育信息化建设与实践需要全球视野、开放思维和战略眼光。首先，必须积极展开对国外教育信息化情况的研究，了解世界发达国家数字化学习环境发展的态势，明确自己在全球所处的位置和状态，进而借鉴国外的成功经验和失败教训，立足国家实情，发挥自身优势，推动自身发展。其次，积极、主动地参与进国际的交流与合作，促进国际间更加广阔而深入的信息文化互动，不断提升我国教育信息化的影响力。再者，跟踪当前国际上新兴技术和学习支持的发展趋势与应用概况，全面考察技术对学习、教学和研究所带来革命性影响。

事实证明，我国教育改革和发展正面临着前所未有的机遇和挑战，以教育信息化带动教育现代化是当前我国教育现代化发展路径的重要选择。虽然我国在教育信息化建设方面已经取得了一定的成就，但是如何进一步加快推进教育信息化还面临着诸多的困难和挑战。例如对教育信息化重要作用的认识还有待深化和提高；加快推进教育信息化发展的政策环境和体制机制尚未形成；基础设施有待普及和提高；数字教育资源共建共享的有效机制尚未形成，优质教育资源尤其匮乏；教育管理信息化体系有待整合和集成；教育信息化对于教育变革的促进作用有待进一步发挥。

具体而言，我国在信息化建设中，应做到，缩小基础教育数字鸿沟，促进优质教育资源共享。培养学生信息化环境下的学习能力，适应信息化和国际化的要求；加快职业教育信息化建设，支撑高素质技能型人才培养。推动信息技术与高等教育深度融合，创新人才培养模式，加强高校数字校园建设与应用，促进高校科研水平提升，增强高校社会服务与文化传承能力。构建继续教育公共服务平台，完善终身教育体系，推进继续教育数字资源建设与共享。加快信息化终身学习公共服务体系建设。整合信息资源，提高教育管理现代化水平，提升教育服务与监管能力。建设信息化公共支撑环境，提升公共服务能力和水平，完善教育信息网络基础设施。建立国家教育云服务模式。建立教育信息化公共安全保障环境。提高教师应用信息技术水平。建立教育行政部门、专业机构和学校，优化信息化人才培养体系。建立教育信息化技术创新和战略研究机制。建立教育信息化产业发展机制。积极吸引企业参与教育信息化，推动教育信息化国际交流与合作。改革教育信息化管理体制，建立健全教育信息化管理与服务体系。推进学校信息化能力建设与提升行动、国家教育管理信息系统建设行动、教育信息化可持续发展能力建设行动、教育信息化基础能力建设行动，完善政策法规，制定和落实教育信息化优先发展政策，完善教育信息化相关法规。支持教育信息化产业发展，做好技术服务，加强教育信息化标准规范制定和应用推广。建立和完善教育信息化创新支撑体系。完善信息安全保障。完善教育信息化运行维护与技术支持服务体系。落实经费投入，建立经费投入保障机制，鼓励多方投入。加强项目与资金管理。

三、我国教育现代化的表现与价值追求

《国家中长期教育改革和发展规划纲要（2010—2020 年）》指出，“到 2020 年，基本实现教育现代化，基本形成学习型社会，进入人力资源强国行列。”具体表现为：更高水平的普及教育、惠及全民的公平教育、更加丰富的优质教育、体系完备的终身教育以及充满活力的教育体制等五个方面。这五个方面，是我国在审视世界教育现代化本质、充分分析我国教育发展实际的基础上提出的，反映了我国教育现代化的价值诉求。

（一）更高水平的普及教育

教育现代化的目标之一即实现更高水平的普及教育。基本普及学前教育；巩固提高九年义务教育水平；普及高中阶段教育，毛入学率达到 90%；高等教育大众化水平进一步提高，毛入学率达到 40%；扫除青壮年文盲。新增劳动力平均受教育年限从 12.4 年提高到 13.5 年；主要劳动年龄人口平均受教育年限从 9.5 年提高到 11.2 年，其中接受高等教育的比例达到 20% 以上，具有高等教育文化程度的人数比 2009 年翻一番。

表 2.2　教育事业发展主要目标

指标		2009 年	2015 年	2020 年
学前教育	幼儿在园人数（万人）	2 658	3 530	4 000
	学前三年毛入园率（%）	50.9	62	75
	学前一年毛入园率（%）	74	90	95
九年义务教育	在校生（万人）	15 772	16 100	16 500
	巩固率（%）	90.8	93.0	95.0
高中阶段	在校生（万人）	4 624	4 500	4 700
	毛入学率（%）	79.2	87.0	90.0
职业教育	中等职业教育在校生（万人）	2 179	2 250	2350
	高等职业教育在校生（万人）	1 280	1 390	1 480
高等教育	在学总规模（万人）	2 979	3 350	3 550
	在校生（万人）/其中研究生（万人）	2 826/140	3 080/170	3 300/200
	毛入学率（%）	24.2	36	40
继续教育	从业人员继续教育（万人次）	16 600	29 000	35 000

（二）惠及全民的公平教育

（1）形成惠及全民的公平教育。坚持教育的公益性和普惠性，保障人民享有接受良好教育的机会。建成覆盖城乡的基本公共教育服务体系，实现基本公共教育服务均等化，缩小区域差距。努力办好每一所学校，教好每一个学生，不让一个学生因家庭经济困难而失学。切实解决进城务工人员子女平等接受义务教育问题。保障残疾人受教育权利。

（2）把促进公平作为国家基本教育政策。教育公平是社会公平的重要基础。教育公平的基本要求是保障公民依法享有受教育的权利，关键是机会公平，重点是促进义务教育均衡发展和扶持困难群体，根本措施是合理配置教育资源，向农村地区、边远贫困地区和民族地区倾斜，加快缩小教育差距。教育公平的主要责任在政府，全社会要共同促进教育公平。

（三）更加丰富的优质教育

（1）提供更加丰富的优质教育。教育质量整体提升，教育现代化水平明显提高。优质教育资源总量不断扩大，人民群众接受高质量教育的需求得到更大满足。学生思想道德素质、科学文化素质和健康素质明显提高，各类人才服务国家、服务人民和参与国际竞争能力显著增强。

（2）把提高质量作为教育改革发展的核心任务。树立科学的教育质量观，把促进人的全面发展、适应社会需要作为衡量教育质量的根本标准。树立以提高质量为核心的教育发展观，注重教育内涵发展，鼓励学校办出特色、办出水平，出名师，育英才。建立以提高教育质量为导向的管理制度和工作机制，把教育资源配置和学校工作重点集中到强化教学环节、提高教育质量上来。制定教育质量国家标准，建立教育质量保障体系。加强教师队伍建设，提高教师整体素质。

（四）体系完备的终身教育

构建体系完备的终身教育。学历教育和非学历教育协调发展，职业教育和普通教育相互沟通，职前教育和职后教育有效衔接。继续教育参与率大幅提升，从业人员继续教育年参与率达到 50% 以上。现代国民教育体系更加完善，终身教育体系基本形成，促进全体人民学有所教、学有所成、学有所用。

（五）充满活力的教育体制

（1）健全充满活力的教育体制。进一步解放思想，更新观念，深化改革，提高教育开放水平，全面形成与社会主义市场经济体制和全面建设小康社会目标相适应的充满活力、富有效率、更加开放、有利于科学发展的教育体制机制，办出具有中国特色、世界水平的现代教育。

（2）坚持教育公益性原则，形成以政府办学为主体、全社会积极参与、公办教育和民办教育共同发展的格局。深化公办学校办学体制改革，积极鼓励行业、企业等社会力量参与公办学校办学，扩大优质教育资源，增强办学活力，提高办学效益。改进非义务教育公共服务提供方式，完善优惠政策，鼓励公平竞争，引导社会资金以多种方式进入教育领域。

（3）大力支持民办教育。民办教育是教育事业发展的重要增长点和促进教育改革的重要力量，各级政府要把发展民办教育作为重要的工作职责，鼓励出资办学，促进社会力量以独立举办、共同举办等多种形式兴办教育。支持民办学校创新体制机制和育人模式，提高质量，办出特色，办好一批高水平民办学校。

第三节　教育现代化的影响因素及评价

一、影响教育现代化的因素

随着我国教育改革的不断深入，教育的国际化问题日益浮出水面，尤其是在中国加入 WTO 后，一些学者开始思考在全球化的背景下，有哪些因素将推动或阻碍教育现代化的进程。

（一）外部因素

1．全球化背景

从 16 世纪地理大发现，引发欧洲商业革命，奏响了经济全球化的序曲，到 20 世纪跨国公司的蓬勃发展，网络经济的推波助澜，进入 21 世纪，全球化已成为世界经济发展不可逆转的时代趋势。全球化的显著特征是：各国间的合作与开放力度不断加大，而相互的竞争亦随之激化。与此同时，人类文明也正在重构新的表现形式，异质文化间的冲突与融合、传统与现代间的矛盾日益凸显。在这种全球化的背景下，21 世纪既充满了发展的机遇，同时又存在着诸多不确定的因素。经济全球化以全球市场化为目标，以全球信息为条件，使世界各国在市场和生产上的相互依存日益加深，全球化推动了人力、资金、商品、服务、知识、技术和信息等实现跨国界的流动，促进了各种生产要素和资源的优化配置。同样，经济全球化也推动了教育的国际化，加强了各国之间在教育资源方面的交流，迫使各国的教育市场向全球开放，从而各国都可能利用全球的教育市场。①

经济全球化直接导致对教育的依赖与日俱增：无论是为了加强国际经济间的合作，还是为了增强国际竞争实力；无论是为了机遇，还是为了克服不确定因素，一切都离不开教育。而教育，则必须应对全球化对自己提出的挑战：必须意识到自身所肩负的历史使命，必须适应时代发展的要求不断关注世界，必须为人类文明发展作出自己的贡献。

在全球化背景下，我们需要明确意识到，经济全球化是教育国际化的物质基础，经济全球化要求学校加强国际交流，要求学校必须培养高素质人才，同时经济全球化促进了国际教育产业的发展。因此全球化背景下的教育现代化，应该要树立教育国际化的观念，要确立教育国际化的培养目标，要构建教育国际化的课程体系，加强学术、教师之间、学生之间的国际交流，要发展国际合作办学。②

2．科技进步水平

现代教育是现代生产的产物，而现代生产又是建立在科技和生产力高速发展的基础之上的。"科学技术的发展给人类带来的最大的变革就是生产工艺的变化。新的技术在生产中的应用使生产不断变革，造成产业结构的变化，行业的变化和工人的全面流动。这就对教育从制度上、目标上、内容上、方法上提出了不同于传统教育的要求。"③④顾明远先生在《新的科技革命和教育的现代化》一文中详细论述了新科技革命对现代教育产生的影响：新的科技革命要求增加智力投资，提高投资的经济效益，培养适应新的科技革命的人才；加强教育同现代生产和现实生活的联系，把教育同生产劳动结合起来；教育的概念需要扩大；继续进行教学改革，进一步实

① 赵烁．全球化与教育[J]．河北大学学报：哲学社会科学版，1999（9）：114-116.

② 杨德广．经济全球化与教育国际化[J]．中国高教研究，2002（3）：25-27.

③ 顾明远．教育与需求——现代教育发展中的主要矛盾（上）[J]．比较教育研究，1995（3）.

④ 顾明远．教育与需求——现代教育发展中的主要矛盾（下）[J]．比较教育研究，1995（4）.

现教育的现代化；重视对学生德智体的全面培养；提高师资的水平是实现教育现代化的保证。[①]

3．社会经济发展

联合国教科文组织国际教育发展委员会《学会生存——教育世界的今天和明天》报告指出，“多少世纪以来，特别是在发动产业革命的欧洲国家，教育的发展一般是在经济增长之后发生的。”经济发展为教育发展提供了物质保证。一般而言，经济发达国家和地区的教育投入在绝对数量和占国民经济的比例均较高，政府、社会、个人投资教育的能力具有相当的潜力，相反，大多数发展中国家和经济欠发达地区，经济基础薄弱，虽然在政府引导的情况下教育可以得到一定程度的发展，但难以形成教育与经济之间的良性互动机制。教育现代化要想得到长足的发展，必须建立起与经济交互友好的相互促进关系。[②]

4．区域文化差异

单纯从经济、科技的角度看，很难解释为什么一些国家经济发展程度相当、社会意识形态相同，但其教育体制却各具特色。因此，一些学者开始尝试从民族文化传统中寻求答案。1995 年，顾明远先生与高益民博士在《现代化与中国文化传统教育》一文中系统地探讨了文化传统与现代化的关系。1998 年，顾明远先生主持编写的《民族文化传统与教育现代化》一书则更为详细地论述了中、日、美、英、德、俄六个不同国家民族文化传统对教育现代化的影响。顾明远先生 2001 年的《民族文化传统与教育的现代转化》一文和 2004 年的《中国教育的文化基础》一书也是这一思想的延续。[③]文化对课程的价值取向、教育观及人身心发展特点的影响决定了文化是教育的“生态环境”。教育现代化的步伐不可避免地要受到社会文化的影响。

首先，文化决定了课程的价值取向。课程与文化有着天然的血肉联系，一方面，文化造就了课程，文化作为课程的母体决定了课程的文化品性，并为课程设定了基本的逻辑规则及规范来源，抛开文化，课程就成了无源之水。从课程发展史来看，由于不同民族由相同或不同时代积淀而成的文化传统迥异其趣，因而各种文化传统影响下所形成的课程也便各具特点。

---

① 顾明远．新的科技革命和教育的现代化[J]．北京师范大学学报：人文社会科学版，1984（4）．

② 谈松华，王建．教育现代化区域发展模式研究[M]．北京：北京师范大学出版社，2011：545．

③ 滕珺．关于中国教育现代化的理论探索——顾明远的教育现代化思想探析[J]．教育研究，2008（28）：32-40．

中国课程的发展平缓而缺少更迭，从未有过西方文艺复兴和技术革命等导致观念变革的宗教、文化和科学运动，从而使中国文化成为一个最为完整的延续体。中国文化的核心在于其社会伦理观念，表现为人与人的相互依存，进而把个人的命运与家庭、国家的利益融为一体，使爱国主义、集体主义具有了坚实的基础。但另一方面，由君臣、父子等推演出来的诸多关系，也压抑了人的个性，使之无法充分自如地发展。这种以伦理为中心的基本价值观成为几千年来课程的核心内容，传播伦理观念的各种经书成为课程的主体。

其次，文化对人身心发展特点具有重大影响。文化对人身心发展的影响首先来自跨文化心理学的研究领域。在这方面颇值得一提的是 20 世纪初文化人类学代表之一玛格丽特·米德的研究，她在萨摩亚从事区域研究，在其《到达萨摩亚的法定年龄》一书中，她尝试以青春期为例证明人的文化形成，并尝试驳倒发展心理学的这种观点：青年在发育阶段产生的不安、好攻击性、对权威的反抗、他们的困惑、争斗等现象是这一年龄阶段生理及心理的反应，因此必然要统统爆发出来。萨摩亚人在成长过程中不受权威的压力、不受家长的严格约束，没有妒忌、性禁区、暴力、对抗和攻击，因此他们在青春期中也就没有明显的危机和冲动。在米德看来，正是萨摩亚人的这种特殊文化环境改变了通常人们在青春期受生理和心理作用而产生的危机性行为特征。米德的论点很清楚，文化对于人的影响力甚至超过人的某些生理和心理的压力。虽然米德的观点遭到了尖锐的批评，有人通过自己的实地调查驳斥了她的上述说法。但是，尽管如此，大家对文化影响力的巨大作用并不因此而加以否认。1966 年，认知发展研究的权威之一皮亚杰曾指出："在我们这种以一定语言为特点的环境中形成的心理学，如果不以必要的跨文化材料加以参校，就基本上是一种猜想。"

再次，文化影响人们的教育观。每个民族团体都具有有关学术性的学习或传统意义的学习的固定而又不言而喻的价值观。这种价值观的传播途径主要有：文化中的神话和传说，教育方面的政治性立法、教师的地位和待遇、主要宗教、家长为孩子作的入学准备以及在建立与学校的关系中所寄予的期望等。文化也在很大程度上决定了学生的学习追求和期望的目标。近几十年来，在美国意外地出现了非洲和太平洋籍的美国人获得高学术成就的现象，其数量远远超过他们在美国这个社会人口的相应比例，这与他们文化中固有的教育观、学术观不无关系。例如，教育成功在日本具有重大意义，学业成绩被认为与个人的品德有着密切的关联。这个观点在日本文化价值体系中已经根深蒂固，当一位学生在学业的追求上尽了最大努力，人们就不但对学生本人，同时也对学生所在的家庭投以尊敬的目光。与这种重要的信念体系相对应的是，日本父母们从孩子的胚胎时期开始就投入大量的时间和精力，重视对孩子们进行正式与非正式的教育。所以，在日本，对孩子们进行教育是日本社会中的头等大事，教师也由此从他们那里获得极大的尊重和支持。这样，对日本学生来说，日本文化中存在着由家庭、学校和社会组成的一个支持联合体。①

顾明远先生认为，民族文化传统与现代化存在着相矛盾、相冲突和相对立的一面，这是人所共知的。一方面，现代化急速地消解文化传统的固有体系，把不适应现代社会的传统剥离开来；另一方面，文化传统的某些内容又阻碍了现代化进程。造成两者对立的原因，是它们总体上代表了不同的时代，但必须看到，民族文化传统与现代化的对立只是相对的，两者之间还有相适应、相协调和相促进的一面。从民族文化传统的角度说，第一，民族文化传统是现代化的基础、前提、立足点和出发点；第二，民族文化传统的合理内核能促进现代化进程。民族文化传统中既有反映时代的内容，也有反映民族性和人类性的内容，后者代表了这个民族乃至整个人类的发展方向，它们虽然存在于旧文化当中，但却不属于旧质文化，相反，它们能在现代化潮流的冲刷下焕发出更加旺盛的生命力；第三，民族文化传统是一个民族发展的动力与源泉，它能形成一种民族精神，激发民族活力，从而使民族在复杂曲折的现代化道路中获得新生。②教育作为文化的一部分，总是受整个文化传统的影响。在实现国家现代化的过程中，教育与民族文化传统交织成了一个十分错综复杂的关系。第一，教育要发挥选择、传播、发现、创造文化的功能；第二，为了创造新文化就要认真吸收世界文明的一切优秀成果，对西方文化传统也有一个选择和创造的过程；第三，教育传统作为文化传统的一部分，其本身也具有进步的一面和保守的一面。教育现代化就是教育传统向现代化转化的过程。③顾明远先生特别强调，今天存在的教育传统已经不是过去教育传统的简单重复，而是经过改造了的；我们不能简单地抛弃教育传统，而需说明它在今天得以存在的历史背景及其对当前教育改革的影响。④

① 雷兵. 教育学的文化观[J]. 云南民族学院学报：哲学社会科学版，2002（5）：109-112.

② 顾明远，高益民. 现代化与中国文化传统教育[J]. 北京师范大学学报：人文社会科学版，1995（5）.

③ 顾明远. 民族文化传统与教育的现代转化[J]. 杭州师范大学学报：社会科学版，2001（11）.

④ 顾明远. 教育：传统与变革[M]. 北京：人民教育出版社，2004：5.

（二）内部因素

从教育自身运转的角度来看，以下因素是影响教育现代化步伐的关键：

1．教育经费投入

根据现代西方经济学的基本理论，在以市场为资源配置主体的社会中，市场机制具有天然的合理性，并在经济运行中起重要作用。但也存在所谓的市场失灵，而市场机制失灵的领域，就是需要政府发挥作用的领域。公共产品和劳务是市场机制发生失灵的一个重要领域，即公共产品和公共服务需要由政府提供。教育是重要的公共产品，需要政府投资，是政府发挥作用的重要领域。①

1993 年，我国《教育发展规划纲要》首次提出了财政性教育经费占 GDP 4% 的目标，直至 2012 年这一目标才得以实现。教育现代化是一项长期性的工程，没有大量经费投入做保障，“教育现代化”的理想也只能幻灭。我国教育经济学奠基人王善迈教授认为：“从长远来看，要保障教育优先发展战略的实施和增加政府对教育投入需要建立健全教育财政制度，以制度保障政府教育投入，避免因政府换届、政府领导人的更替等导致政府教育投入的随意性。同时要严格按照国家规定，规范财政性教育经费的统计范围和统计口径，制止在财政性教育经费统计中弄虚作假，做数字游戏，形式上增加教育经费，而非实质性增加教育经费的行为。”②同时提出了从财政制度上保障政府教育投入的途径，包括：进一步推进国家财政预算体制改革，做大财政预算蛋糕；制定各级各类教育生均经费标准和财政拨款标准，将其全部纳入中央和地方预算；明确界定各级财政教育支出责任；教育财政和学校财务公开化；规范政府教育投入计算范围和口径。

2．教师专业发展

教师的素质是任何教育改革成功的关键所在，尤其是学校教育改革，所有的改革方案是由具体执行者——教师来承担的。因此，只有当教师的知觉和态度有了明显的变化，而且当他们得到帮助来发展必要的新技能时，才能取得教育改革的具有重大意义的成功。正如联合国教科文组织所警示的那样，“没有教师的协助及其积极参与”或“违背教师意愿”的教育改革，从来没有成功过。③

---

① 陈赟．1978 年以来我国教育投入研究[J]．清华大学教育研究，2006（4）：23-30，46．

② 王善迈．以制度规范保障财政教育投入[J]．教育与经济，2012（3）：1-3．

③ 谢翌．教师信念：学校中的“幽灵”——一所普通中学的个案研究[D]．长春：东北师范大学，2006：42．

拥有现代化的师资队伍是教育现代化的内涵之一。追求教师群体的现代化离不开对于教师专业发展的探寻。1996 年，第 45 届国际教育大会以“加强变化世界中的教师的作用”为主题，强调教师在社会变革中的作用，并建议从四个方面予以实施：第一，通过给予教师更多的自主权和责任提高教师的专业地位；第二，在教师的专业实践中运用新的信息和通讯技术使“知识创造力”成为决定实践成功的关键；第三，通过个人素质和在职培养提高其专业性；第四，保证教师参与教育变革以及与社会各界保持合作关系。[①]在探索教师专业发展的过程中，国内外学者对教师的专业结构进行了解构与细化，在现有的关于教师专业结构构成的分析中，有代表性的四种观点如表 2.3 所示。教师的教育信念、知识、能力、专业态度和动机、自我专业发展需要和意识被认为是教师专业发展的主要维度。

表 2.3 几种教师专业结构的不同分析[②]

研究者	教师专业结构
叶澜	1. 专业理念；2. 知识结构；3. 能力结构
艾伦	1. 学科知识；2. 行为技能；3. 人格技能
林瑞钦	1. 所教学科的知识（能教）；2. 教育专业知识（会教） 3. 教育专业精神（愿教）
曾荣光	1. 专业知识；2. 服务理想

学者们在探讨教育现代化的实现目标时，无一例外地认为人的现代化是教育现代化的根本价值诉求，同时，也非常一致地认为，人的现代化离不开教师队伍的现代化，而教师队伍的现代化关键在于教师是否具备了自我专业发展的内在主观动力。意味着教师具有“把自身的发展当做自己认识的对象和自觉实践的对象，理智地复现自己、筹划未来的自我、控制今日的行为”，使得“已有的发展水平影响今后的发展方向和程度，使得未来发展目标支配今日的行为”。[③]

二、关于教育现代化的评价指标研究与实践

教育现代化既是一种教育的价值追求，也是一种教育改革行动、教育

---

① 叶澜，等. 教师角色与教师发展新探[M]. 北京：教育科学出版社，2001：205.

② 叶澜，等. 教师角色与教师发展新探[M]. 北京：教育科学出版社，2001：230.

③ 叶澜. 教育概论[M]. 北京：人民教育出版社，1991：217-218.

事业发展的导向目标。由于管理的需要、教育现代化的推动和可操作性的需要，对一个国家、一个地区其教育现代化状态、差距需要评估，需要断定是真现代化还是假现代化，教育现代化程度如何，教育现代化举措是否有效等，就涉及教育现代化的评价及其评价指标体系问题。

（一）国外的教育现代化评价指标体系

一些国际机构和发达国家通用的衡量教育发展水平的世界教育指标及其主要内容，某种程度上代表了对教育现代化程度的衡量，为我们提出教育现代化的衡量指标、标准提供了借鉴和启示。

1. 联合国教科文组织（UNESCO）的世界教育指标

联合国教科文组织每年度编撰的《世界教育指标》共包括 11 个方面的内容：人口和国民生产总值；识字率、文化和通讯；学前教育入学率和正规学校教育的年限；义务教育和小学教育年限、小学学龄人口和入学率；小学教育的内部效率；中等教育年限、学龄人口和入学率；学前教育、小学教育和中学教育的教师；第三级教育按国际教育标准分类的入学率；第三级教育按学科大类分类在校生和毕业生；私立学校在校生比例和公共教育经费；公共经常性教育经费投入。这一指标确立了世界教育指标体系的三个理论框架：首先，教育与政治、经济、社会、文化、人口的关系是总的理论前提；其次，教育供给和需求是决定一个国家和地区教育发展水平的直接因素；最后，在教育资源供给与需求的均衡过程中，教育质量与公平是教育走向现代化必然要解决的至关重要的两个问题。这个指标体系分教育供给、教育需求、入学和参与、教育内部效率、教育产出五个部分 21 项指标。

2. 经济合作与发展组织（OECD）的教育指标

经济合作与发展组织自 1991 年以来，每年发布 OECD 教育指标。2001 年的指标体系包括 6 个部分：教育的背景；教育的经费投入和人力资源投入；入学机会和教育的参与与进步；学习环境和学校的组织；教育对个人、社会和劳动力市场的影响结果；学习的成果。这 6 个方面包括了教育的背景、投入、过程、结果，可以认为 OECD 的指标是综合运用“背景、投入、过程和成果（简称 CIPP 模式）”分析教育与人力资源发展的典型代表，用一系列指标动态地显示出来，进行从微观到宏观、简单到复杂的投入产出式分析，由人口背景、教育经费、受教育机会参与与进步、学校的学习环境和组织管理、个人产出和社会产出以及劳动力市场产出、学生成绩六类

31 项指标构成。

3．世界银行（World Bank）的世界发展指标

世界发展指标主要内容包括概况、人口、环境、经济、政府与市场和全球的联系等六个部分。与教育和人力资源直接相关的是人口部分的指标，含人口动态，劳动力结构，按经济活动划分的就业，失业，工资与劳动生产率，贫困，与贫困有关的社会指标，收入分配或消费结构，对易受伤害程度的评估，改善保障程度，教育投入，受教育的机会、教育效率，教育成果，卫生保健支出、服务和使用，疾病防治，体育卫生，健康和死亡率等 19 个方面的 84 个指标。

4．联合国开发计划署（UNDP）的《人文发展报告》

联合国开发计划署编撰的《人文发展报告》包括 8 个方面的指标：人类发展指数，寿命与健康，获取知识，获取资源和高质量的生活，可持续发展，保护人的安全，实现男女平等，人权和劳动权利。这 8 个方面下又包含 29 个项目，每个项目由若干指标构成。

5．美国教育部的教育统计和教育状况

美国教育部国家教育统计中心每年出版多种统计报告，其中使用最为广泛的有《美国教育统计摘要》《美国教育状况》《美国州教育指标》《教育统计季刊》《教育统计预测》等。这里我们仅择要介绍两种。

《美国教育统计摘要》从 1962 年开始出版，至 2001 年是第 37 次。2001 年的《美国教育统计摘要》由 7 个部分构成：各级各类教育概况，初等和中等教育，中学后教育，联邦教育项目及相关法律，教育的结果，教育的国际比较，图书馆和教育技术。统计数据涉及的范围很广，包括学校数、学生数、教师数、毕业生数、人口的文化程度分布、教育经费、联邦政府对教育的资助、图书馆以及国际比较数据等。此外还包括一些非数量的事实性内容，例如列出了美国自 1787 年至 2000 年颁布的所有教育法令及其主要内容。

《美国教育状况》共由六个部分构成：教育的参与，学习的结果，学生的努力和教育的进步，小学和中学教育状况，中学后教育状况，社会对学习的支持。每个部分包括若干指标，一共有 44 个指标。

从国际来看，目前国际上对教育现代化进行评估衡量的指标体系比较权威的是前三种指标。[①]仔细比较可以看出，三个指标体系共同关注的问

① 徐玲．国际教育指标体系的分析与思考[J]．教育科学，2004（2）．

题有：教育投入、教育的参与和受教育机会、教育的成果及产出。但由于各个指标体系制定的出发点不同，所以其关注的重点也不同，其中世界经济合作与发展组织的指标体系最为完善，世界银行的指标体系则比较直观且针对性强，易为社会公众理解和接受。[①]

（二）国内教育现代化评价指标体系研究

从国内来看，众多学者对教育现代化指标体系的构建提出了很多颇具启发的见解。李健宁、潘苏东以开放的复杂巨系统理论及方法论为指导，将教育现代化系统（EMS）和压力——状态——响应框架模型结合起来，提出教育现代化指标体系框架与政策工具矩阵的基本构想，把教育现代化指标体系分为三个系统（教育现代化动力系统、教育现代化质量系统和教育现代化公平系统），每个系统通过压力——状态——响应框架模式再细分出各级子指标；同时还讨论了设置教育现代化指标体系中硬评价与软评价的结合、参照标准和动态标准的确定两个急需解决的难题。[②]浙江大学教育系杨明教授提出现在国际上有一套对教育现代化比较通行的量化标准，这套标准主要有十一个指标与参数：① 公共教育经费：国际标准为每年 100 亿美元；② 公共教育经费占国民生产总值的比重：世界平均水平为 4.9%，发达国家为 5.1%，欠发达国家为 4.1%，国际标准为 4.7% 以上；③ 人均公共教育经费：国际标准为 100 美元；④ 留级生百分比：国际标准为 4% 以下；⑤ 学前教育毛入学率：国际标准为 4% 以上；⑥ 小学净入学率：国际标准为 95% 以上；⑦ 中学净入学率：国际标准为 90% 以上；⑧ 大学毛入学率：发达国家 70 年代先后走向高等教育大众化，经过近 20 年发展，其高教入学率基本超过 40%，国际标准为 30% 以上；⑨ 预期的正规教育年数：目前大多发达国家已达 14 年以上，国际标准为 13 年以上；⑩ 每万居民中大学生数：多数发达国家超过 3 000 人，国际标准为 2 000 人以上；⑪ 成人识字率：美国经济学家明瑟认为 80% 的成人识字率是经济起飞的条件，95% 是经济持续起飞走向高消费社会的必要前提，国际标准为 95% 以上。他还指出，虽然随着时代变迁，指标的参数会变化，但这些参数依然是现代化必经的“门槛”，在今后十数年内依然具有几百年的参

① 熊明，刘晖．教育现代化指标体系理论研究综述[J]．江西教育科研，2007（8）：11-14.

② 李建宁，潘苏东．关于教育现代化指标体系设置的构想[J]．现代大学教育，2004（1）.

考价值。[①]

谈松华、袁本涛撰文指出，由于教育现代化具有整体性、结构性和层次性（阶段性）特征，它是一个相对的发展程度，不存在一个衡量教育现代化实现与否的绝对值，因此把教育现代化分为初级、中级、高级三个阶段，不同阶段的教育现代化应有不同的衡量标准。其中定性指标包括教育制度、教育思想与教育观念、教育内容和教育手段与设备、教育管理的制度化和理性化及教育决策的科学化、教师队伍强大且整体师资水平高；定量指标则参照美国社会学家英格尔斯提出的现代化量表，并考虑信息化的因素，选定了八个方面的指标（见表 2.4）。[②]

表 2.4 谈松华、袁本涛制定的教育现代化指标

指标	级别		
	初级	中级	高级
15 岁以上人口的识字率	85% 以上	90% 以上	95% 以上
平均预期受教育年限	不低于 11 年	13 年左右	大于 15 年
中等教育毛入学率	大于 85%	大于 95%	100% 以上
高等教育毛入学率	30% 左右	50% 左右	60% 以上
每万人大学在校生人数	100 人以上	300 人以上	500 人以上
公共教育经费占 GDP 的比例	4%	5%	大于 6%
人均公共教育经费	大于 300 美元	大于 1 000 美元	大于 1 500 美元
教育信息化水平	123 人/每台计算机（美国 1983 年数据），少部分教室连通 Internet；	12 人/每台计算机，5%的教室连通 Internet（1996 年欧盟数据）	9 人/每台计算机，14% 的教室连通 Internet

董焱等人将教育现代化的评价指标体系进行了内容上的细化，从教育理念、教育公平、教育质量、保障水平、管理制度、教育体系、教育普及、服务贡献八个方面分别探讨并建构指标要素（评价点）。[③]

值得一提的是，当人们热切关注教育现代化应建立一个什么样的标准

① 杨明，欧自黎．我们需要什么样的县域基础教育现代化[J]．浙江外国语学院学报，2011（5）：79-84.

② 谈松华，袁本涛．教育现代化衡量指标问题的探讨[J]．清华大学教育研究，2001（11）：14-21.

③ 董焱，王秀军，张珏．教育现代化发展评价指标体系研究[J]．教育发展研究，2012（21）：55-58.

和指标评估体系时，有学者却从另外一个视角考虑，应如何建立或者采用什么方法建立教育现代指标体系。这在确立指标体系的量化方法论方面，给我们提供一种全新的思维方式。浙江大学尹文耀认为，传统的确定现代化的标准存在两个缺陷：一是根据世界银行以人均 GDP 为参照标准，这有悖于现代化全面发展的内涵；二是以历史或当前某一年度的指标值为参照标准，这实际上是一种静态标准。有鉴于此，他运用位序——水平法建立教育现代化指标体系，并以预期受教育年数一个指标为例予以说明。通过建立预期受教育年数——人均 GDP 数学模型、预期受教育年数推算值——位序百分比数学模型、未来各年预期受教育年数——位序百分比数学模型三个数学模型，并结合我国实际情况调整模型预测值，确定反映人口受教育程度的综合性指标——预期受教育年数的现代化标准。①

（三）我国部分省区构建教育现代化指标体系的尝试

2000 年左右，国内发达省份就提出了在 2010 年率先基本实现教育现代化目标。推进区域教育现代化的主要典型省区有广东、上海、江苏等，并制定了相应的现代化指标体系。对国内发达省区的现代化指标体系的分析，将有助于我们进一步思考基于我国国情的教育现代化的发展侧重点、评估方法与模型、路径选择等。

2004 年，广东省颁布《广东省教育现代化建设纲要（2004—2020 年）》。2008 年广东省出台《广东省教育现代化指标体系及评估方案（试行）》，指标体系包括教育现代化保障、教育现代化实践和教育现代化成就等 3 项一级指标，14 项二级指标，43 个主要观测点。②在指标设置上，3 项一级指标按照从静态到动态、从结构到能力、从动力到结果、从现实能力到未来发展的可能逻辑，形成了评估县域教育现代化评估指标体系，分别表征县域教育在现代化的保障、实践、成就等不同方面的特征，分别用于对县域教育的发展保障、发展实践、发展成就等不同方面开展专项评估。14 项二级指标的其中 7 项为必达指标，用★标出，该 7 项必达指标具有一票否决意义，即必达指标如果不能达到 A 级水平，县域教育就不能被评定为“实现现代化”。43 个主要观测点是对二级指标更为详细的界定，并确定了相

① 尹文耀. 中国教育现代化标准量化方法研究——以中国人口预期受教育年数现代化标准为例[J]. 人口研究，2004（6）.

② 中山大学教育现代化研究中心. 广东省县域（市、区）教育现代化指标体系及评估方案（试行）[EB/OL].（2004-08-01）http://emrc.sysu.edu.cn/zgjyxdhyj/zgjyxdhyjnsjd/qt/77610.htm.

应的 A、B、C、D 不同的等级标准。在评价方法上，以接受评估的县域自评（根据指标体系撰写详细的自评报告、并为各项二级指标给出自评等级）为基础，强调县域自评与专家、领导小组的复评相结合，借助自评与复评的互动，坚持“以评促建、以评促改、以评促管、评建结合、重在建设”的原则，最终实现县域教育的发展和现代化水平的提升。这个指标体系基本依据 CIPP（背景、投入、过程、产出）评估模式设计，教育现代化保障、实践、成就，分别对应投入、过程、产出。①

2007 年江苏省颁布了《江苏省（市、区）教育现代化建设主要指标》，江苏省成为全国首家启动县域教育现代化建设和评估的省份。江苏省政府 2013 年初出台了省域层面的《江苏教育现代化指标体系》，2014 年江苏省已有 90% 的县（市、区）通过评估验收，基本实现教育现代化。江苏省教育现代化指标体系由 8 个一级指标、16 个二级指标、46 个检测点组成。在指标设计上，8 个一级指标凸显教育的普及度、公平度、质量度、开放度、保障度、统筹度和满意度等，指标权重能够很好地与江苏教育发展实际的情况结合起来，对教育普及、教育公平、教育资源配置等常规指标所占权重较低，相反，诸如学生综合素质、现代教育制度建设、社会对教育的满意度等非常规指标的赋值权重较高。整个指标体系凸显江苏教育内涵发展的趋势，这是江苏教育现代化指标的亮点所在。

2009 年上海市教委公布《上海市 2010 年教育现代化指标体系》。该指标根据指标的敏感性和重要性以及国际通用性，分别确定了 10 项市级一级指标及 28 项二级指标与 10 项县级一级指标及 28 项核心指标。指标主要反映上海市教育事业规划的科学、合理程度，政府对公共教育事业发展所需资金的保障情况，青少年受教育机会公平程度，教育信息化水平，教育国际交流的活跃程度与开放水平，判断教育资源转化为人力资源的有效程度，学生全面而有个性发展的状况、社会对学校教育总体效果的接受程度等。在指标设置上，省级指标更加注重了省域现代化的国际性、全民性、信息化，宏观指标所占权重更大，凸显省级政府的责任主体及支持力度。区县一级指标凸显以县域为单位的区域现代化的整体推进，指标较之省级指标更为微观，有利于观测和具体操作，尤其凸显了学生全面而有个性发展的状况；在评价方法上，一级指标下二级指标权重的赋值可根据各区县的情况确定，但权重的赋值要突出核心指标的权重。指标实现程度的评测，

---

① 褚宏启．构建教育现代化指标体系的思考[J]．中国高等教育，2013（11）．

采用刚性指标和等级判据评估方法。刚性指标采用统计数据加以评测，软性指标采用等级化描述加以评测（如，很满意—满意——般—不满意—很不满意）。在指标体系创新上，在区县一级指标中，增设了特色指标部分，特色指标主要体现了中小学的社会责任，如农民工子女入学比例，中小学中外合作办学，中小学教育科研能力等。值得一提的是，在区县一级指标中还增加了两个自选指标，鼓励各区县根据各自的实际发展情况推动教育差异化、特色化发展。

苏南地区和珠三角地区是较早启动省内跨区域的教育现代化联动式研究与实践的地区，广东、上海、江苏的三个指标体系代表着我国教育现代化政策实践的较高水平，为进一步的学理研究及经验借鉴奠定了基础。从上述指标体系的内容看，省级层面的教育现代化指标体系都涉及了基础教育、职业教育、高等教育和继续教育，县域层面的教育现代化指标不涉及高等教育；从指标体系的结构来看，均以 CIPP 模式为评估框架，基本涉及了教育的投入、过程与结果三类指标，需要注意的是，因为投入类和产出类指标容易衡量，操作性更强，但过程类指标的设计及操作的效度还有待商榷，尤其是如何将定性的过程类指标与定量的投入类和产出类指标进行无缝对接，是整个指标体系开发中必须予以重视的问题；从现代化的推进范围看，均以分步推进，分步实施为基本原则。各省区根据教育发展的实际情况，逐步推进实现县域教育现代化转向以市乃至以省为单位推进教育现代化，明确了各个阶段全省教育现代化和分区域教育现代化建设达成度，以此增强教育现代化建设的可操作性；在指标体系的价值建构上，省级教育现代化的建设着力点始终以教育公平为主线，从改善硬件水平转向更为注重内涵提升，并根据不同的发展实际，关注教师专业发展水平的提升，注重学生的全面而有个性的发展，大力鼓励和支持学校特色发展。

由于教育现代化的动态性、复杂性和文化背景的多样性，力图建构一个放之四海皆准的指标评估体系的努力显然困难重重。当然这并不妨碍我们对关键因素和主要指标达成共识，并在区域教育现代化领域进行探索。

三、教育现代化的评价指标体系的基本要素

国内外学者对教育现代化的评价指标体系均做出了持续性的关注和研究，特别是国内一些走在教育现代化前列的地区，已经建构了比较完备的教育现代化评价指标标准。在国内外指标探索实践的基础上总结分析教育

现代化指标体系中的核心要素，①②有助于我们把握教育现代化可持续发展的方向，有助于后续研究者在批判性借鉴的基础上进一步完善教育现代化指标体系，并提出适合当地区域教育现代化发展的指标参考。

1．规模指标

首先，教育现代化需要有一定规模的保证，它涉及教育内部结构之间的数量分布以及教育服务与功能的对象数量。更离不开整个城市人口的文化和劳动者文化等因素。在教育规模指标中，涉及学前教育、义务教育、高中教育、职业教育、成人教育、高等教育和民办教育的评估内容有：学前教育校均规模；学前教育班级规模；小学校均规模；小学班级规模；初中校均规模；初中班级规模；高中教育入学率；职业教育入学率；职业学校与学院的比例；职业教育人数占总量的比例；职业教育在校女生占在校生总人数的比例；成人教育人数占总量比例；成人教育在校女生占在校生总人数的比例；高等教育入学率；大学在校生占高等教育在校生总人数的比例；大学在校女生占高等教育在校生总人数的比例；民办学校的比例；民办教育人数占总量比例。

2．经费指标

教育投入指标应包括教育经费和教育从业人员两项评估内容。教育经费的评估内容有：财政性教育经费支出占 GDP 的比重；政府公共教育投入占义务教育投入总额比重；各级各类教育经费占教育经费总额的比例；各级各类教育生均支出占人均 GNP 的比例；教师工资占教育经费总额的比例。教育从业人员的评估内容有：每千人中各级教师的人数；每千人中各级女教师的人数；教师的学历达标（体现教师专业发展水平）；特级教师的比例；教辅人员与教师的比例；教师平均年教学时间；各级各类学校的师生比（反映教学效率）。

3．质量指标

质量是教育现代化的本质性内涵，只有质量的保证，数量与规模才能产生显著的意义。与教育质量相关的因素首先是教师队伍的发展状况，其次是教与学的过程，更主要的是学生的学习质量，尤其是学生最终适应社

① 成媛．西部地区教育现代化指标体系的构建[J]．北方民族大学学报：哲学社会科学版，2010（6）：133-136.

②《上海高等教育现代化指标研究》课题组．上海高等教育现代化框架及其指标的展望[J]．教育发展研究，2007（2B）：17-23.

会经济发展需求和获得个体全面发展的程度。在教育质量指标中，有关教师队伍、课程与教学模式的评估内容有：各级各类学校教师学历的达标率；使用国家、地区与本校教学材料的比重；教学软件的使用率；学具的使用率；各级各类学校教育中生均计算机数；双语教学的学校比例；各级各类学校教育的留级率；初中毕业生接受中等教育人数占总数的比例；高中毕业生接受高等教育人数占总数的比例；职业学校、学院毕业生的一次就业率；本科毕业生的一次就业率；本科毕业生接受硕士学位学习的人数占总数的比例。

4．成就指标

在教育成就指标中涉及基本统计、成人教育水平、教育公平度、教育信息化和国际化程度的评估内容有：各级各类学校的入学率；成人识字率；社会劳动力平均受教育年限；适龄人口受高等教育的人数；每万居民中接受高等教育的女学生人数；每万人中具有高中以上文化程度的人数；新增劳动力受教育的年限；适龄流动儿童少年的就学率；残障儿童的就学率；家庭贫困学生的就学率；少数民族学生的就学率；留级与辍学率；教育信息网络校校通的学校比例；社会劳动力掌握市民英语百句的人数比例。

5．管理指标

在知识经济社会中，政府的管理角色需要发生转变，建立现代化教育的治理结构，是教育现代化发展的重要关键。学校则在拥有更多的办学自主权，有责任为教师与学生提供尽可能全面的服务和帮助，确保学生能正常入学或者学习。在教育管理指标中涉及学校管理水平、学校内质量保证系统、外部监测评估体系的评估内容有：基于绩效的政府经费拨款制度和基于结果的政府管理模式；政府、社会和学校等利益相关者共同参与的监测与评估制度；学校自主管理模式和教育教学质量管理系统；以学生为本的学习支持服务体系包括资助、弹性学习和跟踪等。

第三章　区域教育发展与山区县教育现代化进程中的障碍

教育现代化既是一种理想的价值追求，也是社会现代化对教育的期许。然而，教育现代化是一个受多种因素制约的系统工程，特别是不同地域差异，包括自然环境、文化生态、经济发展水平等。因此，对西部地区山区县教育现代化实施路径的考察，必须放在区域教育发展视域下进行研究。

第一节　教育现代化进程中的区域差异

一、区域教育发展

（一）区域与区域教育

“区域”是一个复杂交叉、相对性很强的多变概念，很难给定严格的范畴和边界。根据《中国大百科全书》的解释，“区域”是指通过选择某个或某几个特定指标在地球表面划分出具有一定范围、连续而不分离的空间单位。区域强调地域的同质性和内聚力，也可理解成文化圈。“区域”也是许多学科研究的共同主题，但视角却是不同的。地理学将其定义为地球表面的地域单元，政治学将区域看成是国家管理事业的行政工作单元，因此其边界与行政区域界限相重合，任何一个行政区划都可以称作区域；社会学把区域作为基于相同的语言和信仰以及民族关系等特征的人类社会文化聚落，其边界可以超越行政区划和地理区域，如汉水流域地区、秦陇地区、齐鲁地区等；经济学对区域的解释更复杂，依据地域的人口和经济总体特征可分为城市、农村和山区，依据经济功能可分为农区、林区、牧区、渔区等；区域还是一个相对概念，单以行政层面讲，就有省、市、县、乡等；区域有时甚至还可能是一个抽象的、观念上的概念，如“经济欠发达地区”，等等。本研究中的“区域”，指在地理环境上相连、在经济上相融、在文化上相近、跨行政区划的空间范围。

区域教育则是指这一空间范围内带有空间特点的教育系统。它与区域经济社会发展一脉相承，是区域社会事业发展与管理的重要组成部分，也就是说，它是区域社会发展的一个子系统，它既体现全国教育发展的一般规律，也体现区域发展的特殊性。之所以要研究区域教育发展，目的在于考虑国民教育的整体性与区域环境的特殊性、差异性，使区域教育和区域经济社会发展有效互动，减少文化上的阻力。

（二）我国区域教育发展研究概况

我国是一个地理、经济、文化环境十分复杂的国家，不同区域由于经济、文化、历史、人口等因素的复杂性，也必然导致教育上的差异性。因此，计划经济背景下的教育发展战略是不适合区域多样性现实的。从 20 世纪 80 年代开始，教育理论工作者遵循“教育与社会相互联系相互制约”的基本规律，开始研究区域教育发展问题，并且初步形成了区域教育学。区域教育研究的理论基础是：教育与区域发展的互动理论（包括现代化理论与区域教育现代化、区域内外互赖发展理论与区域教育依赖、内源发展理论与区域教育发展、非均衡发展理论与区域教育资源配置理论等）、可持续发展与区域基础教育发展、产业分工理论与区域职业教育发展、区域竞争理论与区域高等教育发展等[①]。研究的内容主要包括区域教育与区域政策、经济、人口、文化传统等之间的关系。

区域教育研究，一方面关注理论研究，更多的学者则更加关注国家一般政策变化，特别是国民教育政策导向下的区域教育问题，包括区域教育可持续发展研究、区域教育现代化研究、区域教育发展不均衡研究、区域教育投资研究、区域教育发展战略统筹研究等[②]。各级教育类的研究项目也非常重视区域教育问题的应用研究，并且已经成为一种研究导向。

① 高兵. 区域教育发展的基本理论框架研究[J]. 教育探索，2011（10）：13-14.

② 焦瑶光. 区域教育研究的兴起和区域教育学的构建[J]. 西北大学学报：社会科学版，2005（2）：37-38.

二、教育与区域经济社会发展的互动关系

(一)区域教育现代化水平与区域经济社会发展有密切联系

马克思主义的社会再生产理论认为，教育是劳动力再生产的必要手段与条件，在整个社会再生产中占据着重要地位。[①]人类教育发展的规律也表明，经济是教育发展的基础，同时，教育又促进经济的发展。所以说，区域经济的落后，一定程度上讲是区域社会发展的人才培养的落后。但是，在我国区域经济发展中，却不乏教育科技实力强而区域经济却十分落后的地区，比如陕西就是一个典型的案例。陕西是著名的科技大省、文化大省、资源大省、教育大省，但经济发展却长期落后于全国平均水平，形成著名的“陕西现象”[②]——教育规模大，但是现代化程度并不高。胡卫等人研究了 2003—2007 年我国各省份教育现代化程度，其计算办法是：根据教育现代化十大核心指标（预算内教育经费占政府财政支出比例、中小学专任教师本科及其以上学历比例、中小学师生比、高校专任教师研究生学历所占比例、中小学生机比、中小学建网率、高等教育中外国留学生比例、成人接受继续教育和培训比例、初中阶段净入学率、6 岁及 6 岁以上人口平均受教育年限等）数据加权计算，发现，华北地区最高，从 2003 到 2007 依次是 0.5977、0.6266、0.6546、0.6740、0.6964，最高的省份是北京市 0.88、0.93、0.95、0.97、0.98，最低的是西藏，为 0.31、0.36、036、0.37、0.41，陕西省依次是 0.49、0.5、0.53、0.54、0.58，地区差距非常大。2007 年各省教育现代化水平排名次序靠前主要在东部地区，依次是北京 0.98，上海 0.94，天津 0.78，浙江 0.77，江苏 0.73，靠后的主要在西部地区，其中为西藏 0.41，青海 0.45，甘肃 0.52，贵州 0.53，广西 0.53，内蒙古 0.53，宁夏 0.54，四川 0.55，云南 0.55，陕西 0.58，重庆 0.61，新疆 0.63。[③]针对这一现象，蔡立雄[④]从制度经济学角度探讨，认为，原因在于人们还没有形成与现代市场经济发展相适应的意识形态和非正式制度，在于陕西人的思想观念还没有根本改变。

---

① 马克思. 资本论：第 2 卷[M]. 北京：人民出版社，1953：642-656.

② 钟京. 关注“陕西现象”[J]. 发展，2003（10）：27-28.

③ 胡卫，唐晓杰. 中国教育现代化进程研究[M]. 北京：教育科学出版社，2010：113-120.

④ 蔡立雄.“陕西现象”的制度经济学解读[J]. 西北农林科技大学学报：社会科学版，2008（3）：14-19.

（二）区域高等教育对区域现代化有着最为密切的关系

教育与区域经济社会发展互动关系，最典型的表现在高等教育上。比如，有学者分析教育的“陕西现象”时，就认为，陕西是教育大省，但教育对区域发展的贡献并不高，教育的现代化程度低，主要是因为陕西省高等教育与区域经济社会发展的脱节。王丽芳[①]从经济学角度进行数据分析，认为陕西教育与经济存在极度不协调，主要原因在于陕西的高等教育本身的定位缺陷；赵大良[②]从陕西教育历史及现状的角度分析这一现象，指出：陕西的高等教育实际不属于陕西，而是在为全国办高等教育。在高等教育管理权下放地方的情况下，省域的高等教育的发展必须从专业设置、人才培养层次和高等教育的评估指标方面注意与地方社会和经济的发展相结合。

区域高等教育为区域经济社会互动发展,实现高等教育区域化的基础,是现代高等教育发展的大趋势。从逻辑上讲，区域高等教育与高等教育区域化是两个不同概念。区域高等教育主要指高等学校的隶属关系，即属于地方政府（省、中心城市），是相对于隶属于中央政府所办的高等学校，又称为地方院校。而高等教育区域化则是高等教育办学的一种方向定位，即为区域社会服务。高等教育区域化是中央和地方院校可能的共同选择。高等教育区域化是我国近十年来高等教育建设与发展的共识,“高等教育区域化表现为，一方面高等教育系统作为区域经济社会发展整体的有机组成部分，为区域的经济、社会等各方面发展服务；另一方面区域在享有高等教育所创造的各项智力成果的同时也要承担发展高等教育的责任，两者是相互促进，融为一体的”。[③]

高等教育区域化，既是部属高等学校办学的导向，更是区域（地方）高等学校办学的功能取向。统计表明[④]，2002 年，全国共有普通高等学校 1 396 所，其中教育部直属 72 所，省（区）属及中心城市所属院校达 1 324 所，占 95%。因此，总结和研究占我国高校 95% 的区域高等学校 30 年来所走过的道路，对于进一步优化我国高等教育结构，办人民满意的高等教育是十分必要的。

① 王丽芳．高等教育对区域经济的影响初探[J]．宁夏师范学院学报：社会科学，2008（4）：140-142.

② 赵大良．关于陕西高等教育现象的思考[J]．高等教育与学术研究，2008（3）：50-53.

③ 耿涓涓．区域高等教育发展战略研究的产生及动向[J]．江苏高教，2001（4）：27-29.

④ 张振助．高等教育与区域互动发展论[M]．桂林：广西师范大学出版社，2004：148.

1．我国区域高等教育政策梳理

我国区域高等教育的发展，是在我国高等教育政策变化的大背景之下逐步发展的。四十多年来，我国高等教育政策的变化和调整经过了以下四个阶段：

（1）恢复高等教育秩序（1978—1984 年）。

在尊重知识、尊重人才、拨乱反正、以经济建设为中心的政治背景下，1977 年 10 月国务院宣布当年恢复高考，标志着我国高等教育体制全面恢复。1988 年建立了学位制度，高等教育形成了全日制教育和非全日制教育（广播电视大学、自学考试、函授等）基本体系，以缓解人才的匮乏。管理体制上政府依然是教育资源配置主体,有限的教育资源多向重点院校倾斜，公立学校一统天下。

（2）变革管理体制（1985—1992 年）。

1985 年,《中共中央关于教育体制改革的决定》(以下简称《决定》,拉开了与改革开放相适应的我国教育体制改革的序幕，高等教育也是改革的重点之一。《决定》指出："教育体制改革的根本目的是提高民族素质，多出人才、出好人才"，"教育必须为社会主义建设服务，社会主义建设必须依靠教育"，高等教育为区域经济社会建设服务开始受到关注。高等教育体制上，开始加快高等专科教育和高等职业教育，政府向高等学校下放部分办学自主权，市场因素开始介入高等教育，自费生、委培生开始出现，1989 年国家物价局、财政部联合下发《关于普通高等学校收取学杂费和住宿费的规定》，终结了免费接受高等教育的历史，不包分配的就业制度开始实行。同时，高等教育实行中央、省（自治区、直辖市）、中心城市三级办学体制，真正意义上的区高等学校开始出现，提高了地方办学的积极性。

（3）进一步深化高等教育体制改革（1993—2002 年）。

1993 年中共中央和国务院联合下发《中国教育改革和发展纲要》，高等教育开始进入大众化阶段，高等教育，特别是区域高等教育进入扩张时期。要求大力加强和发展地区性的高等专科学校，高职教育迅速发展，民办高校大量出现，同时，高等教育相继实行"211 工程"和"985 工程"，重点办好 100 所中央和地方重点大学。体制上，"逐步建立政府宏观管理、学校面向社会自主办学的体制",同时,为了解决办学体制上条块分割问题，从中央到地方，对高等学校实行了较大规模的院校合并，实行部省共建，进一步调动地方办学积极性和主动性。

（4）追求高等教育质量（2003—2015 年）。

2003 年，党的十六届三中全会通过了《关于完善社会主义市场经济的若干问题的决定》，确立了“科学发展观”。高等教育也开始反思改革，特别是大规模扩招后带来的质量问题。

其实，早在 1993 年颁布的《中国教育改革和发展纲要》中，就已经指出：“不仅教育的规模要扩大，而且把教育质量和办学效益提高到一个新的水平。”但在高等教育扩大规模占主流思潮下，质量问题被搁置冲淡了。所以，从 2003 年先后开始了针对高等教育的合格评估、水平评估，到 2007 年，教育部颁发了 1、2 号文件，进一步倡导在全国高校实行教学质量工程。在这一阶段，围绕评估和质量工程，高等教育区域化是各高等学校在“办学指导思想”中已经十分明确的办学思路，并且有许多实践特色。通过研究，“高等教育质量观”呈现多元化趋势，区域高等教育更加通过为区域经济和社会发展服务来体现自己的特色和质量。

纵观近 40 年来我国高等教育政策走向，可以发现三点：一是沿恢复——规模——质量在发展，二是由统得过死向不断扩大高等学校办学自主权发展，三是办学定位不断突出为经济建设服务、为区域经济服务，通过特色服务提升教育质量，四是区域高等教育发展的思路、规模、效益等走向科学化。

2．我国区域高等教育发展研究

属于地方政府所办的区域高等教育，从新中国成立后即已经存在，但管理体制实行计划经济，办学模式向中央所属的重点大学看齐。关于区域高等教育如何发展、如何为地方服务、如何办出自己的特色问题在 20 世纪 80 年代末、90 年代初才开始引起关注。80 年代以来，随着我国经济的加速发展，经济体制改革的逐步推进，以及梯度推进的经济发展战略思想的贯彻，区域经济，特别是东南沿海经济发展很快，传统的高等教育办学思想和体制不能满足高速发展的区域经济需要、甚至制约了经济的发展。同时，随着经济的飞速发展，地方政府越来越认识到教育、特别是高等教育对经济的巨大推动作用，必须有远瞻性的区域高等教育发展战略规划。80 年代中期，上海市率先开始了上海教育发展战略的研究，而后推广到全国十几个省、市、自治区及经济协作区。其中比较有代表性的有沿海发达地区的上海市、江苏省、广东省、辽宁省，中部地区的湖北省、黑龙江省和西部少数民族地区的新疆维吾尔族自治区；有苏南地区、闽南三角洲、珠江三角洲、黄河三角洲等经济协作区；还有作为城市地区和高新产业智力密集区的深圳市、上海浦东新区、北京市海淀区和大连开发区。这些地区政府与教育主管部门动员了相当的人力、物力，历时多年，做了大量的调查研究，提出了各地教育发展的政策建议，形成了一批很有见地的研究成果，在促进教育决策与管理走上科学化轨道方面有着深远的影响。

1993年，中共中央和国务院颁发的《纲要》不同于过去的人才偏求预测与事业发展规划，它吸收了各地教育改革和发展的成功经验，借鉴了各地区域性战略研究的成果，在认真分析国情的基础上，提出了中国教育发展与改革的全局性的设想与战略谋划。1994年全国教育工作会议召开之后，各地为了落实会议精神，再次掀起了宏观教育问题研究的热潮，区域教育发展战略研究的深度和广度有了进一步提高，进行区域教育发展战略研究的地区也进一步增加。1995年1月，国家教育发展研究中心、中国高等教育发展战略研究会与海南大学在海口市共同举办了全国区域教育发展战略研讨会，标志着区域高等教育研究成为高等教育研究的重要课题[①]。笔者以“区域高等教育”为检索词，在中国学术期刊数据库上，以“模糊”检索方式检索了从1994年至2007年相关研究论文数，结果分别是：0、29、34、45、51、64、83、72、119、193、191、231、325、128。同时，也有一批研究专著问世，如厦门大学出版社1994年出版了李凌的《中国区域高等教育发展战略论》、华东师范大学1996年出版了余立主编《高等教育与地方建设》、西北大学出版社于1999年出版了梁克荫等著《中国西部高等教育发展研究》、福建教育出版社1996年出版了秦国柱著《中国新大学运动——广东中心城市新办院校研究》等专著。

研究的总体趋向是由单纯的理论探讨向区域、向学校及专业内部转变。研究的主要问题是西方人力资本理论及区域高等教育发展、我国高等教育发展的区域性特点、高等教育发展的周期、区域教育发展战略制定、高等教育功能的新认识、区域高等教育发展的实验研究、区域高等教育发展不平衡问题、区域间高等教育协调问题、区域高等教育发展与教育公平问题等。研究的方法采用定性与定量研究相结合的方法，并借鉴区域经济学、人口学、心理学与系统工程等学科的研究方法与技术，研究区域经济发展趋势与区域高等教育发展战略的关系[②]。

3．我国区域高等教育发展的成就与问题

关于区域高等教育研究动因始于东南沿海经济发展速度较快的省份对兴办高等教育的巨大热情和与地方经济社会发展相适应的人才渴望，改变

---

① 诸平．区域教育发展战略[J]．教育研究，1995（6）：65-67.

② 张阳．我国高等教育的区域问题研究及其发展简述[J]．江苏高教，2003（3）：29-31.

区域人口素质结构，增加“人气”和“商气”，而适时的理论研究，为区域高等教育更科学的发展指明了方向，同时，区域高等学校积极探索和实践，又进一步深化理论，强化了地方政府对高等学校的大力支持。30 年来，区域高等教育发生了翻天覆地的变化，支撑了我国高等教育大众化，也为地方、中国乃至世界经济发展做出了重要贡献，实现了高等教育与区域经济发展的良性互动，表现在：互动主体多元化、跨区域互动合作、兴办大学城、出现了新的办学模式。

（1）互动主体多元化。

传统经济条件下，区域高等教育与区域互动，主要是大学与地方政府及企业的互动，而目前的互动，除政府及企业外，金融机构、科研机构、中介机构、公民个人（私营经济）等广泛介入。区域高校借助金融机构贷款寻求发展机遇或为贫困生贷款，解决了区域高等学校发展经费不足的问题，也为金融机构的投资带来新的机遇和渠道。各地方政府也把区域高等教育纳入区域经济发展的重要动力源。广东省副省长卢钟鹤说：如果说知识信息是知识经济中的电流，那么大学就是产生这种电流的巨型发动机，珠江三角洲各市则是运用知识信息的庞大机器。广东的未来一定程度上就取决于他们能否成功整合，能否共同发展[①]。多元的互动主体，以共同组建大学科技园、创立投资基金、协议办学等方式实现共赢。

（2）跨区域合作。

我国区域高等教育发展是不均衡的。大城市及东南沿海高等学校分布数量多、办学历史长、有实力，比如，2002 年，全国共有 1 396 所普通高校，东部有 633 所、中部有 432 所，西部 331 所[②]，并且差距越来越大。为缩小东西部差距，国家实施西部大开发，这既为西部高校带来机遇，也为东部优势高校带来机遇，跨区域合作成为区域高等教育发展的又一种形式。2000 年清华大学与重庆市按照“优势互补、互惠互利、联合开发、共同发展”的原则实现合作；华东师范大学投入 2 200 万元与内蒙古合作开发沙棘综合利用，同时与当地共建企业。[③] 另外，东部高校也启动了对口支援西部高校。2008 年，汶川地震后，四川省政府邀请国内许多高校参与震后重建，成为一次跨区域的全国大协作。

① 张振助．高等教育与区域互动发展论[M]．桂林：广西师范大学出版社，2004：213.

② 张振助．高等教育与区域互动发展论[M]．桂林：广西师范大学出版社，2004：148-149.

③ 张振助．高等教育与区域互动发展论[M]．桂林：广西师范大学出版社，2004：223-225.

（3）兴办大学城。

大学是信息、科技、人力资源等相对高端的机构，是拉动地方经济、提升城市化水平的动力源，从 1999 年以来，东方大学城、万里大学城、深圳虚拟大学园、上海杨浦大学城、松江大学城、珠江大学园、长安大学城等纷纷建立，遍及全国。据不完全统计，全国目前有大学城 40 多个。这些大学城的兴建，很快带动了区域城市化水平和层次，同时，也使大学之间的信息、资源得到共享，并且解决了发展中的土地等问题。

（4）区域高等学校内部改革深化。

首先，办学模式进一步多样化：一是调动了中心城市的办学主动性，一些发展较快的城市，为解决区域经济急缺人才，纷纷兴办大学，如汕头大学、深圳大学等；二是社区学院，如北京市从 1995 年开始，在地区性职工大学中，兴办集高等职业教育、大学基础教育、继续教育、社会文化生活为一体的新型高等教育机构；三是高职学院，1996 年，《中华人民共和国职业教育法》的颁布使高等教育为区域经济社会服务的功能更加直接。

其次，教育类型和手段改革深入。教育教学内容、继续教育、远程教育、学生就业等长期得不到解决的问题，都程度不同地得到缓解或彻底解决。

我国区域高等教育发展存在的主要问题是：区域不平衡现象依然存在、银行贷款压力加大、政府投入仍然不足、高校专业设置主动性差、中心城市外地方高校办学难度和压力进一步加大，这些制约了区域高等教育进一步发展，是未来应当研究和解决的问题。

第二节 山区县的特点

区域的教育现代化与区域的自然环境、文化生态、经济结构、人口状况等有着密切联系。“山区县”是世界范围内的一个地域概念，它既是一个国家的行政管理单元，又是自然环境要素中具有重要同质性的地理单元，其经济、文化、教育发展等有其自身特点。在我国，县域又具有更加重要的地位。

一、县域特点

在我国“郡县治，天下安”早已成为社会治理的共识。从历史上看，我国“县”的建制始于春秋时期，秦朝推行并得到进一步发展。自秦以来延续 2 500 余年的县域，一直是我国历朝历代国家治理的基本单元，起着沟通城乡、稳定基层的作用。虽然政权在不断更迭，但“县”的国家治理单元没有变，“县”域的范围变化不大。

“郡县治，天下安”包含两层含义：第一，“郡”与“县”同样重要。在中国古代，“郡”“县”都是社会管理的行政单元，大体相当于今天的省与县，自秦朝以后，“郡”都比“县”大，因此，“郡县治”，指的是“郡”和“县”（即省和县）的统治与管理。毫无疑问，“县”的治理是基础，但“郡”比“县”的发展与稳定更加重要。从某种意义上讲，“县域”是基础，是手段，是为“郡域”服务的。所以，司马迁在《史记》中说“县集而郡，郡集而天下，郡县治，天下无不治”。第二，“郡县治，天下安”，指的是作为行政区划的“郡”和“县”在政治、经济、社会等各个方面的系统的“治”，可见，“县”级行政机构，在我国传统社会管理系统中具有举足轻重的作用。在清代，县令由吏部直接任命，属于“中管干部”，任前须到朝廷报道，接受皇帝接见。虽属吏制，足见中央政府对县域的重视。

新中国沿用了我国传统的“郡县制”管理体系，保持了县域管理的基础作用。截至 2013 年年底，全国共有省级行政区划单位 34 个（其中直辖市 4 个、省 23 个、自治区 5 个、特别行政区 2 个），地级行政区划单位 333 个（其中地级市 286 个、地区 14 个，自治州 30 个、盟 3 个），县级行政区划单位 2 853 个，其中市辖区 872 个、县级市 368 个、县 1 442 个、自治县 117 个、旗 49 个、自治旗 3 个、特区 1 个、林区 1 个①。

尽管在“省”“县”之间有地级行政单位，但其作用是很有局限性的，县域治理在中国国家政权稳定及经济社会发展中依然具有举足轻重的地位。由于县域单元相对稳定，长期的历史积淀，形成了县域内相对独立的经济、文化、教育传统。2002 年党的十六大第一次提出了“县域”这个概念，2007 年十七大发出了“壮大县域经济”的号召，县治的作用进一步强化。2015 年年初，中共中央总书记同中央党校第一期县委书记研修班学员座谈时就充分肯定了县域治理在我国国家治理中的基础性作用以及县委书记的巨大责任。县委书记官虽不大，但“郡县治，天下安”，对县委书记来讲事关国家整体治理。

在国外，虽然，“县”在世界主要国家普遍存在，但只是以一级行政区划和行政管理组织形式存在，社会治理功能并没有中国强大。比如，美国

① 中华人民共和国民政部网站. 民政部发布 2013 年社会服务发展统计公报[EB/OL].（2014-06-17）http://www.mca.gov.cn/ article/zwgk/mzyw/201406/20140600654488.shtml.

作为联邦制国家共分 10 大地区 50 个州和 1 个直辖特区，共有 3 042 个县或郡（county，路易斯安那州的郡为 parish），国家结构相对松散。县在美国的实际作用是很小的，根本起不到沟通城乡的作用，因为美国的乡村和县城区没有直接的关系，只是根据规模的大小而分出的城市空间结构而已，是一种地理空间分布而不是行政区域结构。由于国家行政体制的不同，我国“郡县制”的政权组织形式稳定，但灵活性不足，而英、美、法、日等国则十分灵活，“郡县”制下的隶属关系是单向性的，只有纵向隶属而无横向隶属关系。另外，州议会有权决定县建制的设置、撤销或合并，因此各地差异很大。德克萨斯州有 254 个县，但特拉华州却只有 3 个。不难看出，美国县的划分是根据政府职能和公共事务管理的需要来划分的，县域治理功能与中国缺乏可比性。

二、山区的概念及其特点

（一）山区的概念

从学科属性来讲，“山区”，又称山、山地、山脉、高地、山块、山链、山岳等，源于地理学、并且也是地貌学的研究对象，它兼有地貌形态属性和“区”这一区域属性。从学科角度上讲，“山区”是一个自然属性的地理概念，即一个地区地形地貌典型特征，与其相对的概念是平原、丘陵、水域等，是地貌学、自然地理学、生态学、和山区经济学等研究的一个基本概念。但是，学术界对“山区”的概念界定一直存在分歧。一般来说，准确的界定往往以海拔高度、坡度等进行规定。[①]由南京大学等单位主编的《地理学辞典》认为：“山，一般指高度较大，坡度较陡的高地。它以明显的山顶和山坡区别于高原，又以较大的高度区别于丘陵。习惯上一般把山和丘陵统称为山地。”[②]王明业等认为：“山地就是具有一定海拔高度和坡地的地面。因此，山地有广义和狭义的区别，广义的山地包括高原、盆地和丘陵，狭义的山地仅指山脉及其分支而言。”[③]肖克非把起伏高度大于 200 米的地段归入山地[④]。

我们采纳南京大学主编的《地理学辞典》关于“山地”的定义，并

① 钟祥浩. 山地学概论与中国山地研究[M]. 成都：四川科学技术出版社，2000：37.

② 南京大学，等. 地理学辞典[M]. 北京：商务印书馆，1982.

③ 王明业，等. 中国山地[M]. 成都：四川科学技术出版社，1998：1-2.

④ 肖克非. 中国山区经济学[M]. 台北：大地出版社，1988.

把山地、丘陵、盆地、高原等统称为山地，众多山地的群体集合区域称为山区。对一个区域而言，山区与否，还取决于山地占陆地面积的多少、主次。此外，按照海拔高度、坡度、山地疏密度还可以分为半山区、浅山区和深山区等。山区是许多河流的发源地和水源涵养区，是生物多样性、生态系统多样性和景观多样性的汇集区，也是平原和城市的重要生态屏障。

（二）山区的特点

钟祥浩①认为，山区具有两大属性，即自然属性和人文属性。自然属性包括原生属性（能量递变性、地表物质易地迁移性、山地环境的平面异质性、地表形态分割破碎性和自相似性）、次性属性（垂直分异性、山地环境的脆弱性、生态位不饱和性）；山地的人文属性包括边际性、难达性、封闭与冲突性等。

一般而言，山区的特点可以归纳为：

1．山地类型多样性

山地是构成山区的主要地貌特点，但是，山地类型是多样的。按高度分，有极高山、高山、中山、低山和丘陵等；按基质构成分，有土质山地和石质山地等；按地质构造分，有褶皱山和单斜山等；按山地排列走向分，有经向（南北向）山地（如横断山地、贺兰山地等）、纬向（东西向）山地（如秦岭山地、南岭山地等）和东北一西南向山地（如龙门山地）等；按水分条件分，有湿润性山地、半干旱山地、干旱山地等。

2．气候和土壤的多样性

随海拔的增高，水热条件有变化，形成山地气候垂直带。一般而言，同一座山，随着海拔升高，气温会相应降低。与温度相应，山地高度越高，其带谱结构越复杂，山地气候类型越多样。生物与气候条件有了垂直分异，山地土壤发生类型就多样，呈现山地土壤垂直带，各带成土条件的不同，土壤的性质和剖面特征也有差别，会影响植被、居民疏密度等。

3．生物的多样性

山区是众多动植物的基因库。由于气候、温度的多样性，山地植被被

---

① 钟祥浩．山地学概论与中国山地研究[M]．成都：四川科学技术出版社，2000：44-51.

破坏程度相对较少，植物多样性得以保留，也成为动物、特别是稀有动物的栖息地。如横断山区第一高山贡嘎山有高等植物约 2 500 余种；喜马拉雅山地区，从河谷到山顶包括了高山森林草甸各动物类群；在四川卧龙自然保护区，从河谷到山顶可分为五个动物带；秦岭山区有丰富的动植物资源，是朱鹮、金丝猴、大熊猫等稀有动物的栖息地。

4．民族的多样性

山区人口密度虽较小，但聚居在山区的民族众多，如横断山区就居住着 25 个民族；聚居在山区的民族随海拔不同而异，如云南省苍山西坡从河谷到山腰有汉族—回族—彝族—傈僳族的分布特点。

5．山区经济活动的多样性

山区往往融农业、牧业、林业、矿业、工业等于一体，但规模不一定大，产业现代化程度不高。

6．山地环境的脆弱性

山地环境具有不稳定性。由于自然或人为因素，山地环境容易遭到破坏。如陕西的秦岭山脉有着丰富的原始森林，但在 20 世纪中后期，由于大量采伐，虽然从 20 世纪末已经停止开发，但几十年过去，恢复的程度一直非常缓慢。

7．山地灾害的多发性

在山区，往往有山洪、泥石流、滑坡、崩塌、水土流失、冰雪害等，其中发生频繁、危害最大的是泥石流、滑坡和水土流失。我国山区有几万条类型不同、规模大小各异的泥石流，分布于 26 个省市区，频发成灾；崩塌、滑坡是山区常见的地质灾害，分布极广，最密集的是云、贵、川、藏东、陇南和黄土高原，历史上，川西北、陕南、陇南等地在雨季极易发生山体崩塌、滑坡。水土流失是一种慢性山地灾害，以长江中上游流域、珠江中上游流域、黄土高原最为严重。近年来，移民搬迁成为保护生态环境、解决山区人民群众脱贫致富的一种理性选择。

8．山区经济发展相对滞后

由于自然条件的限制，山区往往经济发展水平落后于平原地区。我国是多山地国家，贫困问题是我国在发展过程中一直不可回避的话题。经过长期持续的努力，我国贫困人口在不断下降。到 21 世纪，国家根据经济社会发展水平的提高和物价指数的变化，将全国农村扶贫标准从 2000 年的 865 元人民币逐步提高到 2010 年的 1 274 元人民币。以此标准衡量的农村贫困人口数量，从 2000 年底的 9 422 万人减少到 2010 年底的 2 688 万人；农村贫困人口占农村人口的比重从 2000 年的 10.2% 下降到 2010 年的 2.8%。中国政府把收入在扶贫标准以下的人口作为扶贫对象，把贫困人口集中的中西部革命老区、少数民族地区、边疆地区和特困地区作为扶贫开发的重点区域，在这些地区确定了 592 个国家扶贫开发工作重点县给予重点扶持[①]，并确定了连片开发扶贫的战略。在中共中央、国务院 2011 年颁布的《中国农村扶贫开发纲要（2011—2020 年）》中，把六盘山区、秦巴山区、武陵山区、乌蒙山区、滇桂黔石漠化区、滇西边境山区、大兴安岭南麓山区、燕山—太行山区、吕梁山区、大别山区、罗霄山区等作为区域的连片特困地区予以重点扶贫。可见，在我国，“山区”概念，在一定程度上就是“贫困”的代名词。

9．“岛屿效应”显著

在山地中的物种分布、人类社会现象，都存在着明显的“岛屿效应”。在物种分布上，我国的珍稀动植物，不少只分布在个别山体或局部地带，很少向外部传播；山区人文与社会的“岛屿效应”表现在生活方式、风俗习惯、社群关系和生产方式上。如贡嘎山西坡的子梅村，隶属康定县六巴乡，共 20 多户 60 余人，全村处于高山峡谷中，交通极为困难，过着封闭状态的生活，无商业，无学校，无医疗卫生，生产滞后并自成一体。

（二）山区县的基本特点

山区县，是指以山地为主要地貌特征的县级行政区域。我国山区面积广布，山区面积占国土陆地面积的 70%，山区主要分布在中西部地区。为了制定和执行政策的方便，我们常以县一级行政区域界定“山区”的概念，并以“海拔 200 米、坡度 25° 以上山地或丘陵占土地面积 70% 以上的县”定义为山区县（市）。根据国家统计局农村社会经济调查司，依据地理环境县域统计，把我国 2 078 个县（市）按照平原、丘陵和山区县（市）进行分类，我国共有 894 个山区县，占县（市）总数的 43.10%，山区县行政区域面积占 47.72%，人口占 31.62%（见表 3.1）。

---

① 国务院新闻办公室.中国农村扶贫开发的新进展白皮书[EB/OL].（2011-11-16）http://news.xinhuanet.com/politics/2011-11/16/c_111171617_3.htm.

表 3.1　我国不同地貌县域人口密度情况

	数量（个）	行政区域土地面积（平方公里）	年末总人口（万人）	人口密度（人/平方公里）
平原县	650	2 606 695	39 406	1 511.72
丘陵县	534	2 030 250	29 851	1 470.31
山区县	894	4 232 731	32 026	756.62
合计	2 078	8 869 676	101 283	1 141.90

数据来源：根据国家统计局农村社会经济调查司编：《中国县域统计年鉴 2013》，中国统计出版社 2013 年版整理。

相对平原县而言，山区县的特点是：

1．人口密度小，居住分散

山地地区，由于自然、经济及文化条件的限制，往往居住分散，人口密度低，并且随着人口趋城性流动，这一趋势还在进一步发展。表 3.1 显示，我国不同地貌特点的县域中，人口密度平均为每平方公里 1 141.90 人，而山区县为 756.62 人，低于平均值近 400 人，低于平原县约 800 人。

2．交通不便

由于地理条件限制，山区的交通改善的成本明显高于平原和丘陵县，加之经济效益发挥程度的制约，山区自然灾害频发导致的道路毁损，政府往往对山区县道路交通改善的积极性不高，导致山区县交通不便。在我国，随着经济状况的好转，基础建设力度加大，“村村通”班车的开通，特别是高速公路、高铁等项目的实施，山区县交通状况有所改观，但只是在这些路线沿线群众受益，并且由于封闭管理，更局限了山区群众对交通状况的直接受益，这些现代化的道路只是“路过”而已。

3．经济水平相对较差，工业化程度低

从经济结构和水平上讲，山区县一般局限在传统的农业、林业、牧业等领域，规模有限，附加值小，加之环境保护意识的增强，传统的产业被限制发展，甚至停业，当地政府和群众又找不到合适的新兴产业，因此经济落后是山区县的普遍特点。即使有丰富矿产资源的山区县，经济受益往往被国家所获得，当地政府受益份额非常少，群众只是“打工者”。并且，资源的消耗，加快了对自然生态的破坏，留下自然环境的“烂摊子”，群众叫苦不堪，如陕西省陕北地区山区县正在承担经济似乎大发展、生态环境遭到严重破坏的沉重打击。表 3.2 显示，2012 年山区县人均国民收入

1 435.17 元，而平川县为 2 175.45 元，后者只是前者的 67%。

表 3.2　2012 年我国平原县、丘陵县、山区县社会经济基本情况比较

	平原县	丘陵县	山区县
县（市）个数	650	534	894
行政区域面积（平方公里）	2 606 695	2 030 250	4 232 731
年末总人口（万人）	39 406	29 851	32 026
乡村人口（万人）	31 411	23 985	26 333
第一产业增加值（万元）	188 891 308	134 944 751	117 896 516
2012 年为 2011 年百分比（%）	109.6	111.0	113.3
第二产业增加值（万元）	748 957 410	516 699 707	360 091 713
2012 年为 2011 年百分比（%）	110.7	112.3	113.0
地方财政一般预算收入（万元）	85 725 842	55 014 199	45 962 900
2012 年为 2011 年百分比（%）	118.1	123.5	123.4
人均收入（元）	2 175.45	1 842.96	1 435.17
地方财政一般预算支出（万元）	168 347 918	126 561 046	150 257 795
2012 年为 2011 年百分比（%）	118.7	119.1	123.1
普通中学学生在校数（人）	19 838 677	14 417 395	16 701 244
2012 年为 2011 年百分比（%）	94.9	94.1	95.8
每万人在校中学生数（人）	503.44	482.99	521.49
小学生在校学生数（人）	29 534 598	19 707 107	23 721 175
2012 年为 2011 年百分比（%）	102.4	96.8	96.2
每万人在校小学生数（人）	749.50	660.18	740.68
在校中小学生数（人）	49 373 275	34 124 502	40 422 419
每万人中学生数（人）	1 252.93	1 143.16	1 262.18
每平方公里学生数	18.94	16.80	9.55

资料来源：根据国家统计局农村社会经济调查司编：《中国县域统计年鉴 2013》，中国统计出版社 2013 版整理。

4．输出型人口迁移

从全球来讲，人口迁徙自由是一种大趋势，城镇化也是一个国家现代化的标志，在我国，为了规避山区的自然灾害，移民搬迁是近年来的一项国策，于是人口流动的总趋势是山区往平川、城镇流动。山区传统的村落“空壳化”日益严重。

5．基础教育规模大，占县域财政支出比例高

教育受制于区域经济社会发展水平制约。尽管山区县由于经济落后，但义务教育是山区县必须面对的问题。因此，在山区县中小学是其教育的主体，也是县域财政支出的主体，原本有限的经济收入，大多用于教育支出。表 3.2 显示，不管是山区县还是平川县，每万人在校中小学生人数相差不大，山区县甚至略高一些，但每平方公里学生数山区县明显少，甚至是平川县的 50%，这明显加大了山区县的教育成本。

第三节　影响山区县教育现代化的核心因素（主要困境）

教育活动的要素包括教师、学生、场所、教学设备等，这些要素也是教育现代化改造的核心要素。但是，由于“山区县”特点的限制，使山区县教育的各要素在教育现代化进程中处于十分不利的地位，成为实施教育现代化的主要困境。

一、教育观念传统

教育观念是指人们对教育问题的认识或看法，是一个内涵、外延非常宽泛的概念，宏观上包括教育目的、功能、作用等的认识和看法，微观上包括对某一教育现象、过程、方法的认识和看法。教育观念可以是系统的、全面的、深层的，也可以是零散的、局部的、表面的。教育是人类的一种理性活动，它必须受人们教育观念的支配，教育观念贯穿在人类的所有教育行为之中。但是人们教育观念的形成却是复杂的，不同时代有不同的教育观念，同一时代不同人、不同自然环境、不同教育背景、不同哲学观、不同生活境遇有不同的人格，不同的文化人格，影响着人们的教育观念。

心理学家①曾经以新几内亚原住民为样本研究了居住在不同自然环境

① 彭聃龄．普通心理学[M]．北京：北京师范大学出版社，2012：525.

对人格的影响。居住在山丘地带的阿拉必修族崇尚男女平等的生活原则，成员之间互助友爱、团结协作，没有恃强凌弱、和争强好胜，人与人之间一派亲和景象；居住在河川地带的孟都古姆族，生活以狩猎为主，男女间有权力与地位之争，对孩子处罚严厉，民族成员表现出攻击性强，冷酷无情，嫉妒心强、妄自尊大、争强好胜等人格特点；居住在湖泊地带的张布里族，男女角色差异明显，女性是社会的主体，她们每天劳动，掌握着经济实权，而男性则处于从属地位，其主要活动是艺术、工艺与祭祀活动，并承担孩子的养育责任。这种社会分工使女人表现出刚毅、支配、自主与快活的性格，而男人则有明显的自卑感。人格是决定一个人思想、情感及行为方式的独特模式，是一个人思想、行为的内在决定因素，据此，可以推知：不同居住环境，影响人们的思想观念，包括教育观念。

人们对教育的愿望取决于教育的功能，教育具有社会功能和个体功能。社会功能更多体现在教育对社会政治集团的利益、社会的稳定、社会经济的发展、文化的传承等，个体功能主要体现在个人素质提高、政治经济地位提升、竞争中的有利地位等。对山区民众讲，教育的功能更多体现在个体功能的实现上。但是，一般而言，由于信息闭塞、受教育水平的限制、教育的功能实现的隐性化和滞后特点，山区民众对教育的功能觉悟程度较低，加之经济条件差、交通不便等因素叠加，使他们对教育的愿望相对较低，并且伴随着读书无用、读书做官、女童不读书或少读书等传统的教育观念。

二、求学困难，辍学率高

随着《义务教育法》的普及，接受规定年限的义务教育，是 19 世纪以来各国普遍的做法。通过法律保障适龄儿童的受教育权，使得原本不愿送子女入学的家长不得不送孩子入学。但是，对于世界各国的山区县家长来讲，送子女入学要克服的困难比非山区县多许多。一是路途遥远，即使在小学阶段，学校离家稍近，可能也要翻山越岭，克服许多困难，面临许多风险。二是面临亲情缺失。在山区，为了解决上学的路途遥远问题，许多学生必须住校，初中及其以上更是如此，孩子住校，面临亲情的缺失。三是经济开支可能加大。尽管实行义务教育的国家都免除了学费，但住宿、生活等开支，对于经济条件很差甚至处于贫困线以下的家庭来讲，仍然是一笔不少的开支。对山区，初中以上的孩子，还可能是一个劳动力，上学，意味着经济收入的减少。因此，如何降低辍学率就成为山区县教育管理部门、学校、教师等非常头痛的问题，并为此花费了很大的精力。

三、学校条件较差，质量较低

一所学校必须具备的条件是：校舍、教学设施、教师、学校管理、文化环境等。校舍的教育性功能、教学设施的先进化程度、教师的专业化水平、学校管理的科学化程度、文化环境的宜发展性等决定了教育质量。但在山区县，往往校舍陈旧、设施不全或老化、师资力量薄弱等，决定了其教育质量低于城镇学校。研究显示，即使国外，也普遍存在农村教育质量低于城镇教育质量。考试成绩是反映教育质量的主要指标，在美国，美国农村学校的学生在标准化测试中的表现总体上要优于非农村学校的学生或与之持平。2003 年，国家教育进步评价的结果表明：农村 4 年级和 8 年级学生的阅读、数学测试成绩与城郊同伴的测试水平相当，比城区学生的测试成绩稍高[①]。而美国全国农村学校之间的差别很大，美国许多地区农村教育的状况也不容乐观。从升入四年制大学的情况看，无论是公立学校，还是私立学校，农村社区均偏低。中心城市、市郊/大城镇、农村公立学校学生升入四年制大学的比例分别是 42.8%、43.7% 和 37.4%；中心城市、市郊/大城镇、农村私立学校则分别是 78.0%、77.5% 和 67.9%。[②] 总体上看，美国农村教育质量还是落后于整个国家的教育质量，农村教育质量问题仍然是美国教育中的一个重要问题。

农村教育质量问题是日本农村地区特别是偏远地区教育中长期存在的重要问题。1963 年日本文部省全国学力调查显示，偏远地区中小学的考试成绩低于全国学力平均水平。以小学 5 年级和初中 2 年级为例，偏远地区小学 5 年级社会科的平均成绩是 49.2 分，比全国平均分数 58.8 分低近 10 分。偏远地区初中 2 年级数学平均成绩是 31.3 分，比全国平均成绩 41.3 分低 10 分[③]。由于各种原因，长期以来日本农村教育质量相对较差，与城市教育质量相比差距较大。

教育质量问题也是始终困扰印度农村教育的重要问题，在机会普及和

---

① 陈飞. 优异成绩的背后——美国农村教育的现状与问题[J]. 世界教育信息，2004，(10)：30-31.

② 傅松涛，杨彬. 美国农村社区基础教育现状与改革方略[J]. 比较教育研究，2004，(9)：47-52.

③ 焦必方. 战后日本农村经济发展研究[J]. 上海：上海财经大学出版社，1999：188.

质量提高的双重重担下，印度农村教育质量的提高困难重重。20 世纪 90 年代，印度的农村教育质量问题引起了世界性关注。1990 年，世界教育大会指出要加大力度提高印度农村基础教育质量，并倡导印度政府与世界银行组织合作提高其农村教育质量。由于农村教育质量低下，许多印度农村孩子在入学的 7 年之后不能够读和写。有许多反映印度农村教育质量低下的例子，比如，一个叫莫罕柏的印度农村女孩，她马上就要升入 5 年级就读，然而她始终不能读和写。①

上述资料显示的是美、日、印三国“农村教育”质量状况，作为山区，一般也属于农村地区，农村地区可能既包括山区，还包括平川地区。一般而言，山区的条件比平川、丘陵地区更差，决定了其教育质量必然低于城市和平川地区。

四、教育功能与区域经济社会发展需求脱节

教育具有服务与区域经济社会发展的功能，这是现代教育的一个重要特点。当教育促进区域经济社会发展时，区域管理者会因此关注教育，加大教育投入力度，反之，当教育与区域发展需要脱节时，区域管理者就不热心教育事业，或者被动地办教育。山区县的教育，一般都是基础教育，很少能够直接服务区域经济社会发展。甚至出现教育越发达，优秀人才外流越严重，优秀人才通过接受教育“流出”经济社会不发达的山区县，导致山区县人力资源严重缺乏，成为“输血型”教育，使山区县发展后继乏人。这是教育导向的问题，也是教育常常被人诟病的关键所在，是影响山区县教育现代化的核心要素之一。

制约山区县教育现代化进程的因素，除上述因素外，还有信息交流不畅、教师流动困难、经费不足等问题，此外，还有因这些问题引起的次生障碍，比如因观念滞后而引起的师生关系、教学方法等问题，因环境封闭导致的适龄儿童减少、优质教师匮乏等，因经费问题而导致的校舍安全隐患、教育信息化程度低等问题。因此，“山区”的自然属性，决定了山区县教育现代化相对于非山区县更加困难、更加不利，这在世界各国具有共同特点。

① 谷峪，邢媛．印度农村基础教育述评[J]．外国教育研究，2004，(3)：7-9，64.

第四章　西部地区山区县教育现代化的基本判断

教育现代化进程与区域自然环境有着密切联系，在世界范围内，山区县的教育现代化一般都要滞后于非山区县，这是区域教育发展受制于区域自然条件规律的反映。我国西部地区山区县既具有我国西部地区的特质，又具有“山区县”特质，同时，西部地区山区县在教育的区域差异上处在不利的地位。

第一节　我国西部地区基本特点

我国是一个地理、经济、文化环境十分复杂的国家，不同区域由于经济、文化、历史、人口等因素的复杂性，也必然导致教育现代化的区域差异性。比如，西部地区的共同特点是“荒、远、少、边、穷、大”。荒，荒漠、高原、大山等自然条件，人口居住分散，与东部地区比较起来显得十分荒凉；远，荒凉以及交通不便，使不同行政区域之间相距很远，信息不畅；少数民族聚居，西部总人口约 3.5 亿，占全国的总人口的 28%，少数民族多，全国有 55 个少数民族，共 10 864 万人，西部有 51 个民族、8 643 万人分布在整个西部地区，占少数民族总人口 79.78%；靠近边境，五个边境省与 14 个国家接壤，陆地边境线长达 1.8 万千米，占全国陆地边境线的 91%；贫穷，这些地区的经济相对落后，其人均国民生产总值只相当于全国平均水平的一半左右，国务院核定的 592 个贫困县中，西部 307 个，占全国总数 52%；面积广大，西部地区只占全国行政区划的三分之一，但却占有 700 多万平方千米的土地面积，占全国陆地总面积的 73%，地广人稀。

此外，西部许多贫困地区地质地貌及气候条件复杂，自然灾害频繁；水土流失严重，耕地承载能力脆弱；生产方式落后，经济发展水平低下；

资源转换能力低，商品意识薄弱；基础设施薄弱，脱贫人口少，返贫率、深度贫困率高；社会环境封闭，生活方式原始、落后，传统文化、宗教文化中的消极因素等影响现代化进程。准确认识这些因素，分析其利弊，无疑是非常必要的。

一、西部地区的自然条件

（一）高原、荒漠、山地为主的地貌

中国地势西高东低，山地、高原和丘陵约占陆地面积的 67%，盆地和平原约占陆地面积的 33%。中国西部通常是指黄河与秦岭相连一线以西，包括 12 个省市自治区，即西南五省区市（四川、云南、贵州、西藏、重庆）、西北五省区（陕西、甘肃、青海、新疆、宁夏）和内蒙古、广西。总面积约 686 万平方公里，约占全国总面积的 72%。从地理地貌上讲，西部地区以沙漠、高原、山地为主，山、沟之间有高原盆地和河谷地带。西部有世界上最高的青藏高原，平均海拔 4 000 米以上，有“世界屋脊”之称，珠穆朗玛峰海拔 8 844.43 米，为世界第一高峰。在此以北以东的内蒙古、新疆地区、黄土高原、四川盆地和云贵高原，是中国地势的第二级阶梯，平均海拔 1 000～2 000 米。通常人们把山地、丘陵和比较崎岖的高原称为山区。

（二）有近 2 万公里的边境线

西部地区与蒙古、俄罗斯、塔吉克斯坦、哈萨克斯坦、吉尔吉斯斯坦、巴基斯坦、阿富汗、不丹、尼泊尔、印度、缅甸、老挝、越南 12 个国家接壤，陆地边境线长达 1.8 万余公里，约占全国陆地边境线的 91%；与东南亚许多国家隔海相望，有大陆海岸线 1 595 公里，约占全国海岸线的 1/10。

（三）干旱少雨多风沙的高寒山区气候

由于西部地区的地形条件和气候条件比较差，其中土地资源中平原面积占 42%，盆地面积不到 10%，约有 48% 的土地资源是沙漠、戈壁、石山和海拔 3 000 米以上的高寒地区，且年平均气温偏低，大部分省区市在 10 摄氏度以下，有近一半地区年降水量在 200 毫米以下，使得西部地区的平

均人口密度每平方公里在 50 人以下，远远低于全国每平方公里人数的平均水平。

（四）自然环境脆弱，自然灾害频发，抗风险能力差，因灾致贫现象严重

由于地处山区、高原、丘陵，加之干旱气候的影响，加之不断的开发，西部地区自然环境非常脆弱。地震、泥石流、山体崩塌、干旱、风沙、沙尘暴、土地沙漠化等自然灾害不断发生，使原本落后的经济水平不断受到影响，居民抗风险能力差。改革开放几十年来，西部依然是国家扶贫开发的重点地区，但贫困问题一直是制约西部发展的关键，并且也是返贫率最高的地区之一。因此，2011 年中共中央国务院颁布的《中国农村扶贫开发纲要（2011—2020 年）》中指出，“我国扶贫开发已经从以解决温饱为主要任务的阶段转入巩固温饱成果、加快脱贫致富、改善生态环境、提高发展能力、缩小发展差距的新阶段”，“坚持扶贫开发与推进城镇化、建设社会主义新农村相结合，与生态建设、环境保护相结合，充分发挥贫困地区资源优势，发展环境友好型产业，增强防灾减灾能力，提倡健康科学生活方式，促进经济社会发展与人口资源环境相协调”。“到 2015 年，贫困地区森林覆盖率比 2010 年底增加 1.5 个百分点。到 2020 年，森林覆盖率比 2010 年底增加 3.5 个百分点”，“坚持自愿原则，对生存条件恶劣地区扶贫对象实行易地扶贫搬迁”，“采取禁牧、休牧、轮牧等措施，恢复天然草原植被和生态功能。加大泥石流、山体滑坡、崩塌等地质灾害防治力度，重点抓好灾害易发区内的监测预警、搬迁避让、工程治理等综合防治措施”，“在贫困地区继续实施退耕还林、退牧还草、水土保持、天然林保护、防护林体系建设和石漠化、荒漠化治理等重点生态修复工程。建立生态补偿机制，并重点向贫困地区倾斜。加大重点生态功能区生态补偿力度。重视贫困地区的生物多样性保护”。

二、西部地区的社会文化特点

世界文化学家巴克儿认为，有四个主要的自然因素决定着人类文化特质和人类的生活与命运，这就是：气候、实物、土壤和地形[①]。西部地区地处内陆，具有高原、山地、荒漠等典型的地貌特点，中国的主要河流发

① 冯天瑜，何晓明，周积明. 中华文化史[M]. 上海：上海文艺出版社，1990：8.

源于西部，这里是早期人类活动的中心，也因此创造了西部独有的内陆文化景观。

（一）西部是中国华夏文明的源头

俄国学者梅茨尼克夫曾指出："河流是文化诞生和发展的主要因素。在任何一个国度里，它就像是这个地区的自然地理条件气象、土壤、地形和地质条件的有机综合表现。"① 华夏文明是依托黄河、长江两岸，伴随人类聚居地繁衍生息的过程中形成、演化的。而长江、黄河的源头均在中国西部的青藏高原，长江上游出土过元谋人牙齿化石，距今约 170 万年；黄河中游出土过蓝田人头盖骨，距今约 70 万年，而北京猿人，距今约 50 万年。传说中的黄帝，以及有史料记载的夏、商、周、秦、汉等古代文明均发源于西部。

（二）文化资源丰富

正因为华夏文明源于西部，在长期的历史变迁积淀中形成了丰富的华夏文化宝库和文化资源，标志性的文化资源有：

（1）古老文化遗迹。伴随秦朝的强大和汉朝文化西向传播，东西方文化在中国西部交汇融合，丝绸之路、宗教活动场所、多民族文化传统等都留下了厚重的历史痕迹。甘肃敦煌莫高窟是世界文化史上的一个奇迹，它在继承汉晋艺术传统的基础上，形成了自己的恢宏气度，展现出艺术形式和文化内涵；重庆大足石刻、武隆、金佛山、四川青城山、都江堰、金沙遗址、广汉三星堆、陕西秦始皇陵兵马俑、西藏布达拉宫、宁夏西夏王陵、楼兰古国等自然历史文化遗产，同样为世界所瞩目，成为中华文化重要的象征。

（2）中国西部地区是中国革命的重要发祥地。重庆红岩村、四川华蓥山、贵州遵义、陕西延安等革命圣地孕育了深厚的革命文化传统。毛泽东的《在延安文艺座谈会上的讲话》成为革命文艺发展的一面旗帜。延安的鲁迅美术学院在短短的几年里，造就了一大批著名的作家、艺术家和文艺理论家……这些宝贵的财富，奠定了西部文化遵循先进文化前进方向的坚实基础。

（3）中国西部地区又是我国少数民族及其文化的集萃地。这里生活着

① 梁中效. 试论汉水流域的历史文化特征[J]. 汉中师范学院学报，2003（2）.

50 多个少数民族，几乎包括了我国所有的少数民族。在一些偏远的少数民族地区，经济的落后和交通的闭塞给人们的生活带来了贫困，却也使这些地方保留下了一些久远时代的艺术品种，成为珍贵的“活化石”，如川剧、蜀绣、蜀锦、纳西古乐、戏曲、剪纸、刺绣、岩画等民间艺术和宗教艺术，它们特色鲜明、丰富多彩，犹如一个巨大的民族民间文化艺术宝库。

（4）宗教文化。宗教是人类重要的文化现象，它既是一种信仰、也是一种深深地影响人们思想和行为的文化，也深刻地影响着现代化的进程。中国西部地区有着丰富的宗教文化，并且深深地影响着区域政治、文化、思想观念。从总体上来说，世界上各种重要的宗教在中国都有传播，在中国西部，影响比较大的主要是藏传佛教和伊斯兰教，但这些宗教与儒家文化、道教文化等在西部得到和谐、互融互鉴，不但没有发生过类似其他国家巨大的宗教战争，更没有发生过对于信仰不同宗教的“异教徒”进行种族灭绝的事情，反而和谐相处，形成了儒释道三位一体的中华文化。

三、西部地区的经济发展水平

（一）人均国民生产总值低、差异大

近代以来，西部地区经济一直落后于东中部地区；进入新世纪后，特别是西部大开发之后，随着国家政策的倾斜，西部地区经济增速较快，以地区生产总值计算的经济总量，由 1999 年的 1.54 万亿上升到 2011 年的 9.94 万亿元，增加了将近 5 倍还多（按可变价格计算），地区生产总值占全国的比重由 1999 年的 17.5% 提高到 2011 年的 19.3%，增加了 1.8%；从 GDP 增速来看，自 2006 年以来，西部地区经济增长速度已经连续 5 年超过东部和中部，2011 年西部地区 GDP 增长速度更是比东部地区高出 3.42 个百分点，比中部地区高出 1.25 个百分点，比全国平均水平高出 2.25 个百分点；从人均 GDP 来看，西部地区人均 GDP 从 1999 年的 4 183 元提高到 2011 年的 27 584 元，增长了将近 6 倍，人均地区生产总值相当于全国平均水平，由 58%提高到 68%。数据显示[①]：2012 年上半年，西部地区 GDP 增长率普遍高于 10%，而东部地区大部分在 10% 以下。具体而言，四川、陕西、重庆等省市 2010 年以来 GDP 增速连续高于 13%，贵州省则以 14.5% 的增速

① 刘立志. 西部地区经济可持续发展的关键因素分析[J]. 对外经济贸易大学学报，2014（2）：52.

领跑全国。成渝等少数部分地区的经济实力超过了中部地区的水平，并逼近沿海地区，甚至超过福建、山东、辽宁等沿海省份，然而较为落后的西藏、青海、贵州等省份则依然停留在贫困线上。中国西部地区经济最为发达的地区是成都平原和重庆主城区，其人均收入、GDP 总值已经接近甚至超过了部分沿海省份，位居全国前列。如成都市双流县、重庆市渝北区均是已经达到全面小康水平,经济高度发达的县级行政区中西部 GDP 仅占中国大陆的 13%，而且更严重的是，整个西部地区经济严重失衡，超过一半的 GDP 集中在仅占西部地区 5% 面积的成渝经济区，也就是说，除成渝地区外占中国大陆 55.7% 广袤的西北地区和西藏、云南、贵州等省份仅占中国 5.9% 的 GDP，其中云南、贵州、西藏、青海、甘肃五个省的 GDP 的总和还不到重庆、成都两个市的总和的 70%，这 5 省的省会昆明、贵阳、拉萨、西宁和兰州五市的 GDP 总和，尚不及重庆主城区核心九个区，其中贵阳、拉萨、西宁和兰州全市的 GDP 甚至不及成都或重庆经济实力最强的一个县。虽然成都与重庆主城区已经成为了中国最发达城市之一，然而西部总体落后的状况依然没有得到改善。

但总体上看，西部地区总体上落后于中部和东部地区，且区域内发展速度不均衡，经济增量更多依赖资源。尽管十多年来西部经济发展速度较快，甚至个别省份、个别地区经济形势喜人，但是，十年来西部地区的发展依赖于区域开放，随着西部开发战略的后续效应递减，特别是人才匮乏、产业结构不合理、基础设施水平低等问题凸显，经济可持续发展、环境问题等可能制约西部经济的发展后劲，因此，西部各省份经济发展方式的转变迫在眉睫[①]。

表 4.1 显示，西部总人口约 3.7 亿，占全国的总人口的 27.33%（西部地区面积占全国陆地总面积的 73%），地区生产总值占全国的比重：1999 年为 17.5%，2011 年为 19.3%，2013 年占 22.17%。虽然增幅高于全国，但差异非常大。在西部十二省区中，人均 GDP 最高的是内蒙古，2013 年为 67 393.95 元，最低的是贵州，人均 GDP 为 22 862.04 元，相差三倍多；在陕西省十一个地区，2013 年人均 GDP 较高的依次是榆林 8 446 元、延安 6 138 元、西安 5 687 元，分布在有丰富能源陕北地区和工业基础较好的关中地区；经济水平较低的依次是汉中 25 769 元、渭南 2 530 元、安康 22 938 元、商洛 22 795 元，分布在传统农业地区和山区。

① 刘立志．西部地区经济可持续发展的关键因素分析[J]．对外经济贸易大学学报，2014（2）：46.

表 4.1 2013 年不同地区经济发展水平统计表

		国民生产总值（亿）	常住人口（万）	人均（元）
全国		568 845	136 072	41 804
西部	陕西	16 045.21	3 763.7	42 631
	甘肃	6 268.0	2 582.18	24 297
	内蒙	16 832.38	2 497.61	67 393.95
	宁夏	2 565.06	654.19	39 209.71
	青海	2 101.05	577.79	36 363.56
	新疆	8 510	2 264.30	37 583.36
	重庆	12 656.69	2 970.00	42 795
	四川	26 260.8	8 107	32 392.75
	西藏	807.67	312.04	25 883.54
	贵州	8 006.79	3 502.22	22 862.04
	广西	14 378.00	5 282	27 220.75
	云南	11 720.91	4 686.60	25 009.41
	小计	126 152.56	37 199.63	33 912.32
	占全国比重（%）	22.17	27.33	81.12
陕西省	西安	4 884.13	858.81	5 687
	榆林	2 846.75	337.03	8 446
	延安	1 354.14	220.61	6 138
	铜川	321.98	84.28	38 248
	渭南	1 349.01	533.17	2 530
	宝鸡	1 545.91	374.46	41 327
	咸阳	1 860.39	494.22	37 695
	商洛	510.88	250.64	21 795
	安康	604.55	295	22 938
	汉中	881.73	342.50	25 769

数据来源：根据各级政府网站公布的 2013 年国民经济和社会发展统计公报整理。

（二）存在广泛而深度的贫困

截至 2011 年，西部地区的国情状况是：地区土地面积 686.74 万平方公里、人口为 36 221.65 万人，占全国的比重分别为 71.5%、27.0%，县和民族自治县的数量分别为 651 个、80 个，占全国比重分别为 44.71%、68.38%。

1．西部地区的人口、县域等都具有贫困的特点，并且深度贫困、易发贫困、易返贫困

2011 年，国务院公布了《中国农村扶贫开发纲要（2011—2020 年）》，这是我国根据新的经济发展形势、新的贫困特点确立的新一轮扶贫重点和对策。新的扶贫重点对象范围包括“在扶贫标准以下具备劳动能力的农村人口为扶贫工作主要对象”“连片特困地区”“重点县和贫困村”三类。“连片特困地区”依据是：我国以 2007—2009 年 3 年的人均县域国内生产总值、人均县域财政一般预算收入、县域农民人均纯收入等与贫困程度高度相关的指标为基本依据，考虑对革命老区、民族地区、边疆地区加大扶持力度的要求，在全国共划分了 11 个集中连片特殊困难地区，包括六盘山区、秦巴山区、武陵山区、乌蒙山区、滇桂黔石漠化区、滇西边境山区、大兴安岭南麓山区、燕山—太行山区、吕梁山区、大别山区、罗霄山区等区域的连片特困地区和已明确实施特殊政策的西藏、四省藏区、新疆南疆三地州，共 14 个片区，680 个县，作为新阶段扶贫攻坚的主战场。这 14 个贫困片区共横跨我国 21 个省区，其中中西部省区有 18 个，占到了 86% 左右。已明确实施特殊扶持政策的西藏、四省藏区、新疆南疆三地州全部为西部省区。其中中西部地区共有 644 个，占所有县的 95%。

2012 年 3 月，国务院扶贫办发布《国家扶贫开发工作重点县名单》，全国共有 592 个县被列为扶贫开发重点县，其中西部地区（除西藏外）共有 375 个，西部地区扶贫开发重点县数量占全国的 63.35%，占了绝大多数，陕西省占 50 个，占全国 8.4%，占西部 13.3%，陕西省共有 104 个县（区），占 48%，即陕西省有近 50% 的县是国家扶贫开发重点县。

按照 1 274 元新的贫困标准（全国农村扶贫标准从 2000 年的 865 元逐步提高到 2010 年的 1 274 元——作者注），2013 年底全国有 9 899 万贫困人口，中西部地区有 7 820 万人，约占全国贫困人口总数的 80%；贫困发生率最高的也在中西部地区，其中西藏自治区最高，为 35.2%，其次是甘肃，为 28.5%；中部地区最高是湖南，为 13.5%，都高于全国 10.2% 的平均贫困发生率。

2．中西部是我国贫困人口分布的主体，这些贫困人口又集中在山区、深山区

从大范围讲，虽然贫困人口主要集中在中西部地区，但是在中西部地区，其平川地区、县级及其以上城市不是贫困人口集中地区，更多集中在山区县、镇等，如上所述，我国贫困人口和国家扶贫重点县主要分布在“连片特困地区”，且均属山区。同在山地地区、同在山区县，处在县城及其以下的村镇，其贫困程度更为严重。

3．深度贫困、返贫率高，抗风险能力差

数据显示，西部地区不但贫困，而且贫困深度强、返贫率高，抗风险能力差。2013 年西部地区贫困人口占全国总贫困人口的 76%，比 2012 年上升了 6 个百分点，贵、云、甘三个省贫困人口的比例达到了 42%，比 2001 年增加了 13 个百分点[①]，扣除贫困标准提高等因素，这从一个侧面反映出西部地区返贫率极高。返贫率高的原因主要有三：一是因病返贫。一些贫困线上的农民，由于家庭收入较低，且收入缺乏稳定的增长，因而储蓄较少，物资和资金的积累、积蓄缺乏，往往家庭如遇有突发疾病，就免不了借债度日，从而出现返贫问题。二是因灾返贫。由于自然灾害频繁，再加上抗灾减灾能力弱，受灾地区贫困线上的不少农户，因相当大比例的收入依靠农业生产，而农业生产受气候和地质变化影响较大，往往一遇自然灾害，就会导致收入锐减乃至亏本，入不敷出，并且一些自然灾害还会对农户家庭的生命财产造成重大损失。三是失业返贫。因劳动技能不高等各种原因，造成已就业的贫困人口又失业，从而又重返贫困。

第二节　西部地区山区县教育现代化的现状判断

西部地区山区县与非山区县，特别是与东南地区的平原县相比，在经济、社会发展的水平上存在着较大的差距。出现这种差距，固然有地理位置、自然环境、原有经济基础等方面的原因，更有思想观念方面的因素。陕南三市属于典型的山区，市域各县均属山区或半山区。本节重点通过汉

① 贵州省统计局．2014 年领导干部手册[M]．贵阳：贵州人民出版社，2014：6.

中、安康两市山区的现状数据，分析山区县教育现代化实施过程中的显性和隐性障碍。

一、西部地区山区县分布及其特点

通常人们把山地、丘陵和比较崎岖的高原称为山区。中国山区面积占中国总面积的 2/3，地域辽阔，面积达 660.83 万平方公里，占全国幅员总面积的 68.83%，在西部地区，其中山地就占其陆地面积的 86% 以上；山地面积超过 90%的省有贵州、云南和四川，重庆、陕西的山地面积也逾 80%，其余各省（区）的山地面积均达 50%以上。

据国家统计局农村社会经济调查司统计显示[①]，2012 年，全国县级行政单位有 2 078 个，按照地貌特征分，有丘陵县 534 个，占 25.70%，山区县 894 个，占 43.02%，山区县和丘陵县二者合计占 68.79%，平原县只有 650 个，占 31.28%；我国西部地区有山区县 492 个，占西部地区全部县份的 62.5%，其中欠发达的山区县就占 414 个，占西部地区全部山区县份的 84.1%。[②]

二、西部地区山区县教育现代化水平

新中国成立后，西部地区山区县的教育发展，无不和国家教育政策导向息息相关，取得了前所未有的发展，教育规模、结构、质量等与区域经济社会文化发展不断适应，在贯彻国家教育政策的同时，形成与西部区域文化生态环境相适应的教育特点。

（一）学校教育体系完善，但教育质量与东部地区、与非山区县存在差距

与全国其他地区类似，在西部地区山区县的学校体系基本完善，已经建成了从学前教育到高等教育比较完善的国民教育体系，表现在：学前教育目前正在大力发展；小学入学率和巩固率均在 99% 以上；已经普及初中

① 国家统计局农村社会经济调查司. 中国县域统计年鉴 2013[M]. 北京：中国统计出版社，2013：12.

② 罗仲平西部欠发达山区县域经济增长点的培育思路[J]. 社会科学研究，2007（1）：44.

教育，计划“十二五”末基本普及高中教育；中等和高等职业教育与区域经济社会发展相适应，正在快步发展；每个地级市都有至少一所普通高等学校，个别县（含县级市）也有高等教育职业教育。其中高等教育在适应、传承、改造、创新、引领区域文化中起到了重要作用。

（二）学校规模不断扩大，但教育规模总体低于全国水平

在校生规模，可以反映一定地域民众和政府对教育的重视程度，以及经济社会未来可持续发展的能力，其中高等教育和职业教育可以更为直接的反映教育与区域经济社会的关联程度。表 4.2 将地处陕南山区的汉中、安康两市的教育规模与全国平均状况进行了比较，可以发现，汉中、安康两市虽然教育规模扩大，但各类在校生规模占总人口的比例平均为 10.85%，低于全国水平 16.3%，约 5.45 个百分点。

表 4.2 陕南部分山区市与全国在校生数据表

市 名	户籍人口（万）	普通中小学		中等职业教育		普通高校		各类在校生小计（万）	在校生占总人口比例（%）
		在校生（万）	占总人口比例（%）	在校生数（万）	占总人口比例（%）	在校生数（万）	占总人口比例（%）		
汉中市	382.32	43.7	11.43	2.7	0.7	2.1	0.55	48.5	12.7
安康市	295	21.42	7.26	3.3	1.11	1.84	0.62	26.56	9.0
全国	134 735	17 447.99	12.95	2 205.33	1.63	2 308.51	1.71	21 961.83	16.30

数据来源：根据 2011 年各市国民经济和社会发展统计公报、2011 年全国教育事业统计公报及政府网站相关信息整理。

综合表 4.2 可以发现，汉水流域教育整体落后于全国水平，在汉水流域五地市中，汉水中下游地区，其教育规模、水平要略高于汉水上游地区。

（三）中小学校数量多，但规模不大

小学、普通中学和中等职业学校是一个国家和地区最基本的教育机构，又称为基础教育，是体现社会公平的最基本的国民教育，为了保证公平性和学生就学的方便，政府就不能只考虑办学成本，追求规模，必须把人口密度、学生离家路途远近、学校对区域的文化辐射功能等充分考虑在内。因此，一般山区学校，特别是山区小学，可能办学规模小，但数量必须保

证，条件好的平川地区学校数量可能少一些，但学校规模可以大一些。汉水流域学校疏密分布基本上体现了这一特点。以陕南安康为例，将其教育发展的主要指标，与全国及相应的省进行比较并在彼此之间进行比较，可以发现，山区县基础教育的基本情况。

如表 4.3 所显示的：作为山区的安康市，每 100 平方公里有小学 3.6 所，高于全国平均值 2.5 所，普通中学 0.85 所，也高于全国 0.7 所的均值，但学校规模并不大。如表 4.2 显示，安康市中小学在校生共有 21.42 万人，中小学共计 1 338 所，平均每校 160 人，而全国普通中小学在校生 17 447.99 万人，中小学 308 988 所，平均每校 564.68 人。安康市每百公里学校多是因为山区多，人口较少，因此学校多规模小。

表 4.3　基础教育状况

地域		安康市	全国
人口（万）		295	134 735
面积（万平方公里）		2.35	960
小学	数量（所）	839	241 200
	每万人学校数（所）	2.84	1.79
	每百平方公里学校数	3.6	2.5
普通中学	数量（所）	199	67 788
	每万人学校数（所）	0.76	0.50
	每百平方公里学校数（所）	0.85	0.7
中小学生师比	在校生数（万）	21.42	1 744.99
	专任教师数（万）	2.62	1 068.62
	生师比	8.18：1	16.32：1
中等职业教育	学校数（所）	24	13 093
	在校学生数（万）	3.3	2 205.33
	校均人数（人）	1 375	1 684

资料来源：根据全国及相关地市 2011 年国民经济和社会发展统计公报、2011 年全国教育事业统计公报及政府网站相关信息整理。

（四）以“贫困”“打工”“留守儿童”为关键词的农村基础教育

西部地区山区县，其县域经济落后，青壮年劳动力常年外出打工，打工收入是县域经济收入的主要来源。与“打工”经济相伴随，许多学龄儿童成为留守儿童，它是一个涉及未成年人健康成长、人民群众特别是弱势群体家庭幸福、地方经济持续发展、社会和谐稳定的大事，也因此成为政事、国事，社会舆论的热点事，老百姓的心事，教育工作者的烦心事，也已经成为各有关学科学者关注的兴趣事。目前，在全国影响较大的、引起政府高度关注的“留守儿童”研究的学者，如北京师范大学、陕西师范大学等高校学者研究留守儿童问题，并不约而同地把汉水流域的安康市作为研究样本。其中陕西师范大学赵薇教授等以安康石泉县留守儿童教育问题研究影响较大。

该研究发现：石泉县总人口 18.2 万人，其中农业人口 15 万人，常年劳务输出中青年人口稳定在 3.6 万人，地方财政收入 0.3 亿元，属国家级贫困县，山区县；全县义务教育在校生 2.46 万人，其中留守儿童 1.18 万人，占在校生 48.4%；全县留守儿童中在校寄宿占留守儿童 39.5%，留守寄宿生比例大于非留守寄宿生，其中初中留守寄宿生占寄宿生 61%，小学留守寄宿生占寄宿生 66%[①]，留守儿童及相应的寄宿生比例增大，给学校教育与管理提出了新的要求。石泉县从长远社会效果和当前教育效果着手，根据在校生留守儿童多、住校生多的特点，从 2006 年开始探索留守儿童的综合教育和管理方式，形成“党政统筹下教育主导的社会共担管护机制”，总结出适应留守儿童的教育关爱模式，在全国产生了重要影响，被称为留守儿童教育的“石泉模式”。[②]石泉县留守儿童教育管护模式的基本内容是：以三中心（留守儿童教育成长中心、校外活动中心、社区托管中心）为平台，改善留守儿童教育成长环境；以四队（学校辅导教师队伍、代理家长队伍、志愿者队伍和专家队伍）为主力，构建留守儿童生活监护网络；六位（党政统筹、部门联动、教育为主、家庭尽责、社会参与、儿童为本）一体，形成留守儿童教育管护长效机制。[①]留守儿童本是我国社会宏观经济发展中的一种社会现象，但在汉水流域成为一种综合的社会文化生态环境，有经济发展的、政治稳定的、社会和谐的、教育管理的、学校教育内容和方法的、人口素质的、隔代管理方式的等诸多文化要素，因此，石泉模式动员了综合的社会力量，源于教育，但不局限于学校，关注留守儿童的学习问题，也关注他们的安全问题、成长环境问题、心理健康问题、感情需求问题等，是一种综合的管理模式，它是一种“党政统筹的领导机制、教育主导的运作机制、社会共担的参与机制和儿童为本的动力机制”。石泉

① 吕明凯. 基础教育改革发展研究[M]. 西安：三秦出版社，2009：322-366.
② 杜深华. 石泉探路留守儿童关爱机制[J]. 当代陕西，2008（9）：14-16.

的留守儿童问题，只是汉水流域，特别是汉水上游流域地区基础教育现状的一个缩影，其他地区也有类似情况。因此“留守儿童”“寄宿学生”是汉水流域教育中学生新的基本特点，是一个涉及政治学、教育学、管理学、社会学、经济学等领域的一个全新的、暂时无法完全消除的、也是需要研究者持续研究的新领域。

（五）高等教育服务山区经济社会发展需要

在我国，高等学校主要集中在地市级城市。在经济比较落后的山区地市级城市大规模设置高等学校始于 1958 年，主要以教师教育为主。近年来，各地级城市一般都有本科和高职两个层次的高等教育，单一教师教育的办学格局有所变化。由于它们都属于地方高校，所以，都开始关注学校发展为区域，特别是为山区经济社会发展服务的功能。比如，地处陕南山区的陕西理工学院把秦巴山区自然资源研究与开发作为学科建设的方向，在经济作物、动植物保护、中药材等方面产生一定影响；安康学院把秦巴山地的茶叶研究与开发作为特色学科，取得了一定的经济和社会效益，实现了高等学校发展与区域经济社会发展的互动。

第三节　西部地区山区县教育现代化的主要问题和障碍——以陕南两市为例

一、经济水平低，影响教育投入

教育现代化，离不开社会现代化，特别是经济发展的水平和结构。从全国的平均水平看，西部地区经济发展水平一直落后于东部。但从 20 世纪末开始，伴随着国家西部大开发战略的实施，差距在逐步缩小。研究表明[①]，我国 20 世纪开始实施的“西部大开发”，使整个西部地区的综合经济实力大大提升，社会经济发展迅速。以地区生产总值计算的经济总量，由 1999 年的 1.54 万亿上升到 2011 年的 9.94 万亿元，增加了将近 5 倍还多（按可变价格计算），地区生产总值占全国的比重由 1999 年的 17.5% 提高

① 刘立志，孙启明，韦结余. 西部地区经济可持续发展的关键因素分析[J]. 对外经济贸易大学学报，2014（2）：46.

到 2011 年的 19.3%，增加了 1.8%；从 GDP 增速来看，自 2006 年以来，西部地区经济增长速度已经连续 5 年超过东部和中部，2011 年西部地区 GDP 增长速度更是比东部地区高出 3.42 个百分点，比中部地区高出 1.25 个百分点，比全国平均水平高出 2.25 个百分点；从人均 GDP 来看，西部地区人均 GDP 从 1999 年的 4 183 元提高到 2011 年的 27 584 元，增长了将近 6 倍，人均地区生产总值相当于全国平均水平，由 58% 提高到 68%。

经济水平的变化，是构成区域文化生态的最基本要素，也是决定教育生态环境的动力要素。以陕南为例，陕南具有典型的山地特征，与全省、全国相比，代表现代化水平的人均国民生产总值、产业结构、城镇化率等相对落后。

（一）经济水平上，山区市县水平明显低于全国及本省水平

以人均国内生产总值为例，由表 4.4 可以发现，位于全山区的陕西省安康市，2011 年，人均国内生产总值为 13 802 元，低于陕西省 33 142 元和全国的 34 999 元，分别是全省和人均国内生产总值的 42% 和 39%；同为山地地区，但山地较为和缓的汉中市，2011 年，国民生产总值为 647.48 亿元，户籍总人口 382.32 万人，人均国内生产总值为 16 935 元，分别是陕西省和全国的 51% 和 48%。

表 4.4　陕西省部分山区地市经济状况均值状况

区域	2011 年户籍人口（万人）	2011 年国内生产总值（亿元）	2011 年人均国内生产总值（元）	三次产业结构	城镇化率（%）	人口自然增长率（‰）
安康市	295	407.17	13 802	17.7：45：37.3	35	2.62
汉中市	382.32	647.48	16 935	21.98：41.32：36.70	40.5	2.44
陕西省	3 742.6	12 391.3	33 142	9.8：55.2：35	47.3	3.69
全国	134 735	471 564	34 999	10.1：46.8：43.1	51.3	4.79

资料来源：根据全国、湖北省、陕西省及有关地市 2011 年国民经济和社会发展统计公报及 2011 年教育事业统计公报整理。

（二）产业结构上，汉水流域仍然以农业为主导产业，工业化水平不均衡，文化旅游产业发展空间大

按照国家统计局 2013 年三次产业划分标准，第一产业是指农、林、牧、

渔业（不含农、林、牧、渔服务业）；第二产业是指采矿业（不含开采辅助活动），制造业（不含金属制品、机械和设备修理业），电力、热力、燃气及水生产和供应业，建筑业；第三产业即服务业，是指除第一产业、第二产业以外的其他行业。通过表 4.1 可以发现，在安康市，第一产业比重为 17.7%，与陕西省 9.8% 相比，高出近 8 个百分点，高出全国 7.6 个百分点；第二产业为 45%，低于陕西省 55.2% 约 10 个百分点，低于全国 46.8% 约 3.8 个百分点；第三产业 37.3%，略高于于陕西省 35% 约 2.3 个百分点，但低于全国 43.1% 约 5.8 个百分点。汉中市三次产业结构的比例为 21.98：41.32：36.70，如果将汉中、安康两市三次产业结构按均值合并计算，则三次产业结构比例为 19.84：43.16：37，陕南山区与全国、全省相比，陕南山区县市经济结构的特点是：第一产业比重高，传统的农、林、牧、渔业是其主导产业；第二产业比例较低，第三产业比例高于全省、低于全国。

（三）城镇化水平

城镇化水平反映了一个地区经济发展水平和文明程度的水平，也是国家未来发展的一个基本导向，2011 年，全国城镇化水平已经达到了 51.3%，首次超过 50%。而陕南山区城镇化水平整体偏低，分别是汉中 40.5%、安康 35%、平均为 37.75%，低于全国 13.55 个百分点，低于全省 9.55 个百分点。可见，必须大力提高汉水流域的城镇化水平，只有如此，才能整体提高该区域的现代化程度，整体优化文化生态环境。

（四）人口自然增长率与生育文化

人口自然增长率既是重要的生产要素和教育要素指标，又体现一种生育文化。2011 年，全国人口自然增长率为 4.79%。陕南山地地区人口自然增长率分别是汉中 2.44%、安康 2.62%，两地市人口自然增长率平均为 2.53%，低于全国约 2.26 个千分点，整体上讲，陕南的人口自然增长率低于全国和陕西省水平，这和两市执行计划生育政策的力度有关。但必须注意的是：早期的陕南的低生育率是建立在区域强而有力的计划生育政策的压力之下，但经过多年的宣传和切身体会，少生优育文化已经深入人心，同化为地域内一种新的生育文化，但同时也对优质教育提出了更高的期望和要求。

经济发展水平，决定了教育投入水平。经济的落后仍然是制约山区县教育现代化进程的主要障碍。表 4.5 将处于秦巴山区的陕西省汉中市 2013 年公共教育经费情况与陕西省、全国以及北京市情况进行比较，可以发现，山区县教育投入严重不足，这是制约教育均衡发展、实现教育现代化最为关键的瓶颈。

表 4.5　不同区域 2013 年教育经费支出情况统计表

	全国	北京市	陕西省	汉中市	备注
户籍人口（万人）	136 072	1 316.3	3 763.7	386.24	
公共财政教育支出（亿元）	21 405.67	699.14	680.91	45.442 97	
人均教育经费（元）	1 573.10	3 305.94	1 809.15	1 176.55	
人均每天教育经费（元）	4.31	9.06	4.96	3.22	每年按 365 天计

资料来源：根据 2013 年各地国民经济和社会发展统计公报、教育事业经费支出统计公告、汉中市教育统计手册 2013—2014（内部资料）整理。

二、教育发展动力不足，存在教育病理

在我国，西部地区山区县往往是受传统文化及教育思想影响最深且不易变革的地区。对山区县政府而言，没有系统的区域教育发展的意识与思想，基本上是和国家教育宏观政策被动跟进：教育就是为国家（实质是为城市）培养和输送人才。新中国成立以来，我国的政策取向基本上是“农村支援城市”“牺牲农村保城市”，城市的繁荣，是以牺牲农村、特别是山区的发展为代价的，农村、山区除了向城市提供廉价的农产品外，还提供了主要由农民出钱培养起来的优秀子女。显然，国家在教育上的政策导向是不利于山地地区的。因此，越是把国家的教育政策不折不扣的执行，山区县人才流失越严重；山区县教育上投资越多，地方损失也就越大，就可能越贫困。但是，如果在教育上舍不得投资，既有违于国家要求，老百姓也不答应。因为，山区农民自己的子女通过接受教育“离开农村（山区）——离开农业——离开农民”的机遇也少了。所以，地方政府办教育要么应付国家，过得去就行，全力以赴抓经济、抓政绩；要么抓输出型的教育、抓高考、抓升学率。因此，山区县教育，是没有自己（官员和群众）思想的教育，是不服务于区域社会的教育，是投入最大，却没有回报的教育！可以说，西部地区山区县的教育思想是传统的和被动的教育选择，是典型的精英教育，教育的唯一目标是为少数能进入城市从事管理和生产的人服

务。大多数没有升上高一级学校的人，只能是金钱、时间和精力的浪费，他们回到农村后并没有因为受了一定年限的教育而增加了经济收入，个人受教育水平与家庭收入没有出现明显的正向对应关系，因为，他们回到山村所从事的仍然是传统的农业，科技含量低，不需要文化和技术，其优势显示不出来，同时学校里所学基本上是基础文化，和职业技能关系不大。这也是许多家长发现孩子升学无望后，就让孩子辍学打工的原因所在。

三、教育不能服务区域经济，职业教育发展滞后

忽视职业技术教育，导致教育的社会功能不能发挥如上所述，山区县的教育不能为地方经济服务，也没有服务的意识，当地急需的、受过适合地方经济特点的职业技术教育的人才奇缺。首先，职业中学数量偏少，规模和条件明显低于普通中学。

以陕西省为例，数据显示[①]，2012 年全省共有高中阶段教育（普通高中、中等职业学校）872 所，其中，中等职业教育（包括普通中等专业学校、职业高中和成人中等专业学校）共有学校 342 所，比 2011 年减少 19 所，占高中阶段学校总数的 39.22%；高中阶段共招生 514 958 人，其中职业学校共招生 196 170 人，比上年减少 40 237 人，占高中阶段招生总数的 38.09%；高中阶段在校生 1 468 182 人，职业学校在校生 526 654 人，比上年减少 77 118 人，占高中阶段在校生总数的 38.29%。2012 年，全省普通高中 530 所，在校生 941 528 人，平均每所学校 1 776.47 人；中等职业学校 342 所，在校生 526 654 人，平均每所学校 1 539.92 人。普通高中与中等职业学校数的比例是 1.55：1，在校学生数比例是 2.79：1。

2012 年汉中市全市共有普通中学 207 所，在校生 7.48 万人；而中等职业教育学校 15 所，在校学生 2.58 万人。普通中学与中等职业教育学校数的比例是 13.8：1，学生数的比例是 2.9：1。可见，在山区县的汉中市，中等职业教育的规模是低于全省的，是不被重视的。

而且，职业中学所设专业只是定位在学生就业、在城市就业，真正定位在为农村服务的专业不多，出现了“职教中心不涉农、农业中学涉农少、农业学校奔打工”的局面。农业学校的毕业生，尽管专业对口，但由于地方财政吃紧，加之学历上是中专，和地方要求“高学历化”的趋势相违背，大多数毕业生去了南方，学校也把开拓南方就业市场作为经验在传授。是

① 陕西省教育厅. 2012 陕西教育事业统计年鉴[M]. 西安：陕西人民出版社，2013.

山区县不需要这些学生吗？不是。山区县往往有着独特的地理和气候优势，动植物矿产资源丰富，是发展茶叶、中药材、高效农业、绿色旅游业的理想区域。以陕南为例，该地的茶叶因为缺乏深加工和品牌而不能做大做强，珍稀动物的观赏开发，中药材的种植、管理、市场的开发，旅游产业的开发等，都需要大量的农业技术和管理人才。历史上，陕南的经济机遇往往经过短期的恶性竞争后退出市场或者直接由外地客商占领：如洋县的黑米酒、猕猴桃酒，城固的“月亮牌”方便面于20世纪80年代在陕西周边地区甚至全国都有一定的市场，但因为管理上的混乱和缺乏后续开发，90年代却销声匿迹，退出市场；相反，南方一些有远见的商人看到了其中的商机，带着少量的资金来陕南投资：他们在路边廉价地租一块地，种反季节蔬菜（西红柿、黄瓜等），早季节水果（如草莓）以及苗木、花卉等。当然，近年也有一些成功的经验，如安康的旅游业收入已经突破农业，成为安康的主导产业；城固的橘子、西乡的樱桃等有了一个良好的开端。

但要想做大做强，必须有大量的懂市场经济的技术人员和管理人员，教育责无旁贷。可以说，汉水上游不是不需要高科技人才，而是太少，是不对口，是没有看到农业科技人才的价值，是没有把农业科技人才的积极性调动起来。

四、教师质量不能保证未来教育发展需要，人才缺乏但又不尊重人才

（一）教师学历水平相对较低

学历是衡量教师质量的一个基本指标。按早期的规定，小学、初中和高中教师的学历分别达到中师、大专和本科就是学历达标教师。依此标准，2002年陕西省全省小学、初中和高中教师的学历达标率分别是96.25%、82.7%、64.18%。山区县的教师学历达标的情况往往低于非山区县。如果按照教育部颁发的《21世纪教育振兴行动计划》，教师的起点学历为本科，并按教师专业化水平要求，显性的学历不达标指数更会成倍增加。

以陕西省为例，2010年，陕西省颁布了《陕西省贯彻〈国家中长期教育改革和发展规划纲要（2010—2020年）〉实施意见》，提出了陕西省教师建设学历（学位）指标（见表4.6）。

表 4.6　陕西省教师队伍建设学历指标

教师学历比例	2009 年	2015 年	2020 年
幼儿教师专科及以上学历（学拉） 其中：本科及以上学历（学位）	70.1% 11.1%	85% 15%	95% 25%
小学教师专科及以上学历（学位） 其中：本科及以上学历（学位）	77.4% 19.4%	85% 25%	95% 35%
普通初中教师本科及以上学历（学位） 其中：研究生学历（学位）	58.4% 0.85%	75% 2.5%	90% 5%
普通高中教师研究生学历（学位）	3.6%	10%	15%
职业高中教师研究生学历（学位）	2.1%	10%	15%
普通中等专业学校教师研究生学历（学位）	7%	20%	30%
“985”“211”院校教师研究生学历（学位） 其中：博士研究生学历（学位）	80% 25%	90% 40%	95% 60%
本科院校教师研究生学历（学位） 其中：博士研究生学历（学位）	60% 10%	80% 25%	90% 40%
高职高专院校教师研究生学历（学位） 其中：博士研究生学历（学位）	30% 3%	50% 10%	70% 20%

在陕西省，由于陕南处山区，中等学校专任教师中拥有研究生学历的教师比例普遍低于全省，特别是汉中和安康尤为明显。以汉中市为例，2012 年全省普通初中和普通高中专任教师中拥有研究生比例分别为 1.4% 和 6%（见表 4.7），而汉中市为 0.2% 和 1.8%；如果按照陕西省提出的，到 2020 年，陕西省普通初中和普通高中教师中拥有的研究生比例分别达到 5% 和 15%、高中毛入学率达到 99.84% 的建设目标，在未来的 7 年间，陕南的普通中学共需要补充 3 700 多名具有研究生学历的教师，平均每年 500 多名。这还不包括区域内职业高中、中等专业学校对研究生的人才需求。此外，区域内部分中学，如汉中中学、汉中市龙岗学校等确立的目标是 30%，高于省内 15% 的目标。综合这些因素，可以断定，陕南及其周边地区对教师学历达标任务艰巨。

表 4.7 2012 年陕南山区与陕西省中学高学历教师比例比较

		汉中市	安康市	商洛市	陕南小计	陕西省
普通初中	2012 年初中教师数	9 942	7 782	7 536	25 260	112 604
	其中硕士人数	28	17	128	173	1 573
	比例（%）	0.2	0.2	1.6	0.68	1.4
普通高中	2012 年教师总数	4 304	3 299	3 466	11 069	56 218
	其中硕士人数	81	104	176	361	3 355
	比例（%）	1.8	3.1	5	3.3	6

数据来源：依据《2012 陕西教育事业统计年鉴》及各市 2012 年国民经济和社会发展统计公报整理。

（二）教育教学水平不高

衡量教师质量的另一个更关键的指标是教师的教育教学水平。现有教师潜在的发展性素质不能适应教育现代化的需要，现代教育思想、现代教育技术、新课程理念与方法等和发达地区差距更大，科研型、学者型、高学历教师更是凤毛麟角。缺乏适应山区教育需要的特色教师。要培养适应山区经济需要的人才，就应当有对山区经济有研究，并且有现代教育技术和思想的教师。然而，几十年来，我国的师范教育是全国一个模式，是为千篇一律的应试教育服务的师范教育，所以地方师范院校的改革，也要为地方经济服务。

（三）山区县教师补充困难，后继乏人

更严重的是，现状的差距不被地方政府意识到，即使意识到，迫于经济压力，无力优化教师队伍，无法及时更新新鲜血液，甚至让人才失望。以笔者在陕南某承担教师教育任务的高校所搞的一个小调查为例：该校有不少学生来自山区县。某县 2010 年考入该校人数是 78 人，而该年度毕业回到该县的只有 11 人，通过招教考试进入学校的只有 5 人，其他人待业。同时笔者利用教学的机会，随机对部分学生将来毕业后的去向作了调查：被调查的 121 名山区县生源的学生只有 19 名表示在家乡就业。

“21 世纪，山区的中小学教师谁来当?”是摆在山区县教育战线的一个

严肃的问题。目前，小学教师，特别是条件艰苦的小学一线骨干教师基本上是上世纪 80 年代毕业的中师毕业生，在当时的条件下，考中师的素质是很高的。而到 90 年代，特别是 90 年代末、20 世纪初期，由于高校扩招和对教师起点学历的大专化、本科化的要求提高，中师、师专、高师的生源质量下降，重点师范大学的毕业生分到基础教育一线的人数越来越少，他们哪怕待在城市打工也不愿意回到偏远的山乡。因此，未来山区县新教师来源和质量都是制约教育发展的深层病理。

五、西部地区山区县的传统教育观念依然滞后

西部农村地区的文化观念是在长期的封建文化、宗教文化基础上形成的内陆文化，优点是保持人和人之间的伦理与和谐，离不开自己的土地和山山水水，这在建设西部的封建文明过程中起到了一定的积极作用。教育的作用在于“学而优则仕”，在于离开农村，有教育愿望的人，往往是“升学有望”的人，受教育的目的是基于进入社会上层的精英教育。这和教育现代化的本质是格格不入的。

经过长期的摸索甚至教训，人们逐步明白现代经济乃至于政治的现代化的前提是“人”的现代化。“一个国家可以从国外引进作为现代化最显著标志的科学技术，移植先进国家卓有成效的工业管理方法、政府机构形式、教育制度以致全部课程内容。在今天的不发达国家里，这是屡见不鲜的”，但往往却以失败、甚至动乱而告终，“为本国的资源和财富掘下了坟墓”，“痛切的教训使一些人开始体会到，那些完善的现代制度以及伴随而来的指导大纲、管理守则，本身是一些空的躯壳。如果一个国家的人民缺乏一种能赋予这些制度以真实生命力的广泛的现代心理基础，如果执行和运用着这些现代制度的人，自身还没有从心理、思想、态度和行为方式上都经历一个向现代化的转变，失败和畸形发展的悲剧结局是不可避免的。再完美的现代制度和再先进的技术工艺，也会在一群传统人的手里变成废纸一堆”。①

人的现代化，不是人的外表衣着打扮的时髦、现代化，而是人的思想和观念的现代化。

1976 年 6 月，在维也纳发展研究所举行的“发展中的选择”讨论会上，智利知识界的领袖萨拉扎·班迪博士，在回顾发展中国家追求现代化的坎

① [美]英格尔斯. 人的现代化[M]. 殷陆君，编译. 成都：四川人民出版社，1985：4，22.

坷道路时，曾经说过这样一句含义深刻的话："落后和不发达不仅仅是一堆能勾画出社会经济图画的统计指数，也是一种心理状态。"[①] 落后的背后和根源是落后于时代的文化心理和文化环境。经济的发展，社会文化的发达靠的是人的现代化，即实质上的现代人。

因此，西部山区县实现教育现代化，根本目的是要解决人的现代化，营造适应现代化需要的教育文化生态。

六、教育质量与教育效益

进入21世纪，我国教育形势发生了很大变化，人民群众对教育的需求由"能上学"向"上好学"变化，对优质教育的需求愿望急剧上升，对教育质量现状不满，已经成为民生问题，这在历史上还是第一次。山区县民众对教育文化的自觉，给教育基础薄弱的山区教育带来了巨大冲击，老百姓为了上好学校，优质生源纷纷向优质学校、有优质教育资源的城镇流动。于是，在山区县教育界出现了许多独特现象：作为乡村文化堡垒的"村小"消失；乡镇初级中学学生厌学、逃学、辍学普遍；县城中小学人满为患；区域高等学校生源质量下降、招生任务无法完成，等等，使汉水流域各个层次的教育面临巨大的办学压力。

但是，应当注意的是，此次"质量"问题的本质和以前不一样，质量好坏的标准已经和以前不一样了：过去衡量教育的标准，更多关注学生在校学了多少知识，关注升学率；而新的形势下，家长和社会更加关注的是学生综合素质的提升，学生能否适应城镇化、工业化的要求，能否在学习型社会中具备可持续发展能力；家长更多关注学生接受教育后的回报率。因此，这对学校教育目标、课程设置、教学方法、教师素养、管理模式等等都提出了新的挑战。由于汉水流域教育基本上还是传统的应试教育占主导地位，基础教育是学校教育的主体，因此，适应新的质量标准的现代化学校内部改革就显得尤为迫切。

① 金耀基. 大学的理念[M]. 北京：生活·读书·新知三联书店，2001.

第五章　国内外山区县教育现代化的基本经验

从地形地貌来讲，山区是相对于丘陵、平原等而言的；从经济结构、人口居住环境来讲，地域又有城市、农村之别，从经济社会发展水平讲，还可以分为发达地区和欠发达地区，从离大城市远近程度上讲，可以分为城市核心区、城郊结合部、农村地区、偏远地区等。虽然，地理环境是制约教育现代化步伐的重要因素，但是，纵观世界范围内教育现代化程度较高的国家却不难发现：处于不利的地理环境，比如多山地、多零散岛屿的日本，其教育现代化的进程和水平令世界刮目相看，此外，已经实现了教育现代化的一些欧美国家，他们也曾经面临着山区教育现代化的问题，有许多问题和我国西部地区山区县的问题非常相似。因此，他们推进山地地区教育现代化的经验无疑值得我们研究和借鉴。

第一节　日本教育现代化进程中的山村教育

日本的国土总面积，包括各小岛在内，共计 377 835 平方公里。其中土地面积 374 744 平方公里，水域面积 3 091 平方公里；国土面积的 3/4 是被森林覆盖的丘陵和山地，平原较少，且地震和火山活动较多，属于资源贫乏、自然灾害频发的山地岛国。虽然自然条件恶劣，但是日本的现代化，包括教育现代化的程度被公认处在世界前列。

一、日本的教育现代化基本进程

日本的现代化肇始于 19 世纪中后期的明治维新，它既是日本历史上的一次政治革命，也是一场涉及政治、经济和社会等方面的大改革，并因此而促进日本的现代化和西方化，使日本走向富国强兵的道路，但奠定了日本成为二次世界大战的法西斯主义的经济基础。日本的真正现代化其实在第二次世界大战后，在美国的管制下，实现的基于资本主义民主化的现代化，也是其基于民主化的教育现代化的开始。

从明治维新以来，日本教育经历了三次大的改革，成为其教育现代化的里程碑，逐步建立起日本的现代教育体系。

（一）明治维新时期的教育普及

日本的明治维新始于19世纪60年代。在西方列强掠夺威胁下，日本深刻认识到国不富民不强则国不兴，于是进行了自上而下的改革。这次改革明确提出"求知识于世界",颁布了主要以法国教育制度为范本的《学制》,表现出日本学习西欧先进技术和思想的强烈愿望。明治维新使日本形成了比较完整的欧式学校体系，而其中最大的成就是:

1．高度重视普及教育，全面提高了国民素质

日本在走上近代化道路的起始阶段，就已经意识到普及教育和提高国民素质的重要性。为了普及初等教育，政府进行了大量的投入，教育费支出总额在1893—1907年的14年间增加了6.4倍，同时小学生人数增加到将近两倍，小学增加了2 795所。还规定义务教育年限为4年，费用由国库负担，1907年又将义务教育年限延长为6年，并奖励普通平民就学，力求做到"邑无不学之户，户无不学之人"。1902年男女儿童入学率已超过90%，这在当时的世界上是极为罕见的。普及教育为日本培养了大批高素质的国民和劳动力，为生产力的迅速发展打下了坚实的人才和技术基础。

2．改造封建主义教育，提倡实学

明治维新时期的日本政府，为了实现现代化，从教育上首先批判并着手改造"虚理空谈"脱离实际的日本传统教育，提倡先教授日常需用的语言、书写和计算方面的知识，再进一步教授各种职业所需的知识和技术，"人人都要立其身，治其产，兴其业"，学校要给人立身处世的学问。高等教育机构的功能主要是专门教育，是尽快将西方先进的文化和科学知识传授给学生，以培养国家领导人和各领域的骨干。此外还设立了一些私立的专门教育机构，如外国语学校、医学校、东京法学校等。

几乎与此同时，我国清政府也意识到学习西方的重要性，以洋务派为代表的清朝官员也设立了一些学习西方"经世致用"之学的学校，如京师同文馆、福州船政学堂等30多所新式学堂，还选派幼童、学堂优秀学生赴欧美留学，但办学思想仅仅是“中体西用”，即“中学有未备者以西学补之，中学有失传者以西学还之，以中学包罗西学，不能以西学凌驾中学”，根本不愿触及封建教育的核心。这一时期也有学者意识到“开民智”的重要，但受教育仍是少数人的专利，普及教育还远未进入，也根本不可能进入中国封建统治者的视野。我国虽然与日本有同样因落后而挨打的切肤之痛，也有教育改革的愿望，但没有触动封建教育的核心，没有抓到“普及义务教育”这一现代教育的实质，所以，教育现代化半途而废、失之交臂。

（二）第二次世界大战后教育民主化改革

第二次改革是第二次世界大战后日本作为战败国接受美国占领军的民主化改革，这次改革基本上以美国的民主教育为模本，对日本的军国主义教育进行彻底的清算。因而可以说第二次改革是个美国化的过程，使其教育实现了：

（1）教育民主化、个性化。民主教育的基本点就是承认个人的价值和尊严，教育制度要适应个人能力，日本战后的改革革除了过重的国家主义，充分尊重了人格和个性问题，实施“以完善人格为目的的教育”。

（2）教育法制化。日本改过去天皇敕令的方式为法律形式，使重视教育的观念用法律固定下来。1948年教育敕语正式被废除，1947年按日本国宪法精神颁布的《教育基本法》又被称为“教育宪法”，是教育的根本法，确立了以法制校的开端，这在日本教育史上具有划时代的意义。此后还颁布了学校教育法、义务教育国库负担法等，为战后日本教育持续稳定发展提供了保障。

（三）20世纪70年代的全面现代化阶段

然而日本也面临着许多国际国内的新问题：一方面是刻板划一、教育质量和科研水平低下、考试中心主义等“教育荒废问题”，另一方面是国际化的快速进展、科学技术的急剧更新。这些因素促使日本进行第三次教育改革。这次改革不同于前两次，它是日本在没有外来压力的情况下，根据国际国内形势的变化而自觉自主地进行，因而有时间对本国的教育制度进行全面的反思，充足的讨论。这次改革的成就表现在：重新重视传统文化，弘扬民族自豪感，从西方化回归日本化；继续巩固、深化第二次教育改革确立的民主、个性化的教育原则，朝着教育的多样化、国际化、终身化方向努力。①

可以说，日本的教育现代化从时间上经历了 100 多年的历史，包括明治维新时期的启动，第二次世界大战后的美国式教育民主化、个性化，20 世纪 70 年代的主动、全面的教育现代化三个阶段。

二、日本偏远乡村地区（山区）教育的特色

在日本，虽然有国际化的大都市，但是更多的是偏远的小岛、乡村和山区。为了使边远乡村地区也能够普及教育，保障这些地区教育的发展，实现缩小教育差距，日本制定了一些具体的政策措施，如边远地区乡村学校会得到不同数额的补助金；国家补助边远地区乡村学校兴建中小学教职工住宅，以稳定乡村中小学教师队伍；国家补助边远地区乡村学校订购校车以方便学生上学；国家补助为住宿学生免费提供食宿，等等。正是出于教育现代化的需要，这些由政府提供的向边远地区给予的倾斜政策，保障了对包括山区在内的农村基础教育的发展，也使战后日本的基础教育现代化水平迅速提高，其经验值得我们借鉴和反思。

（一）民众有重视山村教育的传统，山村小学校在区域文化生态中具有独特地位和多样化功能

在日本乡村，特别是山区乡村，小学校不但是适龄儿童求学的地方，更是乡村文化生态环境的重要组成部分，是传统文化传承的主要传播、继承的场所。在日本，始于明治维新的兴办学校运动，学校已经成为山村现代化的标志，在农村村落共同体起着越来越大的作用。和城市贫困地区相比，日本农村学校教育普及的进展更为突出，形成了日本学校和村落共同体或村町区域互相依存的特殊局面，学校成为了地域历史文化的中心地。例如，在山村，有学校运动会还有地区运动会，这就形成了与村落共同体互相依存、地区活动仪式和学校活动仪式相结合的学校体制。此传统在以农、林、渔业为生产业的地区尤为普及。当然，与其他国家一样，在日本现代化进程中，乡村小学校也曾受到冲击，也曾经围绕存废问题不断纠结，

① 段云华. 日本教育现代化对中国的启示[J]. 湖北成人教育学院学报，2001（1）：8-10.

特别是在偏远的地区，国家和地方自治体的教育模式被抛弃的并不少见，但当地居民却靠自己的力量积极提倡建立学校，这与日本重视乡村小学校的历史传统有着密切关系。

在日本，近代以前江户时代的农村，就有同武士、平民、僧侣、神官、医生等人开办的平民教育机构，即寺子屋和乡学，从19世纪30年代起大量增加，直至明治时代为小学所代替。寺子屋是专门为平民子弟开设的初等教育机构。教育内容重视实用，主要进行读、写、珠算等对日常生活有用的知识、技能教育。儿童通常六七岁入学，学到十至十三岁开始当学徒，学习年限一般为四五年。寺子屋的经营管理者和教师绝大多数是农、工、商或医生等平民百姓。经营者在江户、大阪、京都等大城市多数是中层程度的商人；在山村和渔村，大部分是村长村吏等。寺子屋在日本教育史上占有重要地位，明治维新后，日本普及小学，是和幕府末期寺子屋的繁荣发展密不可分；乡校设在乡村，一般是在幕府或藩的许可、监督和保护之下，由幕府、藩直接管辖，对武士子弟和平民子弟施以初等教育，既有由藩主及其亲族出钱资助创办的，也有民间热心教育事业的办学者办的，或由民间知名人士开办。教学内容主要是读、写、算，特点是重视道德教育，是一种特殊的介于藩校和寺子屋之间的教育机构。这种由政府监督设置和帮助的、面向本地各阶层民众的教育机构，显示了江户时代学校教育机构中公立因素的增长，成为近代公共教育的萌芽。

到了明治时期，明治维新运动推行“学制令”，地区居民的学校设施充实意识非常强，地区居民自筹资金办校，当时的大部分教育费用并不是由政府负担，而是由乡镇村的团体或居民来负担的，由此可见民众对教育的重视。以农、林、渔业为生的偏远地区居民，开设了可以学会掌握读书、计算的学校，成为了人们赖以生存的不可缺少的一部分。在农村，对于当地居民来说，小学不仅是孩子们学习的场所，也是成年人接受各类培训或进行扫盲的学校，很早以来就有这样的传统，小学校已作为农村农余时间补习的学校而被利用起来了。所以对于当地居民而言，学校已担负起各种各样的农村实用教育。在一些被国家遗忘的偏僻地区，他们靠当地的共有财产以及一些捐助款，靠自己的力量办学，虽然设施非常简陋，但他们看到了教育的重要性，所以在一些穷乡僻壤地区仍然建有不少学校。在明治后期实施的学校统合制度，使得学校作为地域居民的组合而存在下来。当地居民可以申请创办私立小学，他们只需向县厅（相当于我国的省政府）提交设立认可申请书，纳入统一的管理，由当地政府部门和村会的学校统合部门进行督查。根据当地居民的捐款数，进行学校的建设和教员人数的确定，学校成为了当地居民的共有财产。所以，在日本的很多偏僻的山村和孤岛都建有自己的学校。例如，在日本南部鹿儿岛的孤岛之一的冲永良部，就是该地区最贫瘠的地区，该地区自筹资金建立起自己的小学校。该学校在明治 6 年，只是由两间简陋的家庭住所建立起来的，总共只能容纳十多名学生；到明治 10 年，改为四间茅草房，校操场不大；明治 15 年，学校的学制发生了变更，并具有了完整的教学设备，成为了当地行政公认的设备齐全的正式小学。日本战前的学校制度采取的是拔尖课程和普通课程同时进行的双轨制度。大正时代开始寻求的是以农村副业措施和自耕农创办的地域振兴措施为代表的地区人才培养模式。在小学校里，广泛开展以青年为对象的夜校实业补习教育，培养地域性人才。

（二）日本农村小学校服务地域经济文化，形成有特色的农业教育、地域文化教育

在日本，农村的教育除了基本的学科文化知识教育外，还积极地增设了具有适应农村需要的农业、本地传统的民众文化教育。比如有些山村组织了绿色少年团，体验山村的林业资源。这些绿色少年团的成员由小学四年级以上的全体学生参加，定期实施体验学习，并由当地的共有林业部门和地区公民活动中心积极协助,这项活动已成为当地小学校区的一项传统。为了激发孩子们的自主性，同时还要向学生们收取一定的会费，由校方的学年主任负责。

乡村学校培养地域性综合人才，已经成为乡村学校教育的一大课题。当地的传统地域文化和长辈的口传文化已经在地域文化的教育中占有重要的位置，具有地域的特性。作为向孩子们传递声音的老人会，也担负起了地域文化教育的任务。地域的小学教育综合学习时间也渗透到了地域文化、地域特色和地域体验的学习计划中。很多地区开展了具有农村综合特色的实践活动和地域人才活用教育计划。根据地域教材的学习，孩子们认识到了农业和粮食的重要性，整个学习过程日渐系统化。体验学习不光是出汗等体力上的活动，更多的是认识的全过程，形成了人的能力开发的潜能。在这个过程中，地域和家庭的协力是必不可少的部分。事前号召共同参与，不光靠教师，还要依赖地区的有学识之人共同出力献策，制订授课计划，进行具体指导。孩子们的学习更注重自我能力的培养，学校开展实际指导，培养孩子们在友好团结，集体主义的前提下，展开互助学习、竞争意识的培养，班级团体中实行共生、共学

的理念。把人际关系的重要性作为学习的一部分而展开，定期组织农村学生和城市孩子进行交流互访活动。地域性的各种活动和学校运动会等活动互相结合，这一活动自战后就一直延续到现在。在地域中，孩子们的父母和学校的教师之间会加强联系，他们不仅参与学校的活动，有时还参加全国性的农村特色知识教育活动，比如参观牧场，了解牛乳生产；参观蔬菜基地，了解大棚种植；参观茶厂，了解茶叶采摘和制作过程，等等[①]。

三、日本偏远地区教育现代化进程中遇到的问题

尽管日本重视山村小学校的存在，并且形成有日本特色的乡村教育风格。但是，山村小学校也曾经遇到过教育现代化进程中的冲击和困惑，这些困惑是山区县教育现代化进程中都可能遇到的问题，具有普遍性。

（一）小规模学校问题

小规模学校问题在日本农村教育的发展中也越来越突出，曾经围绕小规模学校的“存废”问题有着激烈的争论。第二次世界大战之后直到现在，日本人口总体是下降的，这影响了农村学龄人口的数量和农村学校的规模。在这样人口数量变化的趋势下，日本小学和初中在校人数总体上也呈下降的趋势。自 1960 年以来，受农村和偏远地区人口减少的影响，日本学校规模的数量结构发生了重大变化，500 人以下的小规模学校在增加，而 1 000 人以上的大规模学校在减少。特别是 20 世纪 80 年代以来，受全国出生率持续下降的影响，以及日本农村和偏远地区人口的外流，小规模学校特别是农村小规模学校问题越来越明显。相关研究显示，1991 年，499 人以下的小学数量占小学总数的 68%[②]。为应对农村学校规模过小的问题，日本采取了合班、合校的方式，但由于日本人口的增长状况和农村人口向城市流动，小规模学校或班级占农村学校或班级大多数的状况难以改变，也就是说，在日本虽然对于小规模学校有所调整，但依然保留了“大多数”的小学校或班级，小规模学校或班级依然是偏远地区基础教育的主体。

---

① 张颖. 日本农村教育的实施及对我国农村教育的启示[J]. 农业考古，2010（6）：280-282.

② 焦必方. 战后日本农村经济发展研究[M]. 上海：上海财经大学出版社，1999：188.

（二）师资短缺问题

在日本农村，特别是偏远地区，教师短缺也长期存在。由于农村地区，特别是偏远地区农村生活教学条件艰苦、交通不便，教师不愿意到农村任教。在农村任教的教师往往多是刚刚毕业不久的大学生、城市难以受聘的大学生、不合乎当教师的某项标准的教师。对于相当一部分教师来说，去农村任教是迫不得已的选择，许多农村教师往往一有机会就想离开农村学校，到城市寻求发展空间或到城市学校任教。由于这些情况的存在，日本农村教师缺乏，高素质农村教师更加缺乏。根据日本 1954 年制定、之后多次修改的《偏远地区教育振兴法》的规定，都道府县必须对偏远地区学校教职工增发特殊津贴，如月津贴额不低于本人月工资和月抚养津贴的 25%。除了使用提高教师工资和待遇等市场手段外，日本还采取了行政干预措施，如定期流动政策。定期流动政策规定，流动的对象分为这样几种情况：凡在一校连续任教 10 年以上以及新任教师连续 6 年以上者；为解决定员超编而有必要流动者；在区、市、街道、村范围内的学校及学校之间，如教师队伍在结构上（专业、年龄、资格、男女比例等）不尽合理，有必要调整而流动者。[①]

（三）教育质量问题

农村教育质量问题是日本农村地区特别是偏远地区教育中长期存在的重要问题。1963 年日本文部省全国学力调查显示，偏远地区中小学的考试成绩低于全国学力平均水平。以小学五年级和初中二年级为例，偏远地区小学五年级社会科的平均成绩是 49.2 分，比全国平均分数 58.8 分低近 10 分。偏远地区初中 2 年级数学平均成绩是 31.3 分，比全国平均成绩 41.3 分低 10 分[②]。由于各种原因，长期以来日本农村教育质量相对较差，与城市教育质量相比差距较大，与美国过分“放任”导致学生学业成绩不理想不同，日本的考试传统造成日本学生创新能力和实践能力不足。所以，日本提高教育质量可以认为是在纳入美国等文化异质国家强调创新和自主的教育传统，以提高人才培养质量。针对农村教育的特殊性，日本出台了许多针对农村教育实际提高农村教育质量的措施。

---

① 李均，郭凌. 发达国家改造薄弱学校的主要经验[J]. 外国中小学教育，2006（11）：8-1，29.

② 焦必方. 战后日本农村经济发展研究[M]. 上海：上海财经大学出版社，1999：207.

第二节　美、俄、印等国山区教育现代化中的问题及对策

和日本一样，纵观第二次世界大战后各国，都非常重视教育的优先发展地位，加大了教育现代化的进程，特别是现代化程度较高的发达国家，教育现代化成绩斐然。然而，这些国家尽管做了许多努力，但教育上的城乡差距依然存在，特别是在山地地区，可能问题更加严重，但政府的努力依然没有停止过，也有许多推进山区教育现代化的经验，使原本已经存在的城乡差距没有进一步扩大。

一般而言，农村地区不一定是山区，但山区，往往很可能既是农村地区、经济欠发达地区，也是偏远地区。因此，本节所述农村地区、偏远地区、经济欠发达地区具有的教育现象，均包括了山地地区。

一、偏远地区学校发展问题存在普遍性

城乡教育差距问题，是一个全球性问题，在现代化程度较高的西方国家也不例外，并且发达国家一直为改变这种差距不断努力，它既是一个历史问题，也是一个现实问题，并且还可能持续存在。为解决实际的城乡教育差别，特别是偏远地区教育现代化的问题，迫切需要以先进国家在统筹城乡发展过程中的举措为榜样，借鉴其成功经验。

（一）美　国

美国是一个高度工业化、城市化和现代化的国家。然而，据 2000 年美国人口普查计数据，还有约 21% 的美国人居住在农村地区。美国国家教育统计中心的数据显示，2001 年全国共计有 7 153 799 个农村中小学生就读于 6 398 个农村学区中。在美国，农村公共教育服务体系的建立经历了一个“法制化”和“国家化”的过程，通过立法强化国家责任，成为普及农村义务教育的保障。1965 年《初等和中等教育法》的实施改善了农村学校的办学条件，为贫困儿童的生活和学习提供了经费支持。在很多农村公立学校里，学费免收，教科书、学习用具和来往学校的交通车辆免费供应，甚至提供免费午餐。这一切都减轻了家庭负担，有利于农村学生安心学习。

尽管美国对改善乡村教育花费了很大精力，但是其效果并不十分显著。根据资料统计，美国公立小学的教育质量一直处于低谷状态，农村地区公立学校的教育质量存在极为严重且突出的问题。尤其突出的是农村公立学校学生的学习成绩普遍偏低，且差别较大。其大学升学率仅为 37.4%，与城市的 42.8% 相比，明显偏低，即便能够继续上大学学习，其大学多数也是社区的学院或者一般的大学。由此可见，美国城乡教育机会现阶段还存在不均等的状态。1995 年至 1996 年间，美国联邦政府教育部针对教育资金投入进行了一项调查，通过数据显示，大城市公立学校学区每年人均投入达到 7 010 美元，而在农村公立学校学区，这项开支则只有 5 302 美元①；地区贫困、地域文化差异较大、文化冲突激烈、使得被迫卷入恶性循环的农村社区教育条件和环境的愈加恶化，美国联邦政府不得不更加重视农村社区教育的改革与发展。因此美国政府为了进一步提高基础教育质量、促进教育机会均等出台了一系列的政策，其中“农村教育成就项目（Rural Education Achievement Program，REAP）”，就是最为突出的一个，该项目于 2000 年 12 月由克林顿总统签署，2002 年 1 月，布什总统对其进行了重新授权，命名为“不让一个孩子掉队”。该法案要求：“不论学生种族和家庭背景如何，都应平等地接受教育，学校应促进孩子取得他们潜能所应达到的进步”。美国政府从 2002 年开始累积拨款额已高达 4.98 亿美元，用以对此项目的实施进行资助和推进。自美国实行农村教育成就项目（REAP）以来，其城乡教育均等性上得到了改善，同时这一法案和行动的实施一直在继续，它的成功其实在很大程度上是因为美国较早的对于农村基础教育的普及作出了关注，并制定相应的法案。

（二）澳大利亚

在澳大利亚，政府为了缩小城乡教育差距，提高乡村教育质量、让乡村孩子享受到与城里孩子同等质量的教育，先后制定并实施了“劣势学校计划”（The Disadvantaged Schools Program）、“贫困乡村地区计划”（The Disadvantaged Country Areas Program），后者于 1982 年改称为“乡村地区计划”（Country Areas Program，CAP），计划的实行改善了乡村中小学校的教学条件，扩大了乡村孩子受教育的机会，提高了乡村教师的专业水平，从而促进了乡村教育质量的提高。

---

① 傅松涛，杨彬. 农村社区基础教育现状和改革方略[J]. 比较教育研究，2004（9）：28-30.

（三）韩　国

在韩国，政府在国家财力相对有限的条件下，仍然大力提高农村、山村、渔村的教师待遇，彻底推进城乡之间教师循环工作制。自 20 世纪 70 年代，韩国政府开始实行“城乡教师轮岗制度”，这项制度已经实施了四十多年，在稳定农村教师、改善薄弱学校教育环境、均衡校际和区域间师资差异、缩小城乡教育差距等方面发挥了巨大作用，进而加快了韩国实现教育公平和教育均衡发展的步伐。

（四）俄罗斯

在俄罗斯教育现代化进程中，偏远地区的教育不但没有忽视，反而得到特殊的照顾①。

第一，强化农村教育的基础地位，认真落实教育优先发展战略。俄罗斯《教育法》《联邦教育发展纲要》都明确提出了教育优先发展战略。虽然农村学生只占学生总数的 30%，但俄罗斯仍然认识到农村教育现代化不仅是教育事业发展的需要，更是农村社会、经济、文化发展的要求，没有农村教育的现代化，农村乃至整个国家的现代化都无从谈起。因此，俄罗斯的教育政策和改革措施都将教育放在重要地位，如，雅罗斯拉夫尔州的教育投入明显向农村教育倾斜，同时将“校车计划”和学校结构调整视为农村整体现代化的基础。

第二，把农村教育改革视为一个系统工程。俄罗斯在规划和实施农村教育现代化过程中始终将农村教育改革看作一个系统工程。一方面，将农村教育视为农村社会系统的重要组成部分，重视教育现代化对农村经济、文化的推动作用，并在教学内容和方式上予以体现，同时积极发挥农村学校对农村地区的文化辐射功能和教化功能。另一方面，在教育系统内部主张资源共享、优势互补，建设农村教育综合体，既降低了教育成本又提高了教育质量。

第三，保证投入倾斜。在俄罗斯，教育投入一直是制约农村教育发展的重要因素。由于资金不足，校舍得不到正常维护，教师工资难以按时发放，教学仪器设备不能及时更新。近年来，俄罗斯联邦及各地方政府纷纷采取措施保障教育投入向农村倾斜，以实现农村教育公平和教育现代化的顺利推进。以雅罗斯拉夫尔州教育投入改革为例，首先，强调农村教育的

① 于海波. 俄罗斯农村教育现代化及其启示[J]. 外国教育研究，2007（12）：34-38.

基础地位、优先地位。比如，该州校车计划要求，要先为未通校车的村庄修公路，然后才会为其购买校车。在该州，农村教育不仅被视为一种维护稳定的要素，更被看成是地区发展的基本动力。其次，坚持向农村教育倾斜的基本原则。该州培养一个学生的平均成本是 2 900 卢布，而农村学校的生均投入为 3 800 卢布，一些学校达到了 3 万卢布，个别学校甚至高达 10 万卢布。最后，改进农村教育投入方式。从 2004 年 1 月起，雅罗斯拉夫尔州开始采用按学生实际人数计算的教育财政拨款方式，并以地区补助金的形式列入州财政预算。预算的计算标准包括学校职工的税后薪酬、超成本补贴、课本与出版物补贴、加薪资金、教育日常支出。学校房屋维修基金则被单独列入地方财政预算。按学生数计算的标准化地方财政预算，“使州政府恢复了处理学校事务的权威，也使学校预算变得透明。财政投入方式改革保证了教育机构的普通工作者能够及时拿到工资。同时，这种规范正在成为提升教育质量的经济杠杆，因为在人口下降的条件下，学生和父母现在有权选择学校，即使在农村”。[①]

二、偏远地区教育存在的主要问题及其对策

（一）学校规模偏小问题

农村学校规模小的问题主要在人口多、人口密度大、国土辽阔、地形复杂、交通基础设置缺乏、外部特征（如民族、种族）明显的国家或地区广泛存在，这在美国、印度、俄罗斯等国表现十分明显。在欧美发达国家，随着人口增速缓慢或负增长情况的出现和城市化进程的推进，农村学校规模偏小成为农村教育中的一个重要问题。虽然与美国和日本相比，印度农村学校规模问题并不突出，但在许多农村地区也不同程度地存在。

1．农村学校规模现状

小规模学校是当前美国农村教育中的一个重要问题。根据近年美国联邦统计局的数据，美国农村公立小学数量占全国总数量的 31% 以上，农村公立学校的学生占全国同类学校学生的 21%[②]。按照这一比例推算，美国

① Tat’iana Stepanova. Modernization of the Rural School[J]. Russian Education and Society，2004（12）：18-29.

② 陈飞. 优异成绩的背后——美国农村教育的现状与问题[J]. 世界教育信息，2004（10）：30-31.

农村学校规模偏小，城市小学平均规模比农村小学大 0.7 倍。据《纽约时报》报道，在怀俄明州的拉勒米山区的一所小学，该校只有一名女教师和一名 7 年级学生乔伊。罗杰斯女士和她丈夫住在一辆拖车式活动屋子里，另外一辆相连的拖车式活动房子则是教室。罗杰斯女士有教师执照，每年工资是 25 720 美元；乔伊必须和其他学生一样通过标准考试。由于寄宿学校会减少与父母的交往机会和家庭生活机会，美国民众普遍不认同小学生到学校寄宿的做法，所以小规模学校在美国农村地区普遍存在。像罗杰斯女士和乔伊所在的小学这样的学校怀俄明州至少有 3 所，其他许多州也不同程度地存在着这种情况[①]。

小规模学校在印度的表现并不那么明显，但小规模学校仍然是印度农村教育中的一个重要问题。印度城镇化水平一直不高，战后印度城市化水平平均每年提高 0.2%[②]。印度的农村人口自然增长率高于城市人口自然增长率，而农村人口基数远远大于城市人口基数，因此，农村人口从绝对数量上并没有实质性的变化。由于学龄人口基数的相对稳定，学校规模小的问题并不突出。当然，在印度农村地区，学生辍学、性别歧视、贫困等问题不同程度地影响着学校的预期规模。

俄罗斯城乡人口数量相差悬殊。俄罗斯联邦国土面积为 1 710 万平方公里，人口约 1.47 亿人，2002 年，俄罗斯国家人口普查显示，只有 26.7% 的人口居住在农村地区[③]。有资料显示，2002 年俄罗斯共有中小学校 6.5 万所，其中，近 70% 的学校是乡村学校，30% 的学生是乡村学生，40% 的教师是乡村教师[④]。另外，人口持续负增长是困惑俄罗斯多年的老问题，在现有的 4 100 万个家庭中，34% 的家庭只有 1 个孩子，15% 的家庭有 2 个孩子，只有 3% 的家庭有 3 个或 3 个以上孩子，没有孩子的家庭竟高达 50%。[⑤] 近年来，随着现代化、城镇化不断进展，农村人口不断净流出，城乡人口比例还在扩大，更加进一步使农村地区、山区适龄儿童人数激减。

① 晓丹. 美国农村教育中的一个薄弱环节[J]. 世界教育信息，2004（4）：40.

② 曹骥赟. 印度城市化进程对中国城市化的启示——兼比较两国城市化进程[J]. 延边大学学报：社会科学版，2006（2）：63-67.

③ 李芳. 俄罗斯教育面临新一轮重大改革[J]. 黑龙江高教研究，2006（2）：167-170.

④ Z.G. Kaleeva. Concerns of the Rural School[J]. Russian Education and Society，2003（6）：6-14.

⑤ 中国网. “生育奖金”杯水车薪 俄罗斯人口 15 年持续负增长[EB/OL].（2006-11-09）http://www.china.com.cn/ world/txt/2006-11/09/content_7339048.htm.

2．美国、印度、俄罗斯农村学校规模问题的政策倾向

由于各国的经济政治文化方面的不同，面对学校规模问题，它们所持的态度是不同的。印度、美国和俄罗斯并没有采取非常“积极”态度合并学校。

在印度，目前的义务教育体系下，小学生入学的政策是方圆 3 公里范围内就近入学，不允许他们自行选择学校。在农村地区，印度政府基本上也做到了每个自然村庄能够有一所小学①。

在美国，像前文所述的乔伊这样一师一生学校的情况，怀俄明州当局认为这是教育乔伊的最好方法，因为乔伊父母的农场距最近的一所规模稍大的学校有 40 英里远，暴风雪经常使沙砾公路交通中断②。

在俄罗斯，仅在 1999—2002 年，俄罗斯农村人口就减少了约 1 600 万人，农村学校学生数量减少势必导致农村教育生均成本的增加，而改变这一现状有两个途径。一是撤并招生数过少的学校，这对教育管理者来说是最容易的。然而，这一措施与俄罗斯文化中信奉的“学校存在是村庄存在的前提”这一法则相悖，他们认为农村如果没有了学校就仿佛教堂失去了十字架，如果这一措施执行“将导致 3 000 座村庄‘消亡’”③。二是在“维持农村学校现状”的基础上，对农村教育的结构、经费、师资、管理进行统筹布局，推进农村教育的整体现代化，但这种思路对农村教育的经费投入、教育管理水平等都提出了挑战。经过摸索、权衡后，俄罗斯农村教育选择了后一种模式。④为了解决村落分布过于分散、资金短缺、硬件陈旧、优质师资不足等问题，俄罗斯联邦政府于 2001 年 12 月颁布了《俄罗斯农村学校结构调整构想》，其中制定了 2002—2010 年俄罗斯农村普通学校改革计划。首先，农村小学无论其学生人数多少均予以保留。视生源情况，小学可以成为其他学校的分校，也可以将教育内容适当向学前和初中延伸。其次，学生人数超过 40 人的初中必须保留，少于 40 人的初中，可以与其他学校进行重组。重组后的初中可进行补充教育计划的教学，还可以在其他居民点的初中开设分校，甚至可以实施学前教育计划。最后，调整后的高中可以为附近居民点的小学毕业生提供初中前两年的教育，也可以以高中为基础建立包括临近村落的小学和初中在内的区域性学校联合

① 陈继辉. 印度小学生不住校[N]. 环球时报，2006-03-31（19）.

② 晓丹. 美国农村教育中的一个薄弱环节[J]. 世界教育信息，2004（4）：40.

③ M. P. Gur'ianova. A Typology of the Rural Schools ofRussia [J]. Russian Education and Society，2006（4）：58-74.

④ V. G. Bocharova, M. P. Gur'ianova Strategy for the Modernization of the Rural Educational Socium[J]. Russian Education and Society，2006（12）：28-37.

体。为了使农村教育综合体建设真正得到落实，俄罗斯在很多农村教育试验区实施了“校车”计划。雅罗斯拉夫尔州就进行了有益的尝试。调查表明，实施校车计划后选择寄宿的学生明显减少，这使得儿童与家人有更多的接触时间。校车计划的好处不仅于此，开通校车需要修公路，而公路为村庄带来了生机，人们不必再担心村庄“消亡”。此外，农村学生能够参加校际活动，参观州级文化中心，这充分扩展了农村青少年的生活和视野，并进而使乡村居民的焦虑度下降。如今，校车计划正在推动 76 条公路的建设。应该说，校车计划不仅推动了教育综合体的建设，而且带动了农村经济、社会的全面发展。

（二）教师短缺问题

由于在美国、印度和俄罗斯农村教师岗位缺乏吸引力，教师短缺问题是三国农村教育中共同面临的一个重要问题。从三国农村教师总体情况看，教师职业缺乏吸引力，使三国农村教师队伍呈现出这样一些问题：一是农村教师素质普遍比城市低，二是农村教师数量缺乏，三是农村教师专业发展成本高、机会少。在许多农村地区，如果某个在职教师进修，而没有教师来代课，正常教学就会终止，教师根本无法离职进修，农村教师缺乏使本来就素质不高的农村教师进修机会减少。在职教师无法及时得到提高，就造成了农村教师积累性的素质低下。

1．美国和印度农村教师缺乏问题及其对策

由于美国全国教师数量总体不足，农村办学条件和相关待遇差等原因，美国农村教师短缺问题比较突出。根据美国学校管理协会和阿巴契亚对农村校长的调查显示，工资低、与外部社会的分离和地理环境上的偏僻，影响了他们招收教师和稳定现有的教师队伍。有调查资料显示，在美国 50 个州中，有 44 个州的农村教师的平均工资低于非农村教师的平均工资。就美国全国而言，非农村教师的平均工资比农村教师的平均工资高出 13%[①]。由于农村学校规模小和招聘到教师困难，农村教师显出短缺态势，教师没有充足的时间进行专业进修，教师的工作负担和专业化水平问题给农村教师素质提高提出挑战。依据《不让一个孩子掉队》法案的要求，到 2005—2006 学年底，公立学校的每一个教师都必须具有高度的专业化水

① 陈飞．优异成绩的背后——美国农村教育的现状与问题[J]．世界教育信息，2004（10）：30-31.

平。按照这样的标准，不合格教师的比例很高。农村地区和非农村地区存在争夺高素质教师的竞争，这加剧了农村地区招聘和保留高素质教师的难度。在一些规模较小的学校，一个教师要教授两门或两门以上的学科，这反过来加剧了农村教师提高学科教学水平和专业化水平的困难。

教师缺乏是更是印度农村教育、特别是山村小学教育中的一个重要问题。在只有一个教师的学校里，小学阶段每个教师大约教 50 个孩子，有些学校每个教师甚至同时要教 150 个孩子。按照这样的情况计算，在只有一个教师的学校里，即时教师全勤不缺席、并能上足课时，每个孩子可以得到教师个别关注的机会依然很少。但事实上，教师们经常缺席，授课时间也得不到保证，现实中每个孩子可以得到教师的个别关注机会少之又少①。

2．美国、印度农村教师短缺的解决之道

面对农村学校教师短缺问题，美国、印度和日本采取的解决之策是不同的。美国和日本都提高了教师的工资待遇，来吸引教师或高素质教师到农村工作。教师工资改革取得了一定的成效，如佛罗里达州杜瓦尔县（Duval）的教师工会与学校董事会一致同意，每年给愿意在处于不利状况的学校工作的有经验的教师和校长发 2 500 美元奖金。康狄涅格州在 1996—1997 年度将教师的年平均工资增加到 51 181 美元，以解决该州师资短缺的问题。伊利诺伊州也宣称要采取多种措施以增加教师的数量，其中包括提高教师短缺地区的教师工资以吸引具有教学资格的人去那里任教②，美国通过这些措施一定程度上缓解了农村教师的短缺问题。

在印度，早在 1986 年，印度政府就规定必须改变一所学校仅有 1 个教师的状况，每个初等学校中至少要有两名教师，其中一人应为妇女。对于入学率足够高的学校，采取的措施是使只有一位教师的学校变为有两位以上教师的学校。但到目前为止，在印度的农村，12% 的学校里仍只有一位教师授课，21% 的学校里有两个或两个以上教师，但并不同时上班，这就意味着在印度农村仍有三分之一的学校里只有一位教师授课。应该说印度在解决农村教师缺乏方面的措施是积极的，但是目前印度处在农村教育数量扩张时期，农村教育规模扩张需要增加大量农村教师，

① 谷峪，邢媛. 印度农村基础教育述评[J]. 外国教育研究，2004（3）：7-9，64.

② 田静，王凌. 美国农村高素质师资短缺的原因及对策[J]. 世界教育信息，2004（4）：37-40.

再加上农村教师本来就缺乏，所以解决教师缺乏问题，就显得更加严峻和急迫。

（三）教育质量低下问题

2005 年，联合国在全球全民教育监测报告《教育质量迫在眉睫》中指出，在许多努力保证所有儿童教育权利的国家里，对入学机会关注遮蔽了质量问题，但是质量是全民教育的核心。[①] 在教育机会普及之后，从国际教育发展的趋势看，要及时转向关注教育质量和教育民主。当教育普及化之后，民主和质量成为教育发展的两个主题，而对城乡发展而言，城乡教育公平的现实命题已经变成了教育质量公平。世界农村教育的普及与发展，基本沿着这样一个路径，首先是粗放型地完成义务教育的机会普及，之后再推进教育民主和提高教育质量。

1．美、俄、印农村教育质量的状况

总体上看，美国农村教育质量还是落后于整个国家的教育质量，农村教育质量问题仍然是美国教育中的重要一个重要问题。在美国，不同州、同一州的不同地区的农村学校之间的差别很大，许多地区农村教育的状况也不容乐观。大学升学率一定程度上可以反映教育质量问题，升学率高，教育质量相对较高。在美国，从升入四年制大学的情况看，无论是公立学校，还是私立学校，农村社区都偏低的。资料显示，美国中心城市、市郊（大城镇）、农村公立学校学生升入四年制大学的比例分别是 42.8%、43.7% 和 37.4%；中心城市、市郊（大城镇）、农村私立学校则分别是 78.0%、77.5% 和 67.9%[②]，也就是说，公立学校升入大学的比例低于私立学校，农村学校低于城市学校。

教育质量问题也是始终困扰印度农村教育的重要问题，在机会普及和质量提高的双重重担下，印度农村教育质量的提高困难重重。20 世纪 90 年代，印度的农村教育质量问题引起了世界性关注。1990 年，世界教育大会指出要加大力度提高印度农村基础教育质量，并倡导印度政府与世界银行组织合作提高其农村教育质量。由于农村教育质量低下，许多印度农村孩子在入学的 7 年之后不能够读和写。有许多反映印度农村教育质量低下

① The EFA Global Monitoring Report Team. EFA Global Monitoring Report 2005[R]. The Quality Imperative，2004（18）.

② 傅松涛，杨彬. 美国农村社区基础教育现状与改革方略[J]. 比较教育研究，2004（9）：47-52.

的例子，比如，一个叫莫罕柏的印度农村女孩，她马上就要升入 5 年级就读，然而她始终不能读和写[①]。

2．提高农村教育质量的努力

应该说处于世界竞争中的美国、印度和俄罗斯对本国教育质量越来越敏感。已经完成机会上普及农村教育的美国，致力于提高农村教育质量。在尚未普及农村教育的印度，同时承担着农村教育机会普及与农村教育质量提高的双重重担，质量困境更加沉重。

为提高农村教育质量，美国教育发展与改革的一个重点是强化考试提高成绩，许多相关措施也是围绕这个问题提出的。除了强化考试提高学生成绩的努力外，美国提高农村教育质量的一个重要着力点是乡土课程。通过乡土课程建构课堂和社区发展的联系，农村服务学习项目是将乡土课程应用于社区发展的一种形式，通过农村服务学习项目学生可以运用课堂所学的知识解决农村社区的实际问题，整个农村社区成为农村学生的学习资源和学习环境，运用课堂所学的知识解决农村社区的实际问题，成了课程的一个部分。

印度的农村教育质量问题，是当前印度农村教育实践的重要问题，这一问题尽管已引起了国际社会的关注,但当前印度农村尚未普及义务教育，因此，其主要发展主题仍是以教育普及为主。从印度政府屡次制定义务教育普及时间目标，又屡次推迟普及义务教育时间的状况看，印度政府尚无能力全面普及义务教育。在印度，同时承担起提高农村教育质量和机会上普及义务教育的双重任务是非常困难的。

提高教育质量，也是俄罗斯农村教育现代化的主要目标和任务。目前，俄罗斯希望建立一个新型的农村教育综合体质量管理系统。这一系统从全局视角规划教育机构的任务，确定相应的工作等级和程序，协调各种任务之间的关系，明确不同教育调控部门的权利和责任。农村教育综合体教育质量管理系统主要分为六级，其主要职能是监控和调整“学校与环境”“管理机构与社会团体”“领导与属下”“教师与教师”“教师与学生”的关系，并力争使其工作效率最大化。具体而言，农村教育质量管理主要关注以下 6 个方面：教育质量、教师的业务专长、学校的影响力、农村学生“社会—文化”与“心灵—道德素质”的培养、解决成人和社会群体教育问题的能力、对教育硬件、技术和教学方法的改善情况[②]。

① 谷峪，邢媛．印度农村基础教育述评[J]．外国教育研究，2004（3）：7-9.

② 于海波．俄罗斯农村教育现代化及其启示[J]．外国教育研究，2007（12）：34-38.

第三节 我国发达地区山区县教育现代化的基本经验

根据胡卫等人[①]对全国各省（区）教育现代化实现程度研究结果，近年来排在前十位分别是，2003 年北京、上海、浙江、天津、江苏、吉林、山东、黑龙江、福建和重庆，2004 年北京、上海、天津、浙江、江苏、福建、吉林、山东、重庆、河北，2005 年北京、上海、天津、浙江、江苏、山东、河北、吉林、重庆、福建，2006 年北京、上海、天津、浙江、江苏、吉林、福建、辽宁、重庆、山东，2007 年北京、上海、天津、浙江、江苏、吉林、山东、福建、新疆、辽宁，教育现代化实现程度提升最快的是新疆和江苏，其次是天津、浙江、福建和辽宁。教育现代化程度比较高的主要集中在东部沿海大城市，这不足为怪，特别是北京、上海、天津等，但山区较多的省份，如浙江、山东、福建、重庆、新疆等，其经验值得借鉴。

本节重点研究多山地区的山东省和浙江省的教育现代化进程，重点选择其典型的山区县教育现代化实施过程，寻求其经验。

一、山东省及其山区县教育现代化的实施

（一）地貌特点

山东地形中部高，两边低，境内山地约占陆地总面积的 15.5%，丘陵占 13.2%，洼地占 4.1%，湖沼占 4.4%，平原占 55%，其他占 7.8%。

中部是鲁中南山地丘陵区；境内中部山地突出，区内大部分地面海拔 500 米左右，仅有泰山（1 545 米）、沂山（1 032 米）、蒙山（1 155 米）、鲁山（1 108 米）等。少数中山兀立于群山之上，形成鲁南山地的中脊。泰山山脉雄踞中部，海拔 1 545 米，为全省最高点。

东部半岛大都是起伏和缓的波状丘陵区，属于以山地丘陵为骨架、平原盆地交错环列其间的地貌大势。仅有崂山（1 133 米）、昆仑山（923 米）等少数中低山突出于群丘之上，构成山东半岛的中脊。

西部、北部是黄河冲积而成的鲁西北平原区，是华北大平原的一部分。

① 胡卫，唐晓杰. 中国教育现代化进程研究[M]. 北京：教育科学出版社，2010：113-120.

鲁北、鲁西平原为全省地势最低处，属华北大平原的一部分，系由黄河冲积而成，海拔一般在 50 米以下，黄河三角洲海拔最低。

（二）山东省教育现代化进程

2011 年 4 月，《山东省中长期教育改革和发展规划纲要（2011—2020 年）》颁布，指出，山东省“到 2020 年，全面实现教育现代化，建成学习型社会，实现由教育大省向教育强省、人力资源大省向人力资源强省的跨越”。具体目标是：

（1）教育普及水平全面提高。全面普及 15 年基础教育。学前三年毛入园率达到 85%；义务教育适龄儿童入学率保持在 99% 以上，九年义务教育巩固率达到 98%；高中阶段教育毛入学率达到 98%，普通高中和中等职业教育协调发展；高等教育毛入学率达到 50%，普及水平进一步提高。形成更加完善的现代国民教育体系，学历教育和非学历教育协调发展，职业教育和普通教育相互沟通，职前教育和职后教育有效衔接，建成覆盖城乡的继续教育网络，从业人员继续教育年参与率达到 70%，形成较为完善的终身教育体系。

（2）人力资源竞争力显著提升。新增劳动力平均受教育年限从 13 年提高到 15 年；主要劳动年龄人口平均受教育年限从 9 年提高到 12 年，其中受过高等教育的比例达到 22%；高技能人才占技能劳动者的比例达到 32%，人才竞争比较优势明显增强。

（3）教育公共服务体系进一步完善。城乡、区域之间公共教育资源均衡配置，基本实现教育公共服务均等化。到 2015 年，所有中小学校全部达到基本办学标准。进城务工人员子女平等接受义务教育。残疾人受教育权利得到充分保障。困难家庭学生资助体系更加健全。入学机会公平得到切实保障，人才选拔机制进一步完善。

（4）优质教育资源更加丰富。各级各类教育办学条件明显改善，教育信息化程度显著提高，教师队伍数量、结构和素质适应各类教育发展需要，人民群众接受高质量教育的需求得到更好满足。基础教育均衡优质发展，建设一批高水平的高等学校和特色鲜明的职业学校，形成实施素质教育的教育教学体系、人才培养模式和制度环境，学生的思想道德、科学文化和健康素质得到全面提高，创新精神和实践能力明显增强。

（5）教育体制机制充满活力。人才培养体制、管理体制、办学体制、教育保障机制改革取得明显成效，科学的质量评价标准、完备的监测体系和有效的保障机制全面建立。教育法规体系进一步健全，教育法律实施监督体系更加完善。教育督导制度进一步加强。教育国际交流合作提高到新水平。民办教育健康发展。

（6）服务发展能力全面增强。教育与经济社会发展要求相适应，与人口总量结构变化相协调，突出实施重点区域带动战略、发展战略新兴产业、促进服务业跨越发展等重点，努力满足现代化建设的人才需要。创造一批支撑经济社会又好又快发展的高水平科研成果，推动学习型社会和创新型省份的形成。教育在社会主义先进文化建设中的地位更加突出，引领社会风尚的作用得到充分发挥，促进全省人民思想道德和科学文化素质进一步提高。

（三）山东省教育现代化进程中的山区教育——以蒙阴县为例

山东省的地貌，虽然是以平原为主，但也有少量的山地和丘陵。在以平原为主的山东省，其山区县教育现代化是如何突破发展的，是如何做到不拖全省教育现代化进程的，其经验值得借鉴。在此，以山区县——蒙阴县为例，研究其教育现代化的措施和经验。

1．蒙阴县概况

蒙阴县位于山东省中南部，蒙山北麓，东汶河上游，地域跨北纬 35°27′~36°02′，东经 117°45′~118°15′。东邻沂水县、沂南县，西靠新泰市，南依蒙山与费县、平邑县交界，北与沂源县接壤。县域东西最大横距 45.8 公里，南北最大纵距 65.4 公里。

蒙阴县是沂蒙山区的腹地。全县土地总面积 1 601.61 平方公里，其中山区丘陵占土地总面积的 94%。其类型主要有侵蚀构造中山丘陵区、构造剥蚀低山丘陵区和山间河谷地貌。蒙阴县地貌深受构造、岩性、气候、河流等内外应力作用的控制和影响。整个地形南北高，中间低，由北西向东南倾斜。海拔标高一般 200 ~ 600 米，最低 120 米，最高 1 108.3 米。

截至 2012 年[①]，蒙阴县有 10 个乡镇，年末总人口 55 万人，其中乡村人口 42 万人。普通中学在校学生数为 28 839 人，小学在校学生数 30 783 人。2013 年该县城镇化率达到 52.1%。

2．教育现状

截至 2014 年 1 月数据显示，全县现有各级各类学校 44 所，其中小学 22 所，另有教学点 76 所，初中 17 所、高中 3 所、职业中专 1 所、特殊教育学校 1 所。共有在校生 60 436 人，教职工 5 094 人，专职教师

① 国家统计局农村社会经济调查司．中国县域统计年鉴 2013[M]．北京：中国统计出版社 2013：176.

4 648 人（其中，义务教育阶段在校生 47 837 人，教职工 4 099 人，专职教师 3 817 人；高中段在校生 10 834 人，教职工 799 人，专职教师 660 人；职业中专在校生 1 611 人，教职工 170 人，专职教师 147 人；特殊教育学校在校生 159 人，教职工 26 人，专职教师 24 人）。另有幼儿园 152 处，在园幼儿数 16 127 人（其中公办园幼儿数 9 291 人），幼儿教师 885 人（其中公办教职工 243 人，公办专职幼儿教师 144 人，代课教师 757 人）。

3．教育现代化的举措

综合各种资料，结合现场考察调研，可以发现，蒙阴县推进教育现代化的措施可以归纳为以下六个方面：

（1）保证经费投入，注重各类学校基础设施建设，优化学校环境。

实施标准化幼儿园、校舍安全工程和“211”工程建设。自 2012 年，开始实施乡镇标准化幼儿园建设，共投入 2 056 万元新建幼儿园 9 处，改扩建幼儿园 29 处。2009 年以来，结合县域实际情况，按照“安全、必需、节俭”的原则，因地制宜确定校舍安全工程实施方案，确保校安工程建设一所、成功一所。共投资 8 000 万元实施校舍安全改造工程，建设校舍总面积 9 万余平方米。自 2009 年实施“211”工程以来，累计投入 1 312 万元。其中投入 122 万元为全县所有农村联小、村小配备 106 台节能环保型的电热水器以及电饭煲等餐具、炊具；投入 310 万元，为 18 所学校建成水冲式厕所；投入 880 万元，为 15 所学校安装秸秆颗粒半气化多用锅炉 12 台、水暖空调 1 200 台，为 1 处学校接热电厂供暖，解决了师生的取暖问题。

（2）重视教育信息化建设，提高教育现代化水平。

为全面改善办学条件，提高教育现代化水平，针对全县教育办学条件落后的实际，提出并实施了促进教育发展的信息化工程。目前，蒙阴县已经建成了覆盖城乡各学校的教育信息网络，满足教学要求的计算机网络和中国教育卫星宽带网数字地面接收站全部实现了“校校通”“班班通”，改变了农村学校教学手段落后的状况，缩小了城乡之间、本县与先进地区之间的办学条件差距。重视电教仪器设备更新工程、数字化校园工程的机遇，重点投入，截至 2014 年 1 月，全县用于教育信息化建设的资金投入累计达 5 400 余万元，建成数字化校园 10 所，共配备教师用机 3 300 余台，学生用机 5 380 台，微机室 75 间，白板教室 493 间，幕布教室 200 间，数字图书馆 13 所。

（3）教育教学规范管理水平不断提升。

从标准化寄宿制学校学生少、规模大的实际出发，制定下发了《标准化学校管理实施细则》。目前全县有省级规范化学校 3 所，市级规范化学校 45 所；省级教学示范化学校 4 所，市级教学示范化学校 15 所；“1751”项目学校 3 所。

（4）重视义务教育普及率，保证学龄儿童受教育权。

一是规范办学行为。坚持义务教育阶段实行划片招生，免试入学，对县城驻地学校的招生进行计划控制。

二是多举措控制学生辍学，巩固“普九”成果。县政府与各乡镇签订了《义务教育责任状》，教育部门与各学校签订了《控辍责任书》，进一步落实了责任。大力实施政府帮扶工程，通过落实“春蕾计划”“希望工程”“一帮一结对子”等措施，确保了贫困家庭学生不失学。截至 2014 年 1 月，该县学前一年儿童入园率达到 100%，适龄残疾儿童入学率 91%，小学适龄儿童入学率 100%，小学毕业生全部升入初中，小学无辍学现象，初中生巩固率达到 99.87%。为认真做好学生控辍工作，该县建立完善家庭贫困学生资助制度，加大对贫困家庭学生的救助力度，2013 年发放农村义务教育阶段家庭经济困难寄宿生生活补助费 183 万元，资助贫困学生 1 720 名；县直义务教育阶段家庭经济困难学生发放免课本费资金 19.6 万元，资助困难学生 685 人。学前教育政府助学金 157 万元，资助学生 1 308 人；普通高中政府助学金 174 万元，资助学生 1 160 人；春季中职国家助学金 50 万元，资助学生 666 人。为 1 612 名贫困大学生办理了生源地助学贷款，贷款金额 921 万元。认真贯彻国家、省、市农村义务教育经费保障机制改革会议精神，全面实施农村中小学“两免一补”政策。2013 年共发放农村义务教育阶段家庭经济困难寄宿生生活补助费 183 万元，资助贫困学生 1 720 名；县直义务教育阶段家庭经济困难学生发放免课本费资金 19.6 万元，资助困难学生 685 人。学前教育政府助学金 157 万元，资助学生 1 308 人；普通高中政府助学金 174 万元，资助学生 1 160 人；春季中职国家助学金 50 万元，资助学生 666 人。为 1 612 名贫困大学生办理了生源地助学贷款，贷款金额 921 万元。为确保该项改革的顺利实施，县委、县政府先后召开一系列会议，做出部署安排，在调查摸底的基础上，制定了实施方案。出台了《关于农村义务教育经费保障机制改革工作的实施意见》，成立了教育会计集中核算中心，负责统筹管理全县农村中小学财务工作，目前各项业务运转正常，确保了全县教育教学工作的健康发展。

三是加强德育体系建设。把德育工作摆在素质教育的首要位置，并贯穿于教育教学的各个环节，建立了有效的全员德育机制。

（5）分级推进教育均衡发展。

一是扎实推进学前教育。把发展学前教育纳入经济社会发展规划和公共服务体系建设范围，对各类幼儿园采取“分类推进，全面提高”的措施，进一步规范城区学前教育的管理，重点发展农村学前教育，逐步建立起了政府主导、社会参与、公办民办并举的办园体制。

二是规范发展义务教育。多措并举，努力提高课程实施水平，提升义务教育发展标准。严格落实课程方案，积极开拓培训渠道，确保国家课程开齐、开足、开好。加强地方课程、学校课程管理，健全国家、地方和学校三级课程体系，积极推进沂蒙精神、书法教育进课程、进课堂，积极建设富有特色的地方课程。实施典型带动战略，发挥省级规范化学校、省级教学示范学校、市级教学示范学校和省“1751”项目学校的示范引领作用，通过开展一系列的教学交流活动，促进教学管理水平提高，推进教育质量均衡发展。

三是稳步提升高中教育。各高中学校不断提高选修课开设能力，校本课程建设形式多样，种类不断增多。蒙阴一中作为省“1751”工程项目学校，开发了富有学校特点的校本课程。实验中学开发了“可爱的蒙阴我的家”等课程。围绕构建高效课堂，县教研室、各学校共同配合，积极行动，确立了构建高效课堂“反思调研—总结提升—宣传推广”的研究思路，并深入总结经验，推广典型做法。

四是协调发展职业教育。通过加大职教招生宣传、实行责任追究、加强监督考核等有效措施，充分创造有利条件，规范招生秩序，增强了职业学校吸引力，职业教育规模稳步提升，实现了协调发展。总投资 495 万元，购置高标准机电技术应用实训设备 96 台，配置电子阅览室，建成实训基地。集中打造就业安置品牌，努力做到学生满意、家长满意，目前，学生就业安置率达 96%。

（6）重视教师队伍素质进一步提升。

实施“三名”工程，高度重视名师、名校长、名校的培养，完善教师职业道德考核管理制度，增强了广大教师教书育人的责任心和使命感。截至 2013 年，蒙阴县共有省特级教师 7 人；省级规范化学校 3 所，市级规范化学校 45 所；省级教学示范化学校 4 所，市级教学示范化学校 15 所；“1751”项目学校 3 所。建立健全培训管理体制，完善中小学编制管理，严格教师准入，积极推进中小学新任教师公开招聘制度改革。组织参加省教师远程研修，开拓培训渠道，积极探索多样化培训模式，更新了教干教师的教育教学观念，提高了业务水平。从 2011 年 1 月开始，全县城乡教师工资、津补贴发放执行统一标准。继续实行“教师工资资金专户”制度，按照统一规定标准，由县财政通过银行直接拨到教师个人账户，确保了农村中小学教师工资按时足额发放；落实了农村教师医疗、保险等保障政策。加强教师队伍建设，全面提升教师队伍素质。大力实施专业化培训工程，加强教师的专业化培训，教师队伍整体素质明显提高。出台了《中小学教师职业道德考核办法》《关于开展师德建设年活动的实施意见》等文件，在全县开展师德建设年活动，动员全系统 5200 多名教师开展了以爱岗敬业、教书育人为核心的师德教育活动，着力解决教师队伍中存在的理想信念淡薄、自由散漫现象严重、法制观念不强等问题，规范教师从教行为，提高教师的职业道德水平。抓好青年教师和骨干教师的培训，对培养对象进行动态备案管理，教研室、各学校对确定的重点培养对象建立了成长档案，每年进行一次考核，按比例进行淘汰、补充。截至目前，全县共有省特级教师 7 人，沂蒙名师 7 人。积极开展“十佳教师”“十佳班主任”“十佳教育工作者”“十佳校长”评选，中小学教导主任课堂教学评比、班主任培训、新课程培训、信息技术培训等各项活动，教师队伍专业化素质明显提高。

二、浙江省松阳县实施教育现代化经验

（一）浙江省地貌特点

浙江省地形地貌复杂，整个地势由西南向东北倾斜。西南山地的主要山峰海拔多在千米以上，龙泉市境内的凤阳山主峰黄茅尖海拔 1 929 米，为该省群峰之首；中部以丘陵为主，大小盆地错落分布于丘陵山地之间；东北部是低平的冲积平原。全省大致可分为浙北平原、浙西山地丘陵、浙南山地、浙中丘陵盆地、浙东南沿海平原及滨海岛屿等五个地形区。全省土地按地貌类型划分，山地和丘陵占 70.4%，平原和盆地占 23.2%，河流和湖泊占 6.4%，故有“七山一水二分田”之说，是典型的多山地地区

（二）浙江省教育现代化进程

由于区位优势，浙江省的教育现代化起步较早。特别是改革开放以来，浙江省教育事业取得了显著成绩，1997 年全省基本普及九年义务教育，基本扫除青壮年文盲。到新旧世纪之交，浙江省进一步加大了教育现代化的进程。1997 年，《浙江省教委关于在全省范围内开展创建教育强镇活动的

决定》(浙教〔1997〕99号),1999年全省初中毕业生升入高中段的比例达到67.9%,普通高校在校生14.2万人,成人高等学历教育在校生12.7万人。各级各类教育的发展,为该省培养了大批熟练劳动者和各类专门人才,有力地推动了经济社会的发展。

1. 浙江省教育现代化的目标

2000年3月,浙江省发布《浙江省教育现代化建设纲要(2000—2020年)》,基本实现教育现代化的标准体现在五个方面,分别是:

——教育思想现代化。以提高国民素质为根本宗旨、以培养学生的创新精神和实践能力为重点,面向全体学生,形成以素质教育为核心的教育思想体系。

——发展水平现代化。普及高中段教育,实现高等教育大众化。各级各类教育发展水平居全国前列,成为教育强省。

——教育教学体系现代化。各类教育协调发展,布局合理,横向沟通,纵向衔接,满足社会成员终身学习的需要;教学内容体现现代科学文化最新成果,教学方式方法开放、灵活,考试评价制度科学。

——条件保障现代化。教育投入适应事业发展需要。教育基础设施与教育技术装备先进,基本实现教育信息化。师资队伍数量足够,结构合理,素质优良。

——管理水平现代化。依法办学、依法治教,建立与社会主义市场经济体系相适应、符合教育规律的管理体制和运行机制。

浙江省实现教育现代化的具体指标是:"巩固提高'两基'成果,高标准实施九年义务教育"。2002年,全面实施九年制义务教育,高标准"普九"的县(市、区)达到70%,残疾儿童少年同步接受义务教育。2005年,普遍实行小学六周岁入学,基本实现高标准"普九",基本普及学前三年教育。

2. 具体举措

(1)面向全体学生,办好每一所学校。通过"联合、改造、撤并"等途径,消除薄弱学校,合理扩大校均规模,改善办学条件,提高教育质量。努力实现学校布局合理化、办学条件标准化、学校管理规范化。

(2)建设一批示范性学校。2005年,建成省级示范性幼儿园200所、示范性小学500所、示范性初中200所。

(3)加快发展高中段教育。2002年,全省初中毕业生升高中段的比例达到75%以上;2005年,基本普及高中段教育,初中毕业生升高中段的比例达到85%左右;2010年全面普及高中段教育。优化中等职业教育结构。适应社会需求，推动普通高中教育与中等职业教育协调发展。中等职业教育年招生占高中段招生的比例保持在 50% 以上。

（4）建设一批示范性高中段学校。各市、县集中力量建成省级示范性普通高中和省级中等职业技术学校各 1～2 所。2005 年，全省建成省一级重点普通高中 100 所、省一级重点中等职业技术学校 100 所、省级示范性乡（镇）成人文化技术学校 100 所。

（5）大力发展高等教育。高等教育毛入学率 2002 年达到 15%；2005 年达到 20%，2010 年达到 25%；2020 年达到 40% 左右，接近中等发达国家的平均水平。积极发展研究生教育，2010 年研究生占普通高校在校本科生的比例达到 10% 以上。

（6）建成若干个高教园区。按照新的机制和办学模式，着力建好杭州下沙、滨江、小和山高教园区和宁波、温州等地高教园区。经过数年努力，杭州三个园区达到 10 万～15 万人的全日制办学规模，成为该省高等教育新的增长点。

（7）建设一批重点高校、重点学科和重点专业。省与教育部共同加快浙江大学建设，使其成为浙江和全国高层次创造性人才培养、知识创新和科技开发的重要基地，并争取成为世界一流大学。加快浙江工业大学、浙江师范大学、宁波大学等一批重点高校和重点学科建设。到 2005 年，建成万人大学 10 所、重点学科 100 个、重点专业 100 个、重点基础课教学实验室 200 个。

（8）构建终身教育体系。发展广播电视教育、职业资格证书教育和其他继续教育。重点加强现代远程教育，2002 年，基本建成全省现代远程教育网络。浙江广播电视大学要争创全国一流电大。完善自学考试制度，进一步扩大农村覆盖面，提高培养层次。少数有条件的县市可集中当地高教资源办好一所社区学院。充分利用高等学校、各级党校等教育机构，加强对在职干部、科技人员和管理人员的继续教育，逐步形成社会化、开放式、多层次、多形式的终身教育体系。

经过几年建设，通过对 2003—2007 年全国各省区教育现代化水平的评估，可以发现：浙江省教育现代化水平一直稳居全国第四，仅次于北京、上海、天津。

（三）浙江省松阳县教育现代化进程[①]

松阳县属于浙江丽水市。丽水市以中山、丘陵地貌为主，地势由西南

① 根据浙江省松阳县政府网资料整理。

向东北倾斜，西南部以中山为主，有低山、丘陵和山间谷地；东北部以低山为主，间有中山及河谷盆地。全市土地面积 17 298 平方公里，其中山地占 88.42%，耕地占 5.52%，溪流、道路、村庄等占 6.06%，是个“九山半水半分田”的地区。丽水市山脉属武夷山系，主要有仙霞岭、洞宫山、括苍山，呈西南向东北走向，分别延伸西北部、西南部和东北部。海拔 1 000 米以上的山峰有 3 573 座，其中 1 500 米以上的山峰 244 座，龙泉市凤阳山黄茅尖海拔 1 929 米，庆元县百山祖海拔 1 856.7 米，分别为浙江省第一、第二高峰。

1．松阳县概况

松阳县地处浙南山地，全境以中、低山丘陵地带为主，四面环山，中部盆地以其开阔平坦称“松古平原”，又称“松古盆地”，为县内主要产粮区。地势西北高，东南低。总面积中，山地占 76%，耕地占 8%，水域及其他占 16%，谓“八山一水一分田”。县域面积 1 406 平方公里，总人口 23.83 万，农业人口 20.6 万。2012 年全县实现生产总值 65.72 亿元，财政收入 5.30 亿元，工业总产值达到 163.39 亿元，城镇居民人均可支配收入 24 374 元，农民人均纯收入 8 223 元。

2．教育现状及其现代化的进程

松阳县有高中 3 所，在校生 4 971 人；初中 4 所，在校生 7 464 人；小学 24 所，在校生 13 426 人；幼儿园 124 所，在园幼儿 6 865 人。全县中小学学生数为 25 861 人。学前三年幼儿入园率为 92.03%，九年义务教育阶段小学入学率、巩固率为 100%，初中入学率为 99.93%，巩固率为 99.97%，初升高的比例为 97.01%。全县现有中小学教职工 2 128 人，其中专任教师学历合格率小学为 99.88%，初中为 99.26%，普通高中为 98.91%，职业高中为 90.74%。

松阳县于 1996 年通过浙江省“两基”评估验收，1997 年代表浙江省接受原国家教委扫盲工作评估验收，1998 年通过省普及实验教育县评估验收，2005 年通过浙江省“两高”普九评估验收。

2006 年 12 月，松阳县委提出了 2009 年创建省级教育强县的目标。2010 年 4 月该县通过浙江省教育强县评估验收组验收，认为该县领导重视，创强工作成效显著；努力增加教育投入，办学条件明显改善；加快调整学校布局，注重教育均衡发展；加强教师队伍建设，提高教师整体素质；大力推进素质教育，推进教育内涵发展。

3．松阳县教育现代化程度

（1）恰当调整中小学学校布局，整合教育资源。全县中小学，从 1996 年的 331 所小学，27 所初中，4 所高中调整到 2010 年的 24 所小学，4 所初中，3 所高中，目前基本实现一乡（镇）一所中心小学，初中集中在县城、中心城镇的办学格局。教育资源得到了有效整合，教育质量稳步提高，取得了良好的办学效益与社会效益。

（2）改造校舍建设，推进学校标准化建设。2005 年以来，全县累计投入校建资金 15 408 万元，征收土地 67 742 平方米，新建续建校舍 96 336 平方米，维修校舍 38 502 平方米，排除校舍危房 9 195 平方米，完成改水改厕工程。标准化学校创建工作正在按计划有序推进，2007 年创建标准化学校 6 所；2008 年创建标准化学校 10 所；2009 年申报创建标准化学校 8 所。

（3）义务教育均衡发展，城乡差距逐步缩小。实现“两基”之后，该县把推进教育均衡发展作为义务教育发展的一项重要任务，努力办好每一所学校，缩小了义务教育城乡差距，努力实现三个基本均衡：一是城乡教育经费保障基本均衡；二是办学条件基本均衡；三是师资力量基本均衡。努力促进义务教育的公平：一是认真做好外来务工人员子女入学工作，2006 年成立了松阳县工业园区职工子弟学校，2009 年在读学生 264 名；二是认真实施爱心营养餐工程，落实了贫困生资助工作；三是积极探索农村寄宿制学校的管理，关注寄宿学生和“留守儿童”的思想、学习、生活。使“人人有书读”，“有教无类”真正落到实处。

（4）高中和学前教育快速发展。努力扩大学前教育优质资源，县实验幼儿园于 2006 年 9 月和 2007 年 2 月先后创办了紫荆分园和江滨分园，本部和两个分园在管理上做到“四统一”，即统一管理、统一调配师资、统一招生、统一收费标准。充分发挥布局调整后师资、校舍的效益，创办乡镇中心学校附属幼儿园 24 所，扩大公办幼儿园在整个幼儿教育中的份额，幼儿教育得到了快速发展。每年招考幼儿教师充实到农村幼儿园，提高农村幼儿园办园水平。三所高中的办学条件得到了很大改善，现有的教育资源基本能满足普及“十五”年义务教育的需求，2009 年初升高比例达到了 97.01%。2008 年普通高校的上线率为 80.51%，万人高考上线率名列全市前茅。

（5）成人继续教育同步发展。松阳电大、教师进修学校在继续教育与教师培训中起到了积极的推动作用，但一直受到校舍紧缺的制约。2005 年两校以年租 16 万元租用了原自来水厂，结束了没有独立校园的历史，两所学校得到了快速发展。2008 年松阳电大在籍学生有一千多名，已被升格为浙江省广播电视大学松阳分校；2007 年教师进修学校被命名为市级文明单位。成人教育先规范后发展，2005 年成立了三所中心成技校，由中心成技校引领、带动区域内各乡镇成技校开展工作。西屏、古市两所中心成技校为省示范性成技校，2008 年西屏中心成技校被评为全国农村成人教育先进单位。

（6）教师素质得到了提升。落实教师培训专项资金，广泛开展各类教师培训，2005 年启动了中小学教师素质提升工程，到 2007 年底圆满完成培训任务，所有教师进行了轮训。2007 年暑假，邀请了 54 位在全省乃至全国有名的专家、学者、教授为全县教师培训。2008 年，全县组织教师培训 12 期，受训教师人数达到 1 300 多人次。2008 年开展全县教学大比武，全县有 1 410 名教师参加了教学大比武，通过教学大比武，教师的教学水平、参与课堂教学研究的主动性、积极性都有明显的提高，各校研究课堂教学有效性的氛围比较浓厚。2008 年和 2009 年分别召开了全县教师大会，对全县教师的教育教学理念进行了指导、提升。注重名教师、名校长的培养，设立了“名师名校长奖励基金”，出台了《松阳县名师名校长奖励基金使用及管理办法》。全县有省特级教师 1 名，市学科带头人 26 名，市名校长 1 名，县名师 37 名。

（7）素质教育效果良好。素质教育理念逐渐被广大教师所接受，在教育教学活动中自觉实践“面向全体学生，促进学生全面发展，激励学生主动发展”。一是以创新精神和实践能力为重点加大素质教育推进力度，抓好新课程改革，积极研究对策，切实解决在新课改中出现的新情况、新问题。开展了以“体验·创新·成长”为主题的松阳县首届青少年科技创新大赛。二是高度重视体、卫、艺教育，每年举办中小学田径运动会、兴趣特长运动会，开展了阳光体育运动。三是加强对学生完美人格的塑造，培养学生的普遍价值，如责任感、公正和民主意识、宽容态度、事业心、创造性、平等意识、开放意识、关心他人、互助精神，等等。该县了成立“松阳县教育学会德育分会”和“松阳县教育学会中小学心理健康教育分会”，努力探索德育创新途径。近年来，九年义务教育阶段教育教学质量优异，为高中阶段的教育教学打下良好的基础。

（8）教育强乡镇创建工作成效显著。根据《浙江省教委关于在全省范围内开展创建教育强镇活动的决定》（浙教〔1997〕99 号），县政府出台制度，对当年评为市级、省级教育强乡（镇）的乡镇分别给予奖励，并在校舍建设立项、资金安排、教师调配等方面给予政策倾斜。1998 年枫坪乡成了松阳县第一个市级教育强乡，1999 年古市镇成了该县第一个省级教育强镇。经过几年的努力，全县 20 个乡镇均评上了市级教育强乡镇，其中还有 14 个乡镇评上了省级教育强乡镇。

3．实现教育现代化的举措

（1）加强领导，扎实推进教育创强工作。

一是加强领导，举全县之力开展教育创强工作。松阳历届县委、县政府高度重视教育工作，一直以来都将教育作为经济社会发展的一项基础工程来抓，摆上党委政府重要议事日程。在实现“两高”“普九”之后，县委、县政府及时提出了创建省级教育强县的目标，各项教育工作围绕这一目标有条不紊地展开。

（2）加大投入，切实保障教育经费。

一是落实“以县为主”管理体制，加大财政投入。尽管松阳县经济底子薄，但政府还是切实承担起了办教育的职责，坚持教育发展优先投入，教育优先保障，在各条战线资金都比较紧缺、财政刚性支出压力大的情况下，通过有力调整财政支出结构，连续多年保持了对教育的高位投入，切实推动教育快速发展。“十五”以来，财政对教育的拨款占财政支出的比例每年都在 21.56% 以上，财政性教育经费占国内生产总值的比例年均在 3.78% 以上。2007 年财政对教育的拨款为 12 151 万元，比上年增长 28.38%，小学、初中生均教育事业费分别为 3 771 元、4 885 元（2006 年为 3 133 元、3 970 元），比上年增长 20.36%、23.05%。2008 年财政对教育的拨款为 14 747 万元，比上年增长 21.36%，小学、初中生均教育事业费分别为 4 978 元、5 366 元，比上年增长 32%、9.85%。

二是健全机制，保障义务教育经费。2007 年，浙江省人民政府下发了《关于实施义务教育经费保障机制改革的通知》，松阳县及时进行了贯彻落实，成立了松阳县义务教育经费保障机制改革领导小组。义务教育经费全部纳入财政预算，并及时拨付到位，切实保障二项经费。高度重视教师工资保障，财政对教师的工资、福利待遇预算 安排做到与公务员一视同仁。县级以上政府出台的补贴、津贴政策列入预算，基本落实到位。

三是多渠道筹措资金，增加教育投入。积极营造教育发展软环境，发动社会各界捐资助学，2007—2009 年，全县共筹措建设资金 2 900 多万元，其中吸纳捐赠 246.5 万元。2007 年 5 月成立了教育发展有限公司，盘活了教育资产，拓宽了教育融资渠道。

（3）推进项目建设，夯实教育发展基础。

一是扎实推进教育项目建设。县委、县政府高度重视教育项目建设。2005 年以来，教育系统新建续建项目 57 个，建筑面积 96 336 平方米，总投资 15 408 万元。2009 年又启动了校舍安全工程，对全县各级各类学校的用房进行了彻底排摸，请专门鉴定机构进行鉴定。2008 年 6 月和 2009 年 7 月鉴定的，工程质量检测鉴定结论为 D 级的校舍已全部拆建，结论为 C 级的正在分步实施进行加固维修。教育项目建设成效明显，学校面貌变化显著。

二是加强教育信息化建设。2005 年以来，教育装备经费投入累计 2 357.38 元。建成了校园计算机网络系统 14 套、多媒体教室 306 个、计算机网络教室 45 个，全县小学、初中、高中计算机生机比分别达到 9.42 人/台、8.54 人/台、8.29 人/台。开通了教育城域中心，建立了 WEB、FTP、学籍管理、视频直播、视频点播、邮件系统、教学资源库、数字图书馆等系统，“松阳教育网”办网水平不断提高。农村中小学远程教育已实现了全覆盖。中小学信息技术课程普遍开设，教育信息化发展较快。

（4）加大统筹，促进各类教育协调发展。

一是重点扶持农村教育，促进城乡教育均衡发展。建立和完善了保障教育均衡发展的公共财政体制，在建设资金的投入上向薄弱学校倾斜，努力实现办学条件的基本均衡，达到了同类教师工资待遇基本相同。采取切实有效的措施，努力实现人力资源的基本均衡：“下派”，把县城学校的优秀人才下派到乡镇学校任校长；“上挂”，把乡镇学校的教师派到县城学校学习锻炼，把县内的优秀干部、优秀教师派到宁波等地的学校学习锻炼。建立城乡学校结对帮扶制度和城镇中小学教师到农村学校任教制度，通过“送教下乡”，“巡回、教学”，“支教”等方式充分发挥优秀教师的引领、辐射作用。重视教师培训，落实培训经费（2008 年教师培训经费已纳入了县财政预算），全面实施教师素质提升工程。

二是实施中小学布局调整，优化教育资源配置。过去，由于该县农村学校布点分散，规模小，从而产生了教育资源难集中，师资难优化，音、体、美等课程难开齐，办学条件难改善，教学质量难提高等诸多实际问题，更无从谈小学开设英语课和中小学开设信息技术课。为了优化教育资源配置，提高办学质量，该县及时制定了学校布局调整规划，分步实施，积极推进，成效显著，为推进城乡教育均衡发展打下了基础。

三是加快高中和学前教育普及，统筹区域教育均衡发展。调整和优化高中教育布局，加强高中学校建设，2005 年以来共投资 3 353 万元，新建校舍面积 19 801 平方米，全县初升高比例达到了 97.01%。充分利用中小学布局调整后的闲置校舍，积极创造条件举办乡镇中心学校附属幼儿园。幼儿入园率达到了 92.03%。不断提高义务教育实施水平，实现了高标准高质量普及九年义务教育。同时特别重视职业教育发展，认真落实“职业教育六项行动计划”，不断加大职业技术学校硬件投入，努力促进中职、普高协调发展。

（5）以人为本，切实促进教育公平。

一是高度重视扶贫助学工作。县财政设立了帮困助学专项资金，县慈善总会设立了贫困大学生助学专项资金，对贫困学生进行分级分类资助。2006 年以来，受助大学生达 596 人次，资助总额 266.63 万元。2005 年以来，认真实施“贫困生资助扩面工程”，义务教育阶段助学面达到 32% 左右，受助学生达 33 526 人次，资助总额 922 余万元。2005 年开始实施“爱心营养餐工程”，增加学校人员编制，增添厨房设施，建立学生蔬菜基地，加强营养餐实施管理，取得了明显的成效。全县累计投入资金 638.9 万元，受惠学生达 5.31 万人次。

二是切实解决外来务工人员子女就学问题。县城和主要集镇学校积极盘活容量，尽力接纳外来务工人员子女入学。扩大望松中心学校办班规模，招收县工业园区民工子女入学。对外来务工人员子女入学免收除规定费用外一切费用，切实做到与本地学生一视同仁。2009 年，全县共有 895 名县外民工子女在该县就读。

三是加强寄宿制学校学生的管理。学校的重新布局，使部分学生必须寄宿在学校，劳动力的转移，“留守儿童”也需要在学校寄宿。将寄宿制学校学生的管理作为加强学校内涵建设的重要内容来抓，通过召开现场会等形式探讨摸索管理方法。加大投入，搞好“食宿工程”建设，提升寄宿生管理人员素质，提高管理水平。

（6）深化改革，大力推进素质教育。

一是积极推进教育改革。以新课程实施为契机，进一步推进教育教学改革，相继开展了“提高教学质量年活动”“质量推进年活动”和有效开展教科研工作，2007 年课题研究省级获奖 4 项，市级获奖 39 项；教师论文国家级获奖 42 篇，省级获奖 256 篇，市级获奖 209 篇；省级及以上报刊发表论文 64 篇。2008 年课题研究省级获奖 2 项，市级获奖 41 项；教师论文国家级获奖 19 篇，省级获奖 73 篇，市级获奖 196 篇；省级及以上报刊发表论文 64 篇。积极开展对外交流与合作，通过互派教师、建立教研基地等形式，不断加大和宁波等教育发达地区的交流与合作，主动学习外地先进办学经验。全县教育教学质量稳步提升。

二是重视学校内涵建设。内涵发展是一种追求质量的发展，把注意力集中在办学水平的不断提高上，提升学校的办学质量，学校办学水平明显提高。松阳一中为省一级重点普通高中，松阳二中为省二级重点综合高中，职业技术学校为省一级重点职业高中；小学、初中创建省示范性学校 2 所，市示范性学校 1 所；省一级、二级示范性幼儿园各 1 所。注重校园文化培育。全县各学校立足县情，结合本地实际，积极开展特色校园文化建设。重视学校德育工作，不断提高德育工作的针对性、主动性和实效性，切实加强青少年思想道德建设。

三是加强教师队伍建设。积极从外地引进学历合格的优秀教师，充实本县教师队伍。强化师德师风建设。切实重视教师培养工作，共选派了 8 位校长到宁波挂职，5 位干部到乡镇挂职，还选派了 25 位干部参加中央党校研究班培训。与浙江师范大学合作，开办了教育硕士班，有 20 位校长和 30 位骨干教师参加了学习。注重中青年骨干教师和学科带头人培养，在科研、教改、进修和深造等方面积极为他们创造良好条件。认真组织实施"教师素质提升工程"，农村中小学"领雁工程"，深入实施"名师名校长工程"。深化教育人事制度改革，公开选拔了一批校长，建立了后备干部数据库。教育局发文鼓励教师继续学习，各级各类学校制定具体实施办法，在学习时间上给以保证，学习费用上给以奖励，专任教师学历合格率大幅度提高。在抓好教师学历培训的同时，抓好教师的非学历培训，继续教育工作制度化，规范化、求实效。全县教师队伍整体素质有了很大提高。

三、我国东部地区山区县实施教育现代化的基本经验

（一）政府高度重视，强力推进，以"教育强县"建设作为工作抓手

政府是国民教育的主要责任主体。在我国，教育事业发展一直纳入国家发展战略。教育现代化也是国家意志的体现，县级人民政府在落实国家教育现代化目标中具有举足轻重的作用。山区县政府推动教育现代化的依据是国家、省级人民政府的宏观战略，各省为了推进教育现代化进程，往往通过"教育强县（镇）"等作为工作抓手，通过设立相应的验收标准进行评估，并实行动态监测。

（二）注重教育投入保障

在山区县，义务教育是县域教育的主体，相对于高等教育来讲，没有经济或发展效益上的回报。其经费投入往往可能是"竹篮打水一场空"，因此，教育投入不足一直是制约山区县教育发展的瓶颈。在 20 世纪 80 年代，甚至许多山区县教师工资被拖欠。进入世纪之交，随着国家经济形势的好转，特别是意识到教育现代化在国家、区域现代化进程中的作用之后，教

育经费能够得到保障。在教育现代化发展较好的山区县，往往保障了教育经费，教育支出占财政支出的比例较高，甚至成为县域财政支出的主体，并保障逐年提高。此外，通过各种措施筹措教育经费也是重要的补充。

（三）注重义务教育均衡发展，学校布局调整倾向集中

在山区县内部，也有城镇、山区、深山区之分，存在着设施、经费、师资等方面的不均衡现象。在教育现代化发展水平较好的山区县注意到不平衡现象的存在，通过薄弱学校改造、学校的标准化建设、划片入学、校长交流、教师交流等努力缩小差别。

在山区县，随着出生率下降、农民外出打工、移民搬迁等，使适龄儿童减少，许多县采取了学校撤并、学生寄宿等普遍做法，但教学点依然存在。为了保证教学点质量、教师队伍稳定，普遍采取了政策倾斜，但相对于国外在解决类似问题的做法上，有效益高于权利的思想。这点应该引起关注。

（四）注重山区教师队伍稳定，提升专业化水平

在东部地区的山区县，已经意识到教师队伍的数量、质量在教育现代化进程中的作用，也都把教师队伍状况作为重要的观测点。为稳定山区县队伍，主要从经济待遇、引进教师等方面保证数量，在质量上主要通过学历提升、培训、名师引领等方面提升教师专业化水平。

（五）注重教育信息化水平

教育现代化离不开教育手段现代化，教育手段现代化主要是教育信息化。在山区县，教育信息化是缩小教育差距的重要手段，甚至比城市学校更为必要。许多山区县通过教学光盘、地面卫星、计算机、网络等教育信息化环境建设，县域教育信息化资源库建设，教师教育信息化手段与教学内容的整合、融合，提高了教学质量。

（六）注重区域高等学校的引领作用

在我国，地级市往往有区域性地方高校，其中大多数承担教师教育职能，离山区县并不遥远。这些高校负有为区域经济社会发展服务的职能，特别是在教育思想现代化、教师培养等方面有一定优势。山区县意识到区域高等学校的智能库作用，合作开展教师培训、教育科研等活动。

第六章　西部地区山区县教育现代化的探索之路——以陕西省为例

陕西省简称“陕”或“秦”，位于中国内陆腹地，地处东经 105°29′ ~ 111°15′，北纬 31°42′ ~ 39°35′ 之间。东邻山西、河南，西连宁夏、甘肃，南抵四川、重庆、湖北，北接内蒙古，居于连接中国东、中部地区和西北、西南的重要位置。全省总面积为 20.58 公顷（1 公顷 = 10 000 平方米），2013 年末，全省常住人口 3 763.70 万人，城镇人口 1 877.3 万人，占 50.02%，乡村人口 1 875.79 万人，占 49.98%。

第一节　陕西省自然环境及山区县分布情况

陕西省处于中国内陆地区，是东西、南北交替地带，也是华夏文明的发源地，地貌复杂，有高原、平原、山地、丘陵、盆地、河谷地带等，地域南北狭长，南北长约 870 公里，东西宽 200 至 500 公里；地势南北高、中间低，有高原、山地、平原和盆地等多种地形。从北到南可以分为陕北高原、关中平原、秦巴山地三个地貌区。全省总面积 2 058 公顷。其中高原 926 万公顷，山地面积为 741 万公顷，平原面积 391 万公顷；高原、山地总面积 1 667 万公顷，占全省总面积的 81%；气候多样，横跨三个气候带，南北气候差异较大；陕南属北亚热带气候，关中及陕北大部属暖温带气候，陕北北部长城沿线属中温带气候。

一、陕西省自然区分布

陕西省由于南北狭长，不同纬度和不同山脉把陕西分为几大自然区，与不同自然区相适应，也有人口居住、经济发展水平与结构、文化传统等方面的差异。主要山脉自北而南有北山、秦岭、大巴山等，依山分为陕北黄土高原、关中平原和陕南秦巴山区（包括汉中盆地）三个自然区。

（一）关中盆地平原地区

总面积为 37 842 平方公里，地处渭河、泾河、洛河三大河流中下游，海拔 320 ~ 800 米之间，土地肥沃，气候温和，交通发达，经济繁荣，是陕西的工业、农业和旅游服务业基地，号称“八百里秦川”。农业产值占全省的 59%，土地垦殖指数高。西安、宝鸡、咸阳和铜川四个工业城市集中在该地区的渭河两侧，是陕西的工业中心，工业产值占全省的 88%。该区主要包括西安、铜川、咸阳、宝鸡（市）、长安、耀县、蓝田、临潼、渭南、华县、华阴、潼关、大荔、蒲城、澄城、韩城、合阳、富平、兴平、周至、户县、三原、泾阳、高陵、乾县、礼泉、宝鸡（县）、凤翔、岐山、扶风、武功、眉县和千阳 33 个市县。1982 年普查共有 15 250 578 人，占全省总人口的 52.76%，每平方公里 402 人，人口密度最高。

（二）陕北黄土高原地区

陕北总面积为 91 996 平方公里，自然条件差，地形复杂，水土流失严重。全省水土流失面积达 13 万平方公里，主要县有 48 个，陕北黄土高原地区占 26 个，是全国水土保持的重点治理区。由于该地区的地形复杂，由北到南又可分为三个自然区：

（1）陕北长城沿线风沙高原自然区。其主要特点是风沙大，热量不足，生长期短。地下煤炭储量丰富，神府煤田储量与质量在全省是第一位，开发潜力很大。这里共包括定边、靖边、横山、榆林、神木、府谷六县，面积为 33 992 平方公里，总人口为 1 340 455 人，每平方公里 39 人。

（2）陕北黄土梁峁丘陵自然区。其主要特点是梁峁起伏，年降水量少，气候干旱。主要农作物以高粱、谷子、黄豆、玉米为主，洋芋产量高。南部几县地下石油储量较大。主要包括米脂、佳县、绥德、吴堡、清涧、子洲、延安、延长、延川、子长、安塞、志丹和吴旗 13 县市，总面积为 30 324 平方公里，总人口为 2 032 199 人，人口密度为每平方公里 67 人。

（3）陕北黄土塬梁自然区。其主要特点是塬梁沟壑纵横，气候温暖，偏于干旱，地方病严重。包括甘泉、富县、洛川、宜川、黄龙、黄陵、宜君、永寿、彬县、长武、旬邑、淳化、陇县、麟游、白水 15 县，总面积 27 680 平方公里，总人口为 2 026 810 人，人口密度为每平方公里 73 人。

（三）陕南秦巴山地地区

陕南总面积为 75 811 平方公里，总人口为 8 254 381 人，占全省总人口的 28.56%。该地区自然资源丰富，气候温暖，雨量充沛，森林面积多集中于此地区。全省野生植物 4 800 余种，珍稀植物 50 余种，脊椎动物 680 余种，珍稀动物 30 种，多数产于此地区，是全省的重要自然资源之一。地下矿产种类繁多，金、银、铜、铅储量丰富，有计划地开发陕南，建设陕南是富陕的重要出路之一。

陕南秦巴山地地区，从地理环境与人口的关系上看，亦可分为以下四个自然区：

（1）秦岭山地自然区。其主要特征是海拔高，雨量充沛。人口集中在海拔 250 ~ 500 米的河谷地生活。全省的两个自然保护区在这里，一个太白山自然保护区，一个佛坪自然保护区，面积共计 133 万亩，占全省总面积的 0.43%。该区主要包括太白、凤县、柞水、镇安、佛坪、留坝和宁陕七县，总面积为 18 693 平方公里，人口为 717 649 人，每平方公里 38 人。

（2）汉江南北丘陵谷地自然区。主要特征是气候温暖，年降水量丰富，稻麦两熟，盛产茶叶，经济条件好，人口密集。主要包括汉中、南郑、城固、洋县、西乡、勉县、略阳、安康、汉阴、石泉、紫阳、旬阳和白河，共十三县，总面积 30 982 平方公里，总人口为 4 841 509 人，人口密度为每平方公里 156 人。

（3）丹江丘陵自然区。其主要特征是气候温暖，雨量充沛，盛产林木和药材。主要包括商县、洛南、丹凤、商南和山阳五县，总面积为 13 493 平方公里，总人口为 1 667 862 人，人口密度为每平方公里 123 人。

（4）大巴山地自然区。其主要特征是海拔高，平均海拔 1 400 ~ 2 000 米，主要生长亚热带经济植物。包括宁强、镇巴、岚皋、平利和镇坪五县，总面积为 12 643 平方公里，总人口为 1 027 361 人，每平方公里 81 人。

二、陕西省山区县分布情况

地理学上对山区界定标准并不一致。人们习惯上把山地、丘陵分布地区，连同崎岖沟壑的高原，均称为山区。依照标准，中国山区（包括丘陵和高原）面积 663.6 万平方公里，占全国国土总面积的 69.1%，分布在 30 个省（区）的 1 564 个县。山区人口 6.74 亿，占全国总人口的 55.7%。山区主要分布在东北、西北、西南和东南等地区。

陕西省属于多山地省份，山地面积占全省面积的 81%，属于西部地区总的地貌特点。

从行政区域来讲，县域是我国社会管理的基本单位，也是经济、社会发展同质程度最高的国家管理单元。对陕西省而言，在所有县级行政单元中，山区县占绝大部分。统计表明，截至 2013 年底，全省设 10 个省辖市和杨凌农业高新技术产业示范区，有 3 个县级市、80 个县和 24 个市辖区，共 107 个县区（含杨凌），其中半山区、浅山区、深山区县（区）有 87 个，占 81.3%。其主要分布见表：

表 6.1　陕西省县域地貌特点分布

	特　点	域　名			合计
		关中地区	陕北地区	陕南地区	107
平川县	无山地，或浅山地低于县域面积的 10% 左右，县内相对高度 200 米之内，主要在关中的西安市周边	新城区、碑林区、莲湖区、雁塔区、未央区、灞桥区、阎良区、渭滨区、金台区、陈仓区、秦都区、渭城区、兴平市、王益区、印台区、临渭区、武功县、杨凌	宝塔区、榆阳区		20
半山区	部分平川，部分丘陵或山地，甚至深山，主要在，山地面积占 40%，分布在全省各地，一般面向平原，背靠山脉	临潼区、长安区、高陵区、周至县、户县、蓝田县、凤翔县、岐山县、扶风县、永寿县、眉县、耀州区、华县、潼关县、大荔县、合阳县、澄城县、蒲城县、白水县、富平县、韩城市、华阴市、礼泉县、泾阳县、三原县	志丹县、宜川县、延长县、吴起县、黄陵县、安塞县、延川县、洛川县、府谷县	汉台区、汉滨区、商州区	37
浅山区	山区面积占县域面积 50% 以上，以丘陵、浅山为主，一般处在高原或山脉初起区	陇县、千阳县、麟游县、凤县、宜君县、乾县、彬县、长武县、旬邑县、淳化县	子长县、甘泉县、富县、黄龙县、神木县、横山县、靖边县、定边县、绥德县、米脂县、佳县、吴堡县、清涧县、子洲县	南郑县、城固县、洋县、西乡县、勉县、汉阴县、石泉县、洛南县、丹凤县、商南县、山阳县、镇安县、柞水县	37
深山区	山地面积占 80% 以上，山大沟深，植被丰富，一般处在高原或山脉腹地	太白县		宁强县、略阳县、镇巴县、留坝县、佛坪县、宁陕县、紫阳县、岚皋县、平利县、镇坪县、旬阳县、白河县	13

资料来源：根据陕西省情等资料整理。

三、陕西省教育事业发展概况

陕西省属于教育大省，人口中受过高中及其以上教育的人口比例高于全国平均水平，但发展水平极不均衡，山区教育发展落后。

（一）陕西省教育的基本状况

据《陕西省 2014 年国民经济和社会发展统计公》显示，截至 2014 年初，陕西省共有高等学校 96 所，其中普通高等学校 80 所，另有独立学院 12 所。全年招收普通本专科学生 30.64 万人，在校学生 109.96 万人；研究生招生 3.22 万人，其中科研单位 205 人，在学研究生 9.87 万人，其中科研单位 712 人；成人高等教育招生 6.24 万人，在校学生 17.63 万人。全年中等职业院校招生 13.53 万人（不含技工学校），在校学生 37.71 万人。陕西省的高等学校，特别是办学历史长、实力强的高等学校都集中在关中地区，特别是西安、咸阳市，处于多山地地区的陕北、陕南 6 地市共有普通本科院校 5 所，高职院校 8 所，且办学水平和层次较低。

基础教育状况：2014 年，陕西省共有小学 6 574 所，招生 40.50 万人，在校学生 226.40 万人；普通中学 2 220 所，招生 63.94 万人，在校学生 196.82 万人。小学、初中学龄人口净入学率分别为 99.89% 和 99.83%。共有幼儿园 6 970 所，在园幼儿（包括学前班）132.76 万人。有特殊教育学校 52 所，在校残疾儿童 7 582 人。

（二）国民受教育程度

陕西省人口受教育的情况是：根据 2010 年第六次人口普查情况，陕西省各种受教育程度人口情况是：全省常住人口中，具有大学（指大专以上）程度的人口为 3 940 303 人；具有高中（含中专）程度的人口为 5 887 717 人；具有初中程度的人口为 14 981 471 人；具有小学程度的人口为 8 740 956 人（以上各种受教育程度的人包括各类学校的毕业生、肄业生和在校生）。同 2000 年第五次全国人口普查相比，每 10 万人中具有大学程度的由 4 138 人上升为 10 556 人；具有高中程度的由 12 246 人上升为 15 773 人；具有初中程度的由 33 203 人上升为 40 135 人；具有小学程度的由 34 475 人下降为 23 417 人。2010 年第六次人口普查为 8 930 人。第六次和第五次相比，增长 2.47 倍。全省常住人口中，文盲人口（15 岁及以上不识字的人）为 1 397 847 人，同 2000 年第五次全国人口普查相比，文盲人口减少 1 231 653 人，文盲率由 7.3% 下降为 3.74%，下降 3.56 个百分点。

从全国情况看，根据我国历次人口普查公布的数据情况看，我国人口受教育水平不断提高。我国第一次人口普查是在 1953 年，第二次是 1964 年，并增加了人口的文化程度或受教育年限，每万人中大学教育的为 416 人，1982 年第三次人口普查为 599 人，1990 年第四次人口普查为 1 422 人，2000 年第五次人口普查为 3 611 人；这次人口普查，与 2000 年人口普查相比，每十万人中具有大学文化程度的由 3 611 人上升为 8 930 人，具有高中文化程度的由 11 146 人上升为 14 032 人；具有初中文化程度的由 33 961 人上升为 38 788 人；具有小学文化程度的由 35 701 人下降为 26 779 人。文盲率（15 岁及以上不识字的人口占总人口的比重）为 4.08%，比 2000 年人口普查的 6.72% 下降 2.64 个百分点。

陕西省的教育状况在全国范围内处于相对发达的省份，特别是关中地区，其教育规模、水平处于领先地位，但是教育现代化水平在全国处于靠后位次，存在着虽大却弱现象，山区尤为严重。

（三）陕南三地市山区县人口受教育状况与全国、陕西省的比较

陕西南部的汉中、安康、商洛三地市属于典型的山区，其所属各县区也均属山区，经济落后、交通不便、教育发展相对滞后。近年来，随着国家西部大开发的实施，特别是国家扶贫开发政策的倾斜，其教育状况落后的局面有所改善，但依然落后于全省、全国水平。2000 年第五次人口普查中，每十万人具有大学文化程度的数据依次是汉中市 2 405 人、安康市 1 712 人、商洛市 1 476 人；2010 年的第六次人口普查中依次是汉中市 6 279 人、安康市 4 799 人、商洛市 5 528 人；以每 10 万人拥有大学文化程度的人数看，陕南三地市第六次人口普查和第五次人口普查相比增长的倍数依次是汉中市 2.61、安康市 2.80、商洛市 3.74；汉中、安康、商洛增幅超过全国水平，但每 10 万人中拥有大学文化程度依然明显低于全国和陕西省其他地市。

表 6.2 全国、陕西省、陕南人口受教育状况统计表

区 域	安康市	汉中市	商洛市	陕西省	全 国
常住人口（人）	2 629 906	3 416 196	2 341 742	37 327 378	1 370 536 875
大专以上（人）	126 211	214 520	129 451	3 940 303	119 636 790
占总人口比例（%）	4.80	6.279	5.53	10.56	8.73
高中（中专）（人）	254 303	437 105	241 167	5 887 717	187 985 979
占总人口比例（%）	9.67	12.79	10.299	15.77	13.72
初中（人）	916 152	1 313 598	982 964	14 981 471	519 656 445
占总人口比例（%）	34.84	38.45	41.98	40.14	37.92
小学（人）	988 103	1 034 422	684 668	8 740 956	358 764 003
占总人口比例（%）	37.57	30.28	29.24	23.42	26.18
每 10 万人中大学文化程度数（人）	4 799	6 279	5 528	10 556	8 930
文盲	145 473	196 334	141 568	1 397 847	54 656 573
文盲率（%）	5.53	5.74	6.05	3.74	4.08

数据来源：2010 年 11 月 1 日第六次全国人口普查数据公报。

以表 6.2 显示的，如果和各自省内水平比较，以安康市为例，陕西省文盲率为 3.74%，安康为 5.53%，高出陕西省 1.79 个百分点；小学文化程度陕西省为 23.42%，安康为 37.57%，高出 14.15 个百分点。也就是说，在全部由山区县组成的安康市，文盲和小学文化程度的占 43.1%，这在实现区域现代化、城镇化和工业化国家大背景之下是十分不利的。而从每 10 万人中具有大学文化程度的人数，陕西省是 10 556 人，安康市是 4 799 人，仅是陕西省平均数的 45.5%。

可见，在山区县为主的陕南，国民受教育程度普遍低于全省水平，这也许就是山区县经济文化落后的深层次原因，同时也是教育循环落后于其他地区的原因。

第二节　陕西省山区县教育现代化认知度状况调查

放在全国比较来看，陕西省教育规模大，但教育现代化水平不高，山区县尤为严重。那么实现陕西省山区县教育现代化，是不是经费投多了、设备先进了就实现了现代化呢？答案是否定的。因为，尽管教育现代化是一个教育发展过程中的与历史阶段相伴随的概念，但其外延包括了教育思想、教育内容、教育方法手段、人才培养模式、教师素质等方面。教育现代化，起点和归宿是人的现代化，也就是，要实现教育现代化，教育管理干部、家长、校长、教师等对教育现代化的理解、认可支持程度是前提，关键环节是人才培养模式现代化，最终目标是通过教育所培养的人的现代化。为此，本研究围绕教育有关责任者对教育现代化的知晓程度、认可程度、理解程度等进行了调研，同时对中小学校长就区域人才培养模式的态度进行了调查。

一、对教育现代化的态度调查比较

教育现代化是一个系统工程，社会各界对教育现代化的理解、认识、态度等在一定程度上影响教育现代化的进程,在地区山区县可能更加重要。因为，西部地区山区县，由于传统文化影响深远，对现代教育的价值追求、教育的现代化元素可能了解相对中东部来讲更为滞后，因此，观念、态度的滞后会影响教育现代化的进程。

为了掌握西部地区山区县教育现代化的态度现状，课题组从 2013 年开始就已经着手就教育现代化的态度问题在一定范围内进行调查。在征求专家意见、草拟问卷题项、试测、修订等基础上，于 2014 年 10 月定稿。问卷围绕对教育现代化及其意义的知晓度、教育现代化的目标、本质、内容、标志、可能的障碍、信心等 12 个题项；于 2015 年 1 月——3 月，通过分层方便抽样的入户调查，发放问卷 1 500 份，回收 1 307 份，回收率 87.13%，其中有效问卷 1 300 份，有效率 99.46%。此外，个别访谈 20 人，召开座谈会 14 场。

现主要就问卷调查的情况进行介绍。

（一）样本分布情况

调查样本分布在全国 13 省 47 县，共 1 300 份。其中东部省份样本有 4 省 5 县 121 名，分别是浙江湖州 30 名，河北衡水 12 名，山东济宁 31 名，江苏宿迁 18 名和江苏通州 30 名；中部省份有 4 省 4 县 98 名，分别是湖北宜昌 22 名，山西阳城 30 名，湖南宜章 16 名，河南新安 30 名；西部有 5 省区 37 县，其中陕西 33 县 971 名，内蒙巴市 27 名，广西钟山 30 名，甘肃漳县 23 名，四川什邡 30 名。

抽样时，重点考虑到在陕西省的样本数、代表数。在陕西抽取的 33 县中，覆盖了陕北、关中和陕南三大地域，其中平川县区有 10 个县区 301 人，包括西安市的高陵 30、雁塔 24、长安 22，咸阳市的秦都 31、三原 61、武功 29，渭南的富平 30、合阳 20，宝鸡的金台 24、渭滨 30。其他 23 个县 670 名均为半山区、浅山区和深山区，其中陕南山区 3 市 12 县 376 人，包括汉中市的汉台 22、镇巴 30、城固 31、南郑 30、勉县 31、西乡 18，商洛市的柞水 30、洛南 29、镇安 30，安康市的汉滨 37、旬阳 56、石泉 32；关中、陕北山区、半山区 11 县区 294 人，分布在榆林的靖边 30、绥德 25，延安的子长 25、甘泉 12、延川 30，铜川的宜君 29，宝鸡的凤翔 29、岐山 30，渭南的潼关 29、华阴 25、户县 30 等。因此，比较分析时，将重点以陕西省为例进行梳理，其他省区只是作为参考。

调查对象共有男性 592 名，占 45.6%，女性 633 名，占 49%，性别不详的 75 名，占 5.7%；受调查者身份情况：家长 320 名，占 24.6%，校长 72 名，占 5.5%，教师 689 名，占 53%，教育管理干部 172 名，占 13%，其他或不详 47 人，占 3.6%。

（二）调查结果

1．对教育现代化的知晓度略高，但理性和自觉层次较低，山区县民众对教育现代化更加期盼

教育现代化问题，是近代以来伴随中国社会现代化进程与追求而产生的一个分支范畴，如果从清末的洋务运动开始，也有 100 多年历史。可以说，中国近当代教育发展的进程，就是教育现代化的过程。但是，我国真正意义上的教育现代化进程，主要指 20 世纪 80 年代邓小平提出教育的“三个面向”之后，教育现代化也已经成为民众熟知的话题。2010 年《纲要》颁布后，教育现代化再次成为热点话题。如果说，以前的教育现代化

只是一种期望、导向的话，那么，这次的教育现代化即将变成现实，因为，《纲要》指出，到 2020 年我国要基本实现教育现代化。在这么一种背景下，调查对象对教育现代化的知晓度,可以反映出教育现代化的民众思想基础、关注程度。表 6.3 显示，总体样本中，有近 90% 的被调查者听说过教育现代化这个概念。但是，陕南山区县知晓度略高于总体样本。在陕西省内 33 个县 971 个样本而言,10 个平川县知晓率为 93.6%,陕南山区县为 90.43%,平川县知晓率略高，剩余 11 县（半山区、山区）294 人中有 233 人知晓，占 79%。样本中陕南山区县和省内其他山区、半山区县共 670 名样本中，有 609 人知晓，占 90.89%。虽然，高出的百分数不到 2 个百分点，但在一定程度上可以说明山区县民众对教育现代化更加期待、更加迫切。细究原委也不难理解：中国教育现代化程度最低、群众意见最大、教育发展最不均衡的地区恰恰是西部地区、西部农村地区、西部农村地区的山区。而随着现代传媒工具的普及，尽管地处山区，山区县民众对国家政策更加关注。值得注意的是，整个陕西省教育现代化知晓度既低于总体样本，也低于山区县，由此似可以说明西部地区山区县对教育现代化有更为强烈的期望。但是，同样是山区或半山区县，为什么陕南山区县对教育现代化的知晓率（90.4%）要高于（79%）样本中分布在关中、陕北的其他山区或半山区。细究样本会发现，关中、陕北的山区半山区县，尽管地貌是山区或半山区，但它们要么是关中经济发达地区的半山区，如西安市的户县、宝鸡的凤翔、岐山等，或者因能源而已经富裕起来的陕北，其现代化程度因经济水平的相对较好而先行一步，可能已经处在准教育现代化阶段，渴望程度相对弱一些。

表 6.3　你是否听说过教育现代化这个词？

答案	总体（n=1 300）		陕西省 33 县区（n=971）		陕西平川 10 县区（n=301）		陕南 12 山区县（n=376）	
	人数	比例%	人数	比例%	人数	比例%	人数	比例%
是	1 159	89.15	855	88.1	282	93.69	340	90.43
否	141	10.85	116	11.9	19	6.312	36	9.57

“听说过教育现代化”，但并不一定知道教育现代化的确切含义。对“含义”的了解，是“知晓”的更进一步，是对教育现代化内在精神的理解、思考、认同等，是一种思想上的反思与共鸣。表 6.4 显示，陕南山区县对教育现代化含义的知晓率高于总体和陕西省样本约 5 个百分点，这和表 6.3

的结论吻合。同时，对教育现代化"听说过"有 90.43%的比率，而知道含义的只有 66%，相差近 25 个百分点，说明教育现代化的知晓率高，但只是停留在"知道"层面，属于一种表象，还没有达到深刻理解，因此其对教育现代化追求的自觉水平还没有上升到理性程度，只是随着政策宣传驱动而已。同时，由于调查对象中主体都是校长、教师、教育管理干部，三者合计占 71.5%，也从一个层面反映了在教育系统内部对教育现代化理性认知的程度较低，教育现代化宣传普及还有很多工作要做。"人人都可以成才"是教育民主化运动的基本诉求，教育现代化的基本的理论假设和理念。是否认同这一说法，实际上可以折射出被调查者对教育现代化的理性水平。表 6.5 中对"你是否同意人人都可以成才这一说法"，认同这一说法的比例依次是总体 61.9%，陕西省 62.1%，陕西省平川县 64%，陕南山区县 64.1%，也就是说，只有 60% 左右的人认同"人人都可以成才"这一说法，还有 36% 的人"反对"。各样本群之间差异不大。

表 6.4　你是否知道教育现代化的含义？

答案	总体（n=1 300）		陕西省（n=971）		陕西平川 10 县区（n=301）		陕南山区县（n=376）	
	人数	比例%	人数	比例%	人数	比例%	人数	比例%
是	817	62.85	599	61.7	199	66	248	66
否	483	37.15	369	38	102	34	128	34
没选	0	0	3	0.3	0	0	0	0

表 6.5　你是否同意"人人都可以成才"这一说法？

答案	总体（n=1 300）		陕西省（n=971）		陕西平川 10 县区（n=301）		陕南山区县（n=376）	
	人数	比例%	人数	比例%	人数	比例%	人数	比例%
是	805	61.9	603	62.1	192	64	241	64.1
否	477	36.69	352	36.3	99	32.7	134	35.6
没选	18	1.38	16	1.6	10	3.3	1	0.3

2．对实现教育现代化的意义，既考虑到是国家需要，也考虑是实现个人人生幸福的需要，山区县教育价值追求个人愿望色彩相对更加明显

教育具有社会功能和个体功能，这是教育的价值所在，也是一个国家不遗余力地推进教育现代化的动力所在。表 6.6 通过被试对教育现代化的目的的判断（答案可以多选），可以发现调查者的教育价值追求。调查发现，各调查者群体对四个备选答案的排序由高到低依次是“促进经济发展，建设强大国家”“使人人都有幸福生活，人人都有出彩机会”“满足人民群众的受教育权利”“培养尖子生，培养精英人才”。其实，备选答案中只有“促进经济发展，建设强大国家”属于教育现代化的社会价值取向，其他三个均可以反映教育的“个体”价值，表 6.5 中的数据分布看，两者比例几乎等同。可见，调查者都能够理解教育现代化的个人和社会价值的和谐与共融。同时，还可以发现，“培养尖子生，培养精英人才”的传统精英教育价值取向排在最后，且陕南山区县样本相对较高（16.5%），而“促进经济发展，建设强大国家”相对比例较低（46%），说明陕南山区县调查者的教育价值取向的传统色彩更为浓重一些。

表 6.6 在你看来，教育现代化的目的是什么？

答案（可多选）	总体（n=1 300）		陕西省（n=971）		陕西平川 10 县区（n=301）		陕南山区县（n=376）	
	人数	比例%	人数	比例%	人数	比例%	人数	比例%
促进经济发展，建设强大国家	628	48.3	448	41.14	152	50.5	173	46
满足人民群众的受教育权利	389	29.92	288	29.7	81	26.9	127	33.78
使人人都有幸福生活，人人都有出彩机会	489	37.62	374	38.52	107	35.5	147	39.1
培养尖子生，培养精英人才	192	14.77	146	15	44	14.6	62	16.5

3. 培养人的创新能力、教育优先发展和教育信息化是教育现代化的核心内容，山区县民众更加关心“人人都受高等教育”

如果说对教育现代化的内含、本质的理解比较抽象，是一种关于教育现代化的理想价值追求的话，那么，教育现代化应该包括什么以及其重要性程度则反映了人们对教育现代化的现实诉求。表 6.7 显示，在关于“教育现代化应该包括哪些内容”的调查中，四大层次样本均把“培养人的创新能力”“教育优先发展”和“教育信息化”排在前三位，在罗列出的 10 大要素中，代表教育理想主义的“人人都受无差别的教育”——这也是现代教育民主化的最高理想，均排在倒数第第三、四位，平均只有 41% 左右，那么，也就是说，有 60% 的人是不认可这一说法的。由此可见，被调查者对教育现代化的追求是比较现实的。

比较而言，在回答同一备选答案，陕南山区县对“人人都受高等教育”题项有 47.7%的人选择，把该要素作为教育现代化的核心指标，而其他层次样本则分别是全国 35.77%、陕西省 37.69%、34.55%，高于其他群体 10 个百分点，比其他要素明显要高。这说明“上大学”“人人都上大学”依然是山区人民的渴望，而平川县等则可能更看重上“好”大学。

对山区县而言，实现教育现代化的标志可能就是验收教育现代化的指标。表 6.8 的调查中，各层次被调查者共同排在前三位的是“义务教育普及率”“教育设备先进”和“教师水平高”，可以转译为公民基本的受教育权、教育信息化程度、教师的现代化素养。而对“大学的升学率”排在第四位，山区县也不例外。为什么山区县民众非常在意人人都受高等教育，而当面对普及义务教育、教育设备、教师素养时，上大学显得并不重要。期望“人人接受高等教育”的比例是 47.07%，而把“大学入学率”作为山区县实现教育现代化的核心指标的比例只有 16.76%，两者相差 30 个百分点。如果说，上大学是一种具体的教育理想、教育现代化的理想，而义务教育、教育设备、教师素养等现代化要素成为了实现“上大学”目标的手段。可见，调查者更加重视教育现代化的基本条件和过程。

表 6.7　教育现代化应当包括哪些内容?

答　案	总体（n=1 300）		陕西省（n=971）		陕西平川 10 县区（n=301）		陕南山区县（n=376）	
	人数	比例%	人数	比例%	人数	比例%	人数	比例%
依法治教	633	48.69	471	48.51	153	50.8	186	49.47
教育优先发展	713	54.8	530	54.58	160	53.2	206	54.79
人人都受高等教育	469	35.77	366	37.69	104	34.55	177	47.07
人人都受无差别的教育	534	41	396	40.78	135	45	145	38.56
人人都受有差别的教育	178	13.7	146	15.04	60	20	64	17.02
培养人的创新能力	855	65.77	630	64.88	195	64.8	256	68.09
课程现代化	540	41.5	406	41.81	120	40	157	41.76
终身都有受教育的机会	578	44.5	418	43.05	150	50	185	49.2
教育信息化	674	51.8	512	52.73	163	54	204	54.26
其　他	73	5.62	71	7.31	35	12	22	5.85

表 6.8　山区县实现现代化的标志是什么？

答　案	总体（n=1 300）		陕西省（n=971）		陕西平川县区（n=301）		陕南山区县（n=376）	
	人数	比例%	人数	比例%	人数	比例%	人数	比例%
大学升学率	159	12.2	122	12.56	22	7.31	63	16.76
义务教育普及率	1 054	81.08	829	85.38	224	74.4	265	70.48
教育设备先进	497	38.2	399	41.09	109	36	178	47.34
教师水平高	321	24.7	239	24.61	69	23	103	27.39
其　他	57	4.38	47	4.84	5	1.7	36	9.57

4．实现教育现代化的信心相对不足，教育质量、经费、信息化、教师素养是实现教育现代化的最大障碍，出路在于“建立适合我国现代化需要的中国特色教育体系”

（1）信心不足。

《纲要》中，把 2020 年作为国家基本实现教育现代化的时间点，现在离这一时间点还有 5 年。能不能实现这一目标，也关系到教育现代化的进程和信心。表 6.9 显示，只有 40% 左右的被调查者相信教育现代化的目标在 2020 年“一定能够实现”，而断然判断“不可能实现”在 15% 左右，还有“说不清”在 44% 左右，以及 2% 左右没有做出选择的。后三项合起来占 60% 左右。也就是说，有一半以上的调查者对实现教育现代化信心不足。在该问题上，四个样本群体差别不大。

表 6.9　2020 年基本实现教育现代化的可能性

答　案	总体（n=1 300）		陕西省（n=971）		陕西平川 10 县区（n=301）		陕南山区县（n=376）	
	人数	比例%	人数	比例%	人数	比例%	人数	比例%
一定能够实现	505	38.85	385	39.65	131	43.52	153	40.7
不可能实现	194	14.95	139	14.32	45	15	62	16.5
说不清	585	45	432	44.49	116	39	161	42.8
没　选	16	1.2	15	1.5	9	2.99	0	0

（2）教育质量、教育信息化、教师素质是实现教育现代化的核心，制约因素是经费、质量、设备和教师素质。

如上所述，为什么调查者对实现教育现代化信心不足。表 6.10～6.12 间接回答了疑惑。

表 6.10 中，对“实现教育现代化的核心”判断依次是教育质量、教育信息化、教师素质、教育经费等。教育质量是目标，是社会最为关注的，设备再好、校舍再漂亮、教师学历再高，最终要通过教育质量加以验证，目前社会对教育最为不满的是“质量问题”，而质量提高不是短期内所能解决的，可能得几代人。因此，对 2020 年实现教育现代化信心不足，可能实质上是对提升教育质量的信心不足，而泛化到整个教育现代化。同时，在教育经费问题上，调查者虽然还在关注，但却排在最后，这是很耐人寻味的现象。比较而言，山区县把“教育信息化”作为实现教育现代化的核心的比例，相对平川县而言，更高近 8 个百分点。这和调研访谈结果是一致的：山区县由于自然条件限制，优质资源缺乏，而教育信息化手段可能弥补，实现教育均衡发展。此外，对经费保障问题，对于山区县而言，应该仍然是一个核心问题，但比例并不高。如何解释这一现象：调查中发现，尽管陕南山区县均属于经济欠发达地区，但它们同时也是国家扶贫开发重点县，教育经费是有保障的，同时也说明山区县对教育现代化的渴望相对经费来讲，更加在意“质量”“信息化”和“教师”。表 6.11 在更加直接地回答“山区县实现教育现代化的最大障碍是什么”依然是这几大要素，但“经费”问题却一下子排在前面。是不是矛盾了？不是。实现教育现代化的“核心”和“障碍”是有差别的。“核心”是标志，是关键，所以经费的问题、教育经费占国民生产总值的比重是教育现代化的指标，但不是“核心”，只是一种保障。而要实现教育现代化的所有“核心”“关键”指标的条件，都离不开“教育经费”做支撑。表 6.11 显示对山区县而言，教师质量可能问题更为突出。特别是与平川县相比，“教师质量不高”的比例高出 7 个百分点。

表 6.10 实现教育现代化的核心是什么？

答　案	总体(n=1300)		陕西省(n=971)		陕西平川 10 县区（n=301）		陕南山区县（n=376）	
	人数	比例%	人数	比例%	人数	比例%	人数	比例%
教师素质	454	34.92	327	33.68	109	36.2	125	33.24
教育质量	739	56.85	558	57.47	190	63.1	218	57.98
教育信息化	518	39.85	396	40.78	111	37	170	45.21
经费保障	226	17.38	164	16.89	58	19.3	53	14.10
校长的理念	99	7.62	65	6.69	18	5.98	30	7.98

表 6.11 山区县实现现代化的最大障碍是什么？

答 案	总体（n=1 300）		陕西省（n=971）		陕西平川 10 县区（n=301）		陕南山区县（n=376）	
	人数	比例 %	人数	比例 %	人数	比例 %	人数	比例 %
经费不足	804	61.8	603	62.10	191	63	240	63.83
学生少	244	18.8	208	21.42	64	21	92	24.47
教师质量不高	691	53.2	502	51.70	144	47.8	206	54.79
先进设备少	643	49.46	498	51.29	152	50.5	199	52.93
其 他	33	2.54	28	2.88	4	1.33	15	3.99

（3）实现教育现代化，必须有批判地学习西方教育，建设有中国特色的现代教育体系。

表 6.12 显示，有近 90% 的被调查者认为实现教育现代化的途径“就是建立适合我国现代化需要的中国特色教育体系”，而主张全面学习西方的比例只有 5% 左右。

表 6.12 实现教育现代化的途径

答 案	总体（n=1 300）		陕西省（n=971）		陕西平川 10 县区（n=301）		陕南山区县（n=376）	
	人数	比例 %	人数	比例 %	人数	比例 %	人数	比例 %
全面学习西方的教育	52	4	43	4.43	12	3.99	23	6.12
有批判地学习西方教育	165	12.7	129	13.29	23	7.6	70	18.62
建立适合我国现代化需要的中国特色教育体系	1 170	90	864	88.98	276	91.7	333	88.56
全面通过网络学习	67	15	56	5.77	21	7	19	5.05

在如何实现教育现代化的问题中，我国把课程改革作为实现教育现代化的一个重要切入点。同时，我们认为，教育现代化，教师最为关键，是实现教育现代化目标的“关键少数”，是关键的“人”的要素。

新课改实施已近 14 年，目前已经进入新阶段。新课改在实施中存在许多问题，引起社会，特别是教育工作者的诟病。表 6.13 显示，被调查者“对新课改的态度”，有 60% 左右的人“非常赞成”，说明新课改被认同为是实现教育现代化的主要抓手的比例占大多数，这在处于改革十字路口、教育价值诉求和利益多元的今天，属于不易。但还有近 40% 的人并不认同，要么“没听说过”，要么认为是“瞎折腾”，要么认为“设想好，但不可能实现”。所以说，教育现代化目标虽然明确，但困难不少，抓手更是奇缺而充满矛盾。至于在山区县“没听说过”新课改的比例相对较高，这属于正常。因为，新课改最先进行的多是东部发达地区或一些大城市。

表 6.13　对新课改的态度

答　案	总体（n=1 300）		陕西省（n=971）		陕西平川 10 县区（n=301）		陕南山区县（n=376）	
	人数	比例%	人数	比例%	人数	比例%	人数	比例%
我没听说过	152	11.69	120	12.36	40	13	61	16.22
我非常赞成	812	62.46	609	62.72	204	67.8	243	64.63
我认为是瞎折腾	94	7.23	71	7.31	20	6.6	24	6.38
设想很好，但不可能实现	242	18.62	171	17.61	44	15	48	12.77

教师是实现教育现代化的最为关键的行为主体，教师的素质，教师在教育教学过程中所扮演的角色，对实现教育过程中的民主，对于培养学生的创新能力至为关键。表 6.14 显示，有 60% 左右的被调查者认同教师是“平等交流中的组织者”，排在第二位的是“传道授业解惑者”，而“知识的拥有者”排在第三位。与教育现代化相适应的现代教师观认可程度较高。

表 6.14　在教育现代化的进程中教师扮演的角色

答　案	总体（n=1 300）		陕西省（n=971）		陕西平川 10 县区（n=301）		陕南山区县（n=376）	
	人数	比例%	人数	比例%	人数	比例%	人数	比例%
知识的拥有者	145	11.2	125	12.87	38	13	55	14.63
传道授业解惑者	653	50.23	501	51.60	154	51.2	196	52.13
平等交流中的组织者	794	61.1	567	58.39	185	61.5	228	60.64
可有可无的旁观者	16	1.23	11	1.13	5	1.66	4	1.06

在教育教学中的师生关系，反映了教育过程中的民主化程度，与教育现代化相适应的现代教师观认为，教师是“平等交流中的组织者”，教师与

学生之间不存在教导与接受、先知与后知的鸿沟，而是作为一群个体在共同探究有关知识领域的过程中相互对话，相互合作。美国的多尔将教师的角色定位为“平等中的首席”，“作为平等中的首席，教师的作用没有被抛弃，而是得以重新建构，从外在于学生情景转化为与这一情景共存”。[①]教师是“平等交流中的组织者”，是后现代主义哲学观在教育中的体现。后现代主义是20世纪中叶出现的一种世界性文化思潮，其基本观点是相对于现代主义的统一性、本质性和封闭性而提出的，强调差异性、多元性以及“去中心”的边缘性和创造性、开放性等，这些观点给教育界以巨大启示，形成后现代教育思想。后现代主义教育家主要运用“本体论的平等”观念，对现代社会教师的作用和师生关系进行了深刻的批判，对后现代社会教师的作用和师生关系进行了精辟的论述。后现代主义思想家们认为，后现代社会主要依赖高新科学技术，特别是信息技术，其特点为知识信息化、政治国际化、经济全球化、文化多元化等。他们认为在教育领域也应该“去中心”，应该消解教授的绝对权威，建立起一种师生平等对话的新型关系。后现代主义思想家推崇“对话”，提倡不同观察者和认识者之间的平等交往关系，主张摒弃个人主义，消除人我之间的对立，将人看作是一种关系的存在。这种反个人中心的思想实际上是以交往主体形式取代了中心主体形式。弗莱雷指出：“通过对话，教师的学生及学生的教师等字眼不复存在，新的术语随之产生：教师学生和学生教师。”[②]虽然后现代教育思想阵营内学派林立，观点各异，但他们对师生关系的理解是一致的——“对话者及其关系”。这为把握和评估目前大学生的“师生观”提供了基本的线索，也为构建新型的师生关系开拓了思路。

二、中小学校长对人才培养模式改革认知度调查

人才培养模式是一定时代的产物，受当时的教育思想、教育制度、社会需要等方面的制约，同时，人才培养模式又决定着教育质量和水平、决定着满足社会发展需求。所谓“人才培养模式”，是指在一定的现代教育理论、教育思想指导下，按照特定的培养目标和人才规格，以相对稳定的教学内容和课程体系、管理制度和评估方式、实施人才教育的过程的总和。

---

① [美]多尔．后现代课程观[M]．王红宇，译．北京：教育科学出版社，2000：227.

② [巴西]保罗．弗莱雷．被压迫者教育学[M]．顾建新，等，译．上海：华东师范大学出版社，2001：80.

它具体可以包括四层涵义：人才培养目标和规格；为实现一定的培养目标和规格的整个教育过程；为实现这一过程的一整套管理和评估制度；与之相匹配的科学的课程设置、教学方式、方法和手段等。基础教育阶段人才培养模式创新就是要在人才培养目标、课程设置、教师的教学方式、学生的学习方式、人才培养质量的考核评价方式等方面进行积极的探索与尝试[①]。目的是使基础教育更加适应时代需要、符合教育教学规律、符合学生身心发展规律，它包括“创新”人才培养模式和培养“创新人才”两个方面。

（一）问题的提出

人才培养模式改革，一直是20世纪世界性的热点话题和研究重点，并以欧美、日本等发达国家为典型代表。主要特点是强调基础教育在国家发展战略中的重要作用，以“恢复基础教育”、重视教育质量为核心，遵循个性化、民主化、国际化、信息化和终身化等原则；进入21世纪后，伴随知识经济的到来，对创新人才的需求，对人才培养模式的创新更是社会关注和研究的热点[②]。

我国基础教育人才培养模式研究，是伴随教育改革的深化而不断深入的，特别是改革开放之后，社会对人才的需求不断提升，对人才培养模式问题引起了整个社会的关注，甚至成为“民生”问题。1999年国家《关于深化教育改革，全面推进素质教育的决定》和2001年教育部颁布了《基础教育课程改革纲要（试行）》之后，整体推进了我国中小学人才培养模式改革与创新。“人才培养模式创新研究”，是国家根据创新人才培养的需要，在2010年颁布的《纲要》中，对教育发展提出的新需要。《纲要》指出：为“适应国家和社会发展需要，遵循教育规律和人才成长规律，深化教育教学改革，创新教育教学方法，探索多种培养方式，形成各类人才辈出、拔尖创新人才不断涌现的局面”。并要求从注重“因材施教”“知行统一”“学思结合”等三方面不断创新人才培养模式。

从研究成果上讲，虽然以“人才培养模式”改革研究的成果不少，但是以“中小学人才培养模式创新研究”为题的研究成果很少。课题组通过中国知网，以“2003—2012”为时段限定，以“人才培养模式”为关键词进行检索，共有14 816条记录；以“人才培养模式创新”为关键词的记录

---

① 范魁元，褚宏启. 基础教育阶段人才培养模式创新关键问题[J]. 中国教育学刊，2011（9）：1.

② 张真. 美国创新型人才培养模式对我国基础教育的启示[J]. 学校党建与思想教育，2012（1）：4-5.

有 2 842 条；以“中小学人才培养模式创新”为关键词的记录为 4 条。这四条中，有 3 条是 2011 年的会议报道，只有 1 条属于学术论文[①]。以“基础教育人才培养模式创新”为关键词的检索记录有 8 条，但真正以“基础教育”（中小学）为对象的只有 4 条。关于“陕西省中小学（基础教育）人才培养模式创新”进行检索，无相关记录。可见，从 2009 年至今，与本课题相关研究记录非常少，几乎为空白。

笔者认为，人才培养模式是一个系统工程，涉及国家、学校、教师、学生、家长等等方面，其中，中小学校长对人才培养模式改革的态度具有举足轻重的作用，研究其对人才培养模式的认知和态度，对于实现教育目的，提高教育质量，具有重要价值。

（二）研究对象和工具

1．研究对象

对陕西省汉中市 60 名中小学校长进行问卷调查。共发放问卷 60 份，回收有效问卷 57 份。57 名研究对象所在学校的信息是，中学校长 39 人，小学校长 1 人，九年一贯制中小学校长 5 人，没填写 12 人；城镇学校 7 所，农村学校 43 所，没填写 7 所；公办学校 50 所，没填写 7 所；标准化学校 24 所，非标准化学校 23 所，没填写 10 所；校长的个人信息是，其中男性 38 人，女性 1 人，性别不详（没有填写）21 人，年龄、职称、职务等其他信息见表 6.15、表 6.16 和表 6.17。

表 6.15　57 名中小学校长的年龄分布情况

年龄	50 以上	49-40	39-30	29 以下	不详
人数	2	22	15	0	18
比例%	3.5	38.6	26.3	0	31.6

表 6.16　57 名中小学校长的职称分布情况

职称	中教特级	中教高级	中教一级	中教二级	小高	不详
人数	0	11	18	6	2	20
比例%	0	19.3	31.6	10.5	3.5	35.1

① 田慧生．教育实践 以培养创新人才为价值追求——中小学创新人才培养的实践和模式调研报告[J]．人民教育，2008（12）：9-13.

表 6.17　57 名中小学校长的具体职务

职务	校长	副校长（支书、工会主席）	其他（教师、中层干部）	不详
人数	13	18	3	23
比例%	22.8	31.6	5.3	40.3

2．研究手段和方法

采用自编问卷，主要了解中小学校长对中小学人才培养模式改革的现状、认识、态度及可能的路径对策。问卷共由 13 道题组成，其中第 1 道题是个人信息，包括姓名（可以不填）、性别、年龄、职称、职务等，第 2 道题是学校信息，包括学校名称（可以不填）、学校类别（中学、小学）、学校所在地（城镇、农村）、学校性质（公办、民办）、是否标准化学校（是、否）。第 3 ~ 13 题是态度问卷，涉及 11 个问题，其中 3 ~ 12 题（表 6.18 ~ 表 6.27）为封闭问题，每道题一个问题，每个问题有 2 ~ 6 个备选答案，除其中第 12 题（表 6.27）提示“单选”外，其他各题没有具体选项数目要求；第 13 题为开放问题，题目是“以‘我校人才培养模式改革的思考’为题，写出自己的认识和设想，字数不限”。

数据采用 excel 电子表格进行处理。

（三）结果与分析

表 6.18 ~ 6.27 是 10 个封闭问题，每个问题有若干个备选答案，绝大部分问题没有要求选择答案的具体个数，也就是说，被试可以选一个答案，也可以选多个，从统计数值上看，虽然其比率总和可能超过 100%，但是，不加限制的选择，可以发现备选答案的重要性程度，还可以发现被试对同一问题的多元判断和态度。表 6.18 ~ 6.27 呈现出 57 名被试人对中小学人才培养模式改革的现状、认识、态度、对策等维度的判断结果。

1．大部分校长知道人才培养模式改革是基础教育改革的重要方向，但非一把手校长及年轻干部知晓率较低

表 6.18 显示，有 77.2% 的校长听说过人才培养模式改革，只有 17.5% 回答没有听说过，说明目前中小学校长知道人才培养模式改革是教育改革的方向，显示目前大部分中小学校长对改革的形势和大方向是清楚的，这可能要归功于媒体宣传、培训等活动的功劳。但是还有 17.5%的人没听说过人才培养模式改革，虽然数值并不高，但作为校长，不了解教育改革的

形势，是不应该的，其学校的改革与发展可能停滞不前。进一步深入研究发现，这 17.5%（10 人）的具体情况：来自农村学校 9 人，没填写城镇或农村学校 1 人；这 10 人的职务情况是，总务主任 1 人，副校长 3 人，教师 1 人，工会主席 1 人，没填写职务的 4 人，基本上都是副职或普通教师，可见，听说过人才培养模式改革的基本上都是校长，而没听说过人才培养模式的基本上都是非校长，即副职、普通教师等，说明关于人才培养模式改革往往只是一把手校长关注，学校的其他人员，包括副职、中层、教师往往“事不关己”，按校长的思路工作，属于事务性干部；这 10 人的年龄结构是 40 岁以下的 3 人，41～45 岁 2 人，47 岁以上的 2 人，其他 3 人没有填写年龄，也就是说，各年龄段的都有，这里，应当特别关注 40 岁以下的年轻干部，他们是基础教育改革的中坚力量，但回答“否”，是值得我们特别警惕的。

此外，有 5.3% 的人没有选择答案，可能是因为不了解而不便填写，或者不关心此问题。如果原因确实如此，说明他们也属于“没听说过人才培养模式改革”的群体。

表 6.18 你是否听说过人才培养模式改革?

答案	是	否	不详（没填写）
人数	44	10	3
比例%	77.2	17.5	5.3

2．大多数中小学进行过人才培养模式改革尝试，但流于形式，效果不理想

在我国，关于中小学人才培养模式始于 1999 年，其背景是伴随素质教育开展，以面向全体学生、全面发展、主动发展为特点的人才培养模式改革由东到西展开。1999 年，中共中央国务院颁布了《关于深化教育改革 全面推进素质教育的决定》，指出“智育工作要转变教育观念，改革人才培养模式，积极实行启发式和讨论式教学，激发学生独立思考和创新的意识，切实提高教学质量”。特别是 2001 年《基础教育课程改革纲要》的颁布，标志着以课程作为突破口，实施人才培养模式改革。因此，许多地方、许多学校进行过宣传，或者进行过一些改革尝试。表 6.19 显示，“一直在进行”人才培养模式改革的学校占 15.8%，“进行过但流于形式”占 54.4%，两者合计占 70.2%，说明大部分学校进行过人才培养模式的尝试，尽管大多数“流于形式”，也告诉我们人才培养模式改革的艰巨性和复杂性。同时，

也有 12.3% 的回答“从来没有进行过”或者“说不清”（17.5%），两者合计占 29.8%，这是一个不容忽视的数字，因为，这将近 30% 的消极者，可能会影响区域人才培养模式改革的整体进程。总而言之，近 20 年来，区域人才培养模式改革的进程和效果是不理想的。

表 6.19　你校关于人才培养模式改革进展情况

答案	一直在进行	从来没有进行过	进行过但流于形式	说不清
人数	9	7	31	10
比例%	15.8	12.3	54.4	17.5

3．对目前中小学教育教学模式是否有利于拔尖创新人才培养态度矛盾、分歧较大

《纲要》指出，要“推动普通高中多样化发展，促进办学体制多样化，扩大优质资源。推进培养模式多样化，满足不同潜质学生的发展需要。探索发现和培养创新人才的途径。鼓励普通高中办出特色”，高等教育要“着力培养信念执著、品德优良、知识丰富、本领过硬的高素质专门人才和拔尖创新人才”。可见，培养创新拔尖人才，是知识经济发展的时代需要，因此，他的基础是小学和初中，是高中多样化的形式之一，更是大学阶段人才培养模式改革的方向。客观上讲，我国现行的教育教学模式是不利于拔尖创新人才培养的，所以必须改革。但表 6.20 调查却显示一种矛盾状态，认为目前中小学教育教学模式“有利于”（是）拔尖创新人才培养占 21.1%，说不清占 22.9%，没选的占 3.6%，合计占 47.6%。既然有利于拔尖创新人才的培养，那就意味着现行中小学教育教学模式不需要改革，这也间接印证了中小学人才培养模式改革流于形式、效果不理想的现状；而认为“不利于”（否）拔尖创新人才培养只有 52.4%，足见传统人才培养模式的惯性之大。因此，深刻反思以应试教育为导向的现行教育教学模式的危害，更新教育观念，是摆在中小学校长面前的一项艰巨任务。

表 6.20　你认为目前中小学教育教学模式是否有利于拔尖创新人才的培养？

答案	是	否	说不清	未选
人数	12	30	13	2
比例%	21.1	52.4	22.9	3.6

4．全面发展、刻苦努力是拔尖创新人才的基本特点

创新人才具有的心理素质，是心理学家从 20 世纪 50 年代以来一直关注的热点问题。中国科学院心理学研究所王极盛研究员比较了创造型科学家与一般科学工作者的特征，认为在智力因素方面，科学创造人才具有更高水平的思维能力、独立思考、分析能力、联想能力、判断能力、记忆力、想象力、思维综合能力、思维灵活性以及观察力。在非智力因素方面，科学创造人才在事业心、勤奋、兴趣、责任心、求知欲、进取心、意志、自信心、意志顽强性、情绪稳定方面表现得更好。① 张景焕和金盛华运用 Q 分类及多尺度分析方法，研究具有创造成就的科学家关于创造成就的概念结构。被试是 30 名来自物理、化学、数学、地理学和生命科学领域的具有创造成就的科学家。研究发现，具有创造成就的科学家关于创造成就的概念结构由“成就取向/内心体验取向”“主动进取/踏实肯干”两个维度构成，取得科学创造成就的重要特征是“成就取向”和“主动进取”②。

人才培养模式创新，离不开“创新人才”的培养，拔尖创新人才具有哪些特点？该调查中，57 名来自教育一线的校长对创新人才的特点做出的判断是，有 64.9%的人承认“全面发展”（而不是考试分数），33.3%的人承认具有“刻苦努力”的特点。该题只提供了 5 个答案，被试有多人选择多项，可见问题的复杂性。但是排序最前面的是与教育、与人才培养模式有关的“全面发展”和“刻苦努力”，“特别聪明”的天赋特点排在第三位，见表 6.21。因此，实现全面发展的素质教育，创新人才培养模式，是实现拔尖创新人才的基础。

表 6.21　根据你的经验，你认为学校里的拔尖人才具有的特点是

答案	特别聪明	刻苦努力	全面发展	性格活泼	其他
人数	12	19	37	8	4
比例%	21.1	33.3	64.9	14	7

5．把制约人才培养模式改革的阻力归因于外在环境，而对与自身素质有密切关系的“教育观念”和“教学方法”忽视

客观上讲，人才培养模式改革是一个系统工程，涉及教育内部和外部的种种方面，其中，学校自身、特别是教师，他们是人才培养模式改

① 王极盛．科学创造心理学[M]．北京：科学出版社，1986：172-75，301-04．

② 张景焕，金盛华．具有创造成就的科学家关于创造的概念结构[J]．心理学报，2007（1）：135．

革的主体。在对问卷第 7 题（表 6.22）“你认为目前最不利于人才培养模式创新改革的方面是”的回答中，排在前三位的分别是“评价机制”（71.9%）、“教育体制”（57.9%）、“社会大环境”（52.6%），都属于外在原因；而与教育内部因素，特别是校长、教师自身有关的因素排在最后，分别是“教育观念”19.3%，“教学方法”5.3%，“教师知识”0%。这一方面说明人才培养模式改革确实非常复杂，但被试更多归因于教育的外部要素，另一方面可能是被试潜意识的自我保护，再一方面，间接显示出被试对人才培养模式改革的无力感和卸责感。其实，人才培养模式重在教师、重在人才培养的理念、课堂教学模式以及教师专业化的发展。这也显示出教育专家、教育官员和一线教育工作者在改革责任主体问题认识上所存在的差距。

表 6.22　你认为目前最不利于人才培养模式创新改革的方面是什么？

答案	教育观念	教育体制	教师知识	教学方法	评价机制	社会大环境	其他
人数	11	33	0	3	41	30	0
比例%	19.3	57.9	0	5.3	71.9	52.6	0

6．对新课程改革效果信心不足

2001 年，教育部颁布的《基础教育课程改革纲要》，是推进基础教育人才培养模式改革的重要抓手，几乎涉及人才培养目标、课程设置、教学过程、教学手段等人才培养模式的各个要素，国家给予了很大期望，也投入巨大的人力和物力。2011 年，围绕新课改的第二轮课程标准已经发布，但被试却并不看好新课程改革对推进人才培养模式改革的作用。调查中，只有 5% 的被试认为“新课程改革可以推进人才培养模式的改革”，而选择“难说”（15.8%）、“不可能”（7%）、“有点作用但十分有限”（68.4%）等怀疑态度的占 95%。持怀疑态度、信心不足，必然导致对新课改的排斥或怠慢行为，这值得警惕，也充分证明教育改革的艰巨性。

表 6.23　你认为目前的新课程改革是否可以推进人才培养模式的改革

答案	可以	难说	不可能	有点作用但十分有限
人数	5	9	4	39
比例%	8.8	15.8	7	68.4

7. 对实现创新人才培养模式的三大路径和指标信心不足，缺乏责任意识

《纲要》指出："因材施教""知行统一""学思结合"等三方面是创新人才培养模式的主要路径。问卷的第 9～11 题（见表 6.24～6.26）就是调查被试对实现这三种路径的关键的认识。被试比较认可的答案是，因材施教的关键"是一个系统工程，有赖于学校、社会特别是教师的努力"（68.4%）、"知行统一"的关键是"学生的社会实践"（57.9%）、"学思结合"的关键是"对学生的评价"（54.4%），排序靠前都和社会外部因素有关。但承认"知行统一"的关键是课程设置（42.1%）、"学思结合"的关键教师的教学方式方法（42.1%），原本与教师课堂教学模式密切相关的"知行统一""学思结合"的关键点却排在次要位置。同时，有 14% 的被试认为因材施教"只是一种教育理性，无法实现"，只有 21% 的相信"可以实现"。

表 6.24 你认为"因材施教"的关键是什么？

答案	只是一种教育理性，无法实现	是理性与现实的统一，可以实现	是一种时代要求	是一个系统工程，有赖于学校、社会特别是教师的努力
人数	8	12	8	39
比例%	14	21	14	68.4

表 6.25 你认为"知行统一"的关键是什么？

答案	课程设置	学校的课外活动	教师的知识结构	学生的社会实践
人数	24	6	9	33
比例%	42.1	10.5	15.8	57.9

表 6.26 你认为"学思结合"的关键是什么？

答案	教师的教学方式方法	学生的学习主动性	对学生的评价	其他
人数	24	18	31	0
比例%	42.1	31.6	54.4	0

8. 对新高考制度寄予厚望

对"你认为制约中小学人才培养模式改革的最大障碍是什么？（单选）"（见表 6.27）问题的回答，把障碍归结为"高考制度"（73.7%），而"校长理念"12.3%、"教师水平"7% 分别排在第三和第五位，对课程改革（14%）排在第二位，还有 10.5% 选择"其他"。被试认识到人才培养模式改革的复杂性，对高考制度改革寄予厚望，这和社会上普通民众看法一致。

表 6.27　你认为制约中小学人才培养模式改革的最大障碍是什么？（单选）

答案	教师水平	高考制度改革	课程改革	校长理念	其他（写明具体项目）
人数	4	42	8	7	6
比例%	7	73.7	14	12.3	10.5

9．对人才培养模式改革的设想态度各异、分歧较大

问卷第 13 题，属于开放问卷，要求被试“以‘我校人才培养模式改革的思考’为题，写出自己的认识和设想，字数不限”。从问卷情况看，有 30 人（占 52.6%）没有填写，有 6 人（10.5%）只写一行，两者合计占 63.1%，明显属于应付，或者无话可写，或者没有思考、也懒得思考，这和表 6.18～表 6.20 的封闭问卷调查结果是一致的。他们对人才培养模式改革不关心、不了解、或者没有信心。有 21 人有较为详细的思考，除没有信心、抱怨之外，主要围绕人才评价机制、改变应试教育、关心教师专业成长等方面陈述自己的观点。有一位来自农村中学的副校长围绕“削弱行政化程度”“削弱以应试教育为导向的学生评价系统”“减少各类检查、评估、考核、督导等”“把选择权还给学生和教师”“更新学校校长的现代教育观和人才培养观”等谈了自己的设想。

总之，调查显示：中小学校长对人才培养模式改革态度分歧较大，对教育管理体制和人才选拔体制给予厚望，对新课改的作用评价较低，反映出中小学校长对人才培养模式改革的认识水平较低、态度不积极，需要进一步加大观念更新，总结出具有操作性的人才培养模式改革方案。

第三节　陕西省山区县教育现代化的探索经验与问题

一、陕西省教育现代化的总体目标与思路

2010 年 7 月，《国家中长期教育改革和发展规划纲要 2010—2020》颁布，同年 10 月，陕西省委、陕西省人民政府联合颁布《陕西省贯彻〈国家中长期教育改革和发展规划纲要（2010—2020 年）〉实施意见》（以下简称《意见》）提出“到 2020 年，建成教育强省，在西部地区率先基本实现教育现

代化、基本形成学习型社会，进入人力资源强省行列”。为了实现这一战略目标，《意见》在充分肯定陕西省教育事业发展取得的主要成绩的同时，也认识到“在西部地区率先实现教育现代化”所面临的问题和困难，即教育观念相对落后，人才培养模式尚难以适应时代发展和学生成长的需要；教育优先发展的战略地位尚未全面落实，教育经费投入依然不足；教育体制机制创新相对滞后，学校办学自主权尚未有效落实；教育结构尚需进一步优化，各级各类教育特别是区域、城乡教育发展不够均衡；素质教育没有取得实质性突破，中小学生课业负担过重、城市“择校”等问题还比较突出；科技成果转化和知识服务的能力不强，教育核心竞争力有待提升。接受优质教育成为人民群众的强烈期盼，加快教育改革和发展成为全社会的共同心声。

针对这些问题，《意见》出台了许多措施，包括：大力发展学前教育、着力推进义务教育均衡发展、推进高中教育优质发展、创新发展职业教育、提升高等教育综合实力、积极发展继续教育、重视支持特殊教育和民族教育、大力支持和依法管理民办教育、深化教育体制改革、扩大教育对外开放、建设高素质教师队伍、大幅度增加教育投入、加快教育信息化进程、切实加强组织领导等政策措施。并先后确立一系列具有可操作性的工作，比如：2011 年启动了“双高双普”（高水平、高质量普及九年义务教育和学前教育、普及高中阶段教育）、教育强县建设、学校联盟、学前教育三年行动计划等，目前正在试点管办评分离、教育现代化指标体系构建与监测等工作。

陕西省在制定全省教育事业发展规划时，对山区县的实际情况进行了政策倾斜。比如 2011 年启动了“双高双普”建设和评估工作。在陕西省人民政府办公厅《关于“双高双普”督导评估的意见》（陕政办发〔2011〕59 号）中指出，总体目标是：2011 年至 2020 年，力争全省每年 10 个左右县（市、区）达到“双高双普”评估标准；到 2020 年，全省各县（市、区）全面达到“双高双普”评估标准；要对山区县进行政策倾斜，在教育投入上，“财政资金优先保障教育投入，并向农村和边远地区倾斜”、在教育布局调整上，“统筹城乡一体化教育改革发展，适应城镇化快速发展需要，科学制定学校、幼儿园布局调整规划和基本建设规划。每 20 万人设置 1 所普通高中。关中及平原地区，每 2 万人以上的乡镇，陕南、陕北及山区，每 1.5 万人以上的乡镇，设初中 1 所，全部达到寄宿制学校建设标准。关中及平原地区，1 个乡镇设置 1 所中心小学和 1 ~ 4 所完全小学；陕南、陕北及山区，1 个乡镇设置 1 所中心小学和 1 ~ 3 所完全小学。人口较少且交通不便的地方，可根据实际情况设置九年制学校，适当保留非完全小学。每个县（区）城至少建成一所符合国家标准的公办幼儿园，每个乡镇建成一所公办中心幼儿园，幼儿园（班）覆盖全部行政村”。

二、陕西省教育现代化的抓手——教育强县建设

“教育强县建设”是陕西省人民政府于 2001 年启动的一项面向 21 世纪陕西省教育发展的措施。其背景是为了落实《陕西省新世纪教育振兴行动计划》（陕政发〔2000〕2 号，以下简称《行动计划》）提出的，“争取到 2005 年，全省建成教育整体水平高，综合实力强，教育与经济、科技紧密结合的教育强县 10 个，教育强乡镇 250 个”的重要目标任务，进一步调动地方办学积极性，加快实施科教兴陕战略步伐，陕西省人民政府于 2001 年 8 月颁布《陕西省人民政府办公厅关于开展创建教育强县活动的通知》（陕政办发〔2001〕92 号），其核心是把教育强县作为“教育综合改革工程”的一项重要内容，提倡要在农村教育综合改革实验县、示范县建设的基础上进行，建设教育强县是各县区人民政府的一项重要工作任务进行考核。教育强县的标准有 8 条，即落实教育优先发展的战略地位；依法治教；全面实施素质教育，不断深化教育综合改革；基础教育、职业教育、成人教育协调发展，基本形成层次结构、比例结构、地域分布及专业结构比较合理的县域教育体系，有一批办出特色的示范学校；加强薄弱学校建设，各级各类学校基本实现办学条件标准化，教育技术手段的现代化水平和教育信息化程度在全省县区领先；实现“两基”目标，并得到巩固提高；依法确保教育投入，财政投入做到“三个增长”，生均公用经费在本地市领先；有一支数量足、结构合理、素质较高的教师队伍。省教育厅制定了达标验收标准，对已经获得教育强县称号的动态管理，进行复查验收。这是陕西省实现教育现代化的前奏。截至 2011 年，已经有 16 个县（市、区）被授予“陕西省教育强县（市、区）”称号。第一个获得陕西省教育强县称号的是眉县，为此陕西省人民政府奖励 50 万元。截至 2015 年有 6 个县获此称号，分别是宝鸡市眉县、西安市三原县、西安市灞桥区、韩城市、汉中市西乡县、榆林市神木县、西安市长安区。2011 年，陕西省人民政府办公厅《关于继续开展创建教育强县活动的通知》（陕政办发〔2011〕72 号）计划“到 2015 年教育强县（市、区）总数达到 28 个，到 2020 年达到 40 个以上”。标准基本没有变，还是 8 条，即全面落实教育优先发展战略；全面贯彻党

的教育方针；坚持依法治教；基础教育、职业教育、成人教育协调发展；实现“双高双普”目标，并不断巩固提高；加强薄弱学校建设，各级各类学校基本实现办学条件标准化；依法确保教育投入；有一支数量足、结构合理、素质较高的教师队伍。对教育强县实行动态管理，对已命名的教育强县（市、区）满3年后进行复查验收。复查不合格的县（市、区），责令限时整改，整改仍不到位的，报省人民政府审核后取消其教育强县（市、区）称号。据不完全统计，获得陕西省教育强县称号的主要有：眉县（2004）、西乡（2005，汉中首家）、西安市三原县、西安市灞桥区、韩城市、榆林市神木县、西安市长安区、武功（2006）、合阳（2008）、旬阳（2009，安康第一个）、靖边（2010）、石泉（2010）、延川（2010）、志丹（2012）、彬县（2012）、太白（2013）、宁陕（2013）、府谷（2013）、商南（2014，商洛首家）。处于陕南山区最早县是汉中的西乡县（2005）、安康的旬阳县（2009），商洛的商南县（2014年）。

三、陕南山区教育现代化的基本探索——以汉中市为例

比如，汉中市在回顾2014年工作时，总结了6大亮点[①]，其中与教育现代化关系非常密切的主要有：

（1）“双高双普”创建进展顺利：宁强、佛坪两县率先在全市创建为“国家义务教育发展基本均衡县”，西乡、留坝两县通过省政府“双高双普”县评估验收、命名表彰，全市“双高双普”县累计达到4个。

（2）学校标准化建设推进有力：坚持软件硬件齐推进，建成205所标准化学校，超额完成市政府下达任务105%。目前，全市已有500余所学校整体达标，完成全市任务40%。创建标准化食堂和标准化宿舍各70所，争取2014—2018年“全面改薄”项目中省资金24亿元，将集中用于学校标准化建设和教育信息化建设。

（3）县城以上学校加速建设：2012—2014年在中心城区累计投资16亿元、建成59所学校，“入学难”问题基本缓解。汉师附小联合中山街小学、西关小学组建联盟，互派校长、教师，整体提升。启动第二轮中心城区教育攻坚工程，规划2015—2017年扩容提升50所学校；2014—2017年

① 2014年汉中教育十大亮点[EB/OL].（2014-12-22）http：//jyj.hanzhong.gov.cn/jyxw/jyyw/201412/t20141230_134959.html.

建设县城以上城区中小学 81 所，实现教育供给与城市同步发展。

（4）学前教育内涵提升：投入 500 多万元购置教玩具，全面投用新建成幼儿园。完善落实全省首创的幼儿园 17 项保教流程、40 条规范性要求，保教质量全面提升。出台加强民办幼儿园管理办法，清理整治无证幼儿园 24 所。启动二期三年行动计划，规划 2014—2016 年新建 56 所公办幼儿园。

（5）中小学教育均衡推进：争取中省项目 12 亿改善办学条件，校容校貌焕然一新。城乡义务教育学校 1 000 余名校长、教师交流轮岗。小学实现划片就近入学，初中基本实现对口招生。宽带网络“校校通”实现全覆盖，优质资源“班班通”比率大幅提升，信息化建设与教育教学互通互融，城乡共享优质资源。

（6）队伍建设成绩突出：加大教师培训和名优、骨干教师培养，全年培训校长、教师 1 万余人次，构建“市级教学能手—市级学科带头人—汉中名师—陕西省特级教师”梯次骨干教师队伍 2 000 余名，1 500 余名教师晋升中高级职称，通过公开招聘、免费师范生签约等方式补充教师 735 名，队伍素质整体提升。

2015 年该市教育工作的思路归纳为“12345”，即，一条主线（全面落实教育改革任务，推进教育综合改革）、二大主题（城乡均衡发展、教育教学质量提升）、三个重点（“双高双普”创建，校长、教师交流轮岗，县城以上学校建设）、四化建设（教学优质化、学校标准化、教育信息化、管理规范化）、实施“五大工程”（学前教育推进工程、学校标准化建设工程、队伍素质提升工程、第二轮中心城区三年攻坚工程、校园安全保障工程）。①

四、人才培养模式改革

（一）人才培养模式改革，是教育过程现代化的集中体现

教育现代化，核心在教育过程的现代化，在人才培养模式的改革与创新。所谓“人才培养模式”，是指在一定的现代教育理论、教育思想指导下，按照特定的培养目标和人才规格，以相对稳定的教学内容和课程体系、管理制度和评估方式、实施人才教育的过程的总和。它具体可以包括四层涵

① 汉中市教育局 2015 年确立实施“12345”工作思路[EB/OL].（2015-01-26）http://jyj.hanzhong.gov.cn/jyxw/jyyw/201501/t20150128_148400.html.

义：人才培养目标和规格；为实现一定的培养目标和规格的整个教育过程；为实现这一过程的一整套管理和评估制度；与之相匹配的科学的课程设置、教学方式、方法和手段等。基础教育阶段人才培养模式创新就是要在人才培养目标、课程设置、教师的教学方式、学生的学习方式、人才培养质量的考核评价方式等方面进行积极的探索与尝试。[①]目的是使基础教育更加适应时代需要、符合教育教学规律、符合学生身心发展规律，它包括“创新”人才培养模式和培养“创新人才”两个方面。

（二）人才培养模式改革是基础教育改革的大趋势

人才培养模式改革，一直是20世纪世界性的热点话题和研究重点，并以欧美、日本等发达国家为典型代表。主要特点是强调基础教育在国家发展战略中的重要作用，以“恢复基础教育”、重视教育质量为核心，遵循个性化、民主化、国际化、信息化和终身化等原则；进入21世纪后，伴随知识经济的到来，对创新人才的需求，对人才培养模式的创新更是社会关注和研究的热点[②]。

我国基础教育人才培养模式研究，是伴随教育改革的深化而不断深入的，特别是改革开放之后，社会对人才的需求不断提升，对人才培养模式问题引起了整个社会的关注，甚至成为“民生”问题。1999年国家《关于深化教育改革，全面推进素质教育的决定》和2001年教育部颁布了《基础教育课程改革纲要（试行）》之后，整体推进了我国中小学人才培养模式改革与创新。“人才培养模式创新研究”，是国家根据创新人才培养的需要，在2010年颁布的《国家中长期教育改革和发展规划纲要（2010　2020年）》，对教育发展提出了新需要。《纲要》指出：为“适应国家和社会发展需要，遵循教育规律和人才成长规律，深化教育教学改革，创新教育教学方法，探索多种培养方式，形成各类人才辈出、拔尖创新人才不断涌现的局面”，并要求从注重“因材施教”“知行统一”“学思结合”等三方面不断创新人才培养模式。

中小学人才培养改革是提高教育质量、办好人民满意教育的重要途径。关于人才培养模式改革，在中东部地区、在大城市已经发展很快，而西部

① 范魁元，褚宏启．基础教育阶段人才培养模式创新关键问题[J]．中国教育学刊，2011（9）：1．

② 张真．美国创新型人才培养模式对我国基础教育的启示[J]．学校党建与思想教育，2012（1）：4-5．

地区则相对薄弱，特别是远离省会城市的农村地区。2014 年 9 月，习近平视察北京师范大学时就明确指出：“目前，教育短板在西部地区、农村地区、老少边穷岛地区，尤其要加大扶持力度。少年强则中国强，中西部强则中国强。”[①]

（三）陕西省汉中市人才培养模式改革

陕西省汉中市处在陕西南部的秦巴山区，教育整体是落后的，人才培养模式也是相对滞后。掌握其人才培养模式改革的进展现状、存在问题，对捋清进一步改革的思路，实现教育现代化，具有重要价值。

统计数据表明，2013 年末，汉中市户籍总人口 386.24 万人。全市共有中小学校 950 所，在校学生数 38.93 万人，其中初中、高中 208 所，高中在校生 7.74 万人，初中在校生 11.48 万人，普通小学 742 所，在校生 19.71 万人[②]。汉中市中小学在校人数占总人口的 10%，教育公平、教育质量、人才培养模式改革等问题，是人民群众高度关注的民生问题，也是社会问题。

如前所述，人才培养模式涉及教育系统的方方面面，本文只就近年来汉中市围绕人才培养模式改革的几个主要方面进行调研梳理。

1．通过各类教师培训，更新人才培养观念

《纲要》第十一章关于“人才培养体制改革”中首先提出，“要更新人才培养观念。深化教育体制改革，关键是更新教育观念”，树立“全面发展观念”“人人成才观念”“多样化人才观念”“终身学习观念”“系统培养观念”，“形成体系开放、机制灵活、渠道互通、选择多样的人才培养体制”。人才培养观念的形成，主要通过教师培训的方式落实。汉中市共有中小学、幼儿园教师 39 005 人，教师的人才培养观念更新，是人才培养观念更新的主要对象，教师培训的主要任务之一就是观念更新。为此，教育局制定了《汉中市“十二五”教师培训规划》，通过中小学新课程师资培训、中小学国培项目培训、省培项目培训、远程培训、校本研修培训、阳光培训、教材培训、教学能手培训、培训者研修、特级教师后备人选培训、海外研修等 37 个项目，使 23 625 名中小学、幼儿园教师接受了培训[③]，占教师总数

① 彭波．习近平在北京师范大学考察[N]．人民日报，2014-09-10（01）．

② 汉中市统计局．汉中市 2013 年国民经济和社会发展统计公报[EB/OL]．（2014-03-24）http://www.sei.gov.cn/ShowArticle.asp?ArticleID=240909.

③ 王永安．抢抓机遇 攻坚克难 努力开创全市教师教育工作新局面——王永安局长在全市教师教育工作会议上的讲话[J]．汉中教育，2013（1）：4-5.

的 60.6%，培训学时执行 5 年内每位教师培训 36 学时的刚性要求。系列培训，在一定程度上，更新了教师的人才培养观念，并为探索人才培养模式改革奠定了思想基础。

2．调整教育布局，促进教育均衡发展，整体推进人才培养模式改革

近年来，汉中市先后制定了《农村义务教育学校布局专项规划》和《汉中市中心城区中小学幼儿园布局规划（2012—2020）》，遵循公平和效益兼顾的原则，科学实施教学点撤并、新建和恢复，确定各类学校布点和结构；推进农村普通高中资源整合，提高办学效益；在教师人力资源匹配上，对义务教育阶段教师试行“以县为主、县管校用”的无校籍管理，促进教师由“学校人”向“系统人”转变；启动名师名校带动战略，按照“名优学校+薄弱学校、城区学校+农村学校”的方式组建中小学教育发展联盟，实现优质教育资源辐射带动薄弱学校。全市拟建立 20 个示范联盟，促进教育均衡发展[①]。通过落实教育均衡发展的政策，让教育思想相对先进的优质学校、优秀校长，带动相对薄弱的学校，使人才培养模式的新理念、新方法得到辐射。

3．以高效课堂为抓手，引领人才培养模式改革

高效课堂，是借鉴山东杜郎口中学等学校经验，在陕西省大力推广的一种课堂教学模式，其特点是教师少讲，旨在构建以学生发展为中心的教学方式，让学生在“自主、合作、探究”学习活动中，学会自学、学会质疑、学会合作、学会探究，以此培养学生的创新精神和创造能力，全面落实素质教育。2013 年，汉中市教育局下发通知，将打造高效课堂作为推进中小学课堂教学改革、减轻中小学生过重课业负担、全面提升教育教学质量的关键环节和重要“抓手”，大规模开展听课评课示范讲课、学科研讨、校本研修、赛教等活动，积极探索课堂教学改革新模式；推广“联片教研”制度，加强校际交流，优势互补、资源共享、共同提高。

4．以教育信息化作为制高点，倒逼人才培养模式改革

教育信息化是教育改革的“制高点”，更是人才培养模式改革的制高点，汉中市的教育信息化一直走在全国前列。目前正在实施的项目有：“宽带网络校校通”，中小学接入宽带网络；启动“班班通”项目建设，在有条件的学校为教师配备教学专用电脑，为教室开通宽带网络、配备教学终端设备；

---

① 汉中市教育局. 汉中市 2014 年工作要点[EB/OL].（2014-02-23）http://www.hanzhongedu.cn/SNEDU/site/hzfour_3.do?aid=29558.

为边远地区教学点配齐基本的视频接收和多媒体设备，逐步实现教学点数字教育资源全覆盖；开展教育信息化应用大赛和研究活动，不断推进信息技术与学科的深度融合。微课、电子书包、电子白板等新技术不断应用在教学过程中，促进了人才培养模式的改革，取得了许多成果，如汉师附小实行网络环境下作文教学四环模式，即激趣导入、确立目标→搜索素材、浏览信息→自主构思、自由表达→在线评改、交流反馈；汉台中学“网络环境下关于中华民族传统节日民俗文化的探究教学设计”等均产生了很好的效果。从 2012 年开始，全市教育系统又开展了“翻转课堂”教育实践活动，试图在教育实验的基础上，依托教育信息化手段实现课堂教学、学生自主学习、探究活动、师生互动、效果评价等方面改革人才培养模式，目前已经取得了阶段性成果。

5．通过“春笋计划”项目，培养“拔尖创新人才”

2010 年起，陕西省启动“春笋计划”，组织省内大学与高中联合，通过选拔具有创造性潜质的高中生进入高校实验室参加课题研究，以及高校专家参与指导高中生研究性学习等方式，培养青少年拔尖创新人才。具体工作方式是：选拔高中学生，经过相关知识和能力培训后，利用综合实践活动课程时间和节假日，直接进入省内高校实验室或相关课题组，进行体验式、探究式研究。

汉中市承担高校是陕西理工学院，首批中学是汉中中学和勉县一中。陕西理工学院选择了“机械零部件认知与机构示范创意”“生物技术”“物理演示与创新”“化学与环境科学”4 个“春笋计划”实施实验室，组建了专家报告团、确定了多名“春笋计划”指导教师，并积极和汉台区教育局、勉县教育局就“春笋计划”展开合作。该项目效果明显，如汉中中学屈梓桐同学的《镉对鲫鱼胃肠道嗜银细胞密度的影响》，汉中中学韩世豪同学的《芽孢杆菌在汉中青麻肉鸡肠道内数量和分布的探究》、王也同学的《UPLC-MSMS 检测青蒿中青蒿素含量》等论文陆续发表，并在同学中起到了良好的示范效果。

6．汉中市人才培养模式改革个案研究——汉中市龙岗学校的人才培养模式改革

汉中市龙岗学校，是汉中市教育局、南郑县人民政府大力扶持、陕西艺苑集团投资 3.15 亿元、占地 168 亩修建的一所集小学、初中、高中为一体的陕南投资最大、起点最高、条件最好的现代化、高质量、寄宿制学校。2004 年获批建校，2008 年开始招生，截至 2013 年 5 月，在校学生 4 733

人，教职工 698 人。2009 年 12 月，学校被评为陕西省第一所民办基础教育示范学校，先后荣获“陕西省素质教育优秀学校”“全国校园文化先进单位”等称号。

（1）教育理念。

学校以为中华民族培养时代英才为办学追求，精心创造适合每个孩子的教育，培养都市公民素质教育（一条道路），力求实现高素质与高升学的统一、筑高原（大面积提高质量）与建高峰（培养优秀拔尖学生）的统一（两个统一），致力于办高端教育、筑质量高地、讲高效发展（三高特质），着力打造精良师资、精细管理、精品课程和培养精品人才（四精教育），努力实现优质化、国际化、个性化、全员化、最优化（五化发展）。

该校校长杨建平很好地总结诠释了其质朴的教育理念，把他办民办教育的动机概括为三句话：第一句话就是——龙岗要的不仅仅是一张张鲜红的录取通知书，更重要的是捧出一个个鲜活的人。第二句话——孩子们在龙岗读书、求学，不仅仅是学习、成长的三年六年，更重要的是享受快乐、幸福的三年或六年。第三句话——龙岗是一所新学校，我们一定要致力于一种对当前教育的一种改革和尝试，所以我们提出了：办有思想的教育，育有智慧的人才。他认为，几年来，他们主要采用的是一种新的教育模式，及“1+1+3”的探索和实践。第一个 1 是——追求为中华民族培养时代英才；第二个 1 就是——办人民满意的教育；三个探索，一是探索适合每个孩子的教育；二是创造可持续发展的教育；三是创造与国际接轨的教育。①

（2）课程设置模式。

实行“1（国家课程）+7（学校课程）”，其中学校课程富于个性和特色。学校课程包括活动课、选修课、特长课、德育课、写字课、阅读课、心理健康课等 7 种。

（3）教学模式。

教学上，突出高效课堂和多彩课程。高效课堂的目标是自主、高效、优质；维度是有效教学、有效练习、有效管理。

① 教学原则：以学为主、优化设计、整合资源、效益优先、尊重关怀五大原则。

② 教学管理。

① 杨建平. 汉中龙岗学校校长杨建平访谈实录[EB/OL].（2013-08-30）http://blog.sina.com.cn/s/blog_69da4b090101lclh.html.

五环分层：分层管理、分层设标、分层教学、分层练习、分层考查。

教学过程五清：堂堂清、天天清、周周清、章节清、学月清。

课堂教学管理：读一读、试一试、讲一讲、练一练、记一记五环教学法。

练习运用：抓好讲、练、考、评、补，突出讲为主导、练为主线、考为抓手、评是关键、补是重点，强调有效练习。

学法指导：鼓励学生在做中学、玩中学、错中学，实现自学、学会、会学、活学、会用的高度统一，让学生自己学、主动学、有兴趣地学。

教学效果：懂、会、准、全、活。

③ 课堂教学。

课堂教学目标：自主、高效、优质。

课堂教学原则：以学论教、以学定教、先学后教、当堂训练、精讲精练、讲练结合、及时矫正和反馈，创设有效问题和情景，带着智慧和激情进课堂，向考试那样紧张而镇定。

教学环节：读、试、讲、练、记。

经过短短的 6 年时间，汉中市龙岗学校已经成为区域基础教育人才培养模式改革的风向标，也是改革的受益者，成为学生喜欢、家长满意、同行认可、社会肯定、领导认同的区域名校。

第七章　陕西省山区县教育现代化进程中的案例研究

陕西省是一个地貌多样化的省区，山区主要集中在陕北和陕南。山区中又有半山区、浅山区和深山区。半山区主要集中在秦岭北麓的县区，这些县区的国土一部分面向关中平原，一部分背靠秦岭、甚至延伸到秦岭腹地；浅山区往往集中在陕北高原和陕南地区，虽有山、甚至以山为主，但坡度不大，深山区主要在秦岭和巴山腹地，甚至原始森林林区。本章选择这三类山区的典型县区，覆盖了关中、陕南、陕北不同地域，对其教育现代化状况进行分析探讨。

第一节　半山区——眉县

一、眉县的自然条件

眉县，位于陕西省宝鸡市，关中平原西部，背靠秦岭，面向关中平原，属于半山区县。全县总面积 863 平方公里，截至 2013 年底，全县共有 325 808 人，人口密度为每平方公里 370.9 人。其中耕地面积 35.8 万亩，森林总面积 56 560.3 公顷，森林覆盖率 65.98%，另有渭河水域面积 79.13 平方公里。

眉县地貌复杂多样，平川、高原、深山兼具。地形起伏较大，域内最高点（太白山次峰）与最低点（渭河出境处）之间相差 3 325.2 米。县城南半部为东西走向的秦岭山脉，山势陡峭，群峰壁立。北半部是东西横贯的渭河及其谷地。

总体而言，眉县地貌分为秦岭山区及渭河平原两大部分。渭河平原标高在 450～800 米之间，秦岭山区标高在 800 米以上，最高达 3 767 米。从太白山东北的 3 767 米的秦岭主峰，向东到一脚踏三县的 2 824 米高峰，向北到渭河平原，南北宽 15 ~ 20 公里，东西长 20 ~ 32 公里。渭河的支流均发源于秦岭北坡，源短流急，汇万山之水，沿着布满巨石、沙砾的河床，由南向北流入渭河，将渭河南岸阶地及黄土台原切割得支离破碎，沟谷相间，形成秦岭渭河间的所谓“指状黄土梁原”。渭河平原属断陷盆地，呈东西向伸展，南北高，中部偏低，渭河道最低，东西方向为西高东低。南北宽约 10 ~ 15 公里，东西长约 34 公里。西边与岐山县交界处标高 500 米，东边与周至县交界处标高 450 米，高差 50 米。南边与山区交界的斜峪关、营头、汤峪口一带标高 800 米左右。渭河以北的杨家原、尧上原一带标高为 630 米左右。从渭河到北原高差 130 余米。全县呈现“七河九原一面坡，六山一水三分田”的错综复杂的地貌形态。

（二）地貌类型

根据地貌特征、地质结构和地面组成物质等，全县可分为秦岭山地、黄土梁原、山前洪积冲积平原、渭河冲积平原和渭北黄土台原五种地貌类型。

1．秦岭山地

秦岭山地为包括境内海拔 700 米浅山地至太白山分水岭以下的秦岭北坡山地区域。地貌特点是山丘林立、河谷密布、坡陡谷深、水流险急、基岩外露、土层很薄，是典型的山区地貌。其中，海拔 3 350 米以上为古冰川侵蚀的亚高山地貌；海拔 1 300 ~ 2 600 米区域在山地中占据面积最大，地形变化复杂，为秦岭北坡侵蚀剥蚀的中心地貌；海拔 700 ~ 1 300 米区域，山势平缓，地形破碎，表面为黄土覆盖，坡地农田及林果分布其间，为侵蚀剥蚀的低山丘陵地貌。

2．黄土梁原

黄土梁原为由渭河支流切割而成的黄土梁、原。其中，在南部近山处，黄土层下有山前洪积冲积的沙砾石层。北部近渭河处，积底组成物质主要是下更新世河流相或湖相卵石、砾石、粗细砂、亚砂土、亚黏土等混杂成层物质构成几级阶地式的埋藏地貌，后期覆盖了较厚的中更新世原生黄土，因此，也称“黄土埋藏阶地”，属黄土台原类型。本区域各个梁原均由南而北倾斜，呈阶梯状，比降在 1/100 ~ 1/25 范围，原面波状起伏，沟谷侵蚀强烈。

3．山前洪积平原

山前洪积平原包括县境内割裂的黄土梁原之间，渭河二级阶地以南的南高北低倾斜平原，主要由发源于秦岭的渭河支流洪积冲积而成。现代洪积冲积扇叠置在古洪积扇之上，逐步发展成大片的、高于渭河二级阶地的倾斜平原。如斜峪关到城关平原，高差达 180 多米。其上部多为冲积成因的次成黄土，厚 10 ~ 15 米，下部为洪积沉积的砂砾石。

4．渭河冲积平原

渭河冲积平原包括渭河南北两岸黄土台原之间的河漫滩和河流阶地区域。一级阶地高出渭河正常水位 3 ~ 5 米，南岸的县畜牧场及北岸的河池等地属此范围。二级阶地高出渭河正常水位 5 ~ 15 米，南岸的西关村及北岸的常兴镇等在此范围。阶地组成物质主要是冲积的黄土和亚砂土、亚黏土等，底部为砂层、砂砾和卵石层。

5．渭北黄土台原

指渭河北岸二级阶地以北的台原。高出渭河水面约 200 米左右，黄土层厚达 120 米，夹有古土壤红色条带十余层，其下部埋藏阶地具有河湖相特征。本县在此区只占台原南缘，面积很小，原坡地比例大，水土流失严重。

二、眉县的经济发展状况

据《眉县 2013 年国民经济和社会发展统计公报》显示，2013 年眉县实现生产总值（GDP）945 709 万元，比上年增长 16.2%。其中：第一产业实现增加值 180 610 万元，比上年增长 5.0%；第二产业实现增加值 557 488 万元，比上年增长 21.5%；第三产业实现增加值 207 611 万元，比上年增长 9.3%。人均生产总值 31 294 元，比上年增长 22.1%。三大产业占国民经济的比重分别为：第一产业 19.1%，第二产业 58.9%，第三产业 22%，第一、三产业比重持续下降，第二产业明显上升；这充分表明该县的以工业突破为主的产业结构调整初见成效。

眉县国民经济和社会发展中存在的主要困难和问题是：县域经济总量不大，实力不强；经济结构不尽合理，增长方式仍较粗放，开放度依然偏低；社会保障体系尚待进一步完善；投资环境还有待进一步改善；解决“三农”问题、城乡一体化和区域协调发展任重道远。

三、眉县的教育状况

眉县有着良好的教育基础，2003 年被陕西省人民政府授予“教育强县”称号，这在陕西省是第一家，属于教育现代化发展较好的县。

2011 年末，全县拥有各类学校 66 所，在校学生 43 336 人，其中职业中学 5 975 人，高中 8 472 人，初中 12 024 人，小学 16 865 人；全县共有教职工人数为 3 370 人。2011 年全县教育经费 2.902 亿元，比上年增长 63.34%。预算内教育经费支出（含教育附加）占财政总支出的比例为 32.82%，比上年增长 61.18%。

2013 年全县公办幼儿园实现乡镇全覆盖，眉县中学成功创建为省级示范高中，我县成为全省唯一拥有两所省级示范高中的县区，全省素质教育督导评估“316 工程”启动现场会在我县召开。同时继续狠抓教学硬件建设，对部分学校进行了扩建，改建，逐步改变了我县教育办学环境。目前全县拥有各类学校 61 所，在校学生达 39 102 人，其中：职业中学 6 789 人，高中 6 226 人，初中 8 951 人，小学 17 136 人。

具体数据见表 7.1。

表 7.1　陕西省眉县 2011 年和 2013 年教育变化比较

	2011 年	2013 年	增减数	增减比例（%）
学校数（所）	66	61	－5	－7.58
在校学生数（人）	43 336	39 102	－4 234	－9.77
小学生数（人）	16 865	17 136	271	＋1.61
初中生数（人）	12 024	8 951	－3 073	－25.56
高中生数（人）	8 472	6 226	－2 246	－26.51
职业中学学生数（人）	5 975	6 789	814	＋13.62

眉县现有公办中小学校 107 所，其中普通高中 3 所，职业中学 3 所，初级中学 13 所，小学 88 所，县办幼儿园 1 所。在校学生 50 000 余人，教职工 3 000 余人。

四、眉县在陕西省率先实现教育现代化的经验

眉县的教育有着许多荣誉，为陕西省教育起到了示范作用，是陕西省教育现代化的领头羊。2003 年，眉县被陕西省人民政府命名为陕西省首家“教育强县”，2007 年 5 月，代表陕西省接受并顺利通过了国家“两基”评估验收；国、省、市各级先后在眉县召开了高中建设、职业教育、基础教

育课程改革、寄宿制学校建设、远程教育管理与应用及师资队伍建设等方面的现场会。眉县先后荣获全国“两基”工作先进县、第五届“中华扫盲奖”、陕西省职业教育先进单位、扫盲工作先进单位、体育先进县等荣誉称号。原国务委员陈至立、教育部部长周济等领导多次到眉县视察、考察教育工作。

眉县虽然处在半山区，经济发展水平也不在陕西省前列，但教育现代化水平却走在全省、乃至全国前列，其经验是：

（1）推行了“以教育行政为主体，以教育科研和教育督导为两翼”的“一体两翼”管理运行机制，教育管理规范化、精细化程度明显提高。教育局（行政主体）定方向、议决策、管干部、带队伍；教研室管教学、抓教改、搞教研；督导室坚持督政督学并重、落实办学责任、依法规范办学行为。形成了主体决策，“两翼”实施，上下呼应，网面沟通的管理体系，把教育管理的触角延伸到了各个层面，各个学校。

（2）积极实施项目带动战略，各级各类学校办学条件大幅改善。2006年以来，先后启动并实施了农村中小学现代远程教育工程、危房改造和寄宿制学校建设、新农村卫生新校园建设、民生八大工程、义务教育提升工程等，总投资 10 388 万元，撤并小学 70 所，建成寄宿制小学 12 所，改造中小学校舍 89 392 平方米。目前，全县拟保留小学的内设达到一部十五室，初中以上学校达到一部二十五室。

（3）现代教育技术手段的管理与应用明显加强，教育现代化步伐有了突破性进展。筹措资金 3 000 多万元，为各级各类学校装备了计算机，建起了多媒体教室、计算机网络教室，实现了农村中小学现代远程教育工程全覆盖。建成了眉县教育资源中心和网络平台，全县所有中小学实现了“校校通”，做到了现代教育技术手段“人人会、班班通、堂堂用”。

（4）教育骨干体系不断壮大。全县现有国家级重点职业高中 1 所，省级标准化高中 2 所，省级示范初中 3 所，省级示范小学 3 所，省、市级教育强镇 8 个，市级农村示范小学 67 所，市级示范乡镇农技校 6 所。

（5）高中教育快速发展。槐芽中学、眉县中学分别被陕西省教育厅命名为陕西省标准化高中，城关中学成为市级标准化高中。各高中学校实现了就餐市场化、住宿公寓化、校内服务一体化，教育手段现代化。其做法相继在全省高中建设现场会和全国高中建设经验交流会上介绍推广。

（6）职成教为县域经济社会发展服务水平显著提高。以“围绕县域经济办学，遵循职教规律育人”为宗旨，认真实施“一网两工程”；以国家级重点职教中心为龙头统领全县所有成职教机构，形成了具有管理、教育、培训、技术推广和劳务输出等多重功能的为农服务平台。

（7）干部、教师队伍的建设与管理得到加强，队伍素质有了明显提高。制定并实施了《眉县教育系统干部队伍管理办法》《眉县教师队伍管理办法》，积极实施“1256”“双高双名”等教师培训培养工程。目前，全县已拥有国家、省、市、县级优秀校长、骨干教师、优秀教师、教学能手、教学新秀600余名，县级名牌教师108名，优秀班主任59名，初步构建起了一支适应教育发展要求的干部教师队伍体系。

（8）以教育科研创新推动素质教育全面实施，提升了内涵发展的综合实力，教育质量连年创佳绩。以推进素质教育为核心，把教育质量作为学校发展的生命线，强化教学管理，完善制定了一整套的教育管理制度，健全了竞争激励机制，使教育教学质量有了较大的突破。在各级各类学科大赛中，我县学生多次获大奖，获奖人数和等次在省、市领先；小学段的“三算”竞赛在宝鸡赛区屡拔头筹，初中段的中考质量一直稳居全市前列，高考质量连续9年位居全市第一，多名学生被北大和清大录取。

可见，处于半山区的眉县，虽然在自然环境中因有山区的不利方面，但处于关中经济带、依托西安、宝鸡的强大工业发展优势，其教育现代化的觉悟程度相对较高，正是观念的相对先进开放，经济的推拉，促进了县域教育文化生态，较早实现了教育现代化，这实际上是一种教育现代化的梯度引领、推进效果。

第二节　浅山区——佳县

一、佳县的自然地理状况

佳县位于陕西省东北部，黄河中游西岸，地处北纬37°41′47″～38°23′34″、东经110°0′45″～110°45′10″之间，东与山西临县隔黄河相望，西与米脂县接壤，南同吴堡县、绥德县山水相连，北和神木县、榆阳区毗邻。全县总面积2 028平方公里。2012年总人口26.88万，人口密度为每平方公里132.54人。属于2012年国务院公布的国家扶贫开发重点县，也是集中连片特殊困难地区范围内的国家扶贫开发工作重点县。

佳县地域南北长85公里，东西宽23.9公里。县境东南沿黄河西岸为土石山区，约占总面积的22%；西南为黄土丘陵沟壑区，约占总面积的

48%；北部系毛乌素沙漠南缘，属片沙区，约占总面积的30%。海拔高度介于675～1 339.5米之间。陕西省的山区县，一是主要分布在秦巴山地的典型山区县，二是分布在黄土高原上的沟壑纵横地区，佳县的地貌特征，属于典型的第二种类型。

佳县属大陆性干旱半干旱气候。冬长夏短，四季分明，雨量不足，气候干燥，日照时间长，光热资源丰富。年平均气温10.2 °C，历史上极端最高气温42.1 °C、极端最低气温－24.4 °C；平均无霜期199天，最长为229天，最短为172天，年际差为57天；年平均日照时数2 687.4小时，年际差为600.6小时；年平均降水量386.6毫米，年最大降水量为576.3毫米、最小降水量为235.7毫米，年际差为340.6毫米。降水主要集中在7～9月。旱、霜、雹等自然灾害频发，旱灾尤为突出，素有“十年九旱”之称。

二、佳县经济状况

2012年，全县实现地区生产总值31.86亿元，人均国内生产总值11 852元；一、二、三产业分别增长5.8%、33.5%和7.6%，第二产业增长迅速。全年财政总收入1.26亿元，同比增长37.1%，其中地方财政收入7 625万元，同比增长40.4%。城镇居民人均可支配收入21 412元，同比增长17.2%；农民人均纯收入6 408元，同比增长17.4%。

2014年，全年完成生产总值41.2亿元，增长12.7%；实现财政总收入2.5亿元，增长78.6%，其中地方财政收入9 000万元，增长9.7%；城镇居民人均可支配收入达到27 000元，增长13.4%；农民人均纯收入达到8 200元，增长13%。全县规模以上工业总产值预计完成13.1亿元，实现工业增加值5.63亿元。全年新引进项目11个，引资额达446亿元，累计到位资金16.88亿元。全县粮食总产量14.19万吨，实现种植业总产值6亿元，实现畜牧业总产值4.6亿元。全年劳务输出6.2万人次，实现劳务收入6.85亿元。实现旅游综合收入3.5亿元。①

三、佳县教育情况

2014年，佳县有中小学（幼儿园）82所，其中普通高中1所，职业

① 暴海雄，徐曙光. 2.5亿元财政总收入的背后——佳县四轮驱动打造县域经济升级版[EB/OL].（2015-01-15）http://www.sxjiaxian.gov.cn/xwbd/jxxw/8200.htm.

学校 1 所，初级中学 5 所，九年一贯制学校 3 所，县直小学 2 所，乡镇小学 55 所，幼儿园 15 所（其中民办 10 所）。在校（园）生 17 186 人，其中高中 1 818 人、初中 3 975 人、小学 6 492 人、幼儿 4 901 人。教职工 2 900 多人，其中高中专任教师 193 名，初中专任教师 914 名，小学专任教师 1 432 名。

（一）2003 年佳县教育状况

2003 年，全县教育经费支出达 6 062 万元，其中预算内资金 4 757 万元，占全县财政总支出的 37.7%。预算外资金 807 万元，教育专项资金 209 万元，多渠道筹资 289 万元，2004 年教育经费支出达到 6 476 万元，其中预算内资金 5 098 万元，预算外资金 1 087 万元。2005 年，教育经费支出 11 288 万元，其中预算内资金 6 699 万元，各类教育专项资金 2 437 万元，预算内资金 1 117 万元，其他渠道筹资 1 035 万元。

2003 年和 2004 年，小学、初中生均预算内教育事业费分别达 780.6 元、441.4 元和 888.1 元、536.2 元；预算内公用经费分别为 24.5 元、5.5 元和 20 元、30 元。

（二）2012 年佳县教育状况

2012 年，全县有学校（幼儿园）86 所，其中普通高级中学 1 所，职教中心 1 所，初级中学 5 所，九年一贯制学校 3 所，县直属小学 2 所，乡镇小学 59 所，幼儿园 15 所。现有在校（园）生 18 072 人，其中高中 1 946 人、初中 4 568 人、小学 7 719 人、幼儿 3 839 人，共有教职工 2 903 人，其中高中专任教师 232 名，初中专任教师 668 名，小学专任教师 1 513 名。基础教育：全面推行 13 年免费教育，成为市内继神木、府谷之后第三个也是南六县第一个实行高中免费教育的县；大力实施“名师工程”，新招聘小学幼儿教师 50 名，以年薪 20 万元为佳中聘请名师 9 名，招聘免费师范生和硕士研究生 17 名；农村中小学远程教育覆盖率达 100%；新建乡镇中心幼儿园 6 所，改扩建幼儿园 14 所，改造农村寄宿制学校 5 所、学校食堂 25 所；落实“两免一补”和“蛋奶工程”等各项教育专款 4 844 万元，为贫困大学生办理资助贷款 1 555.2 万元。2012 年起，全县义务教育阶段学生实行“零收费”。

佳县 2012 年拨付各类教育专项资金 8 580 万元，支持学前教育、高中免费试点教育，完善城乡义务教育经费保障机制，提高了城乡中小学校公用经费补助标准。县本级安排教育事业资金 1 552 万元，支持佳中教学楼建设，高中免费教育试点，完成三所幼儿园建设。①

2013 年招用新教师，维修改造了 5 所乡镇中学校舍，新建了 5 所乡镇中心幼儿园和 1 所县城幼儿园，13 个乡镇中心小学建起附属幼儿园，34 个布点学校增设幼儿园，全县基础教育设施得到较大改善，在校生总数 1.6 万人，初中毕业生升学率达到 84%，学前教育毛入园率达到 80%，教育教学质量在全市前移 2 个位次。②

（三）佳县教育现代化的措施

1．促进学前教育快速发展

2011 年，佳县开始重视发展学前教育，学前教育办学状况、适龄儿童入园率状况有所改观；2014 年在全面总结第一期学前教育三年行动计划的基础上，研究制定了《佳县第二期学前三年行动计划（2014—2016）》。规划三年内投资 3 450 万元，新建乡镇中心幼儿园 9 所，改扩建村级幼儿园 60 所，扶持普惠性幼儿园 1 所。为深入贯彻落实《3～6 岁儿童学习与发展指南》，充分发挥环境育人作用，积极开展了全县幼儿园环境创设评比展示活动。

佳县一直把学前教育摆在重要议事日程，以学前教育三年行动计划为契机，积极发展学前教育，着力解决城乡幼儿“入园难”的问题，满足适龄儿童入园需求。全县公办幼儿园由实施前的 1 所增加至现在的 50 多所（含增设类村级幼儿园）。县城改扩建原幼儿园 1 所、新建标准化幼儿园 1 所、六大建制镇各建标准化中心幼儿园 1 所、13 个乡镇中心小学全部建起附属幼儿园、37 所布点学校增设幼儿园、扶持改扩建民办幼儿园 10 所。

一是科学规划布局，整合教育资源。今年是第二期学前教育三年行动计划的开局之年，佳县在全面总结第一期学前教育三年行动计划的基础上，按照“统筹规划、合理布局、因地制宜、规模适度、稳步推进”的原则，研究制定了《佳县第二期学前三年行动计划（2014—2016）》，明确三年学前教育的工作目标和任务。大力发展农村公办学前教育，对凡符合办园条件的学校进行资源整合规划，通过布局调整将闲置的小学校舍改造成幼儿园，最大限度解决农村幼儿“入园难”的问题。

---

① 中共佳县县委史志办公室．佳县年鉴 2013[EB/OL].（2014-04-20）http：//www.sxsdq.cn/dqzlk/sxzhnj/jxnj2013n/.

② 刘生胜．政府工作报告——2014 年 2 月 19 日在佳县第十七届人民代表大会第四次会议上的讲话[EB/OL].（2014-07-13）http：//www.sxjiaxian.gov.cn/gk/zfgzbg/zfgzbg/6636.htm.

二是加大财政投入，完善投入机制。第一期学前教育三年行动计划（2011—2013），我县累计投资 3 714 万元。第二期学前教育三年行动计划（2014—2016），我县规划三年内投资 3 450 万元，新建乡镇中心幼儿园 9 所，改扩建村级幼儿园 60 所，扶持普惠性幼儿园 1 所。目前，新建佳苑小区幼儿园和通镇第二幼儿园正在地质勘测，榆佳工业园区幼儿园进入设计阶段，同时，康家港、佳芦镇、木头峪等 7 所乡镇中心幼儿园已进入选址论证阶段。同时，建立健全政府主导、社会参与、公办民办并举的办园体制，坚持公益性和普惠性，建立广覆盖、保基本、布局合理的学前教育服务体系。

三是强化师资培训，提高保教质量。联合县人社、编办核定幼师编制，公开招聘 26 名幼儿教师，并计划每年招聘一批幼儿教师，充实幼师队伍。结合省、市、县三级教师培训网络，通过园长培训、幼儿教师培训、小学教师转岗培训和补充专业教师等方式,逐步提升幼儿教师的教育教学水平。积极组织城乡幼儿教师进行业务培训，切实提高保教质量。

四是加强学前教育管理，规范办园行为。制定学前教育办园标准，严格执行幼儿园准入和年检制度，实行动态监管，发现问题及时整改。加大对民办幼儿园的监管力度。进一步规范办园行为，定期、不定期对公办和民办幼儿园保育和教育工作进行检查督导，防止和纠正“小学化”倾向。

2．推动县域义务教育均衡发展

2014 年，佳县结合本县实际，按照“整体规划、顶层设计、分步实施”的思路，研究制定了该县义务教育均衡发展创建方案。为进一步落实义务教育免试就近入学制度，对城区小学一年级和全县初中七年级秋季招生实行了划片管理。贯彻落实薄弱学校改造计划项目，为通镇、王家砭、大佛寺等 12 所乡镇中心小学配备了全套实验器材。稳步推进义务教育学校教师、校长交流轮岗机制，全面落实中小学校长交流轮岗，通过自愿申请的方式，部分教师实现了交流轮岗。

3．推动高中教育优质发展

积极探索多样化办学、多渠道升学、多样化成才的办学模式。指导佳县中学在课程建设、学科建设、教学模式、管理方式、学校文化等方面挖掘优势，打造特色，全面部署了 2014 年内完成“省级标准化高中”验收工作。继续为佳中聘请了 3 位名师，校内择优选拔 6 位优秀教师，共同组成了佳中第三批名师团队。为进一步加强普通高中教育教学管理，推动科学化发展，研究制定《佳县普通高中改革创新立德树人提升质量全面发展三年行动计划（2014—2017）》。[①]

地处陕北高原的佳县，自然条件、经济条件处于劣势，与眉县相比较，正是经济的落后，导致其教育现代化的特点——着力基础教育的基本建设，依托国家支持，完成基本的教育现代化指标，保持教育发展的底线，质量、改革、创新等与教育现代化紧密相连的指标相对滞后，实现“教育强县”目标任重道远。

第三节 深山区——宁陕县

一、宁陕县自然条件

宁陕县位于北纬 33°7′11″ 至 33°50′38″，东经 108°2′33″ 至 108°56′48″。地处陕西省南部秦岭中段南坡，安康地区北部，属于长江流域汉江水系的上游地区，是一个气候温暖、湿润，生物资源非常丰富的山区县。县境南北长 130 多公里，东西宽 110 多公里，是安康地区土地面积最大的县。县境北部与长安、户县、周至接壤，西部与汉中地区的佛坪毗邻，南部与石泉、汉阴、安康相连，东部与商洛地区的柞水、镇安交界。本县地处北亚热带与南温带气候的交界处，水热资源、生物资源十分丰富，土特产品繁多。

全县国土总面积 3 678 平方公里，人口 7.4 万，人口密度为 20.11 人/平方公里；2011 年完成生产总值 14.66 亿元，地方财政收入 3 858 万元，城镇居民人均可支配收入 16 794 元，农民人均纯收入 4 815 元。辖 12 个镇 98 个行政村，属于国家连片扶贫开发重点县。

地形地貌：宁陕全境山岭纵横、沟壑交错，地形复杂，总的地形北高南低。地势高差 2 425 米，垂直差异很大。全县可分为高山、中山、低山河谷三种地貌类型。

高山区：海拔 1 000 米以上的地区，主要分布在秦岭主脊山脉和平河梁山脉的上中部地带，面积 2 184.7 平方公里，占全县总面积的 59.4%，土壤类型以棕壤和黄棕壤为主，土层较深厚，土壤较肥沃，富含有机质。气温较低，雨量充沛，具有山地北温带和山地中温带的气候特征。林业和特

① 王巍佳．县教育局积极创新工作举措深入推进教育内涵发展[EB/OL].（2014-10-14）http://www.snedu.gov.cn/ jynews/sxjy/201410/14/43996.html.

种动植物资源极为丰富，是本县用材林的主产区和水源涵养、水土保持基地。有 13 个乡（镇）的 37 个村，129 个村民小组，3 207 户农户，14 378 个农业人口，占全县农业人口的 24.48%。山大林深，地广人稀，农耕地面积较少，以旱坡地为主，基本上无水田。农作物一年一熟，主要种植洋芋、玉米、小麦和杂粮。

中山区：海拔 820～1 000 米的地区，主要分布在中部和西部，包括 18 个乡（镇）的 51 个村，194 个村民小组，5 284 户农户，农业人口 22 932 人，占全县农业人口的 37.04%。总耕地面积 1 329 564 亩，占全县总土地面积的 24.1%。具有山地南温带的气候特点，气候温和，雨量充沛，野生植物种类繁多，林特资源丰富，适应于多种农作物生长。饲草饲料资源丰富，有中、小型草场草坡 155 384 亩，占全县总草场草坡面积的 57.8%，牧草生长繁茂，水源充足，为本县主要牧场。农作物种类主要有：小麦、水稻、玉米、洋芋、杂粮等。二年三熟或一年二熟，农耕面积和粮食产量均占全县的 40% 左右。

低山河谷区：海拔 820 米以下地区，位于本县南部，包括 16 个乡（镇）的 56 个村，233 个村民小组，5 409 户农户，农业人口 24 608 人，占全县农业人口的 39.74%。土地面积 910 974 亩，占全县总面积的 16.5%。土壤类型以水稻土、潮土为主。为北亚热带气候，温暖湿润，适宜多种农作物的生长，主要种植水稻、小麦、油菜、玉米、豆类等，一年二熟。其是本县的粮食和油料生产基地，产量分别占全县总产量的 45% 和 55% 以上。经济林特作物主要有桑、桐、棕等亚热带植物。此外，还有大量的栎类树种。主要特产有蚕茧、油桐、棕片、木耳等。铁炉坝、汤坪、华严、城关等乡已初步成为本县的蚕茧生产基地，油坊坳、筒车湾、汤坪一带已初步成为木耳生产基地。该地区位于低山河谷，南北方向有公路通过，东西两侧均有地方公路连接，交通比较便利，大部分乡村分布在县城和区公所周围，距集镇较近，经济文化相对发达。

二、人口与经济

2013 年年末，全县公安户籍总户数 26 181 户，户籍总人口 74 861 人，比上年增加 286 人。其中，男性 40 176 人，占 53.67%；女性 34 685 人，占 46.33%。户籍人口中农业人口 59 860 人，占 80%；非农业人口 15 001 人。乡村户数 17 476 户，乡村总人口 58 727 人。年末常住人口 70 645 人。

2013 年全县生产总值实现 21.35 亿元，同比增长 11.6 %。其中，第一产业增加值 3.93 亿元，增长 4.9%，占生产总值的比重为 18.40%；第二产业增加值 12.34 亿元，增长 17.9%，占生产总值的比重为 57.8%；第三产业增加值 5.08 亿元，增长 4.5%，占生产总值的比重为 23.8%。人均国内生产总值 30 250 元，按可比价计算增长 11.5 %。

三、教育现状

2013 年，全县有各级学校 46 所，其中普通中学 6 所，小学 21 所，幼儿园 19 所。教职工人数 785 人，其中专任教师 676 人，专任教师分布在普通中学 265（含职高）、小学 302 人、幼儿园 109 人。全县在校学生 9 277 人，其中：普通中学 3 675 人（不含职中为 3 041 人，高中生 1 325 人）、小学 3 611 人。小学学龄儿童入学率 100%，初中入学率 100%，初中升学率 97.65%。宁陕县（2013 年）全县现有中小学 26 所，其中，普通高中（职业技术学校）1 所，初中 3 所，九年一贯制学校 1 所，小学 21 所，设教学点 16 个。有独立设置的幼儿园 7 所（公办 4 所、民办 3 所），小学附设幼儿园 12 所，小学及教学点附设幼儿班 25 个。有镇成人学校 12 所，民办职业技术培训学校 1 所。全县在校学生数 9 288 人，其中小学 3 610 人，初中 1 722 人，普通高中 1 325 人，职业高中 634 人。在园幼儿 1 997 名。全县教职工 795 名。[①]

有省级标准化高中 1 所，省级艺术教育示范学校、示范小学、体育传统项目校、现代教育技术实验学校各 1 所，省级素质教育优秀学校 2 所，省级文明校园 2 所；市级素质教育优秀学校 4 所，现代教育技术示范校 2 所；省级教育强镇 6 个，市级教育强镇 10 个。

2008 年，在安康市率先实现免费职业教育，2009 年在全市率先实现高中免费教育，2011 年在国贫县率先实现十五年免费教育，2012 年通过陕西省第二个“双高双普”达标县；2012 年宁陕县创建省级社区教育实验区、国家三类城市语言达标县通过验收；2013 年，获得陕西省教育强县称号。6 个镇被命名为省级教育强镇，10 个镇被命名为市级教育强镇。

（一）教育现代化发展历程

宁陕的教育事业因为受经济基础和社会环境的制约，突出表现为起步

① 宁陕县政府. 教育综述[EB/OL].（2012-05-13）http://www.ningshan.gov.cn/zjns/shbz/2012/05/13/1404.html.

迟、基础差，但对基础教育现代化的追求一直紧咬不放。早在 1984 年，宁陕县抓住机遇，广泛发动群众捐资助学，在安康地区率先实现“一无两有（校校无危房、班班有教室、学生人人有课桌凳）。1985 年，完成了普及初等教育的目标。1988 年始，宁陕县依法实施六年义务教育，被省政府授予“普通教育先进县”荣誉称号。至 1994 年，全县 28 个乡镇全都实施六年义务教育，在安康地区率先完成高标准扫除青壮年文盲和基本普及六年义务教育。1995 年 1 月，宁陕县委、县政府下发《关于奋战两年基本普及九年义务教育的决定》等 12 个重要文件，使全县“两基”工作的各个环节，各个方面做到了既有法可依、又有章可循，保障了全县“两基”工作的健康发展。1996 年 10 月通过省政府教育督导团评估验收，被陕西省人民政府授予“普及九年义务教育，扫除青壮年文盲县”称号，成为安康地区第一个实现“两基”达标的县，受到陕西省政府、安康地区行署的嘉奖。1997 年至 2000 年，全县教育工作侧重在巩固“两基”成果，落实“两全”（全面贯彻教育方针、全面提高教育质量）上下功夫。2000 年，对全县教师进行了调整和充实，清理代课教师 295 名，招收 226 名正式教师，结束了宁陕初等教育民办教师支撑半边天的历史。至 2000 年底，全县共有学校 82 所，其中高中 1 所，初中 4 所，小学 77 所，教学点 64 个；在校学生 12 119 人，其中，高中 484 人，职中 262 人，初中 2 768 人，小学 8 695 人；教职工 829 人，其中，中学 225 人，小学 604 人。

进入新世纪，宁陕县委、县政府认真贯彻国务院《关于基础教育改革和发展的决定》，落实“以县为主”的管理体制。从 2001 年起，将全县中小学教师工资、教育经费、教育人事管理收归县管。深化教育体制改革，建立健全教育管理工作目标责任制，明确县、乡镇政府，相关职能部门，村民自治组织的办学责任，形成“政府总负责，社会参与，部门齐抓共管”的教育工作新机制。将教育工作列入各级党政领导任期目标的重要内容和乡镇年度考核的重要指标，促进教育事业持续、健康、快速发展。自 2002 年起，全县每年安排 15 万元专款用于中小学危房改造，集中解决当年中小学校舍、设施排危问题；2004 年，县财政一次性全部兑现了 2001 年以前拖欠的教师工资；2006 年起，全部免除义务教育阶段中小学学杂费，为贫困学生免费提供教科书，为贫困家庭寄宿学生补助生活费；2007 年春季开始，在全省率先推进农村寄宿学生“营养计划”，依法落实中小学生均公用经费，此后，在全省率先实现“蛋奶工程”全覆盖；2008 年秋季开始实现了免费职业教育目标。2011 年秋，在全省率先实现十五年免费教育，受到中央和陕西省媒体的广泛关注。

2009 年 7 月，中共宁陕县委下发了《关于加快普及高中阶段教育的决定》，该决定明确了高中阶段教育的主要目标，建立健全高中阶段教育经费保障机制，自 2009 年秋季起先免除学费，由县财政按每生每年 2 000 元的标准预算，并视财力逐步免除杂费等其他费用。同时，建立困难学生生活补助制度、优秀学生奖学金制度和特困大学生救助制度。同年 9 月 9 日，中共宁陕县委、县政府在花园宾馆召开庆祝第 25 个教师节表彰奖励暨“双高普九”动员大会。坚持“穷县不能穷教育”的指导思想，对“双高普九”工作进行了全面安排部署。随即制定了“双高普九”工作实施方案，建立“三长”和“两包三保”责任制。2011 年 7 月，省政府教育督导团评估验收组对宁陕县“双高普九”工作进行验收，项指标达到了省政府关于“双高双普”的要求，授予宁陕县“高水平、高质量普及九年义务教育和普及学前教育、普及高中阶段教育县”称号，省、市人民政府分别给宁陕县奖励现金 50 万元和 20 万元。在此基础上，宁陕县委、县政府抓住机遇，制定了创建省级教育强县的目标。2011 年 9 月 9 日，中共宁陕县委、县政府在花园宾馆召开教师节表彰奖励暨创建省级教育强县动员大会，会上宣读了县委、县政府《关于创建省级教育强县的决定》，会议号召，全县各级各部门一定要站在战略的高度，深刻认识建设教育强县的重大意义，自觉把思想统一到县委、县政府的决策上来，切实增强建设教育强县的使命感和责任感。努力营造“党以重教为先、政以兴教为本、民以支教为乐、商以助学为善、师以从教为荣、生以成才为志”的舆论环境，形成全社会关心和支持教育发展的强大合力。2012 年 10 月，省政府教育督导团前期评估宁陕县“教育强县”工作，充分肯定了取得的成绩与亮点。

2013 年 10 月 8 日 ~ 10 日，陕西省人民政府对宁陕县教育强县工作进行正式验收，以 476 分（满分 500 分）高分通过验收，宁陕县的教育整体水平和综合实力已居于全省前列，达到了陕西省教育强县标准。

（二）教育现代化工作亮点

1. 把教育作为民生工程，稳步推进

从 2007 年春季开学起，该县在全省率先推行农村寄宿学生“营养计划”；从 2008 年秋季开学起，在安康市率先实现了免费职业教育目标；从 2009 年秋季开学起，在陕南第一个、全省第四个、全国第一个国家级贫困县实行高中免学费政策；从 2010 年春季开学起，在全省率先实行“蛋奶工程”从幼儿园到高中阶段全覆盖；2011 年 7 月，在全省第二个、陕南第一

个实现“双高双普”目标，同年9月，全省启动实施学前一年免费教育，启动实施学前三年教育免费，在国贫县率先实施十五年免费教育；2012年春季，将“营养计划”“蛋奶工程”并轨实施。为提高学生上职教的积极性，决定从2013年开始，在国家补助职教学生每生每年1 500元生活费的基础上，将原先职教每生每年1 500元的学费补助标准提高到3 000元。2009年以来，省教育厅、市教育局为该县落实灾后学校恢复重建资金1.1亿元，彻底消除了中小学危房。

2．重视素质教育

近几年来，该县青少年科技创新活动及高中研究性学习成果获市级奖300余项，省级奖100余项，全国奖70余项，宁陕中学有10多名参加全国科技创新大赛的学生被保送进入重点大学，学校标本馆被县旅游产业发展委员会确定为旅游参观景点。2009年，全省中小学生社会实践活动现场研讨会在宁陕召开。2011年，旬阳坝小学学生社会实践活动成果“秦岭山系蝴蝶工艺品”亮相西安世园会和杨凌农高会，宁陕中学获得第11届中国青少年机器人足球比赛铜牌。2012年3月，宁陕中学代表队获得青少年机器人世界杯中国赛区冠军，6月代表中国在墨西哥参加世界大赛获得季军。同时，体育工作蓬勃发展，近十几年来，该县保持了各类体育大赛全市前三名的好成绩，在2009年安康市第十四届运动会上，该县体育代表团获团体总分第一名，在2011年安康市第九届中小学生田径运动会上，该县代表团夺得奖牌总数第一、金牌总数第一、团体总分第一的优异成绩。县少儿体校连年代表安康市参加全省跆拳道、射箭等比赛均取得较好成绩。

3．教育投入政策全面落实

地处秦岭腹地的宁陕县，是国家扶贫开发重点县。尽管“县穷民不富”，宁陕却在近年树立起了“穷县不能穷教育，强县首先要强人”的发展理念。该县认真落实财政对教育投入的“三个增长”政策，坚持预算优先保障教育的原则，教育投入增长比例均高于地方财政增长比例，义务教育阶段生均预算内教育事业费达到了逐年增长的要求。从2011年秋季起，陕西省宁陕县所有学龄前儿童将可以免费上幼儿园。这意味着，在继2009年实现12年免费教育之后，该县再次率先在全国贫困地区实现了从学前到高中的15年免费教育。2011年8月23日，宁陕县人民政府常务会议通过了《宁陕县学前三年免费教育实施方案》：从当秋季开学起，免除全县所有公办和民办幼儿园3年的幼儿保教费。同时，对农村生源每天给予3元的生活补助。这项政策将惠及该县2 040名3至6岁的学前幼儿，县财政每年为此增加投入 240 万元。在宁陕，农民年人均纯收入为 3 812 元，除去基本生活开支，可支配收入不超过 2 000 元。如果收费，每个学生的年学费平均都在 1 500 元左右，教育支出就会成为众多家庭的负担。2009 年，宁陕县决定由政府全额“埋单”，在全国贫困地区率先推行高中免费教育。此举使全县的高中入学率一下子增加了 40%，达到 96%。2010 年全县地方财政收入为 3 075 万元，这就是宁陕的家底。2010 年，宁陕县投到教育上的资金是 1 200 万元，接近地方财政收入的 40%，其中投入到免费高中教育阶段的资金为 400 多万元。为了集中财力办教育，要求全县各级部门大力倡导节俭。除了限制精简会议、启用电子文件、压缩行政经费外，还要求包括县委书记、县长在内，全县领导干部 3 年内不得换新车，出差住宿费每晚不超 120 元。目的只有一个：把省下来的资金完全用于教育。几年下来，宁陕县先后筹措 1.5 亿元资金，新建、改建校舍 4.5 万平方米，迁建、新建了部分乡镇小学，全部消除了中小学危房，实现了初、高中分离办学。①

宁陕县属于典型的山区县，且处于秦岭腹地的深山区，如果以“教育强县”为衡量标志，显然，宁陕县已经初步实现了教育现代化。其经验可以归纳为：教育现代化的突破发展，即在经济、文化、环境等不利条件下，优先保证教育的发展需求，采用反梯度发展战略，使教育现代化优先于比自己条件好的县、优先于县域内除教育外的其他领域，真正落实“再穷不能穷教育”的承诺。

① 孙海华. 陕西宁陕县率先在贫困地区实现 15 年免费教育[N]. 中国青年报，2011-09-19.

第八章　西部地区山区县教育现代化的战略选择

教育现代化，涉及教育活动系统的各个要素。因此，实现教育现代化，就是教育活动各个要素、各个环节的现代化。尽管教育活动涉及的因素很多，但最主要的依然是公民平等的受教育权及区域教育均衡发展、现代教育手段与环境、教师的数量和质量等。

第一节　教育民主化

保障公民普遍的、平等地接受一定年限的义务教育，满足民众接受教育的愿望，这既是现代公民的诉求，也是一个国家文明程度的象征，更是教育现代化的核心指标。对于西部地区山区县而言，实现教育民主化，保障民众的受教育权，可能比非山区县在促进教育公平、教育民主化上更加具有现实意义。因为教育观念、办学效益等市场因素经常会冲击教育民主化的目标。因此，对山区县而言，要实现教育现代化，保障民众的受教育权，必须树立科学的教育观。但是山区县的教育发展情况不容乐观，主要表现在：

一、小班小校是教育现代化的外在特征，撤并学校必须慎重

教育部统计资料显示，1997 年全国农村小学数为 512 993 所，2009 年为 234 157 所，减少学校数合计 278 836 所，总量减少了一半多，平均每天减少学校数为 64 所[①]。

① 石城客. 日均消失 64 所村校是沉重的提醒[N]. 西安晚报，2011-12-25（2）.

一般而言，山区县因为人口密度小，学校规模一般不大。历史上，我国的山区县，基本上是一个行政村一所小学，一个乡镇一所初中，高中主要集中在县城和大的集镇。进入新世纪后，特别是最近十年，由于城镇化速度加快、进城务工人员增多、移民搬迁、趋城性迁移、人口出生率降低、教育质量相对较差等综合因素叠加，使得山区县农村小学、初中生源严重不足，上世纪末大力新建的、原本容纳四五百人的“希望小学”（村小），现在只有一二十个学生。在本世纪初，尽管撤并了一些村小，但仍然因为生源，名存实亡。学生少的原因，固然与新生人口少有关系，但更多的原因是对村小教育质量的不满。许多留守儿童，尽管自己家离村小只有一墙之隔，但在外打工的父母出钱在县城租房，让留守奶奶进城接送孩子上县城小学。留守爷爷一人在家，周末再从县城返回老家，苦不堪言。这种舍近求远、寄人篱下、流浪求学的情况，在目前山区县农村很常见，并且已经从幼儿园阶段就开始了。

难道村小不该存在吗？为什么老百姓宁愿苦不堪言，也要舍近求远送孩子到县城求学？山乡儿童过早离开家乡，寓居城镇，对乡村的感情荡然无存。教育现代化是不是要最终消灭村小，在县城形成超级学校、超级班级？就像大型工厂生产标准化产品一样生产合格的“劳动者”“接班人”？

答案是否定的。

从社会学角度讲，村小不单纯是一所“学校”，更重要的是行政村落的文化中心，是保留、传播传统文化的最基层单位，村小是村落的文化堡垒。村小迅速“消逝”现象的出现拷问着村落文化的生存价值与政府的公共文化建设职责。村小撤并是新文化的撤离，是社会对村落文化的一次放弃。村小撤并破坏了“新文化内嵌式”的村落文化生成结构，打破了城乡间的文化均衡，危及农村文化自然生态的延续。村小撤并不只是一个教育成本计量问题，更是一个事关国家核心文化利益的社会问题。因此，应坚持村小的“文化公益组织”属性，坚持学校布局与文化布局兼顾的村小布点原则，坚持将文化收益评估作为村小撤并的基本依据，是国家顺利履行其公共文化建设职责的理性之举。①

2014 年，“农村小规模学校建设与发展论坛”上，与会代表一致呼吁坚持办好村小，是保障教育公平的底线，村小的存在和质量，是教育公平的底线和标杆；“小”学校，有着“超级”学校、“超级”班级不可替代的作用，特别是在学生的人际交往、个性展示机会、同辈情感交流、师生关

① 龙宝新. 村小“消逝”现象的文化学思考[J]. 中国教育学刊，2012（6）：12-16.

系等方面具有优势，可以弥补“超级”的不足；更利于孩子从小掌握国情，耳濡目染传统文化、传承乡村文明。中国21世纪教育研究院院长杨东平认为，小班小校是教育现代化的外在特征，英国、德国、芬兰等教育强国的小学建设平均规模在150人到180人。所以，小规模学校不仅不应撤并，而且应该视为探索更加符合人性的、更具有现代性的教育路径。[①]

因此，如果单纯从经济效益角度来讲，村小撤并似乎理所当然，如果从现代化等于城镇化的逻辑出发，似乎村小消失是教育现代化必然结果。但是，如果从教育现代化的本质、价值追求看，村小不但不该撤并，而且必须办成优质教育，因为，村小承载了传统文化的期望、最底层民众的期望、教育改革的期望。如果家门口有优质的学校，哪怕规模再小，老百姓也会把孩子放心地交给村小。

二、山区教育乡村化——教育现代化不等于简单城市化

长期以来，由于城乡二元结构，山区县农村教育的目的，不是为了农村的发展，而是为了离开农村，过去是“脱农皮”，现在可能是为了进入城市，成为打工者或者城市边缘人，农村的发展诉求经常被边缘化，处于“离农”状态。进入初中后，许多学生、家长，甚至老师发现，一旦孩子上大学、上好大学无望，孩子往往就自暴自弃，成为“问题学生”，家长也束手无策。长大后，回到农村发现自己没有掌握任何现代农业技术，但是又不甘心做传统农民，于是只能游离于城市与乡村之间，成为谁也说不清的社会边缘人。这是中国教育最大的失败，也是山区县教育现代化的最大困境。其根源在于乡村教育的城市化导向，乡村教育中很少有乡村自己的内容，甚至提出“城乡一体化”的模式，并不断强化这种导向，似乎表面上促进了城乡教育的均衡发展，实际上乡村特色、传统文化特色已经被逐步消解。

因此，山区县教育现代化进程中，不能一味地照搬城市的发展模式，其本质是在现代化进程中如何对待与保留传统文化的问题。传统与现代是一对矛盾，但并不是水火不容的。传统文化中有符合现代化的合理成分，似乎“现代化”的思想中，也有违背人的全面发展、违背人与环境和谐相处等不合理的成分，因此，山区县在教育现代化进程中应当扬弃传统文化、

---

① 农村小规模学校具有不可替代的主观价值[EB/OL].（2015-05-20）http://edu.people.com.cn/n/2014/1117/c367001-26040347.html.

乡村文化。

此外，教育与区域经济有着密切互动关系，只有把区域教育和区域经济社会发展需要统一起来,区域教育现代化才能真正引领服务区域现代化，也才能实现人民群众真正认可的现代教育。否则，山区县教育永远走不出“极少数人上大学、上好大学、出国，大多数人陪读、打工”的怪圈，最终结论是“读书无用”的伤感和放弃。

三、义务教育的均衡发展

当前，我国基础教育事业获得了长足发展，基本普及九年义务教育，区域性差异呈现出逐渐缩小的趋势，教育公平得到很大改善。但是，随着经济社会的快速发展，广大人民群众对基础教育的期望值越来越高，对优质教育资源的需求越来越大。基础教育发展的区域差别、城乡差别、校际差别、受教育者群体差别都要求教育资源的均衡发展，因此，义务教育的均衡发展越来越受到社会广泛关注。义务教育均衡发展是指对教育横向结构方面的地区之间、地区内部的学校之间、城乡之间、学校内部群体之间和教育纵向结构方面的各级各类教育之间的教育资源尤其是优质资源配置均衡，提供相对均等的教育机会和条件，从而保障每一个受教育者平等的受教育权利，使每一个儿童都能得到尽可能好的发展。根据《国家中长期教育改革和发展规划纲要（2010—2020 年）》提出的基础教育均衡发展战略任务，基础教育均衡发展是指为每一个受教育者提供均衡的教育和发展机会。

（一）强化县域各级政府在义务教育均衡发展中的责任

义务教育的办学主体是政府，实现义务教育均衡发展，各级政府无疑应该承担责任。在基本实现“普九”的现状下，政府应由过去的非均衡发展教育策略转移到均衡发展策略上来，处理好教育的快速发展和教育公平之间的统筹和协调。而政府承担起义务教育均衡发展责任的关键是建立新的义务教育财政责任体制，明确各级政府在义务教育均衡发展中的责任。

应强化县区政府在推进义务教育县区域内均衡发展中的主导地位。县区政府要对所辖区域内城乡之间、校际之间的资源均衡配置负总责，确保按照全省统一的生均公用经费定额标准及时将款项拨付到每一所学校。与此同时，根据每一所学校的办学基础条件，安排好专项拨款预算，保证薄弱学校改造所需经费，使县域内每一所学校的基本硬件办学条件在计划年度内达到省定标准。在一定范围内，推进教师定期流动制度，均衡配置教师。

（二）加大义务教育投入

义务教育是我们国家的一项基本国策，是针对所有的社会成员所实施的一种基础教育，是一个国家或社会及其所有成员能正常生存和发展的前提条件，因此，它是公民的一项基本权利。这就要求国家应该是义务教育的办学主体，公民享受义务教育的经费应由国家负担。目前由于义务教育的责任在县（区），山区县的财政收入水平与非山区县的差距很大，造成了对义务教育投入的相对不足。因此，山区县政府应当通过各种途径（比如陕西省宁陕县）筹措教育经费；同时，从省级人民政府来讲，必须对义务教育投入确定统一的标准，调整财政分配政策，通过转移支付、提高教育税率和教育经费投入比例等途径加大对财政收入较低的山区县的义务教育投入，特别是农村义务教育的投入，建立健全政府对贫困学生的助学金制度，保证每一位适龄儿童的入学权利，同时应鼓励其他社会力量对义务教育投入，但不能依赖于社会力量的投入，仅将其作为一种补充。

（三）通过各种评估平台，促进义务教育均衡发展

促进义务教育均衡发展的一项有力抓手就是中小学校的标准化建设、教育强县创建、教育现代化评估等。省政府应根据全省经济社会发展状况和教育发展的实际，制定出新的中小学办学标准。政府提供相对均衡的办学条件，使义务教育阶段的每所中小学都能按照法定标准，拥有大致均等的物质条件和师资队伍条件，从而在义务教育领域形成一个公平竞争的环境，逐步淡化和取消国标、省标、市标以及农村和城市不同办学评估标准。只有这样的办学条件标准，才能成为政府履行办学责任的衡量尺度，成为学校向政府和社会寻求办学资源的依据，成为老百姓监督政府在教育方面工作力度的依据。

（四）建立教师流动机制，加强薄弱学校教师培训，均衡配置教师资源

义务教育教师的配置不均衡是导致整个义务教育不均衡的主要原因，

但其又是多年来义务教育体制所造成的后果。因此，必须着力抓好义务教育阶段教师队伍建设，建立优化人才培养与流动的机制。为此，山区县教育行政部门要在引进、调配、培训、职称待遇等方面制定倾斜政策，以尽快提高薄弱学校的师资待遇和水平。在师资引进方面，应吸收优秀师范毕业生到薄弱学校任教，吸引具有教师资格的优秀人员到中小学任教，逐步解决中小学教师队伍结构性失衡问题；在教师调配上，应实现区域内资源共享，建立模范校长、特级教师、优秀教师轮流到薄弱学校任教的制度，通过他们的示范作用和经验交流带动薄弱学校教师整体水平的提高；还可以通过区域内重点中学与普通中学结对子的方式，选派具有带教能力的优秀教师到普通中学定期任教，并将此作为重点学校教师晋升职称的重要条件之一；在师资培训上，教育行政部门应每年拨出专项经费用于薄弱学校师资培训，为他们提供出去学习进修的机会，要落实“以师范院校为基地，教学、科研、培养、培训四位一体”的新师资培训模式；积极探索立足学校，以新课程改革为主线，融学习、探索、教学于一体的在职教师“校本”培训模式，定期组织教师参加优质课评选活动，定期选派教师到优秀学校学习经验，以提高教师整体素质，培养其现代教育理念，提高其使用现代教育技术的水平，逐步缩小与城市地区和发达地区教师的教学水平差距，确保义务教育整体水平的不断提高。在职称评定上，为鼓励优秀教师到薄弱学校任教，同样条件下应优先考虑支教教师的职称晋级；在福利待遇上，要有政策上的保障，如教师流动期间，其行政关系工资关系等保留在原单位，工资、资金、福利、医疗等待遇不变，有条件的地区，还应适当增加支教教师的工资；在教师考核上，要定期实行考核，以督促教师提高水平，缩小与优秀学校教师的差距。

（五）加强县域薄弱学校改造，改善义务教育办学条件

长期以来，由于城乡教育资源分布的不均衡，各山区县在义务教育阶段出现了一大批薄弱学校、教学点。这些学校的特征主要表现为“三差”“两低”。所谓“三差”是指校舍、设备比较差，师资队伍的素质和水平比较差，学校的生源和社会声誉比较差。“两低”是指教育、教学的质量比较低；学校的整体管理水平比较低。当前薄弱学校改造的基本任务是：第一，加强学校硬件建设，按照新的义务教育办学标准，配备新的教学设备和教学场所，在硬件设备上保证义务教育的均衡；第二，加强师资队伍建设，提高师资队伍水平，通过相关政策引导，使高水平的教师能够合理地流动

到薄弱学校，逐步达到师资力量的均衡发展。江苏省从2001年开始启动了“加强大中城市薄弱学校建设”工程，要求财政投入的教育经费要向薄弱学校倾斜，积极培养薄弱学校的学科带头人，薄弱学校教师福利待遇由教育行政部门统筹解决，优秀学校骨干教师晋升职称都必须有在薄弱学校任教的经历。

（六）加快教育信息化建设步伐，用现代信息技术带动义务教育均衡发展

教育信息化的发展，“校校通”的实施，给学校教育教学工作带来了“革命性”的变化，它打破了传统学校的界限，拓展了山区县现代教育的时空，为优质教育资源的扩张与共享提供了广阔平台，为义务教育的均衡发展提供了有效的方法与途径，使山区、农村和薄弱学校的学生借助这个平态，站在与经济发达地区以及发达国家学生相同的起跑线上，享受到优质教育资源，促进教育的均衡发展和教育质量的提高。近年来，许多山区县在推动教育信息化方面做了大量的工作，取得了重要成绩。但是，教育信息化的过程毕竟不是简单的信息技术的引入过程，也不能等同于计算机化和网络化。我们认为，以信息技术带动义务教育的均衡发展，还必须注意以下几个问题：

（1）受经济社会发展水平、地理环境、政策支持等因素的影响，义务教育发展水平较低的广大山区县的教育信息化水平需要引起高度关注。必须在信息技术教育设施和资源与发达地区相比存在较大差距的山区学校，采取超常规的发展措施，如配备专项资金用于这些地区学校教育信息技术硬件设施的配备。

（2）要加强对义务教育发展落后地区和薄弱学校信息技术教师素质的培训。

（3）要加强宣传和教育，提高学校领导和广大教师对教育信息化的认识。通过强化教育，使广大学校领导和教师自觉地把信息技术知识和手段融入到学校管理和各学科的实际教学当中。

（4）要努力开发教育信息资源，实现资源共享。教育资源建设是教育信息化的核心，也是教育信息化的灵魂。在保证基础设施建设高速发展的同时，软件资源建设也要高速协调发展。应组织由软件专家、具有丰富教学经验的教师以及教育技术专家构成的队伍，在不搞重复建设、重复投资的前提下，注重教学软件与课程相配套，与教学内容相吻合，开发出适合

山区县实际的多媒体教学软件,形成具有县域特色的现代远程教育资源库,实现优质教育资源的共享。

（七）建立义务教育均衡发展监控机制，加强对义务教育均衡发展工作的督导和评估

教育监测督导评估是促进义务教育均衡发展的重要措施，也是教育管理的重要手段。山区县要依据国家、省、市区有关规定，建立督促义务教育均衡发展的监测评估机制，做好所属县区政府以及学校义务教育均衡发展工作的督导评估工作。督导评估的内容主要包括：经费投入、校舍建设、教学仪器设备和图书仪器资料购置、教师工资发放、教师培训、教育教学质量等方面。督导评估要坚持标准化、规范化，通过督导评估，促使我省义务教育实现跨越式均衡发展。

四、树立“质量文化意识”是提高山区县教学质量的有效途径

（一）教育教学质量

所谓教育教学质量，是指教育教学的特性满足教学价值主体（人与社会）需要的程度。即在既定的社会条件下，在教育活动客观规律的限制下，一定教育所培养的人才满足社会需要的程度与促进学生身心发展的程度。教育质量涉及教育所有环节和活动,是一个多个层面活动效果的整体效果,诸如国家的教育目的、教育政策导向、教育评价机制、教育资源配置及绩效、校园育人环境、学校定位与文化传统、人才培养规格、教学计划、教学成就、教职工、学生、校舍、设备、社会服务与声誉等。

教育教学质量，是目前世界各国教育所面临的共同主题，更是我国政府和人民群众对教育的迫切要求。特别是经济发展方式的转变、区域社会特色经济的需求、家长对优质教育的期盼、国际的竞争等，都需要高质量的教育系统。因此，质量文化意识是新时期确立县域教育发展战略的一个重要观念导向。

（二）教育质量文化

所谓教育质量文化，从广义上讲，是指社会依据教育目的，围绕人才

培养目标和过程，并为一定社会所共有的物质、制度和精神形态的系统；狭义的教育质量文化，专指学校主体在学校范围内所形成的人才质规格及其培养过程的观念和行为系统。毫无疑问，质量文化也是社会和学校的一种教育文化生态环境。教育的质量文化主要包括理论文化、制度文化和管理文化。

1．理论文化

所谓理论文化，就是山区县政府和学校把研究科学的质量观、社会对人才质量需求变化、未来区域社会发展对人才的需求趋势、素质结构等作为事关区域社会发展大计的问题去思考、去研究，并常态化。因此，山区县政府的政策咨询机构、规划机构、教育科研部门，以及地方高校的教育教学研究机构，如政策研究室、高教研究所等都扮演者重要角色。通过强化这些咨询机构、研究机构的研究职能，成为各级领导和学校教育质量管理的思想库，而不是单纯的理论研究；评价其工作绩效的标准不是论文与专著的数量和层次，而是解决了多少实际问题。对基于质量的问题研究、质量诊断研究的成果，及时转换为决策和管理策略，并向各个层次的教育活动主体宣传，使每一教育主体在思想深处树立质量意识，提高质量管理的主动性和自觉性。管办评分离政策的实施，为教育科研机构、地方高校介入山区县教育现代化水平的监测，提供了良好的政策机遇。

2．制度文化

所谓制度文化，就是将基于质量的问题研究、诊断研究、预测研究、校本研究等质量管理理论转化、物化为各种具有可操作性的管理制度，实现由隐形的理论形态向显性的行为形态转化。这些制度包括学校的所有管理制度，诸如学校的办学理念、校园建设的规划设计、管理机构设置体制和运行机制、干部考核、培养计划和课程设置、学籍管理、教育科研管理、教师评价、学生评价等。衡量这些制度的标准，应当是符合现代质量管理思想、渗透校本质量管理的理论研究成果。

3．管理文化

所谓管理文化，就是学校各个层面的管理者，是否体现以人为本、以校为本、以师为本、以学生的发展为本的质量管理理念和物质形态。管理者是否以“诊断者”“研究者”“协商者”身份与被管理者共同研究解决问题，而不是高高在上、指手画脚。从物质形态来讲，校园环境、教学设备、实践实验环境能否满足教师教学和研究的需要，等等。

教育质量的理论文化、制度文化和管理文化自身是一个彼此衔接的工作系统，也是一种涉及政府、用人单位、家庭、学校、教师、学生等教育活动有关主体的质量文化系统。其中，教育教学质量的理论文化，在于引领、在于形成氛围、在于理性的认可；管理制度则重在对质量理论文化和理念的转化和实践；管理文化则是在管理过程中应当贯彻的一种现代的管理理念和模式。只要三者协调一致，教育质量文化意识和教育质量文化生态环境就是一种良性的生态系统。

第二节　教育信息化

2010年7月颁布的《国家中长期教育改革和发展规划纲要(2010—2020年)》明确指出:推进义务教育均衡发展和帮助弱势群体是教育公平的重点，信息技术对教育发展具有革命性影响，必须予以高度重视。2012年3月教育部颁布的《教育信息化十年发展规划（2011—2020年）》中明确指出：教育信息化充分发挥现代信息技术优势，注重信息技术与教育的全面深度融合，在促进教育公平和实现优质教育资源广泛共享、提高教育质量和建设学习型社会、推动教育理念变革和培养具有国际竞争力的创新人才等方面具有独特的重要作用，是实现我国教育现代化宏伟目标不可或缺的动力与支撑教育信息化十年发展规划（2011—2020年）。由此可见，在教育信息化的推动下，以计算机和网络技术的普及与应用为主要标志的信息技术在教育活动中所表现出来的优越性有目共睹，那么信息技术如何推进区域义务教育的均衡发展呢?

一、信息技术是山区县实现教育现代化、实现义务教育均衡发展的有效途径

义务教育发展的新目标是实现义务教育的优质、均衡发展，实现教育机会平等是教育均衡发展的最终目标，包括入学的平等、就学过程的平等和学业成就的平等。

（一）信息技术对山区县教育的意义

作为信息化社会标志的信息技术，其革命性影响的意义体现为优质教

育资源的可获得性大大增加、信息技术为教育远程培训提供了可能性以及信息技术促进了学习组织的形式的多样化发展。不仅给教育带来了挑战，同时也给教育的发展带来新的契机，推进义务教育均衡发展应充分利用信息技术的优势。

（1）促进优质资源共享、改善课堂教学环境。推进义务教育优质、均衡发展的重要途径是在义务教育过程中实现优质教学，而实现优质教学的必要前提就是能够获得充足的优质教育教学资源[①]。信息技术的一大特性就是可以通过网络平台促进优质资源共享、通过创设情境改善课堂教学环境。

（2）提供现代远程培训、帮助教师专业发展。促进义务教育均衡发展、有效提升义务教育质量的一个关键因素就是教师，目前，教师专业发展已成为教师教育改革的热点之一。教师要实现专业发展，必须具备继续学习的能力及继续学习的机会。教师培训机会不足、质量差、学习时间少等问题限制了教师的专业发展，而利用信息技术搭建的现代远程教育平台为教师的远程培训提供了良机。

（3）开展网络化学习、拓展学生个性化学习途径。学生利用信息技术能够在课堂之外找到各种带有个性化特点的新的学习方式，其中最快捷、高效的就是基于网络的学习，网络化的学习方式有很多，从信息技术发展伊始人们提出的数字化学习（e-learning），到信息技术不断发展过程中出现的移动学习（m-learning）、泛在学习（u-learning）等。

（二）山区县教育信息化存在的问题

1. 信息化教育理念更新落后于技术

技术的发展，使得人们的工作更加智能、高效，因此，学习和掌握新技术成为一种趋势，在教育领域亦如此。在教学实践中，人们急于把各种新技术引入教育，过分推崇和依赖于技术的新颖性，教师花费大量的时间去学习新技术，然而，技术更新速度很快，可能教师还没有完全掌握某种技术，它就已经被淘汰了，如此形成恶性循环，没有给技术足够的适应和发展空间，技术对教育的作用收效甚微，而这最根本的原因还是人们教育思想观念的转变未跟上技术的更新。人们不仅要学习新技术，还要适时地更新教育观念，意识到技术本身对教育起到一种自主、能动的作用。对其用得合适就会对教学产生积极和促进作用、体现其教育价值；反之，就会

① 秦小平. 信息技术：义务教育优质均衡发展的助推器[J]. 江苏教育研究，2012（5）：23-25.

引起严重的不利后果。所以并不是所有技术都适用于教学，也不是技术越新越好，教育信息化要求人们以信息的观点来认识分析整个教育过程，而不仅仅是将信息技术引入教育教学中。例如，人们应考虑在哪种教学结构中利用信息技术能更好地发挥学生的主动性和积极性、使用哪种教学方法能更好地体现所使用的信息技术的优势等。

2．优质教育资源利用率不高

信息化的应用、义务教育各项课程的开设以及教师信息化教学能力的体现等都离不开教育教学资源的支持；因此，要开展义务教育领域的信息化建设，当务之急是建成丰富、开放的教育教学资源系统。在信息化社会，可以说不乏各种信息资源，并且能通过网络将信息传播到各个角落，这样，优质的教育资源就可以被充分共享，但是事实并非如此。例如，很多优质的网络资源平台只对拥有权限的用户开放，使很多中小学无法共享到优质教育资源。另外，各学校为了实现信息化教学，在硬件资源设施上投入了很多，如多媒体教室、电子白板等，可是实际应用上因没有网络支持、软件平台水平低、教师信息化能力不足等原因而未发挥应有的作用。这些问题都使得各种优质教育资源没有被充分利用，导致资源的浪费。

3．信息化教学能力强的教师不足

利用信息技术促进义务教育均衡发展，教师的信息技术能力、信息化教学设计的能力、信息技术与课程整合能力等都是必不可少的条件。然而，技术日新月异，从事义务教育工作的教师的思想观念的转变以及教学习惯和能力的培养却不是一蹴而就的，尤其是老教师和农村地区的教师，对信息技术的认识不足、对新的教育理念的接受能力相对较弱、接受培训和学习的机会和时间都非常有限，虽然有的农村中小学也在国家和社会的支持下，对学校硬件设施有一定投入，如多媒体教室、校园网、校园信息化管理平台，等等，但由于各种因素的限制，很难引进这方面的人才，而现有的教师其信息技术能力还无法短时间达到要求。中小学的信息技术课程成了单纯的计算机课、教室的多媒体教学系统成了摆设、课堂教学仍然停留在“黑板+粉笔”的传统模式上，即使有一些懂信息技术的教师，因为缺少全面、系统的知识，欠缺信息化教学能力，也很难实现信息化教学。

4．学生信息化学习能力不足

作为学习的主体，学生接受新事物的能力最强，如今小学生对计算机的操作能力几乎超过一些成人，他们能熟练地打开计算机，找到自己感兴趣的东西。然而，在义务教育过程中，由于忽视对学生信息素养的教育，学生对“信息”一词的概念几乎没有认知。在信息技术课上，学生学会计算机的基本操作，也会在互联网上漫无目的地浏览、或者利用网上聊天工具体验虚拟世界中人际的交往、在网络游戏中寻找宣泄压力的出口，却不知道这些信息化工具应该用来做什么，因而造成心理上的无端抵触。因此，让学生掌握信息技术，不仅是教会他们如何操作计算机，最重要的是培养学生的信息素养，目的是使学生具备对信息进行识别，加工、利用、创新和管理的知识、能力、情意等方面的基本品质，从而让学生能够合适地利用信息技术学习，提高信息化学习的能力。

（二）山区县教育信息化的对策

1. 以提高信息化教学认识为先决，认清信息化教学的发展趋势

义务教育均衡发展的价值取向是使得所有人的所有可能方面的全面发展，利用信息技术促进义务教育均衡发展，我们不仅要考虑如何利用信息技术帮助学生掌握知识，还要考虑在此过程中，如何促进学生的全面发展，如何在信息化社会提高学生的综合素质。因此，从事义务教育的教师及工作人员，首先要转变教育思想和观念。只有教师拥有现代教育理念，才能更加积极地去学习现代教育方法,将现代教育手段合适的运用到教学中来，让任何地方任何学校接受义务教育的学生都能享受到不受地域限制的优质教育。因此，教师不仅仅是去掌握信息技术，不断地花时间学习新技术，而且要积极主动地思考信息技术本身的自为性，思考在使用信息技术的过程中，它们是否对教学起到了促进作用，需要明确作为现代教育技术的信息技术在教育中发挥作用依赖于现代教育思想的指导，如果教育思想上跟不上，信息技术的使用就会盲目、低效。在教学中，不能为了用技术而去用技术，应该考虑各个因素的综合作用，利用信息技术将教学中各要素有机整合起来，设计以“学习者为中心”的信息化的学习环境，让学生体验现代教育理念和方法，从而去适应新的信息化学习方式，培养信息化学习能力，只有老师和学生的观念和能力都得到改变和提高，信息化教学才能有效开展，信息技术才能真正发挥作用。

2. 以数字化教学资源库为平台，加快促进优质资源共享

推进义务教育均衡发展的一个重要方面就是资源的均衡配置，但并不是指“削峰填谷”、绝对均衡，这是不可取也不现实的。因此，利用信息技

术构建丰富、开放的资源服务体系不但可以降低成本，而且可以让偏远的农村地区也能共享到优质资源。首先，必须建设符合信息化教学需求的学科教学资源库。这些资源不仅要支持教还要支持学，教师可以利用这些资源来设计课堂教学，帮助学生掌握知识技能，学生可以利用提供的认知工具和学习资源来进行探究学习等。如有的城市建设的教育资源网，就是将各种优质教学资源集中起来服务教学。其次，利用信息技术完善优质教育资源共享机制。如今很多中小学已实现了校园网的建设，因而，我们可以通过校园网与外界网络连接，共享其他网站的教育资源，比如通过数字图书馆，教师和学生可以浏览、下载自己需要的课外补充资料，有效解决了农村地区经济差、买书难的问题，并且能及时获得最新的学术观点和知识；教师在设计多媒体教学时，可以利用现有的多媒体教学系统，通过网络为学生实时播放远程的优秀视频课程等。总之，加快优质资源共享是推进义务教育均衡发展的重要内容，重点工作不是继续投入更多财力、物力，而是要利用信息技术将现有的各种软、硬件资源和人力资源有效整合，集中优质资源、创建优质资源以构建数字化教学资源库，实现能动态组合的云共享，让各中小学的基础教学设施不再孤立地、被动地发挥作用，而是既能够为中小学共享外界资源提供条件支持，又能在合适的时候能动地促进教学。因此，在实践中我们以建设、实现和应用“三通两平台”为基础，外加数字化校园建设为支撑，加快优质资源共享，同时鼓励并引导教师开展信息技术环境下的新媒体新技术教学应用。

3．以开展一线教师信息化教学培训为基础，发挥信息化教学的优势

信息技术在课堂教学中主要发挥两个重要作用：第一，向学生展示和传递陈述性知识以帮助他们理解；第二，通过学生的亲身实践帮助他们熟练掌握程序性知识。教师在使用信息技术设计课堂教学时，如何才能发挥这两方面的作用呢？这就要求教师自己要掌握并且善于运用信息技术，知道使用哪种媒体、哪种方法能达到目标，因此，调动教师自主学习，实现专业发展至关重要。首先，利用信息技术为在职教师开展远程培训。教师一方面可以参加高等学校开设的远程培训课程，利用个人电脑进行实时或非实时的远程学习，遇到问题时可向远程指导老师或专家寻求帮助，并能在专业论坛上与其他学习者分享学习经验或讨论教学实践中的难题；另一方面还可在国家的开放教育网站学习，如“全国教师教育网络联盟”，以及一些师范学校面向所有成员开设的公共精品课程，如华南师范大学、陕西师范大学等开设的《现代教育技术》，教师可以自由安排时间系统地学习信息技术，掌握信息化教学设计方法。为此，我们利用中小学校长教育技术能力培训、教师信息技术与学科整合培训、英特尔未来教育基础课程学科教师培训、教育专网建设培训等方式以教育技术能力建设培训为核心，加强教师在新媒体环境下教学设计能力的培养和提高。其次，利用信息技术加强各地区各学校的交流合作。对一线教师的培训不仅仅局限于系统的课程学习，教师与社会各界的学术交流也非常重要，可以让教师更好更快地理解现代教育思想，更加有效地解决实践中的问题；教师可利用博客、在线聊天工具、网上社区等信息化工具，与同行、专家或学者交流讨论，随时接受新的思想和观点。如此，能让对信息技术不了解的教师或信息技术能力差的教师得到快速成长。我们采取的方式是以项目课题促平台建设，以平台建设促教学应用，以开展信息化环境下教育教学科研为重点，通过信息技术方面的教育教学竞赛提高教师的应用积极性，培养骨干教师，建设专家团队，引领广大教师开展应用研究。

4．以培养学生数字化学习能力为目的，促进其信息素养的提高

在信息化时代，要实现对学生的素质教育，培养学生的数字化学习能力非常关键。首先，要培养其信息意识，即让学生学会如何在周围海量的信息中识别出有价值的信息，能够知道通过什么方式，到什么地方去获取信息，并且学会如何筛选、利用以及评价获取的这些信息资源。例如，在自主探究学习过程中，学生能够带着问题去寻找答案，能够利用搜索引擎在互联网上找到需要的信息，并能用正确的方式将其组织起来。其次，培养学生主动运用所掌握的信息技术开展数字化学习。不仅要利用信息技术促进教师的教，还要利用信息技术促进学生的学，让学生在即学即用的过程中，快速形成数字化学习习惯，培养数字化学习能力。因此，只有学生掌握了信息技术，并且积极主动地去运用它，改变自己的学习习惯，才能真正实现数字化学习。例如，传统的学习是课堂上老师教、学生学，老师和学生的交互仅限于课堂或课间的面对面交流，这样的信息反馈有限并且低效；而信息化时代，学生应该学会使用信息化工具在任何可能的时间与任何可能的对象进行交流、沟通，在同伴或老师的帮助指导下，解答自己的疑难问题。而且，学生还应该学会如何利用互联网找到现实条件下获取不到的资源，如在农村地区有些中小学没有供学生借阅的图书馆，或者当地没有种类齐全的书店，学生想要获取课外学习资源就是个难题，但是，学生掌握了信息技术，正确认识了信息化环境后就学会了合理使用互联网去解决这些学习的问题，比如，在网上书店购买或者下载电子书，在信息技术环境下开展远程学习、移动学习等数字化学习的活动。

综上所述，利用信息技术推进义务教育均衡发展，要将信息技术渗透到义务教育的各个方面，不仅要掌握技术，还要更新观念；不仅要丰富优质资源，还要加快资源共享；不仅要提升教师信息化教学能力，还要培养学生数字化学习能力，等等。我们要把信息技术有机融合到义务教育均衡发展这个大系统中，使其成为关键因素，这样才能体现出信息技术的革命性影响。

二、云时代义务教育均衡发展的新思路

随着云时代的来临，将深刻影响义务教育领域，云时代的科学技术将渗透到义务教育均衡发展的核心环节，对义务教育均衡发展将会产生巨大冲击。云计算的出现，为义务教育均衡发展研究提供了更多的技术支持和客观依据，也使得我们不得不革新研究思路，重构研究方式，展开更为丰富深入的研究。

（一）义务教育均衡发展研究中存在的问题

通过检索分析中国知网相关论文数据可知，义务教育均衡发展研究的过程为：最早的研究是 1994 年苌景州发表的《建立有利于义务教育均衡发展的资金保障体系》[①]，直到 2004 年共发表相关论文 161 篇。在此长达十年期间虽然义务教育均衡概念被提出，但只有少数专家学者对其做了的初步思考和探讨，义务教育均衡研究发展缓慢。2006 年，《中华人民共和国义务教育法（修订）》首次提出了义务教育向均衡化方向发展，提出义务教育从原来注重重点发展转向均衡发展。从此，研究总体呈现小幅递增趋势，研究者的专业素质和研究水平也有了一定提高。2010 年，对义务教育均衡发展研究是具有重大意义的一年，尤其从国家层面对义务教育均衡发展也日益重视，比如：教育部副部长陈小娅在全国电化教育馆馆长会指出，“随着义务教育的全面普及和投入保障机制的普遍建立，促进义务教育均衡发展成为我们重要的战略任务。”[②] 国家也出台了众多与推进义务教育均衡发

① 苌景州. 建立有利于义务教育均衡发展的资金保障体系[J]. 贵州社会科学，1994（1）：47-50.

② 围绕中心服务大局，加快基础教育信息化进程——教育部副部长陈小娅在 2010 年全国电化教育馆馆长会上的讲话[EB/OL].（2015-05-03）http://www.ybedu.net/wcb2/show.aspx?id=671&cid=21.

展促进教育公平的政策，比如：在新制定的《国家中长期教育改革和发展规划纲要（2010—2020 年）》以及《教育信息化十年发展规划（2011—2020 年）》中均对进教育均衡发展的问题非常关注。在国家政策的引导下，掀起了对义务教育均衡发展研究前所未有的热潮，2010 年一年共发表论文一千余篇。而后随着教育信息化的快速发展和新媒体新技术的广泛应用，义务教育均衡发展的研究思路越来越宽，研究视角也越来越新颖。过去的二十年时间里，义务教育均衡的研究中虽然取得了一定成绩和进展，但由于历史上和现实国情的诸多原因，研究中仍然存在一些问题：

1．研究角度多选择义务教育均衡发展的局部要素

义务教育均衡发展的研究视角多从教育学、管理学、教育经济学、教育财政学等角度进行研究[①]，而分别关注的是义务教育均衡发展中的政策导向、理论依据、教育资金、学校条件、师资队伍、教学资源、生源等方面的失衡现象，这些因素是隶属于义务教育这个系统的，是相互联系、不可分割的一个整体，如果在研究中我们提取个别因素作为变量来进行研究，很有可能会使研究结论的重心偏离系统发展的主流方向，科学研究的目的就是描述、解释、预测，进而可能控制事物运动变化的规律[②]。所以必须从义务教育系统整体的角度出发进行研究，才能更好地推进其均衡发展的进程。

2．研究方法多采用教育科学研究方法体系中的具体研究方法

从“义务教育均衡发展”研究的方法上看，调查法（问卷调查、实地调查等）、比较分析法等采用得比较多，这些多属于教育科学研究方法体系中的具体研究方法。而义务教育是一个复杂的系统，涉及教师、学生、资源、环境等很多要素，这些要素都处在有序的普遍联系之中，相互制约、共同发展。同样，义务教育均衡发展的问题不是孤立存在的，也是这个有组织的、复杂的、动态的义务教育发展系统中重要的一部分，因此，要切实解决义务教育的均衡发展问题，在研究方法上应该以哲学方法论为指导，结合系统科学方法的观点进行选择。

3．实践范围多基于局部范围内义务教育均衡发展的研究

在研究实践中，受到现实条件、技术水平等因素的制约，研究者在数

---

① 古炳玮．义务教育均衡发展研究现状及趋势分析[J]．大学教育，2013（4）：22，37-39.

② 董奇．心理与教育研究方法[M]．北京：北京师范大学出版社，2010.

据上很难获取义务教育均衡发展的全数据，只能通过统计局的统计年鉴以及教育行政主管部门公布的教育年鉴和教育经费统计公告获取数据，但各省基本上都没有按照规定公布这些数据，使不同研究人员所依据的资料和数据不尽一致，影响了研究的深入进行。尤其是东部发达地区与西部欠发达地区、城市与农村的文化、经济等发展差异很大，虽然诸多专家学者已经关注到这些现象，也提出了一些问题解决的思路，但大多数研究都是通过省域、区域、县域、某个城市甚至特定地区的研究得来的对于义务教育均衡发展的模式、途径、方法、对策等方面的结论。比如：各地在探索义务教育均衡发展的过程中形成了“深圳模式”“杭州模式”“寿光模式”“成都模式”“沈阳模式”等，这些模式虽然对促进本地区域均衡暂时起到了一定作用，但成果在推广过程中由于具有地域的局限性而受到了较大限制。长此以往，区域和区域之间又会出现新的失衡。所以不能通过局部范围的均衡研究来反映总体的均衡发展状况，研究应该从全局着眼，既能得出普遍适用的义务教育均衡发展的策略，又能在此基础上兼顾到个别地区实际发展的需求。

由此可见，义务教育的均衡发展着实遭遇了前所未有的研究瓶颈，在义务教育均衡发展中遵循系统整体的原则是未来研究的基本趋势。而随着媒体技术的快速发展和软件系统的高度智能化，教育信息化具有了前所未有的发展势头，对义务教育的发展也产生了巨大的冲击。尤其云计算、大数据、物联网等为基础的技术给义务教育均衡研究带来了大数据获取、存储和大数据分析以及信息挖掘技术的支持，为义务教育的均衡发展研究开拓了全新的思路。

（二）云时代义务教育均衡发展的研究新思路

随着近年义务教育领域信息化的普及以及众多数字信息系统的建设和应用，产生了大量与教育决策、教育实践以及学习实践相关的过程数据，在云时代，如何有效地存储、整理、分析这些海量数据，提取大数据背后有价值的信息和知识，预测教与学过程的变化以及教育的发展趋势等已成为教育研究者们所关注的重要内容。云计算涉及通过网络提供动态易扩展的虚拟化资源，它与近两年迅速发展的大数据关系就像一枚硬币的正反面一样密不可分，以云计算为依托的大数据的特点主要体现在大容量、高速度、多种类、高价值等方面，云计算支持下的大数据的实践意义已经不再局限于用来描述大量的数据，还反映了处理数据的高速度，更重要的是可以帮助人们及时发现隐藏在庞大数据背后有价值的信息[①]。因此，在云时代技术理念的指导下，我们不得不革新义务教育均衡发展的研究思路，重构研究方式。

1．改变传统的局部研究，研究思路定位于系统整体研究

从义务教育发展的实际情况来看，为了促进其健康快速的发展，首先应该由有效的宏观教育政策来进行引导。而政策的制定必须从义务教育实际出发，综合运用科学研究的新成果和先进的技术手段，从系统的角度出发把握教育发展的规律，在科学预测的前提下制定执行方案，以期能够获得最佳的效果。但是，由于受到地理位置、经济条件、技术平台等客观因素的制约，研究者们经常会采用调查法等研究方法来预测教育均衡发展的轨迹。但是，云计算技术支持下义务教育的数据获取变得实时快捷，因此，在全数据模式下随机抽样的研究方式已经失去了原有的意义。

用大数据的方法考量义务教育教学的问题，可以突破以往的研究假设和研究预测，可以帮助我们更明确义务教育的发展的轨迹从而抓住促进教育均衡的关键。教育部印发的《2014 年教育信息化工作要点》指出：全面完成国家、省级教育数据中心建设和重点管理信息系统的部署，实现全国各级各类教育学生、教师、教育机构、学校资产及办学条件数据百分之百入库，形成集中统一和数据共享的基础数据库。完善动态监测、决策应用、教育预测、国际比较以及数据展示和查询等主体功能模块，实现部内相关数据资源的整合与集成、教育与经济社会数据的关联与分析，为教育决策提供及时和准确数据支持，指导推动省级决策支持系统的建设和应用，推动教育基础数据在全国的共享。因此，在此基础数据库的义务教育数据云计算和大数据的支持下对义务教育均衡的研究应该一改传统局部抽样研究的形式展开整体综合研究。在义务教育发展过程中，个人电脑、智能手机、平板电脑等，无一不是义务教育大数据获取的来源或承载的方式。大数据技术可以通过对教育教学整体自然产生的这些数据进行分析，挖掘出在教师教学、学生学习过程中真实有价值的信息，同时通过对整个教育活动运行情况的监测，教育主管部门可以及时发现问题并切合教育系统的实际情况有的放矢地制定、修改和执行宏观的教育政策，从而更好地把握义务教育均衡发展的现状和动态，进而对义务教育系统的均衡研究进行引导和调控。

---

① 大数据[EB/OL]. [2014-05-03]http://baike.baidu.com/view/6954399.htm.

2．打破传统主导的定性研究，研究方法应充分体现大数据的定量研究

通过分析以往对义务教育均衡研究的情况，我们发现受现实条件、技术水平等因素的制约，研究者采用的研究方法主要是以定性研究为主，在提出促进义务教育均衡发展的对策时常常会通过对他人研究经验的分析和对自己经验的总结的方式，存在一部分研究者在研究中凭自己的主观臆断认为哪些要素对义务均衡发展是重要的、哪些方法和技术平台对促进义务教育均衡是有效的情况。但是我们也发现有时有些经验并不是科学合理的，经验有时会超出现实的条件从而误导了其他研究者的判断和决策。

云时代的教育不再是依靠理念和经验传承的社会科学学科，而教育决策也将相应地转变为实证科学中的一个具体问题[①]。2014 年 3 月教育部印发的《2014 年教育信息化工作要点》之教育信息化工作核心目标：建设完善一批支持各级教育行政部门和各级各类学校日常管理、决策和公共服务的信息系统，实现学生、教师、办学条件等主要管理信息系统的应用与服务。在这个系统支持下可以实时动态地提供义务教育均衡发展的数据，当研究者通过大数据技术从这些庞大的真实数据中挖掘出来有价值的信息时，自然会避免主观臆断的发生，比如：在教学活动开展过程中，会根据数据分析发现的新问题随时进行调整，新的教学模式、教学方法会随时被概括出来；在学生利用信息技术展开自主学习过程中会根据学生学习的实时数据的分析随时提供学生最需要的新知识，这样学生所学习的知识更具有前瞻性，同时学生会很自然的在学习中掌握最新的前沿知识。在这庞大的真实数据支持下通过定量研究的方法去整理、分析、综合，可以帮助研究者评估义务教育均衡发展的过程，从而发现问题、提出解决问题科学对策，以此对促进义务教育的均衡做出更有价值的判断和决策。

（三）大数据技术支持下的教育发展

大数据应用给教育信息化、教育教学的改革发展等诸多活动环节带来了深刻的影响，对于教育工作者来说，我们将有条件接近教育现实，有机会探索教育的真实面貌。对于我国大数据的教育应用情况，我们结合搜集的文献，在这里主要从教育的理论领域和实践领域两个层面进行分析：

① 张燕南，赵中建．大数据时代思维方式对教育的启示[J]．教育发展研究，2013（21）：1-5.

1．大数据给教育理论领域的创新带来了新思维、新视角

大数据时代的到来，为教育的理论研究和教育教学的改革发展带来了前所未有的好机遇。大数据的思维和理念可以为人们优化教育政策、创新教育教学模式、变革教育测量与评价方法等理论研究提供现实依据以及新的研究视角，从而可以加快促进技术与教育的深度融合。

（1）在大数据支持下制定的教育政策更具有前瞻性和引导性。

陈霜叶等[①]指出：传统教育政策的制定通常没有全面考虑现实情况，只是决策者通过自己或群体的有限理解、推测教育现实，而采用调研的方法也常常是被指定“抽样”和座谈的样本，使得随机中掺杂了更多的人为干预，所以制定的教育政策就容易出现失灵的现象。大数据支持下，各级决策者可汲取“以证据为本”的理念和对大数据对政策决策影响的思考，从传统的政策调研和观点式决策向以多元丰富政策证据为支撑、大数据为助力的现代教育治理模式转变。有了大数据提供的支持，教育政策的制定不再是简单的经验模仿，更不是政策制定者自己经验的总结过程，而是从大量教育数据中挖掘出来的事实真相基础上有针对的采取措施，因此，教育决策更加科学化和民主性，制定的教育政策更加符合国情的发展需要，也更能发挥教育政策的引导作用。

（2）大数据思维影响下教育的本质回归到促进学习者个体的发展，教育模式从传统课堂的集体教学向数字化个性教育发展。

张燕南等[②]指出：大数据时代学习者在数字化学习过程中留下很多数字碎片，通过分析这些数字碎片，我们将会发现学习者的各种学习行为模式。梁文鑫[③]指出：大数据对课堂教学带来的主要影响是使教师从依赖以往的教学经验教学转向依赖海量数据教学分析进行教学，使学习者对自我发展的认识从依赖教师有限理性判断转向对个体学习过程的数据分析，从而使传统的集体教育转向对学习者的个性化教育。而谈到个性教育则必然要提及目前流行的大规模在线开放课程（Massive Open Online Course，MOOCs）教育，MOOCs 教育被寄予厚望的主要原因是学习分析技术和大数据对它的支持，有了学习分析和大数据技术，优质的教学、课程资源和

① 陈霜叶，孟浏今，张海燕．大数据时代的教育政策证据：以证据为本理念对中国教育治理现代化与决策科学化的启示[J]．全球教育展望，2014（2）：121-128.

② 张燕南，赵中建．大数据时代思维方式对教育的启示[J]．教育发展研究，2013（21）：1-5.

③ 梁文鑫．大数据时代——课堂教学将迎来真正的变革[J]．北京教育学院学报：自然科学版，2013，8（1）：14-16.

服务等通过数据真实客观的被呈现出来。比如：对每一门课程资源和支持服务系统的建设和维护都建立在学习者使用过程的数据分析基础上，从而使提供的课程内容更符合学习者的需求、教学指导更具有针对性，进而提高了学习者的学习积极性，促进了学习成功的实现。张羽等①指出：学习者在 MOOCs 平台上学习时，教师和程序可以通过大数据对学习者的学习行为进行理性干预，比如，通过预测认知模型为学习者自动提供适合的学习内容和学习活动方案，通过作业情况、留言板以及讨论区的问题讨论情况可以发现存在学习困难的学习者，以确保可以及时对其学习进行有效干预等。总之，大数据的应用在实现大规模在线教育的同时可兼顾学习者的个人需求。邢丘丹等②指出：大数据对海量数据的高速实时处理技术可以为在线教育平台实时洞察学习者的变化、把握学习者的需求、提高学习效果提供支持，还可以对学习过程中产生的不相关信息进行深度分析，以预测和把握学习者的需求变化。

大数据可以支持对学习者个性发展的研究，数据的分析可以提供给我们关于每一个学习者的学习需求、学习风格、学习态度乃至学习模式等信息，因此我们可以相应地提供适合不同学习者发展的学习内容和学习指导，促进其个性发展从而实现真正意义上的个性化教育。

（3）在大数据技术支持下，教育评价和学习分析从传统的经验性向客观性发展。

随着教育信息化的推进，数字化学习方式已经成为当今学习者的重要学习方式之一，学习者在移动学习终端支持下产生了大量的数字学习痕迹，从而使得大数据可以有条件去关注每个学习者的学习过程，大数据技术支持下教育研究趋向于对全数据环境下的分析方法，这为我们提供了最直接、最客观、最准确的教育评价和学习分析的依据。喻长志③指出：大数据将重构教育评价，由原来的经验式评价转变为基于数据的过程性评价，通过大数据的支持来分析教学规律。魏顺平④指出：基于大数据的学习分析技术可以通过存储和分析学习者的学习情况的过程数据，用以预测和优化学习过程，为教学决策提供重要依据。

---

① 张羽，李越．基于 MOOCs 大数据的学习分析和教育测量介绍[J]．清华大学教育研究，2013，34（4）：22-26.

② 邢丘丹，焦晶，杜占河．云计算和大数据环境下的在线教育交互研究[J]．信息资源管理学报，2013（3）：22-28.

③ 喻长志．大数据时代教育的可能转向[J]．江淮论坛，2013（4）：188-192.

④ 魏顺平．学习分析技术：挖掘大数据时代下教育数据的价值[J]．现代教育技术，2013（2）：5-11.

在教育评价中评价的对象不仅仅是学习者，教师也可以利用大数据提供的信息来分析自己的教学行为，通过教学过程反映出来的数据可以发现自身的教学特长以及教学不足之处。教育评价是教育过程中很重要的一个环节，只有采用科学的评价方式才能促进教师和学习者能够正视和接受客观存在的问题，反思教与学的过程和方法等，从而改进自己的行为，以提高教育教学的质量。

2．大数据给教育实践领域的探索带来了新技术、新方法

大数据在实践领域的应用主要是表现在大数据的获取、分析和信息挖掘等方面的应用，它可以为教育提供实时数据信息，可以帮助人们优化教育教学从而最大限度地发挥教育实体的价值。通过分析，大数据在教育实践领域的应用主要体现在教育资源建设、智慧校园建设以及学习分析技术等方面：

（1）为教育资源建设、共享和运用提供新思路。

教育资源是教和学得以实现的根本，传统上对资源的建设主要有政府配发、教师自己开发等形式，政府配发不能完全满足学校的个别需求，教师开发环节则严重存在着资源的重复建设问题，而对优质资源的定义也多数依赖经验总结的方式。大数据的出现为教育资源的建设提供了新思路，对教学资源库的构建和使用奠定了技术基础，为优质资源的界定提供了事实依据。刘中宇等[①]指出：云计算和大数据使教师与学生不仅能够共享存储在云服务端的教育资源，还能通过对各种非结构化数据进行分析，以挖掘隐藏的信息价值，并为师生提供最合理的教与学的资源。大数据与云计算的结合，会根据学生在教育资源库上的操作“痕迹”掌握其对学习资源的动态需求，也会通过分析学习者对学习资源的点击、下载、评价等数据信息对“优质教学资源”进行客观的定义，资源的获取和存储变得简单，还可以避免资源的重复建设和优质资源的浪费，使优质资源得到最大范围的共享和利用。

（2）为智慧校园的规划、目标建设和内容建设提供新方法。

近年来，随着“智慧”一词在教育领域中的深入，智慧校园建设也成为推进教育信息化进程中的重要工作之一。而大数据的理念和思维为人们优化智慧校园的建设方案、建设目标以及建设内容提供了新的方法。姚琪[②]指出：智慧校园建设通过把传感器嵌入到校园的各种系统中，将校园管理的众多软

① 刘中宇，刘海良．大数据时代高校云资源应用[J]．现代教育技术，2013（7）：59-62.

② 姚琪．大数据在“智慧校园”中的价值研究[J]．信息网络安全，2013（8）：91-93.

件系统平台融入到校园云，实现云、物联网、互联网的串通连接，由此可实现校园实时数据的获取、存储和加工分析，从而为学校发展和教学应用提供有效的决策依据，智慧校园作为教育信息化建设的一个实体，对实践大数据的价值提纯有重要的现实意义。另外，智慧校园还包括大数据的标准体系、校园数字化生态环境以及相应的信息化组织管理体系等方面的建设[①]。

在智慧校园环境下，基于云计算的大数据应用可以实现对教师教学行为、学生学习行为、学生个性特征等进行分析和预测，从而为促进学生身心的发展提供适时的引导和帮助。同时，还可提供学校运转的实时动态数据，以便于校领导和教师及时掌握最新的管理和教学信息，从而助力教学管理更趋向科学化、智能化。

（3）为学习分析技术中非结构化数据的处理提供技术解决方案。

如何获取教育大数据，并将教育数据提取为有价值的知识和信息，达到为教学决策提供参考、为优化学习提供帮助的目的，已经成为了教育目前关注的重要内容。学习分析技术是在各种分析技术和教育数据挖掘基础上发展起来的，是大数据在教育中的重要应用之一，学习分析能够挖掘学习者学习过程数据中的有价值信息，进而优化学习，助力教学决策，使教育可以为每个学习者提供符合个人需要和适合个人发展的机会。《2014 年地平线报告》指出：研究学习分析旨在运用大数据分析为教育决策提供现实的依据，利用学习者数据建构更好的教学法，定位学习困难人群，并评估项目设计能否有效提升学生保持率，是否应该继续进行等，这些结果对于教育立法者和教育管理者来说都具有重要的价值；而对教育工作者和研究人员而言，学习分析对于剖析学习者与在线资源之间的互动状态及其价值也具有举足轻重的作用；同时，学习者也正逐步受益于学习分析，因为移动互联网和在线平台能通过跟踪分析学习者学习行为数据，从而为其创设互动和更个性化的学习体验[②]。尤其随着教育中移动设备和移动互联网技术的普及应用，教育数据呈现爆炸式的增长速度，而产生的大量非结构化数据难以被计算机处理和理解，如何从这些教育大数据中提取有价值的信息是目前学习分析面临的最大技术挑战[③]。基于云计算的大数据的应用

① 于长虹，王运武．大数据背景下数字校园建设的目标、内容与策略[J]．中国电化教育，2013（10）：30-35，41.

② 张铁道，殷丙山，蒋明蓉．2014 地平线报告：简单地利用新技术是不够的[N]．中国教育报，2014-04-30（9）.

③ 吴永和，陈丹，马晓玲，曹盼，冯翔，祝智庭．学习分析：教育信息化的新浪潮[J]．远程教育杂志，2013（4）：11-19.

使得原本难以获取、存储、处理甚至有价值信息提取的工作变得容易，尤其对非结构化数据处理的技术优势正巧可以解决学习分析技术领域的这个难题。

（四）云时代背景下促进义务教育均衡发展的实践对策

以云计算技术为基础的云教育时代已经来临，云存储实现了对庞大教育数据的存储，云计算实现了对庞大数据的高速度、专业化的处理，云安全保证了数据存储和使用的安全性，大数据技术实现了庞大数据背后反映的信息真相以及完成了对有价值信息的提取。而在义务教育领域，随着教育信息化的快速发展及其运用，比如：教育部推行的电子学籍，智慧校园三通两平台工程等教育信息化工作，以及当前流行的慕课在线教育模式，产生的教育数据在迅速膨胀并变大，能否提取数据中的有价值的信息决定了义务教育未来的发展。由此可见，云时代的先进科学技术为推进义务教育的变革、发展，尤其在促进义务教育均衡发展的实践中开拓了新的视域，从此教育界很有可能将“重新洗牌”①。

1．改变静态平均化的资源配置，推行动态需求化的资源配置方式

我们国家义务教育阶段早已实现了“人人有学上”的愿望，而现阶段的任务就是要使得“人人上好学”，因此教育资源的建设和应用就成为了其均衡发展至关重要的一环。所谓资源“均衡”也就是达到一种稳定的状态，其中一个意义就是能够满足不同地区、不同人群的需要。在义务教育均衡以往的研究中，为了促进资源的均衡，对教育资源采取的方法大多是静态平均化配置的方法，以为这样就可以大范围地实现优质资源的覆盖应用，但是事实并非如此，在一些欠发达地区以及落后的农村、山村地带，由于受到经济、技术、媒体等条件的限制，很多被分配的资源都闲置了，造成了资源浪费；而对于条件好的地区和学校来说配置的这些资源又是远远不够的，还需要自己开发一部分资源，造成了资源匮乏。归根结底，导致这种现象的原因就是这种静态平均化的资源配置方式没有考虑到学校和学生的实际情况。

教育部印发的《2014 年教育信息化工作要点》之教育信息化重点工作指出：全面推进基础教育数字教育资源开发与应用，鼓励企业以符合新课标的义务教育阶段教材为重点，系统开发配套的基础性数字教育资源，逐

① 魏忠，何立友．大数据：开启面向未来的教育革命[J]．中小学信息技术教育，2013（10）：15-17.

步实现基础性数字教育资源的全覆盖，形成基础性数字教育资源持续开发应用的新机制。结合目前基础教育信息化“三通两平台”之教育资源公共服务平台建设和应用，作为重要的资源载体它实际上是一个云服务体系，利用云计算模式可以最大限度实现软、硬件资源的集约共享，降低学校信息化成本和建设难度；推动资源建设与使用良性互动，提高应用水平①。在云时代，云存储可以完成教育资源海量存储和管理，云物联将多元化的教育资源形成的信息孤岛连成了信息海洋，教师和学生可以根据实际需求下载使用，也可以对资源内容进行随时更新，还可以参与资源的创建、平台的建设、评价服务等交互式工作。大数据会根据学生在该教育资源公共服务平台上留下的操作“痕迹”以动态地掌握其对各种学习资源的需求，并根据人们对资源的点击、下载、运用情况对“优质资源”进行客观分析和重新定义。由此可见，在云时代，优质资源的获取和利用变得简单，既节省了传统配置发放资源的费用，还可以有效避免资源重复建设和优质资源的浪费，使优质资源得到最大程度的共享和利用。

2．打破平台建设使用的区域化，加快推进平台的开放建设与使用

在信息化社会，可以说不乏各种承载信息资源的平台，在网络支持下优质的教育资源可以被充分地共建共享，但事实并非如此，例如一些优质的网络资源平台只对拥有权限的用户开放，使很多中小学无法共享到优质教育资源②。因此，各地区各学校为了加快信息化建设，纷纷建设自己的资源平台，形式不一，水平不一，平台的重复建设造成了大量人力、物力和财力的浪费。可见，资源设计的再优秀，如果没有开放的平台将这些优质资源有效传播出去，同样达不到教育均衡与教育公平的目的，加快推进平台的开放建设与使用标准的步伐已刻不容缓。

目前，在义务教育均衡发展过程中，资源建设使用引起了人们的广泛关注，但是很多人还没有意识到平台作为资源载体和传播工具的重要性。云时代为我们提供了平台共建共享的理念与技术支持，比如目前践行效果较好的慕课（大规模在线开放课程），其开发与教育模式充分遵从了“分享、协作”理念，它最大的优势在于利用简单的平台集结与传播了全球优秀的教育资源，扩大了教育面，实现了资源的共享与共建，从而增强了平台在知识传播中的作用。所以，加快优质资源共享重点工作已不再是继续投入

① 三通两平台[EB/OL]. [2014-05-03]http：//baike.baidu.com/view/10322819.htm.

② 刘凤娟. 基于信息技术的区域义务教育均衡发展途径探究[J]. 陕西理工学院学报：社会科学版，2014（2）：91-94.

更多财力、物力对资源与平台的进行重复建设，而是要充分结合云时代“开放、共享”的特点，统一平台共建共享的标准，要利用云技术有效整合现有的各种优质软、硬件资源以及人力资源，加快实现可以动态组合的云共享，从而为更真实有效地收集教育大数据的奠定坚实的基础。

3. 突破传统集体教育模式，倡导个性化教育新模式

在义务教育领域，虽然提倡因材施教，但由于受到学生的数量、教师的精力、升学压力等因素的制约，通常采用集体教育模式，在教师的监控、教师的授导下有计划、有秩序地实施教学活动，但是这种教学模式因为过分沾染了教师对知识理解和加工的成分，因此在一定程度上扼杀了学生的想象力和创造力。新技术出现改变了信息和知识的传播模式，义务教育的模式也应发生相应的转变。

云时代义务教育的教育模式应该从集体教育转向个性化教育，满足不同学习者的成长需求，才能真正体现均衡教育的目的。“个性化教育为受教育者量身定制教育目标、教育计划、教育培训方法、辅导方案并加以执行，组织相关专业人员为受教育者提供学习管理策略和知识管理技术以及整合有效的教育资源，帮助受教育者突破生存限制，实现自我成长、自我实现和自我超越。”①在这场义务教育革命的浪潮中，学生的数字化学习由数字化支撑转变为数据的支撑，在学习过程中通过云计算技术不但可以记录每一个学习者操作鼠标的频率、学习者学习活动的轨迹、参与团体活动以及参与交流互动情况等学习行为的数据，针对不同学习者的知识基础水平、学习能力水平、生活背景、兴趣爱好等个性特点，数据的分析和信息挖掘可以提供给我们关于每一个学习者的学习需求、学习风格、学习态度乃至学习模式等信息，因此我们可以相应地提供适合不同学习者发展的学习内容和学习指导，为每一个学生提供发展其优势潜能的机会，促进其个性发展从而实现真正意义上的个性化教育②。

相信随着科学技术的快速发展，云时代的研究理念和科学技术的深度应用必将对义务教育均衡发展产生革命性的推进作用。

三、教育信息化的绩效与监测

随着国家、陕西省对教育信息化建设力度的不断加大，巨大的资金投

① 杨妮，熊健杰.美国高中个性化教育策略及其启示[J]. 教育导刊，2013（1）：50-53.
② 刘凤娟.大数据的教育应用研究综述[J]. 现代教育技术，2014（8）：13-19.

入用于教育信息化环境的建设，科学、有效的监测手段与体系的建构显得非常迫切。但是，研究发现，我国特别是陕西省教育信息化监测活动却十分滞后。我国教育领域内重视“监测”始于 2008 年前后，但主要是对教育质量监测、学生心理健康监测等领域，并且仅限于北京、上海等发达地区，对区域基础教育信息化监测尚没有系统展开，更缺乏系统的研究和可行性实施方案，陕西省也不例外。调研发现，有的学校大量的教育设备投入长期闲置、有的因怕“用坏”设备，将设备长期锁闭，更多的是将设备当摆设、当作“赛事”作秀等，“应用”及“科学应用”成为教育信息化的瓶颈。而现有体制只有“评估”“督导”“赛事”等促进措施，监测的科学性、有效性不足，原因在于政绩观、缺乏有效的监测体制和方法。

（一）教育信息化监测的意义

（1）教育信息化是人类进入信息时代教育发展的必然过程，目前，我国对教育信息化工作非常重视，尤其是投入了大量的人力物力财力发展基础教育信息化，但是基础教育信息化的成效如何需要我们对其进行客观的量化和评估，因此基础教育化检测体系的研究迫在眉睫。

（2）当前我国教育信息化发展正处于重要战略机遇期，区域基础教育信息化均衡发展是我国教育信息化的重要内容。客观评价区域基础教育信息化发展水平，对准确把握后续区域教育信息化工作重点有重要的现实意义，而实时监测体系的研究是对区域基础教育信息化综合发展水平实施客观评价的重要前提工作，对基础教育信息化可持续发展与建设具有重要的价值和意义。

（3）对教育信息化监测体系的研究是区域教育信息化系统运行规律的需要，是推动区域教育信息化均衡发展的现实要求，它有助于客观评价教育信息化发展水平，加深对国家和各个地区教育信息化水平的认识，为制定科学的教育政策和规划提供有效的支持服务。

（二）教育信息化监测实践和研究的现状

1．基础教育信息化发展速度快，科学的动态监测相对滞后

教育信息化是人类进入信息时代教育发展的必然过程，目前，我国对教育信息化工作非常重视，近年来基础教育改革力度大，速度快，尤其是投入了大量的人力物力财力发展基础教育信息化。在陕西省，20 世纪 90

年代以来，在国家一系列重大工程项目的支持下，陕西省制定了一系列政策措施推动基础教育信息化建设，先后实施了中国教育科研网(CERNET)、新世纪网络课程建设工程、校校通工程、农村中小学现代远程教育工程和基础教育专网工程等重大工程项目，全省教育信息化水平取得长足发展。中小学校信息化基础设施较大改善，网络环境得到优化；数字教育资源不断丰富，信息化教学应用不断拓展，师生信息素养不断提升，应用水平不断提高；部分教育管理和业务系统投入使用，教育管理信息化取得一定进展。经过十多年的建设与应用，教育信息化对促进教育公平、提高教育质量、创新教育模式的支撑和带动作用初步显现，加快教育信息化发展成为全社会的高度共识。这些成绩背后离不开巨大的经费投入。比如，处于黄土高原的延安市，2002 年以来已经累计投入 5.1 亿元，仅 2014 年就投入了 4 000 余万加强教育信息化基础设施建设；位于秦巴山区的国家级扶贫开发重点县西乡县 2013—2014 通过各种方式筹集 4 000 多万元进行教育信息化环境建设。可以说，国家和地方已经为基础教育信息化花费了很大精力进行建设。这对于发达地区也许并不困难，但是，对于经济欠发达地区而言，就显得非常难得了。

但是，国家投入不少，效果如何？教育信息化发展过程中会否出现因信息不畅或者反馈不到位而出现决策失误的情况？其实，基础教育信息化发展中已经出现了许多困难和矛盾，比如决策盲目、应用效果不佳、软硬件不配套等问题，迫切需要建立一个科学的信息反馈、分析的监控体系，以便对基础教育信息化的建设、应用情况以及应用效果进行动态监测，这是区域教育信息化系统运行规律的需要，是推动区域教育信息化均衡发展的现实要求，它有助于客观地量化和评估基础教育信息化的成效以便及时了解基础教育信息化适应、变化情况以及发展的趋势，达到及时调整的目的。另外，通过监测加深对国家和各个地区教育信息化水平的认识，基础教育信息化只有监测建立在全面、准确的数据信息基础之上，才能教育相关部门宏观制定科学的教育政策和规划提供科学依据。因此，基础教育化监测体系的构建与实施迫在眉睫。

然而，截至目前，从国家到省市县，对教育信息化监测问题尚没有引起足够重视，更没有一个比较科学、具有可操作性的监测体系。

2．现有基础教育监控现状

通过调研和访谈发现，基层机构和学校普遍已经初步认识到教育信息化监测工作的重要性和迫切性，但只是停留在经验阶段、直觉阶段，还没有上升到理论高度、政策层面。从目前对基础教育信息化监控的实施情况来看：一方面，目前对基础教育信息化的监控主要以评价基层电教机构与基础教育学校方式展开，但是督促的效果并不明显，而开展基础教育信息化监测是进一步转变管理部门职能、加强和改进宏观管理工作的重要和有力措施。通过监测系统可以随时了解基础教育信息化的实际情况，能够掌握更真实的数据信息，这样才能更好地做好基础教育信息化的宏观管理。另一方面，评价方式主要通过上级部门下达的相关指标进行考核，辅助听取工作汇报、查阅资料、听课评课等传统定性评价方式，收集数据主要通过各基层学校上报为主，真实性有待考证。

3．基础教育信息化监测研究的现状

通过查阅文献资料可知，目前对于监测的研究目前主要集中在教育质量方面，而教育信息化监测的研究少之又少。对于“基础教育信息化监测体系”的研究，我们借助了中国知网平台提供的发表论文数据进行分析。在中国知网中选择“全文”检索，检索条件输入“基础教育信息化”并含“监测体系”，通过分析检索的相关研究资料，发现其从内容上大多数的研究是针对基础教育信息化展开的，其中与“监测体系”有关的主要是针对基础教育质量展开的，由此可见，目前对于“基础教育信息化监测体系”的相关研究还处于空白。因此，基础教育信息化监测的研究对促进我国基础教育信息化发展具有重要的现实意义。

（三）教育信息化监测的问题及成因

1．监测是局部的、经验型的

通过调研得知：基层电教机构对教育信息化监测工作没开展或者开展的力度和覆盖面欠缺。有的县区通过评价的方式对基础教育信息化进行监控，重点监控某个层面，比如：西乡县重点对教师的新媒体新技术应用培训效果进行了监控，但更多的县区并没有开展监测的工作。也即，基础教育信息化有大量投入，有一定产出，但其产生效果的机制、规律并不清楚，而基础教育信息化监测则是通过数据信息的变化，以便更清楚地展示这个投入产出的机理过程，从而帮助我们能更清楚地把握作用过程中是否存在问题，哪些问题又是亟待解决的，以及怎样解决这些问题等。

2．以“评价”代替“监测”

对基础教育信息化的监控主要通过评价的方式进行。通过访谈得知：

存在一部分管理人员或教师将通常进行的评价与监测混为一谈，将教育质量监测等同于教育信息化监测。监测有别于对具体部门、学校的评估，因为监测结果完全不与部门与学校的考核挂钩，对被监测的对象完全没有利害关系。基础教育信息化监测最主要的功能是科学地用数据信息说明问题，给决策部门提供客观依据。

3．监测要素不成体系，结果缺乏深度分析

现有各种统计、评价、督导多而繁，如果说它们带有监测的成分，那么他们多停留在感知信息、统计信息层面，没有达到“分析”信息的层次，且存在许多不足，诸如：在指标体系的构造方面，缺乏整体性、相对稳定性等，指标构造维度存在较多薄弱环节甚至缺失状况，复合型和综合性指标、质量指标和主观指标较少；在数据收集方面，存在不够多样化、参与机构较少、收集方法不够丰富等问题；统计报告对教育教学的结果性、政策相关性、可比性、学科性等特质不够重视；在使用方面，缺乏明确的分类管理制度和整合，等等。

4．监测主体和客体重叠，客观性不足

原因在于评价的主体是各级各类电教机构，存在着自己制定标准、自测、自评的问题，各地区督导的效果和力度不一，对基础教育信息化发展现状的监控没有统一的标准。

5．缺乏基于大数据分析的理念和技术，特别是数据处理分析缺乏专业性

大数据的核心在于数据采集的全面与专业数据处理和分析，目前的评估、督导等不具备这些特质。

6．数据信息的收集主要通过机构或学校上报，欠缺真实性

管理机构和学校在评价过程中上报的数据很大程度上跟政绩考核和争取资助挂钩，因此导致评价中收集的教育信息化数据信息或放大或缩小，在一定程度上会影响决策。

7．目前我国基础教育数据信息系统和平台构建不完善，大数据技术不成熟

与美国等发达国家大数据相关技术成熟和数据调查统计平台的完善相比，我国当前的教育数据信息系统和平台构建还不是很完善，各类大型的教育数据调查和统计较少，大数据相关的技术资源也比较薄弱，区域间技术资源分布不均，很多地方教育机构缺乏必要的大数据应用的基础设施建设。例如，某些学校没有学生、信息系统、在线教育平台，也就无法为教育数据挖掘和学习分析提供基础数据。因此，一方面，我们要利用诸如云计算和虚拟化等先进的信息技术，实现与大数据应用相关的技术资源获得和提升；另一方面，要实施各类大型教育数据调查和统计，构建比较全面和系统的教育数据库，为大数据在教育中的应用奠定技术和平台基础。

另外，现有监测属于静态、后置、总结评价，缺乏动态、科学的监测手段、平台和数据处理方式，使教育信息化决策依据不充分。

（四）构建区域基础教育信息化监测体系的思路

1．科学理解基础教育信息化监测的本质

要高度重视教育信息化监测的必要性。监测是指通过对影响事物发展的代表因素进行实时测定，及时发现事物发展中存在问题并给予解决，以掌握事物发展现状及变化趋势的过程。教育信息化监测涉及教育信息化实施过程中的各种要素和环节，比如：信息化设施建设、信息化资源建设、信息化师资水平、基础教育信息化管理，等等。

《国家中长期教育改革和发展规划纲要（2010—2020年）》指出："要构建国家教育管理信息系统，推进政府教育管理信息化，积累基础资料，掌握总体状况，加强动态监测，提高管理效率，为宏观决策提供科学依据。"随着教育信息化的发展，我国基础教育信息化发展已处于重要战略机遇期，面对全面建设小康社会、构建和谐社会、和谐课堂的新要求，基础教育承载着人民群众受教育权益从"有学上"转向"上好学"的希冀，面临着提高质量、促进个人发展与推进社会公平发展的新挑战。由于我国基础教育面大量广，热点、难点问题较多，城乡间、地区间发展出现了很多不平衡现象，客观评价区域基础教育信息化发展水平，对准确把握后续区域基础教育信息化工作重点有重要的现实意义。加强对基础教育信息化的监测是对区域基础教育信息化综合发展水平实施客观评价的重要前提工作，通过对基础教育信息化的监测，可以帮助我们全面了解基础教育信息化的实际情况，及时发现问题，深入分析原因，对基础教育信息化可持续发展与建设具有重要的价值和意义。

因此，监测不是要给哪一个学校、哪一个电教机构以定性的评价，而是通过监测得到一些数据信息，再通过数据信息来分析我们国家基础教育信息化发展的现状，相关教育行政部门应该有针对性地采取哪些措施等。

2．明确监测的原则

原则，既是教育信息化监测的基本要求，也是“监测”与各类“评估”的重要区别。基础教育信息化监测的原则主要包括：

（1）绩效原则。通过监测，搜集、分析数据，发现问题，以促进教育信息化的规划、制度、环境等建设，促进现代教育媒体与管理、教育教学活动的深度融合，发挥教育信息化在实现教育现代化中的引领作用。

（2）大数据原则。教育信息化是一个系统工程，涉及政策、体制、人员、设备、应用等多种数据、信息背后、信息之间隐藏着大量的信息，目前主流软件工具无法实现，挖掘数据背后的信息，必须由专业人员进行深度分析，才能真正发挥数据的反馈、监测的作用。因此，教育信息化的监测采用专业的数据采集、处理是教育现代化的必然趋势。

（3）第三方监测原则。《国家中长期教育改革和发展规划纲要》中指出，要“促进管办评分离”，因此“政府管教育、学校办教育、社会评教育”是教育治理的未来方向，也是实施教育信息化监测的重要原则。监测可由高等学校或专业调查公司承担监测主体，即第三方监测教育信息化的尝试。

（4）动态性原则。教育信息化建设是一个不断发展、不断创新的过程，在这个过程中无论是教育信息化设备的更新升级、环境的优化、管理活动的绩效、应用领域和方式、信息素养的提升等，都是处在不断变化之中，准确掌握变化情况、规律、趋势，使教育信息化管理决策更加客观、科学、有效。

（5）信息采集多元化原则。数据采集既要重视传统的各级电教馆站渠道，更要重视普通教师、家长、学生等提供的信息；既要重视围绕监测指标体系采集的数据，还要重视教育信息化规划、文件、总结、专项评估等信息；既要重视电子媒体信息，还要重视纸质媒体信息；既要通过数字系统采集的信息，还要重视访谈信息等。

（6）科学化原则。保证监测信息采集的准确性、代表性、全面性，同时，由具有专业素养、相对独立的第三方对采集的各类信息，运用科学的数据分析技术进行分析，提供分析报告，为评价、决策提供客观依据。

3．明确基础教育信息化监测的核心要素，制定可操作性的实施方案

基础教育信息化监测涉及的要素较多，其核心要素包括：

（1）监测主体：依据“第三方监测原则”，由省内高校、调查公司、教育信息化企业等具有数据处理技术和设备的单位承担监测任务。

（2）监测对象：基础教育（含学前教育）各学校、幼儿园；省、市、县（区）电教机构。

（3）监测内容：主要围绕基础教育信息化管理、设施环境建设、资源建设、队伍建设、信息化水平与应用、学生信息化学习能力与应用、效果等。

（4）信息分析内容：根据教育现代化及教育信息化未来发展的需要，以中小学教育信息化的感知信息和统计信息为基础，采用各种分析方法，对教育信息化的要素及其相关的社会、经济、文化现象进行综合的、动态的描述、评价、预测。具体来讲，重点分析教育信息化各要素数据的集中程度、离散程度、各要素间的相关程度等，以发现区域内基础教育信息化的水平、均衡程度、发展规律和趋势等。

（5）监测方式及信息来源：以《教育信息化监测体系》（详见附件）采集的基本数据为主，辅之以其他方法。主导方式主要依托网络，通过开发的专业的软件平台和统计分析软件系统进行监测。辅助方式监测组织者提供的各类统计信息、抽样研究数据、访谈数据等。

4．监测过程科学严密

监测的组织者为各级电教机构，具体实施者为高校、专业公司等第三方监测者。对电教机构的监测由其上级电教机构组织；对中小学、幼儿园的监测，由其上级电教机构组织，以协议合同的方式确立各自职责。

监测过程：由监测者通过填写的监测数据信息、电子邮件、调查访谈、现场考察、查阅资料等方式搜集数据，提交监测报告。

监测结果处理：由监测者将监测报告提交给监测工作的组织者。组织者应向教育管理部门、上级电教机构汇报监测过程及其结论，并附监测报告，并依据监测结论改进教育信息化工作。

5．保障有力，组织严密

对政府而言，教育信息化监测是政府的重要职责，但实施可以委托第三方，重在科学、客观。因此，管理者应从体制、经费、人员等方面保障此项工作。

对各级电教机构而言，要统筹安排监测工作，并对第三方监测者提供支持和配合，对监测者提供的监测报告严肃对待，并作为推进教育信息化工作的重要依据。

对监测者而言，也要高度重视教育信息化监测的专业能力提升。各高等学校，特别是承担教师教育任务的地方高校，将本工作作为高校服务地方教育事业的具体表现，有关高等学校可以依托相关学科专业，成立“教育信息化监测”研究与服务机构；要鼓励本校相关部门、教师参与竞标，并从科研政策、时间精力、研究条件等方面提供支持，建议将承担教育信息化监测任务纳入科研项目管理，进行支持、监督。具有承担教育信息化监测的其他社会机构、产业公司，也要发挥自身数据处理、技术优势，研究教育信息化的特点，积极参与监测，提供高质量的监测报告，实现双赢。

第三节 教师专业化

近几年来，国家高度重视农村中小学教师专业发展问题，也取得了显著成效。但是，不可否认的是，当前农村中小学教师专业发展还面临着诸多困境。笔者曾多次在山区县中小学校调研，与许多校长和教师深度访谈，深切地感受到山区县中小学教师普遍存在职业成就感缺失现象，而且，这已经成为他们专业发展的瓶颈。从根本上来讲，中国当前还是农业大国，农村学生数量占绝大多数，农村中小学教师是发展农村教育和提升农村教育质量的关键。因此，关注农村中小学教师职业成就感缺失问题与师资均衡发展问题是农村中小学教师专业发展研究的重要内容。

一、提升山区县中小学教师职业成就感

（一）职业成就感缺失是农村中小学教师专业发展的障碍

从心理学角度来讲，成就动机是个体追求成功的内在动机。追求成功是每个人在职业生涯中的愿望，成功意味着自己有能力做好某件事情，也是对自己专业发展水平的肯定。伴随成功而产生的成就体验是一种积极的内在力量，能够促使个体致力于自己所从事的职业。对于山区县中小学教师来讲，获得职业成就感也是他们的内在需求。教师的职业成就感指的是教师在自己的职业生涯中感到自己能够胜任教育教学工作，推动了教育教学工作的顺利开展,实现了预期的教育教学目标后所产生的内在的满足感。一方面，职业成就感能够提高农村中小学教师的自我效能感。一般来讲，个体的职业成就感越强，自我效能感也会随之增强，感受到自己工作胜任能力提升，对自己工作能力的自信力也加大。另一方面，职业成就感能够让农村中小学教师体验到自我实现的价值，从而以更大热情投入到教育教

学工作之中。按照马斯洛的需要层次理论的解释，自我实现是自我价值得到实现时内在的心理体验，是个体最高层级需要。山区县中小学教师在职业生涯中体验到的自我价值能够促使他们把农村教育事业当作自己终生的事业，从内心深处感受到当农村中小学教师的幸福感。正是在这个意义上，笔者认为，职业成就感是农村中小学教师专业发展的内在动力。

然而，在教育实践中，山区县中小学教师却普遍存在职业成就感缺失现象。笔者在农村调研期间发现，一些山区县中小学教师感到跟不上频繁的课程改革的步伐，导致自己在农村教师工作岗位上很难或较少体验到成功感、价值感，他们对钻研教育教学工作和提升业务能力也失去信心，在各种赛教、培训活动中他们往往抱着走过场的心态。有不少山区中小学校长也抱怨，由于农村中小学校生源质量不高，以及教育条件和环境的限制，教师往往在教学工作中投入多而收益少，较少能感受到劳动付出后的喜悦和成功。事实上，农村中小学教师职业成就感缺失已经严重制约和影响到他们专业发展的内在动力的生成，以及农村教育事业的发展和农村教育质量的提升。

（二）山区县中小学教师职业成就感缺失的原因分析

客观地讲，造成当前山区县中小学教师职业成就感缺失的原因是多层面的，是历史与现实，客观与主观多重因素综合影响产生的后果。

1．城乡二元社会结构体制致使山村教师处于边缘地位

长期以来，在城乡二元社会结构体制下，城乡发展不均衡，城市处于优先发展的战略地位，致使城乡教育发展不均衡，优质教育资源向城市学校集中，山区学校则处于边缘地位。最为突出的表现是，相对城市学校来讲，山区学校教育教学条件和环境欠佳，设备相对简陋，在很大程度上，这会成为农村中小学教师进行教育教学改革的客观性制约因素。从生源方面来讲，受山区家长学历普遍较低影响，在学生的学业成绩提升方面，农村中小学教师获得的家长的支持较少。在当前应试教育在农村中小学仍然盛行的情况下，学生考试成绩还是衡量教师工作成效的最主要的指标，但是，长期的城乡教育失衡导致的农村学生学业成绩普遍较低现象难以满足教师的成就愿望。还需要特别关注的是，城乡二元经济结构最突出的制度弊端在于："它以规制的方式确定了一种泾渭分明的关于城市和农村的边界，同时也确定了‘城市人’与‘农村人’的边界"，而且“因城乡差别的客观存在而使得城市人有一种天然的优越倾向，同时又使得农村人有一种难以抹去的自卑情结”。事实上，这种社会文化心理也深深地映射到农村教师和城市教师身上，致使部分农村中小学教师也存在自卑心理。有一位农村初中教师这样讲道：“每次参加区教研室组织的学习会，基本上都是市里老师在宣讲他们的教学经验，面对我们农村学校来的老师还表现出一种不屑一顾和居高临下的气势，实际上，他们占的只是在城市学校的优势而已”。

2．城市化致使农村家庭教育责任向学校转移

自 20 世纪 90 年代以来，伴随中国经济的迅速发展，出现农村人口向城市的大规模转移。据国家统计局发布的《2012 年全国农民工监测调查报告》显示，2012 年全国农民工总量达到 26 261 万①，比上年增长 983 万人，增长 3.9%。有些农民工无力把孩子带入城市生活和学习，只好把他们留在农村，这些孩子就成为留守儿童。据全国妇联最新的统计，目前中国 18 岁以下的农村留守儿童有 6 102.55 万，占农村儿童的 37.7%。② 由于留守儿童父母双方或一方外出务工，留守儿童普遍存在亲情缺失现象，甚至出现和父母心灵沟通“陌生化”倾向。这些致使留守儿童容易产生心理寂寞、孤独、安全感缺失等现象，因此，当他们进入学校的时候对教师充满了更多的期待，希望能够从教师那里获得温暖和呵护，这在很大程度上增加了农村中小学教师的教育责任。但是，由于农村家长普遍存在“养”是家庭的责任，“教”是学校的责任的认识误区，对教师在孩子教育上的付出不会表现出足够的感恩。而且，近些年来，伴随农村中小学布局调整政策的实施，寄宿制农村中小学数量增多，学生在校时间延长，教师工作负担加重。由于许多寄宿制农村中小学校没有专职的生活教师，致使教师除了要承担正常的教学工作外，还要承担日常繁重的学生生活管理任务。但是，由于农村中小学校经费普遍紧缺，所以教师工作任务的增加也无法带来经济待遇的相应补给。总之，城市化发展使得农村家庭教育责任向学校转移，致使农村中小学教师工作负担加重，但却较少获得相应的精神和物质回报。

3．课程改革对农村教育现实的忽视致使农村中小学教师的教学变得更加困难

新中国成立后，我国先后进行了八次基础教育课程改革。在很大程度

---

① 2012 年中国农民工总量逾 2.6 亿[EB/OL].（2015-5-28）[2014-2-10]http://finance.jrj.com.cn/2013/05/28075815343004.shtml.

② 时代的孤儿：中国农村留守儿童人数达 6103 万[EB/OL].（2013-7-26）[2015-5-28]http://data.163.com/13/0726/02/94M664OS00014MTN.html.

上，每一轮课程改革都推进了教育的发展和进步。但是，遗憾的是，课程改革的规划和设计主要是基于城市学校教育发展的现实出发的，对农村学校教育现实考虑较少，在课程实施中农村中小学教师会面临着更多困难。一位农村初中英语教师讲道："我做教师三十年了，现在对教师(这份工作)谈不上热爱了，因为没有成就感。以前班上不及格的是三分之一或三分之一多，现在不及格的都是二分之一，甚至是二分之一以上啊。我们每次新教材出来之前都试验，但试验的都是好的学校，好的学校的老师素质，学生素质都比较好，学校的设施都好，虽然农村学校现在改善多了，但还是跟不上的。现在，英语从小学三年级就开始开设，像我们乡，小学英语教师本身就缺，我们中学的几个英语教师还兼任乡中心小学的英语课。而且，在小学阶段英语是副课，不受重视，很多学生基础就没有打好。升入初中后，这些学生对英语就失去了兴趣，英语学习分化提前，成绩就上不去了。"这位教师的讲述道出的是所有农村中小学教师的心声。实际上，中国基础教育课程改革在课程目标、课程内容等方面都存在城市中心取向。在很大程度上，这种缺乏基于对农村教育现实仔细考察之上的基础教育课程改革在使农村学生的学业成就感降低的同时，也直接挫伤了很多农村中小学教师职业成就体验。

4．部分农村中小学教师自身专业发展动力不足

辩证地讲，造成农村中小学教师职业成就感缺失现象除了外在的客观原因外，他们内在的专业发展动力不足也是不可忽视的原因。许多山村教师认为自己的专业发展是被动的，基本上是迫于行政管理力量的推动；有的农村教师没有明确的专业发展方向，参加各种培训、活动等基本上是服从上级培训部门的安排，一般不会主动争取。教师是自身专业发展的主体，他们的主体性的充分发挥是专业发展获得良好成效的基础和保障。当然，农村中小学教师专业发展的主动性和积极性的丧失是导致他们职业成就体验缺失的直接原因。实际上，农村中小学教师专业发展动力不足在一定程度上体现出他们职业认同感较低。职业认同感反映的是个体对自己所从事的职业价值的内在确认的程度，职业认同感越高，个体在本职工作中展现出的积极性和主动性越强；反之，职业认同感越低，个体在本职工作中展现的积极性和主动性则越低。由于部分农村中小学教师职业认同感较低，导致他们不会把自己的生命意义和农村教育事业联系在一起，而是会在可能的情况下选择流向城市学校。一位农村初中教师告诉笔者，仅在 2013 年下半年他所工作的农村初中就有九位教师采取各种办法流向了市区条件

较好的学校，他说教师们的心都飞了，安心在农村学校教书的教师越来越少。农村中小学教师大量流失的情况肯定会导致教师人心不稳，难以安心钻研业务和教育教学研究，职业成就感也势必会降低。

（三）提升山区县中小学教师职业成就感的路径选择

教师是专业发展的主体和教育事业发展的可靠力量，提升农村中小学教师的职业成就感能够激发他们专业发展的信心和热情，并促进农村教育事业的蓬勃发展。我们可以从宏观、中观和微观三个层面来探讨提升农村中小学教师职业成就感的可能路径。

在宏观层面，国家和政府要为提升农村中小学教师的职业成就感创造良好的社会环境。一方面，要缩小城乡差距，均衡城市和农村学校教育资源，切实提升农村学校教师经济待遇。在当前城乡发展不均衡，城乡教育资源分配失衡的情况下，农村中小学教师承担着繁重的工作压力，但是收入却比较微薄。因此，国家要缩小城乡差距，均衡教育资源，保障农村中小学教师的工资收入，并在此基础上，给予特殊补贴，特别应该设立寄宿制农村中小学教师津贴补助专项资金，给予那些承担着过重工作压力的教师以经济补偿。另一方面，要营造尊师重教的社会氛围，特别是要对农村教师奉献农村教育事业的精神给予特殊关怀。我国具有尊师重教的文化历史传统，但是，近些年来，随着经济社会的繁荣和发展，出现了物质主义风气加重，而精神文化有些衰落现象，尊师风气也随之滑落。因此，国家要加大尊师宣传和教育，营造良好的尊师氛围，突出对农村教师奉献精神的宣传，让农村中小学教师切实体会他们从事农村教育事业的社会价值和意义。另外，教育部门在教育教学改革中要摒弃城市中心倾向，充分考虑农村教育现实情况，特别是课程目标的制定和课程内容的选择要尽量贴近农村学生生活实际，同时还要充分考虑农村中小学校师资状况，真正让教育教学改革促进农村学生的成长和发展，也能够让农村中小学教师在教育教学改革中提升职业成就感。

在中观层面，农村中小学校要为提升教师的职业成就感创造良好的学校文化和制度氛围。没有更好的教师就不会有更好的学校，但是没有教师可以在其中学习，实践和发展自身的更好的学校，也就不会有更好的教师。教师和学校之间是鱼与水的关系，是相互依存和相互关联的，学校的发展离不开教师，教师的发展也离不开学校。对于农村中小学校来讲，要尽力为教师的专业发展创造良好的环境，建立长效激励机制，建设研究型文化，为教师专业发展提供良好的制度和文化氛围。一方面，学校要注重物质激励和精神激励相结合，重在给予教师情感和精神方面的肯定、承认和关怀，激发和维护教师专业发展的热情和积极性。教师作为知识分子更注重情感和精神层面的需要的满足。那么，学校领导在教师管理中要尽量淡化行政命令和要求的成分，在可能的情况下能以协商和探讨的方式分配工作任务，争取获得教师情感上的理解和支持，特别是在农村中小学校教育资源短缺的处境下，教师的理解和支持对于学校各项工作的顺利推展是至关重要的。这样，教师也就能够获得领导的尊重，从内心迸发出愿意潜心钻研教育教学业务的积极性。另一方面，学校要设立教育教学研究组织和开展教育教学研究活动，为教师专业发展提供平台。一般来讲，中小学校都设有各个学科教研组，事实上，学科教研组不仅具有教学功能，还具有研究功能，是中小学教师开展教育教学研究的平台。从学校角度来讲，要加强对学科教研组的监管，使教研组的教学和研究活动正常化开展，并能够对表现突出和成效显著的教研组和教师以精神和物质双重奖励。需要指出的是，农村中小学校长要在学校科学研究活动中发挥表率和带头作用，带领教师开展校本研究，帮助教师提高科研意识和科研能力，促进教师的专业发展。

在微观方面，农村中小学教师自身要增强专业发展的自主性，从而在专业发展过程中实现自我。人本主义心理学家马斯洛说："对于个体来讲，不仅生存是好的，努力去发展完美的人性，使人的潜力得到发挥，追求更大的幸福，更准确的认识，这一切也是有益的。"① 这意味着，我们不仅要追求生存的价值，还要追求成长的价值。对于农村中小学教师来讲，不仅要通过教师这份职业获得生存，更要在职业生活中获得自我价值的实现。事实上，只要教师从内心深处拥有自我实现的需要，专业发展的自主性就能生成，专业发展也就会变成教师的一种自愿自觉的努力。在这种情况下，教师会自觉加强对日常的教育实践的反思，在反思中发现存在的问题和需要改善的方面，并会想方设法寻求问题解决的方案。在这个过程中，教师会促进自身教育教学专业知识的积累和专业技能的提升，以及教育教学质量和效果的提升，从而体会到自己价值的实现和内在的职业成就感的生成。

二、加快促进城乡学校义务教育师资的均衡发展

近年来，我国义务教育阶段的师资均衡发展已不再是一个理论问题，

① 马斯洛. 动机与人格[M]. 许金声，译. 北京：华夏出版社，1987.

而是一个教育事实中的实际问题。教育信息化是义务教育阶段城乡学校间实现师资均衡发展的重要手段，我们必须加强中小学教师的教育信息化教育和学校教育信息化的软硬件建设力度，从而保障义务教育在师资方面的均衡发展，为城乡学校师资的均衡发展提供科学的运行策略与实践依据。

（一）义务教育阶段城乡学校师资均衡发展的必要性

1．能有效减小城乡教育差距，提高教师教育教学质量

师资均衡发展是影响当今义务教育均衡发展的重要一环。众所周知，教师是提高学校教育质量的关键因素，师资的均衡化发展是实现义务教育均衡发展的关键所在。在传统的城乡结构下，城市教师与山区县教师在资源配置上有极大的差距，并呈现出扩大化的趋向。即使政府部门在政策上有一定的倾斜，而且在流动模式上也采用了多种手段，如支教、定期轮岗、培训学习等，但发挥的示范作用受到了很大的约束。统筹城乡一体化可有效地运用各种流动模式，极大地提升城乡的综合教育教学质量，充分调动广大教师教学的积极性。教育信息化的逐步实现，使教师资源得到一定的发展，弱化了一些外在因素对教师的影响，使得城乡学校教师的能够主动地进行互相学习，取长补短。师资的均衡化发展缩小了城乡学校间的教育差距，提高山区县学校教育教学质量。

2．充分实现教师资源优势互补

教育信息化建设为城乡学校基本上提供了相同的设施设备，但城乡学校与山区县学校的教育各有特色，山区县教育具有城市教育所不具备的特色与优势，具有与自然相结合的先决条件。即城市教师到山区县学校任教，不单是肩负着示范的角色，更承载着一种挖掘山区县特色的使命。而山区县教师到城市学校学习，不仅获得了先进的知识和教学手段，更是将山区县的特色带给了城市。因此，城乡教师的轮岗互换是一种相互的学习和借鉴，在这一优势互补的基础上，教师的教学质量将会得到创造性的提升。教师资源均衡并不必然带来教育质量的均衡，把优质教师资源转化成较高的教育质量，因为它还取决于生活条件、工作环境、区域与学校文化等众多因素。采取多种有效激励机制，建立学科群网站，吸收与整合全国各地优秀教师所积累的资源，实现资源共建共享。

3．促进城乡间教育一体化发展

当前国家财政大力发展山区县学校远程教育和网络课堂来解决学生的

信息化学习，这样不仅能使山区县中小学生能分享城市里最优秀教师的授课内容，还能促进城乡学校教师之间、学生之间、师生间进行相互交流学习，缩小城乡学校间的教育差距，促进城乡共同发展。当前城乡教育资源分布的过度不均衡，导致山区县教师享受优质教育的机会较少，我们通过把城市里最优秀的教育资源通过网络、电视、广播等方式引入山区县地区，拓展、丰富和革新山区县教师的学习视野、观念、模式、内容和方法等，从而提升山区县教师的专业能力，让山区县学生也享受优质的教育；同时，派山区县教师去城市进行信息化教育进修，促进教师自身的成长，充分实现山区县师生与城市师生的“学习”需要。城乡学校师资均衡发展能不断缩小城乡学生之间的教育差距，促进城乡学校教育一体化发展，也是中国教育事业在信息化背景下实现可持续发展的重要措施。

（二）山区县学校师资发展不均衡的表现

事实表明，我国基础教育城乡间师资不均衡现象日渐凸显，许多年轻教师和优秀教师向城区和经济发达地区流动，导致山区县农村学校的师资队伍下降趋势明显。师资不均衡主要表现为：

1．山区县教师教育信息化观念相对落后

近几年，教育信息化为学校教育观念的更新、教育教学的改革起到了极大的推动作用。但是，现在学校衡量教师教学质量的标准实质上还是考试成绩，而且信息技术课程没有纳入到考试中去，所以学校及教师对教育信息化的认识普遍不高，重视程度也不够。山区县教师对信息技术的内容、基础知识及基本技能的了解与掌握缺乏，有的教师甚至疏远或视而不见。随着教育信息化的逐步推进，大部分教育工作者已深切地感受到了信息化给教育带来的变革，但仍有部分人的教育观念还比较落后。教师的教育观念影响了山区县地区信息化资源的有效利用和教育信息化的可持续发展。在教师的信息化过程中，许多山区县教师都对新的教学工具与教育模式和思维有一定的畏惧和抵触，再加上他们的年龄偏大，对新技术的接受与学习能力相对偏低，而且他们的教育观念都比较传统，所以使教育信息化的推行受到了很大的制约[①]。年轻一些的教师能较快地适应社会信息化的发展，希望自己在城市或重点学校得到更好的发展，所以城乡学校间师资出

① 郝玉娟，毛丽萍．教育信息化中的城乡差异分析[J]．当代教育理论与实践，2013（2）：35.

现了不均衡。因此，我们需要进一步加强教师的教育信息化主导思想，以保证山区县学校教育信息化的健康、可持续发展。

2．山区县学校教学师资比较匮乏

义务教育阶段，很多学校要开设信息技术课，但是却没有足够的师资力量。由于山区县学校大都地处偏远山区，很多教师不愿或不服从安排去山区县学校教学。有的学校是其他科目的老师代课信息技术课程，勉强能维持正常的教学，但是没有起到什么实质性的效果，对教育信息化工作的开展起到了一定的制约作用。山区县学校所处的地区地广人稀、生源分散、自然条件恶劣，师生比偏高，而且办学成本相对较高等，这些都影响了教师的职业倾向，并且影响了山区县经济的发展，从而导致很多教师教学工作的城市化选择取向，山区县学校师资缺乏。相对于城市教师，山区县教师受教育水平更低，接受培训的机会更少，信息素养较差；而且受地区等因素的影响，山区县教师待遇普遍不高，教师的职称晋级、进修等机会都低于城市教师，许多优秀的山区县教师逐渐流向城市和经济发达地区，使得山区县优秀教师缺乏的状况更加恶化。教师的素质与水平决定着教学质量，师资差异是造成义务教育城乡学校发展不均衡的重要原因。

3．山区县教师教育信息化素质相对较低

教师信息化素质包括信息技术水平与信息素养，实施教师教育信息化培训计划后，山区县中小学教师的信息技术水平普遍有所提高。培训不到位，使得很多偏远山区学校虽然配备了相应的信息化设备，却没有得到充分的利用和管理。究其原因在于许多教师教育技术能力不高，无法开展信息化教学。山区县教师对教育信息化建设的重要性没有足够的认识和理解，使得教育信息化也受到了一定的限制。教师应该把握好当前的有利时机，通过综合学习，在教学中充分应用现代教育技术，使学生能够享受到优质的教育资源。要提高教师的信息化素质，不仅要完善教育信息化培训体系，还要从教育资源、实践能力和平时的教育教学中着手，从各方面提高教师的信息化素质，实现教育信息化的可持续发展。

（三）导致城乡学校义务教育师资不均衡的原因

1．国家教育经费投入不足，导致师资流向城区和较发达地区

国家教育经费投入不足不仅制约各地区义务教育城乡学校均衡发展，也致使城乡学校师资不均衡发展。由于城市和山区县的经济发展存在很大的差距，因此在教育投入上城乡之间差异显著，山区县学校的教育经费明显少于城市学校，相应地导致城乡中小学校的教育信息化差异。调查表明，中国城市人均纯收入明显高于山区县，城市家庭的教育投入也明显高于山区县家庭[①]。因此，大量的优秀教师都向城市或重点学校流动，导致山区县学校师资缺乏。

2．城乡学校的环境差异导致城乡学校教师流动性加大

我国是一个发展中的大国，由于地区的各方面差异，导致地区间信息化发展水平差异明显。调查表明，我国城乡学校教师待遇存在较大的差距，山区县学校教师工资普遍偏低，且居住条件、生活环境都与城镇学校教师相差很多。在社会人文环境上，山区县和城市之间在居民受教育水平、信息文化资本与社会信息环境方面都存在较大的差异。对于老师来说，在环境较好的学校中的在职学习或以后发展都优于山区县学校。因此，很多年轻老师没有很大的意愿去山区县学校，而是选择去城市或经济发达地区的学校发展。

3．教师的学习环境致使教师的个人能力差异明显

在城区或经济较发达地区，除了基本的物质需求外，教师更注重精神需求和自我价值的体现。教师在条件优越的城市学校，可以在具有挑战性的工作岗位上最大限度地提升自我的专业能力，并且实现自我价值，为所在学校的教育信息化发展做出自己的贡献，而且这些学校为教师的在职学习和终身学习提供了更好的学习环境。在教育信息化背景下，教师不仅考虑到自己现在的发展，更关注未来自身的发展。这样一来，城乡教师间的个人综合能力差异就会更加明显。

（四）教育信息化背景下城乡学校义务教育师资均衡发展的策略

教师资源是义务教育的支柱，而其均衡配置直接决定着义务教育的均衡发展，是义务教育实现公平发展的必由之路。目前，我国地区之间、城乡之间、学校之间义务教育师资配置不均衡。但近年来，国家也在促进教师资源均衡配置方面，采取了一些相应的措施：义务教育阶段学校绩效工资制度、部属师范大学师范生免费教育政策、中小学教师国家级培训计划、高校毕业生到山区县任教的“特岗计划”、和教师职务结构比例向山区县学校倾斜，等等[①]。教育信息化背景下，实现城乡学校义务教教育师资均衡

① 褚宏启．教育制度改革与城乡教育一体化[J]．教育研究，2010（11）：3-9.

发展是教育均衡发展的当务之急。笔者对此也做了一些相应的策略探究：

1．加强城乡教师的交流学习，促进山区县教师教育信息化观念的转变，减小城乡教师的理念差距

在教育信息化背景下，要有效促进教育信息化建设，首要的是转变教师的教育信息化观念。而转变观念主要依靠学校对教师的培训和理论学习，为教师提供更多的学习机会。教师教育信息化观念的转变有以下两个方面：

一是通过观摩教学实现教师教学思想的转变，加强教师对信息化的认识和理解。信息时代的今天，教师的主要任务是教会学生怎样在教育信息化环境下学习。学校在信息化教育培训中，应使教师注重利用现有的教育资源创设利于培养学生信息素养的学习环境。教育信息化为教师的教学提供了更好的环境，促使教学进一步顺利开展。城乡学校间在教育信息化背景下，形成了不同的教学方式、教学模式等，因此城乡学校间教师可互相进行观摩教学，促进彼此进行交流与学习。山区县教师首先应从传统意义上的知识传授者转变为学习的组织者和协调者，转变教育教学观念，学习现代教育思想，树立正确的教育观、人才观，提高对现代信息化的认识，紧紧跟踪教育信息化引起的教育思想、教育模式、教育方法的重大变革。

二是通过网络研修增强山区县教师对区域和学校文化的认同。教育信息化、教育现代化已经成为国家和社会对每一位教师的基本要求，因此，我们不仅要强化教育信息化建设，更应该注重建设过程中整合各种教育教学资源，引导和帮助学生进行更有效的学习。而文化是教师发展的重要维度，是影响教师发展的深层次因素。因此，在教师发展过程中，应增进教师对区域文化底蕴的认识，增强教师对区域的服务意识与长期任教的信念，培养有扎根于区域教育精神、具备服务于区域教育能力的专业化教师[①]。同时，学校的文化精神对师生的影响是潜移默化而长远的，因此学校应该注重校园文化的培育，增进山区县教师对校园文化的认同感。

2．健全科学的城乡教师管理与流动机制，保障城乡学校师资均衡发展

要尽快缩小城乡学校间的差距，促进城乡学校教育均衡发展，必须着重抓好教师队伍建设，建立科学合理的教师管理与流动机制。

一是应该将行政手段与经济手段相结合来管理教师，促进教师合理流

① 胡友志. 发展式均衡：区域基础教育师资均衡化的新路向——基于基础教育优质均衡发展的政策变革[J]. 教育科学研究，2012（8）：11-14.

动。国家和相关部门应该以经济手段为主、行政手段为辅，而且行政手段应该更加人性化，要给予山区县学校更多的政策倾斜，给教师提供更多的发展机会，这样就能留住更多的教师和优秀人才，对学校的发展具有更重要的现实意义。

二是建立定期交流与轮岗制度。在现今教育环境下，我们要进一步打破优质、劣质教师资源过度集中的状态，促进师资均衡配置，建立义务教育阶段学校的校长和教师定期的交流合作与轮岗制度。这项制度不仅能激发教师自身的教学积极性，能鼓励教师去积极的实现自身价值，促进各个学校先进教学经验的交流，为落后的学校带去先进的教学方法和成熟的教育管理经验，充分实现各项资源整合，而且为实现本区域内部的学校之间优秀校长和优秀骨干教师的资源共享搭建平台。

三是建立城乡教师流动一体化的管理机制。对城乡教师流动实施统筹规划和管理，根据城乡教育发展的需要建立多元化的城乡教师流动运行机制，提供多样化的、灵活的、可供教师依据个体情况自愿选择的流动模式与时间，并辅之以不同的评价与监督机制，鼓励城乡教师之间的合理流动。国家的政策制度可推进城镇教师特别是优秀、骨干教师到山区县学校支教，促进城乡教育的双向沟通和良性互动；山区县学校还应加大培训经费的投入，增加教师培训机会，建立形式多元的山区县教师和校长培训机制，建立城乡一体的培训课程资源库和师资库，加强城乡教师间的经验交流与分享。

四是制定和完善义务教育阶段教师人事制度与奖励制度的具体措施，对教师在城乡之间和学校之间的交流与合作的奖励给予一定的保证。在教育信息化背景下，积极拓展教师交流与合作的有效路径，改善山区县学校的薄弱环节，提高教师交流与合作的各项标准，增强教师对城乡之间以及学校之间的交流与合作的吸引力。在现行教育管理体制下，各级教育行政管理部门要加强教育信息化的检查力度。此外，我们应不断地进行教育信息化评估体系的研究，逐步建立起一套完整的教育信息化评估指标体系，使我国的教育信息化事业走向良性发展的轨道。

3．加强教师信息化技术培训，提高教师信息化教育教学能力，减小城乡学校教师的能力差距

教师的教育技术培训是教育信息化过程中的重点内容。培训要对全体教师进行全员培训，使每位教师都能进行单机教学和网络教学。对于山区县教师的教育信息化培训应注意：

一是要通过多种方式进行教师培训，给教师提供更多的培训机会，实现按需学习，快速提高教师的信息化教学能力。

二是要根据年龄和学校差异分别进行培训。教师的年龄和学校的差异使得教师对教育信息化的各方面认识和理解都不尽相同，所以要根据教师的差异进行分组模块培训，教师可依据自己的情况进行模块选择学习，可以提高教师的学习兴趣，激发教师的学习动机。

三是领导要积极引导，加强教师培训，鼓励教师利用现有设施，充分应用信息化手段进行教学和科研工作。

师资均衡是教育信息化建设进行中最为关键的一环，其具有的信息技术能力是决定教育信息化建设成功与否的根本保证①。学校是教师进行教育信息化的主要场所，因此，学校不仅应注重专业性人才的补充，为教育信息化注入新鲜的血液;学校还要鼓励教学人员充分运用现有的教育资源，探究并开展多样化模式教学；学校更要积极开展信息化技能培训工作，指导教师学习和使用信息技术，提高全体教师信息技术的整体水平，缩小城乡学校间教育信息化的差距，对学校师资均衡发展具有十分重要的现实意义。

三、教育信息化背景下山区县教师的专业发展

在新课程改革的影响下，在教育的日益变革进程中，教育信息化的改革最终体现在教师是否能够有效地将信息技术应用到课程教学中去。因此，信息时代的到来，教育信息化的突飞猛进，对教育主导者——教师提出了全新而严峻的挑战。这一系列变化必将会对教师的素质提出新的要求，必将会对教师的教育观、教育方式、教学行为等产生影响。因此，教师在教育信息化背景下的专业成长是新时期教师教育研究的重要领域，关注并研究教育信息化背景下的山区县教师专业化发展是促进教师专业化、教育最优化的一个重要途径。

（一）教师专业化发展

“教师专业发展”提出于 20 世纪 80 年代，“教师专业化”已成为当今教育行业、教师教育等方面关注的焦点。教师专业化的含义是：教师在整

---

① 宋乃庆，杨欣，李玲. 以教育信息化保障城乡教育一体化[J]. 电化教育研究，2013（2）：32-35，41.

个职业生涯中，通过专门训练和终身学习，逐步习得教育专业的知识与技能并在教育专业实践中不断提高自身的从教素质，从而成为一名合格的专业教育工作者的过程[①]。我国山区县教师专业化就意味着要逐步提高教师的学历层次，增强专业情意，提升专业知识、专业技能，提高学术研究水平，提高实施素质教育的能力和水平，提高职业道德水准和加强有利于促进教师专业发展的制度建设。

“教师专业化发展”主要是指教师在信息素养和专业素养两方面的发展完善的过程。文中所讲的“信息素养”主要包括信息态度、信息意识、信息知识和能力这几个方面；而“专业素养”主要包括专业知识、专业技能、专业情意等。

就广义层面而言，“教师专业化”同“教师专业发展”这两个概念是相通的，它们都强调加强教师的专业性，都是一个处于动态的发展过程。但它们也是有所区分的，“教师专业化”与“教师专业化发展”是群体性与个体性、外在性与内在性、结果性与过程性的区别。教师专业发展的核心就是最终实现教师个体的专业发展，而教师个体的专业发展，是通过教师教育来实现的。

（二）教育信息化与教师专业发展

2002 年教育部颁布的《关于推进教师教育信息化建设的意见》中明确指出：“教师教育信息化既是教育信息化的重要组成部分，又是推动教育信息化建设的重要力量。”同时强调：“教师教育必须加快信息化进程，加大信息化建设的力度，为全面提高山区县教师信息素养奠定坚实的基础。”[②]由此可见，教育信息化与教师专业发展有着紧密的联系，两者相辅相成，缺一不可。

教育信息化为教师专业发展提供物质和技术基础。首先，教育信息化改善山区县教师的工作环境，公开化、透明化的教师资格认定制度以及日趋完善的教师聘任制度给教师的工作提供便利；其次，教育信息化的核心——现代信息技术为教师的专业化发展提供丰富的信息资源和功能强大的技术手段，有助于丰富教师的信息知识、专业知识，提升信息能力与专业技能。由此可见，教育信息化为教师的专业化发展提供信息资源支持、技

① 教师专业化[EB/OL] [2015-5-28]http://baike.baidu.com/view/78435.htm.

② 关于推进教师教育信息化建设的意见[EB/OL]. [2015-5-28]http://baike.baidu.com/view/3562675.htm.

术支撑，不断发展和完善教师资格认证制度和聘任制度。

然而教师作为教育信息化的关键要素，教师的专业化程度直接关系着教育质量以及教育信息化的实现。首先，教育信息化是国家信息化的重要组成部分，教育信息化的程度直接影响国家信息化的实现；其次，21 世纪的科技经济时代、课程改革的浪潮不断向山区县教师提出更高的要求——由单学科向多学科转变的专业化发展；教师的“示范”性日益凸显的专业化发展；由知识传递者转变为教育教学实践研究与指导者等。

（三）山区县教师专业化发展中存在的问题

1．信息素养方面存在的问题

（1）山区县教师信息意识相对较薄弱，信息资源获取率相对较低。随着信息技术脚步的不断加快，山区县教师对信息技术的作用有了一定的认识，教师们大都肯定信息技术带给教育工作和自我发展的机遇，并且在生活、教学中往往倾向于利用网络获取信息，具备了一定的信息意识。但是，在实际获得信息过程中，获取信息的时间都相对较长。究其原因，可能有以下几点：由于一些山区县年龄大的教师没有学过计算机或者只停留在计算机基础操作上，大都没受过系统的信息技术培训，或者信息资源检索的方法知道的较少。从而导致信息意识普遍比较淡薄，信息面不够广泛，信息技术掌握不够系统，缺乏对信息的敏锐性及获取与利用的能力。

（2）山区县教师信息知识相对薄弱，现代信息利用率低。在教育信息化的伴随下，山区县教师的信息知识有了一些提高，但是，在实际的教学过程中还是凸显了一些问题。首先，由于山区县教师对知识的细节了解还不是很到位，对检索方法知之甚少，因此无法正确鉴别哪类信息符合自己的需要，造成信息资源的不加工使用、盲目使用甚至是拒绝使用；其次，在校园网建设趋于完善的山区县校园，山区县教师往往利用 Internet 和校园网查阅资源，由于信息知识的相对缺乏，致使山区县教师在信息捕获、信息利用等后续环节出现问题；最后，信息知识的缺乏直接影响了信息技能水平的高低程度。

（3）山区县教师信息能力相对较差，现代信息技术应用水平偏低。山区县教师在信息能力方面与传统教育方式相比有了明显提高，但是仍然存在着不少问题。首先，计算机的操作熟练程度不够，大部分教师只会掌握简单的计算机操作方法，甚至少数教师“没有自己的即时通讯工具，也不会使用”，不会使用信息技术手段进行交流；其次，对计算机软件的应用能力也比较差。在课件的制作方面，大部分教师所使用的课件都是从网上下载的，自己制作的较少；再次，广大教师信息技术技能较差，而且缺乏信息服务的认识，对信息资源重收藏轻利用，在实际的教育教学课件中很难运用到多媒体资源、Internet 和校园网上的资源；最后，利用信息解决问题的水平偏低，山区县教师们很少能把现代信息技术应用到日常的教学活动中，在教学过程中只是将多媒体技术用于呈现文字、题目、文章，现代教育技术应用过于简单化。而缺乏对信息技术的实践经验从而制约着信息技术应用水平的提高，这些都使得信息技术在课堂中的运用受到了限制，使得计算机在辅助教育方面得不到充分的发挥，可见，山区县教师信息能力的培养应引起相关教育部门的注意。

2．专业素养方面存在的问题

专业素养主要包括专业情意与态度、专业知识与技能，下面就从以下几方面入手：

（1）山区县教师专业态度相对落后，专业情意相对缺乏，信息化观念淡薄。

教师的专业态度反映的是教师对教育、对学生以及对学习等的基本看法。从实际情况来看，大部分山区县教师的专业态度都比较落后。虽然接受教育信息化的时代氛围熏陶，经过新课程改革及相关知识的学习，教师逐渐转变传统的教育思想观念，接受新的教育理念和方法，但仍有大部分的山区县教师，尤其是教龄较长的教师，他们受应试教育、长期养成的固定生活习性以及职业怠倦的影响，对教育教学不思进取，没有一个成体系的自身专业化发展计划。

其主要表现在：① 教师工作的好坏与分数和升学率挂钩。甚至部分山区县学校领导对教师专业发展缺乏正确认识，认为教师的自身学习是自己的事，并不予以支持。② 山区县教师工作环境艰苦，工资福利待遇低，超负荷的工作量，加上教师的职称评定指标少，教师晋升困难，因此，不少教师便养成了得过且过，不思进取的消极思想，他们抱着不求有功但求无过的思想进行教学。③ 备课、上课、批改作业、辅导以及应付各种以提升专业能力为名的培训、考试等占据了山区县教师的大量时间，致使部分教师在业余没有时间读书看报，更没有心思浏览网页上的教育信息，进而很少钻研顺应信息化时代的教育理论与实践。

（2）教师专业知识与技能相对薄弱，专业素养有待提高。

近几年，在广大学校及教师重视专业化发展以来，山区县教师的专业知识和技能得到了丰富和加强。山区县教师专业知识越来越扎实，专业技能也相对娴熟多了。表现在现代教育理论知识的清晰程度，专业学习手段的多样化与网络化，课余教学活动反思的主动性等。但是，还是与高速发展的信息时代有差距。主要表现在：部分山区县教师专业化发展意识相对缺乏，他们在自我发展方面略显被动；往往只关注教学课堂内，忽视外部力量，很少通过外部反馈获得自身发展；知识面窄网络知识缺乏。

（3）信息资源开发力度相对欠缺。

首先，绝大多数山区县学校没有想过通过专门的教育信息资源建设的专家或团队集中开发课程资源、软件，只有一少部分学校正在建设中；而自己建设的大多数资源是靠教师们单枪匹马开发的,尤其靠信息技术老师，缺乏教师间的协调与合作，以至于信息资源缺乏统一的标准，导致低水平重复开发，这极大地分散了信息资源建设的人力和物力；其次，还有很多山区县教师没有有效利用先进的信息技术来加快信息技术与学科课程的整合，他们要么把信息技术当做课程重点灌输于整个课题，要么只将信息技术作为一种手段去辅助教学，完全没有认清信息技术与课程之间的关系，从而忽视了对优质数字教育资源的开发。

（四）教育信息化背景下促进山区县教师专业化发展的策略

1．教育信息化背景下培养山区县教师信息素养的策略

教师的信息素养包括信息意识、信息伦理道德和信息知识与技能。在培养教师信息素养过程中，不仅要注重教师信息化观念、思想等的转变，更要注重教师信息化教学能力的培养，两者结合才可达到良好的效果。要提高教师的个人教学能力，一方面教师可通过继续教育、在职学习和教师培训来提高自身的信息技术能力；另一方面，教师必须主动学习，积极与其他老师进行探讨交流，总结经验，运用信息技术手段增强自身的信息技术运用能力，以提高自身的现代教育技术教育教学能力。

（1）掌握现代教育理念，转变教育观念。信息技术教学不是单纯让学生学会技术本身，而是要培养学生的信息素养。信息技术所带来的不仅仅是学习资源的扩展、交流空间的延伸，它还改变了人才成长的环境。为此，我们应摒弃不恰当的教育观念，在传统之上进行创新，树立正确的专业态度，深化信息化观念。为此，我们应从以下几方面做起：首先，山区县教师就要从思想上对信息化、现代信息技术有一个正确的认识更新教育观念，增强信息意识。其次，山区县教师要加强学习先进教育思想、教学理论、

学习理论，只有这样，才能更新与改变传统的教学模式，才能适应时代所要求的信息技术与课程整合的要求，才能避免“穿新鞋走老路”。

（2）更新传统思想，切实培养自我信息意识。作为山区县教师，首先，我们应改变传统思想，应具有与时俱进的信息观、教学观。在日常教学及生活中要乐于学习计算机相关知识与技能，阅读信息技术方面的书籍；其次，多利用计算机及网络查询教学资源、设计课件，俗话说“熟能生巧”，在不断锻炼中增强信息意识，提高信息捕获能力；再次，山区县学校可以建立和完善教师计算机培训和进修制度，可以运用行政手段和激励机制，刺激教师参与学习。最后，山区县学校可以把掌握和运用信息技术的情况作为教师升级、评聘专业技术职务、评优等的必备条件，适时考虑信息技术教学公开课。

（3）丰富信息知识，是提升信息素养的基础条件。信息知识是信息意识培养、信息能力和信息素养提升的基础条件与中坚力量，因此对山区县教师而言是不容忽视的。我们可以从以下几点做起：首先，山区县教师要认识到信息知识的重要性，在日常教学及生活中多阅读与学科知识及相关学科知识相关的书籍，在备课、制作课件时认真体会知识的细节，找到相关知识的结合点；其次，加大互联网、校园网的使用频率，改变单一的使用途径，积累信息资源的检索方法；最后，山区县学校多举行信息技能大赛，鼓励山区县教师在技能比赛中丰富信息知识，提升信息素养。

（4）多方面着手，切实提升山区县教师的信息能力。首先，山区县教师要丰富专业知识，加强专业技能训练。教师要积极主动地同其他教师或其他学校进行广泛的交流与合作，开展多种活动，相互学习，相互促进，共同提高信息知识与技能。如教学课件的制作和观摩、现代教育理论和经验研讨、网页制作大赛、信息技术论文的评比和交流等。其次，学校要指导教师平时运用“校园网”教学管理、财务管理等。比如：信息传递、教学 BBS、电子备课等，使教师在实践中提升信息能力。

2．教育信息化背景下提升山区县教师专业素养的策略

（1）深化信息化观念，树立正确的专业态度，提升自我专业素养。在教育信息化进程中，教师要想实现教书育人，则必须立足岗位，热爱学生，清楚信息技术教学，知道专业化发展的重要性与急迫性。首先，山区县教师要对自己的事业有清晰的认识，对教育事业有正确的态度，立足岗位，甘于奉献，只有这样才会在岗位上有所作为、有所创新；其次，山区县学校多组织专业活动，帮助教师激发专业兴趣，增强专业动力，继而提升专业情意，提高面对专业困难的耐挫力；再次，山区县教师要注重专业知识和技能，在生活中通过多渠道不断丰富专业知识，加强专业技能训练，山区县学校也要多开展诸如课件大赛之类的专业知识与技能竞赛，帮助教师提升专业知识和技能。

（2）加大专业知识与专业技能学习的力度，为专业素养创造条件。首先，山区县教师要加大专业知识与专业技能的学习力度，不仅学习本专业知识，而且要加大相关学科知识的学习力度，不断丰富专业知识，提升专业技能；其次，山区县教师要多通过互联网、即时通讯工具向本专业的专家学习，吸收好的教学经验与技能，在不断积累教学经验，提升专业技能的同时增强自我教育研究意识，这正是体现“专家引领”的强大作用；再次，山区县教师要将现代教育技术运用于教学之中，在课余时间多参加校内、省市以及国家举行的专业技能大赛，在实践中不断积累专业知识，提升专业技能；最后，学校可完善教师技能培训制度，让师师之间互助互学，以帮带学，以优促进。

（3）提升开发利用信息资源的能力。首先，师师之间、师生之间、校校之间要积极主动地交流与合作，统一信息资源开发的标准，杜绝低水平重复开发，这极大地节约了信息资源建设的人力和物力；其次，山区县各校建立专门开发信息资源的专家组或团队，积极利用现代先进的信息技术，结合课程标准、特点、目的，考虑本校实际情况和本校特色，结合学生的身心发展规律，鼓励教师开展教育实践，开发有效、实用、有山区特色的信息资源；再次，加快信息技术与学科课程的整合，加大对学科专业数字教育资源的利用与再开发；最后，多开展相关的信息化教学技能大赛，鼓励山区县教师将信息资源运用在除课堂之外的教师的学习，网络研修等方面，从而在具体的实践中提高其利用率。

教师专业化发展一直是当今时代的热点话题。伴随教育信息化的发展，教师的专业化尤其显得重要和紧迫。要想实现教师的专业化发展，物质基础、外界环境固然重要，然而教师的角色才是专业化发展的支柱。作为专业化发展的核心要素，我们应更新山区县教师现代教育观念，深化其信息化理念，提升其信息素养，转变其专业态度，增强其专业情意，丰富其专业知识，提高其专业技能，以更好的心态、丰富的知识储备和高超的技能水平奉献于山区县教育事业的发展。从而，提升山区县教育效果与质量，加快促进山区县教育信息化进程。

第九章　西部地区山区县教育现代化的推进策略

第一节　城市（镇）化进程中的城市公民素质教育

教育活动离不开教育目的，它是一定时期所有教育活动的出发点和归宿。教育目的就是通过教育，把受教育者培养成为什么样的社会角色和具有什么素质的根本性质问题。毫无疑问，教育目的是一定社会现实和人自身发展特点决定的，不同时期，教育的目的会发生相应的变化。近年来，随着我国城市化进程的进一步加快，劳动力城市化是大势所趋，教育所培养的人才主体融入城市或为城市经济服务，山区县教育也不例外。在山区县，适龄儿童接受一定年限的教育之后，他们一部分升入高一级学校，还有一部分可能留在本地，参加县域经济建设。但是，不管是升学、还是留在本地，"城镇化"是我国经济社会发展的大趋势，即使是留在山区当农民，也不再是传统意义上的农民，他们大部分要进城打工，即农民工，还有少部分可能从事农业生产，但往往需要从事面向城市、有高附加值的现代农业。因此，从一定意义上讲，在我国"现代人"就是具备城市公民素质的人，研究和培养与"城市公民"相适应的山区教育显得非常必要，也是山区教育现代化创新型推进策略。

一、背景：城市化与人的素质现代化

（一）我国城市化浪潮

城市化是现代国家发展必由之路，也是西方资本主义所经历的发展道路。城市化的实质是：随着社会经济发展，农村要素不断转化为城市要素

的“量化”过程及城市要素不断向农村扩散的“同化”过程的有机统一。在这里，城市要素包括了物质要素和精神要素，即城市化是经济水平和文化水平的统一。城市化的核心标志是城市人口比重上升，农村人口比重下降。

世界城市化发展的进程表明，工业化是城市化发展的动力，两者呈明显的正相关：工业革命之前，到1800年时，世界城市人口占世界总人口的3%,以后每50年翻一番,1850年为6.4%、1900年为13.6%、1950年为28.2%、2000年超过50%。[①] 根据钱纳里的研究，当一国人均GDP达到200美元时，城市化水平达到37%；超过800美元时，城市化水平超过60%。[②]

在国内，城市化和城镇化往往是混用的，不做严格的区分。在我国，“镇”就是以非农业生产为主，但与农村联系十分紧密的人口聚居区，城镇化就是中国特色的城市化。我国学者是在借鉴20世纪70年代西方国家兴起的“城市化”理论基础上，根据我国农业人口向城镇不断转移的现象，于20世纪90年代提出一个经济学概念：城镇化是指农村人口不断向城镇转移，第二、三产业不断向城镇聚集，从而使城镇数量增加、规模扩大的一种历史进程[①]。也有学者认为，“城镇化是人类生产和生活由乡村向城市转化的历史过程，表现为乡村人口向城市人口转化及城市不断发展完善的过程”[③]。简言之，我国所谓的城镇化，就是西方国家的城市化，它是一个动态形成过程，主要标志是：农村人口和劳动力向城镇转移、第二、三产业向城镇转移、城市文明与文化兴起等，其核心是职业结构、产业结构及社区结构的变迁。本书对城镇化和城市化概念也不准备做严格区分，行文中具有指代的同一性。

我国城镇化进程始于20世纪80年代，其进程与我国区域经济发展基本同步：1978至 1984年间，主要是农村经济开放搞活、集贸市场兴起，一部分农民进入城镇经商、到乡镇企业打工等，属于最早的向城镇人口流转；1992年前后，沿海地区引进外资，在一些小乡镇组成“工业化”地区，大量农民工涌进城镇。从1980年到2006年，中国城镇化水平以年增0.9%的速度发展，截至2006年底，全国城镇化水平达43.9%。[④]

---

① 姜爱林. 论城镇化与工业化的关系[J]. 社会科学研究，2002（6）：30，27.

② 中国教育与人力资源问题报告课题组. 从人口大国迈向人力资源强国[M]. 北京：高等教育出版社，2003：47.

③ 李少元. 城镇化对农村教育发展的挑战[J]. 中国教育学刊，2003（1）：15.

④ 胡勇. 以城镇化为支撑促进区域经济协调发展[J]. 福州大学学报：哲学社会科学版，2008（6）：40.

中共中央对我国农村经济社会发展城镇化问题的关注并作为发展战略导向始于20世纪末。1998年，在《中共中央关于农业和农村工作若干重大问题的决定》中，开始把城镇化作为解决中国农村工作乃至整个国家经济和社会问题的一个“大战略”，党的十七大进一步明确城镇化战略的建设思路：“走中国特色城镇化道路，按照统筹城乡、布局合理、节约土地、功能完善、以大带小的原则，促进大中小城市和小城镇协调发展。”可以预见，在未来相当长的一段时间里，城镇化是中国农村社会发展的一项基本战略，也是解决“三农”问题的基本路径选择。

（二）城市化与人的素质

城市化就是经济和社会发展的现代化。城市化不单纯是人口聚居的流动趋势、经济结构和城市规模等物质要素，城市化的灵魂是与物质要素相伴随的精神要素，即由人创造和凝练的城市文明，其核心是人的现代化。

城市人的现代化，不单是人的外表衣着打扮的时尚化、现代化，而是人的思想和观念的现代化。据美国学者英格尔斯的研究，现代人的特征表现在以下十二个方面：准备和乐于接受他未经历过的新的生活经验、新的思想观念、新的行为方式；准备接受社会的改革和变化；思路广阔、头脑开放，尊重并愿意考虑各方面的不同意见、看法；注重现在与未来，守时惜时；强烈的个人效能感，对人和社会的能力充满信心，办事讲求效率；计划；知识；可依赖性和信任感；重视专门技术，有愿意根据技术水平高低来领取不同报酬的心理基础；乐于让自己和他的后代选择离开传统所尊敬的职业，对教育的内容和传统智慧敢于挑战；相互了解、尊重和自尊；了解生产及过程。[①] 毫无疑问，上述十二个特征的核心是人的观念的现代化。

在我国，城镇化是伴随大量“农民工”的出现而产生和加速的，是伴随农村“剩余”劳动力和城市经济发展对劳动力需求增加来推动的。因此“农民工”往往主要是以“体力”劳动者进入城市，是以一个“建设者”“劳动者”身份出现的，是城市的局外人，是生活在城市的“农村人”，其本质身份仍然是“农民”，其根仍然在“农村”。他们并没有与城市融为一体，表现出来就是我国城市化的不彻底。

因此，新生劳动力的显性或隐性城市化是必然趋势，是未来人口结构的主体。与此相应，教育目的应当做出相应的变化。

---

① [美]英格尔斯. 人的现代化[M]. 殷陆君，译. 成都：四川人民出版社，1985.

二、核心：角色和素质

教育目的反映一定社会对教育所要造就的社会个体的质量规格的总的设想或规定。不同历史时期、不同的教育价值取向，就有不同的教育目的。但不同的教育目的却有共同的结构，它一般有两部分组成，即教育所培养出的人的身心素质和社会价值[①]，或者说，用概括的语言表述为：培养人的社会角色及其相应的素质结构。

（一）一种全新的综合角色：劳动者、有闲者、创造者

新中国成立后，我国教育目的经过多次变化，但基本精神基本没有变化，即社会角色是培养“劳动者”“建设者”“接班人”；其素质结构是：德智体全面发展。2010年颁布的《国家中长期教育改革和发展规划纲要（2010—2020年）》仍然延续了这一主导思想：全面贯彻党的教育方针，坚持教育为社会主义现代化建设服务，为人民服务，与生产劳动和社会实践相结合，培养德智体美全面发展的社会主义建设者和接班人。

教育是培养“劳动者”，而不是培养贵族，“劳动者”是和“有闲者”相对立的，是社会主义教育目的和其他社会（奴隶社会、封建社会、资本主义社会）教育目的的根本区别。

我国社会主义教育目的培养“劳动者”，是继承苏联教育目的的结果，苏联在《国民教育立法纲要》中确定：“苏联国民教育的目的，是以马克思列宁主义思想的教育、尊重苏联法律和社会主义法律的教育、共产主义劳动态度的教育，培养学识渊博的、全面发展的、积极的共产主义社会建设者。”[②]社会主义教育培养劳动者的理论依据是马克思关于人的学说，即马克思把对人的考察放在劳动过程视野下考察，考察劳动过程中的社会及社会中的人，始终把人当作生产的主体，并从社会化大生产的需要，提出人的全面发展的“劳动者”人类理想。[③]

同样是“劳动者”（“建设者”“接班人”等），不同时期的“劳动者”，其含义是不同的。工业时代及其以前的“劳动者”，由于“旧的社会分工”，导致劳动者的智力和体力的分离，劳动者成为“机器”的一部分；鲜明的阶级性，使得“劳动者”成为被剥削阶级，成为剩余价值创造者，却无权

① 王道俊，王汉澜．教育学[M]．北京：人民教育出版社，1989：94.

② 陈桂生．教育原理[M]．上海：华东师范大学出版社，1993：239.

③ 陈桂生．“教育学视界”辨析[M]．上海：华东师范大学出版社，1997：48.

享受劳动成果。

但在以现代社会化大生产为标志的城市劳动者，特别是知识经济时代的城市劳动者，他们是城市的建设者，又是城市文明的享用者，同时还是城市文明的创造者。

在工业革命早期及其以前，劳动者的主要任务是从事生产劳动，“有闲者”是统治阶级的事；但是，到 20 世纪 50 年代前后，情况发生了变化，由于生产力的发展和劳动者的争取，“劳动者”开始拥有较为充分的休闲时间。如美国、加拿大、英国等欧洲发达国家实行周休二日制；在美国 20 世纪 70 年代还呈现从周休二日制向周休三日制过渡；有 700 家公司的大部分以至全部工人实行周休三日制，并且至少还有 1 000 家公司打算这样做。1974 年有 12 家公司甚至指定公司部分职员实行周休四日制。①

“自由时间”的获得、脑力劳动和体力劳动的结合、社会主义制度的保障，使人的“全面发展”成为可能，增强了“劳动者”的主观幸福感，也极大地激发了人的创造性，个体的潜能得到发挥，劳动者在享受现代城市文明的同时，不断创造新的城市文明。

（二）新型城市公民的素质

德智体全面发展，智力和体力高度结合，具有鲜明的个性，能够独立承担社会义务和责任是现代社会对人的素质的基本要求，也是人类教育的目标和理想。在现代，城市劳动力集原本矛盾的多种角色于一体：他们既是现代城市的建设者、劳动者，也是城市文明的消费者和创造者。因此，以培养现代城市化劳动者（建设者）为己任的现代教育，其教育目的也必然会发生相应的变化。联合国教科文组织在《学会生存》中指出现代学校教育目标是：

（1）培养现代科学技术、现代生产与现代社会发展与变化的主体，以与现代社会科学技术、生产、社会发展的目标协调。

（2）培养民主主义的促进者——承担社会义务的国家公民与世界公民，以与现代政治生活——现代民主发展的目标协调。

（3）培养实现自己潜能的主人，以利于实现现代人的使命。

上述三个目标，实质上是界定了符合时代要求的“建设者”、现代精神文明的“维护者”以及自我实现的“创造者”，并且，突出未来的现代人的

① 陈桂生．“教育学视界”辨析[M]．上海：华东师范大学出版社，1997：163.

“主人”意识。①②

在我国，通过教育，大批的劳动力进入城市，或附属城市，他们能不能成为城市的“主人”，能不能真正“融入”城市，“维护”城市的有序、文明与繁荣，能不能发挥自己的潜能，不断创造城市文明，而不是像第一代“农民工”那样，把自己当作城市的“临时工”，城市的“局外人”，甚至带有“报复心理”地刻意去破坏城市文明、损坏城市繁荣。近年来，在一些“打工者”非常多的城市发生过不少类似事件，导致城市人与“农民工”的冲突，甚至遇到城市举行重大活动时，“清理”外来流动人口的现象。这一方面说明了城乡的文化冲突和对立；另一方面，也说明大量“临时”城市人城市素养的缺乏，可能会毁掉自己创造的城市文明，不利于城市和城市公民的可持续发展。

三、策略：构建城市公民素质教育的内容

培养“城市公民素质”是我国现代及未来教育，特别是基础教育的培养目标。其具体内容是：

（一）具备城市化需要的生产知识和技能，能够与城市发展同步

培养一定社会发展所需要的合格劳动力是教育的基本职能，城市化的生产特征是城市化最根本的特质。城市化的生产特质就是工业化、产业化，就是社会产业以第一产业向第二、三产业的转化过程。在现代城市，产业的社会化程度和技术含量不断提高，甚至成为支柱产业，产业更新速度快，职业流动频繁。因此，未来的城市合格“劳动者”必须有较高的教育程度，并具备终身学习的能力；必须有宽广的基础知识，以适应职业不断变换的需要，必须有适应社会化大生产需要，与人合作的能力和意识。简言之，就是学会学习，学会做事，学会与他人合作共处，学会发展。“学习、做事、合作、发展”是现代人适应城市产业发展需要，成为合格劳动者的必需素养。

① 联合国教科文组织国际教育发展委员会. 学会生存[M]. 上海：上海译文出版社，1979：215.

② 李锐，等. 中国西部农村“教育反贫困”战略报告[M]. 北京：中国社会科学出版社，2006.

（二）“维护”城市文明意识和行为

从文化学角度看，由农村向城市的转化，不单纯是人口的聚居形式的变化，更重要的深层文化的变化，是人类文明方式的进步，是社会进步的必然结果。城市文明主要体现在物质和精神两个方面。物质上，注重建筑规划布局、服务设施配套齐全、自动化程度高，是人类科学技术成果最先体现和应用的区域；精神上凸显平等、自由和民主，注重个体价值，注重审美享受等。因此，城市的劳动者必须具备享受城市文明的潜质，并极力维护城市文明。所以，从一定程度上讲，城市化的过程，实质上是一个人城市文化社会化的过程，是城市生活方式的确立过程，是社会结构、社会环境、价值观念、人口素质、发展方式等全面整体的再建过程。

（三）健康地度过“闲暇”，不断创新城市文明的愿望和动力

“闲暇”是现代城市人所享有的一种权利，如何健康地度过“闲暇”，已经成为现代城市文明的不可或缺的组成部分，成为城市的“闲暇文化”。与此相应，从 20 世纪末开始，“闲暇教育”成为当代教育的新课题。①

（四）抵御城市文明病，始终保持积极的心理状态

城市文明是一个中性词，城市文明有其发达的一面，也有不利的一面。城市文明一方面带来了经济的飞速发展、生活水平的提高、城市体系和功能的完善等，为现代社会化大工业生产提供了必需的人才、信息、交通、通信、技术条件等综合效益，极大地推动了人类文明程度，也最大限度地创造了物质财富和精神财富。但是，另一方面，城市文明也带来了诸如环境污染、资源短缺、人际关系冷漠、健康状态恶化，极端技术主义，使人被“异化”，甚至会把人类引向灾难。因此，作为未来现代城市人，教育城市公民如何面对城市文明病，使自己及城市更加健康地发展，是重要的教育目标和任务。

---

① 联合国教科文组织国际教育发展委员会. 学会生存[M]. 华东师范大学比较教育研究所，译. 北京：教育科学出版社，1996.

第二节 梯度推进战略

一、城镇化趋势及梯度开发理论

城镇化是人类经济社会发展历史进程中的一种必然选择，是工业化发展的必然结果。在我国，城镇化等同于西方国家的城市化。我国城镇化进程始于 20 世纪 80 年代的改革开放和乡镇企业的兴起，中央对我国农村经济社会发展城镇化问题的关注并作为发展战略导向始于 20 世纪末。1998 年《中共中央关于农业和农村工作若干重大问题的决定》中提出，“发展小城镇，是带动农村经济和社会发展的一个大战略，有利于乡镇企业相对集中，更大规模地转移农村富余劳动力，避免向大中城市盲目流动，有利于提高农民素质，改善生活质量，也有利于扩大内需，推动国民经济更快增长。”开始把城镇化作为解决中国农村工作乃至整个国家经济和社会问题的一个“大战略”，是我国政府在总结我国农村经济发展经验、借鉴国外经济发展规律和理论，并深入分析研究的基础上提出的一个战略抉择。此后，这一战略选择的实现路径更为明晰，党的十七大报告明确提出：“走中国特色城镇化道路，按照统筹城乡、布局合理、节约土地、功能完善、以大带小的原则，促进大中小城市和小城镇协调发展。”可以预见，在未来相当一段长的时间里，城镇化是中国农村社会发展的一项基本战略，毫无疑问，也是解决“三农”问题的基本路径选择。

梯度发展理论，又称梯度推移理论，是 20 世纪下半叶以来由西方国家经济学家提出的一种区域经济发展理论，其基本原理是：不论在世界范围内，还是在一国乃至于更小区域内，经济技术的发展是不平衡的，形成一种技术梯度，梯度可以实现空间推移，即先进的高技术梯度区会依次向第二梯度、第三梯度推移，随着经济经济发展，推移的速度加快，就可以缩小地区差异，实现经济分布的相对均衡[①]。不同城市（镇）是技术梯度的载体，技术正是在不同城市之间实现由高层次城市向低层次城市梯度推进，实现经济水平、文化水平的发展。

在我国，由于历史文化及经济结构特点，我国城镇化基本布局是直辖

① 桂拉旦，李具恒．区域可持续和谐发展的广义梯度理论论纲[J]．中国软科学，2005（3）：111-116.

市、省会城市、地级中心城市、县城、集镇等五个梯度城市结构。从经济及科技角度看，城镇层次越往低级，其农业化成分越明显，技术层次越低，但其发展的水平对区域经济社会的影响越深、越直接；从教育层面看，不同层级的城镇，往往也是不同层次教育中心，是区域内教育功能的辐射中心。因此，在城镇化战略实施过程中，依托区域内城镇信息传播与整合中心的功能，科学规划教育的层级定位，依次推进，互为依托，构建区域教育网络，提升区域人力资源理性配置与优化，是实现区域社会发展的重要路径。

二、山区县城镇布局——以陕南城镇化的基本布局为例

陕南山区，主要包括陕西省的汉中、安康、商洛三市，它们虽属不同地区，但却是自然、经济、文化联系紧密的山地地区。由于都远离省会城市——西安，因此，区域内城镇在区域经济发展中具有重要位置。本书重点以陕西南部的汉中和安康两市为例进行研究。

汉江曾经是陕南区域的重要交通枢纽和人口聚居区，因此，就形成了沿汉江两岸构建城镇带建设的基本格局，目前已经初步形成了陕南城镇带。

该带东段，以安康市为中心，以县城和县域重点城镇建设为主，以发展食品、医药、丝纺、电力、旅游为主，形成陕南东部城镇群：其中心城市安康市，包括了张滩、官庙城镇建设，远期向五里镇布局，已经形成一市多镇格局。安康市目前正加快生物、矿产资源开发，积极改造食品、医药化工、纺织工业，提高产品质量，加快工业化步伐。建设交通枢纽，开发瀛湖水域，发展旅游商贸，建成陕、鄂、川接壤地带的商贸、旅游城市和区域性工业中心城市。

该带西段，以汉中市为中心，形成南郑、勉县、城固、洋县、略阳、宁强等市辖区或小城市，形成陕南西部城镇群，是陕南政治、经济、文化和教育中心。西部城镇群的内圈层以汉中市区为核心，以城固、大河坎和勉县为二级中心形成团组布局，外围以略阳市、洋州市和其他县镇为重点正加强建设。

目前，随着西部大开发步伐加快，特别是高速公路、高速铁路的在陕南（汉中、安康）区域的建成，已经形成与关中、陇南、川渝等经济圈的互联互动，城镇化步伐进一步加快。这为该区域绿色产业以及机械、旅游、文教、商贸等特色经济发展提供了难得机调，以城镇为依托，构建陕、甘、

川、渝接壤地区的工业、商贸、旅游中心城市已经初见端倪。

随着城镇带的建成及与周边大城市经济圈的交汇融通，陕南区域城镇化规模和水平进一步提升，区域经济文化优势会进一步凸显，区域主导和特色产业逐步形成,而相应的人力资源可能会成为城镇化发展的制约瓶颈。对陕南区域教育发展而言，依托城镇化进程，构建不同层级的梯度教育结构，显得十分必要。

三、梯度推进理论对区域教育发展的启示

不少专家学者认为，梯度理论发展也适合于教育领域，并且在基础教育，乃至高等教育领域得以运用。他们还明确提出了省域教育梯度推进这一概念，认为由于历史和现实原因，省域范围内城乡之间、区域之间经济发展水平不同甚至差距很大，这必然导致教育发展水平各异，因此，不能急功近利搞“一刀切”，而必须分区规划，分类指导，分步实施。各类地区教育发展应各有侧重，分类推进①。区域教育梯度推进与其说是区域教育发展的战略选择，不如说是国家教育资源匮乏之下的一种无奈选择。区域教育梯度推进对不同区域、城乡教育提出不同的发展规划和达标要求，这对各级政府推卸教育投资责任提供了合理依据，也忽略了薄弱地区通过教育资源的有效整合，运用比较优势原理实现跨越式发展的可能性。

四、城镇化背景下的陕南山区教育梯度战略

毫无疑问，教育在山区县城镇化战略中应该扮演重要角色，可以为区域经济梯度开发提供知识和人才的保障。区域教育应当确立三维梯级开发的战略，即以中心城市为核心的教育结构维度、以支柱和特色产业为核心的教育动力维度及以创业为核心的教育辐射维度，组成一个开放的梯度教育网络。

（一）域内高校发展定位：为区域支柱和特色产业培养人才

区域经济的落后，一定程度上讲是人才培养的落后。原因在于地方政

① 蒋作斌. 省域教育协调发展研究[M]. 长沙：湖南人民出版社，2007：32-41.

府没有发现区域经济发展的潜力和引发区域经济的独特增长点，也没有相应的人才智力支持。如果能够发现并开发区域优势，培育具有区域特色的支柱和特色产业、培养具有与之相适应的梯级人力资源，完全可以实现区域教育与区域经济的良性互动。以陕南的茶为例，据茶专家考证，西周时，该地区即已产茶，唐朝时被称为“山南茶区”，历史上曾经享有盛誉，并且，该地区所产之茶因含有丰富的硒等人体必需的微量元素，成为现代人的保健饮品，目前已经成为西北地区最大的茶业生产基地。其存在的问题主要是：深度开发不够，上档次的茶产量低、产品附加值低、茶文化利用欠缺、品牌还没有形成、东部及国外市场没有拓展。资金、风险防范和人才是制约其进一步发展的瓶颈。就人才而言，目前急需的是茶叶深加工的技术人才、产业化开发管理人才、茶文化策划服务人才、市场拓展的营销人才等。如果陕南教育重视茶业人才的培育并梯度开发，将会实现特色产业与教育的良性互动。

陕南茶业教育人才梯度开发也是多样化的，单就技术人才而言，高等院校可以组建茶技术研究机构、培养高层次研究人员，高职院校培养茶业技术研究与服务人员，县及其以下茶技术专业培养一线的茶生产与管理的从业人员，形成高端研究引领、技术人员推广、从业人员应用的多层次梯级人才梯队。同理，围绕茶业的管理、茶文化服务、茶市场营销等人才培养也是多层次的梯级结构。

（二）域内教育发展主线：普通教育与职业技术教育

山区县义务教育承担着为高一级学校培养人才的基础作用，也是解决我国教育平等、树立爱家乡、建设家乡职责的基本能力和基本意识阶段。随着城镇化的进一步发展及适龄儿童的减少，基础教育的中心逐步上移到乡镇，村级教育往往只承担小学低年级教学任务，因此，加大乡镇中心小学投入及师资力量，体现教育的的公平与效力，是区域义务教育阶段的发展重点，而解决低梯度（乡镇）义务教育的教育理念及教育质量问题，离不开中心城市优质中小学教育的示范和引领作用。

同时，在以地级城市为中心的区域经济圈内，已经形成了比较完整的梯级职业教育体系，从上到下依次有：地方高等职业院校、职业中学、县级职业教育中心等，有些乡镇还成立了农民职业教育中心等。目前存在的问题是，这些职业教育的人才培养目标更多定位在为外出“打工”培养人才，或更直接的说是为能够输出到东部大城市从事制造业、服务业等领域从事就业的熟练工人，打工的目的是为了挣钱、为了脱贫、为了修房娶媳妇，而不是为了创业、不是为了推动家乡的进一步发展。因此，区域内职业教育发展的定位问题是区域教育梯级开发系统网络中的一个弱项。

（三）域内教育战略布局结构：以三级城镇为辐射源的区域梯度教育格局

1．中心城市：梯度教育结构辐射源

随着陕南高速公路网、高速铁路网的陆续建成，私家车的逐步增多，陕南城市经济圈越来越小，开放程度越来越高，高一级城市的辐射面及深度进一步强化，汉中、安康两个中心城市的城市化进程会进一步加快，现代教育思想、教学方法等也作为一种信息流向中小城镇传播。

中心城市的基础教育和高等教育是区域教育的示范中心。从基础教育阶段看，中心城市的教育理念、教育设施、教师素质及综合教育质量在本区域内往往处于领先地位。一些地方名校也必然成为县及乡镇学校学习的范例，这些学校可以通过与处于地梯级层次的学校进行联合办学、教师交流、学生交流等方式使其教育经验向下一层级辐射。

对设在中心城市的高等教育而言，有普通高等本科学校和高职院校两种情况。

设在区域地方中心城市的普通高校承担着三大基本使命：为地方经济社会发展培养高级应用人才、承担具有区域特色的科学研究、为区域经济社会发展提供服务，已经成为推动区域经济发展的助推器，是区域经济社会社会发展的不竭动力。它一方面为更高一个层次的学习输送研究生层次的生源，也为更大范围的经济圈输送劳动者，同时更重要的是为区域经济社会能够输送服务于地方的各级各类应用型人才。从后者而言，设置与地方主导和特色产业的专业、并以地方经济社会实践为实践教学基地，是地方普通高校发展的必由之路。

中心城市的高等职业教育更加直接地为区域主导产业和特色产业培养高级技术人员、管理人员及生产者。高职院校必须做好两个联合，一是与中心城市的普通高校联合办学，实现资源与技术共享，提升教学质量和专业的科技含量；二是与地方政府及产业界联合，使自己所培养的人才更加符合地方需求。

因此，在以中心城市为核心的区域教育结构体系中，高等教育是区域教育的研究中心、策划中心和人才培养中心，中心城市的职业教育是县域及乡镇职业教育的发酵中心，它引领着区域人才创业方向和素质结构。同时，中心城市义务教育阶段的现代教育理念则是体现教育公平、为所有有能力和意愿的人提供发展个体心智技能的平等机会。所以说中心城市的教育结构及其区域化办学定位是区域教育梯度开发的辐射源。

2．县城：职业教育中心是梯度能量转化的中介

对县城而言，这是振兴县域经济的一个重要环节，也是梯度结构的一个转化中转站。县域教育一方面办好基础教育，这是其传统使命，但目的更多是为县域外高一级学校输送人才，为完成这一使命，经济欠发达地区做出了很大牺牲，成为县域国民收入的最大指出项目，但受益却微乎其微。对此，从 20 世纪 80 年代开始，在全国范围内开始兴办县级职教中心。县级职教中心作为县域内的中等职业教育部门，其任务就是要为全县的经济社会发展服务[①]，其办学目标是培育新型农民并为县域企业培养劳动者，这是其初衷。但近年许多职教中心把培养任务放在培养去外地“打工者”，其作用没有充分发挥。县域职教中心的可持续发展之路应当是：围绕县域主导产业和特色产业，联合中心城市高校，培养产业一线技术人员和新时代劳动者。这样可以起到上承中心城市，下可辐射家庭成员及其他农户，发挥“星星之火”的作用。

3．乡镇：农民职业技术学校是梯度教育终身化、及时化和普及化的终端

乡镇农民职业技术学校是农村成人教育的重要组成部分，是梯度教育终端，各级区域梯度教育开发效果最终在农村生产一线显现。农民对振兴区域经济的愿望、创业的意识、科技成果的运用效果，最终通过乡镇农民技术学校进行推广使用，同时，各级学校的人才需求信息、生产中产生的新问题等都是从这一梯级产生，从而成为新的研究课题。其辐射推进作用体现在以下几个方面[②③]：一是围绕自己的规模产业和支柱产业，根据“一村一品”“一户一业”的特色，通过专题培训进行辐射；二是建立示范基地进行辐射；三是形成通过县乡农科教部门与农户技术支持进行辐射；四是作为乡镇科技交流中心进行辐射。

可见，区域教育梯度开发的动力是发现并培育主导和特色产业，围绕该产业的立体化开发，培育多层次梯级人才队伍，使教育在服务区域经济

---

① 董长娥．探索县级职教中心改革，切实为“三农”发展服务[J]．教育探索，2008（11）：75-76.

② 刘俊利．农村成人教育发展的途径[J]．中国职业技术教育，2003（17）：28.

③ 顾明远．教育：传统与变革[M]．北京：人民教育出版社，2004.

社会中实现自身的功能和价值。

实践证明，教育梯度形成的本质原因是区域经济发展的不平衡。区域经济发展的总体水平很大程度上决定着该地区支持教育发展的经济实力，特别是直接影响该区域教育发展的程度。经济落后往往导致教育尤其是优质教育的有效供给不足，并进一步拉大了不同地区在人才培养上的差距，表现为区域教育的区域差距、城乡差距、校级差距，甚至是校内的班际差异，也造成了区域间、城乡间、校际间，甚至是学校内部的不均衡，最终形成了区域教育发展的梯度发展格局。

第三节　反梯度推进战略

一、区域教育反梯度推进的涵义

反梯度理论，是宏观经济学上针对梯度推进理论的局限提出的一种区域经济发展模式。

梯度推进理论认为由于区域经济客观存在的发展不平衡，所以区域间存在着一种经济发展水平梯度。随着经济的发展和周期性衰退，生产力逐次由高梯度地区向低梯度地区进行空间转移。梯度推进理论有利于提高区域经济发展联动效率，应用范围较广，但其局限性也非常明显：一是划分梯度有很大难度，实践中也容易扩大地区间的发展差距；二是人为限定、按梯度推进，固化了不同梯度地区的发展模式，如果被动依赖梯度差异，可能会抹杀低梯度区“跨越式”发展的可能性。所以，梯度理论和发展战略一经提出，就引起了学术界的激烈争论。

为纠正梯度推进理论的缺陷，有学者提出来了一种相对的非均衡发展战略——反梯度理论。一些有条件的欠发达地区可以超越现有生产力发展水平的方式推移，在某些产业和领域形成技术高地，通过辐射与带动，进而实现生产力的跳跃式发展，实现“反梯度推移”。

梯度推进理论和反梯度推进理论，虽说是两种不同的经济发展学说，也是两种不同的经济发展推进模式，但其理论在教育上也作为区域教育发展的推进模式①。

① 王小兵. 反梯度推进：区域教育均衡发展的战略选择——兼与“区域教育梯度推进论”商榷[J]. 湖南师范大学社会科学学报，2011（2）：140-142.

与区域教育梯度推进战略不同，反梯度推进战略就是教育发展的边缘薄弱地区，采取超常规手段，通过加大教育投资，创新教育机制，借助现代教育技术，对其教育进行大规模培育，从而实现跨越式发展。教育的反梯度推进，也是现阶段促进教育均衡发展战略的理性选择。换言之，这也是当前欠发达地区（包括山区）教育发展战略思路调整的一次有益的探索和创新。不少成功的实践，比如前文提到的陕西省宁陕县就证明了这一点。

二、区域教育反梯度推进的影响因素

（一）教育投资失衡，是区域教育反梯度推进的经济阻碍

我国区域经济发展水平相差较大，对教育投入的差距悬殊。教育发展的梯度推进已经使教育低梯度地区的教育投资得不到保障，延长缩小教育梯度差距时间，不但会加剧人才培养和经济发展上的不平衡，同时还会造成公民受教育权利的不公平现象，最终影响社会发展和稳定。究其原因是现阶段教育资源集聚的“极化效应”凸显，“扩散效应”匮乏。“极化效应”是指正在扩张的产业中心地区，对周围地区资金和劳动力等生产要素以及储蓄的吸引所形成的地区发展向心力，引起这些要素向发达地区流动，并导致周围地区的衰退；“扩散效应”作用相反，现阶段教育发展实际状况是极化效应使教育投资、教师资源、优质生源仍向发达地区集中，发达地区仍能保持竞争力。但与此同时，“扩散效应”的辐射带动效应没有显现，“极化效应”严重削弱了“扩散效应”的作用。这最终导致教育投资严重失衡，已经成为教育均衡发展的物质障碍。为了弥补“梯度推进战略”的不足，必须真正使发达地区成为我国教育发展的“增长发动机”，并充分发挥其辐射、扩散、带动作用。

（二）教育政策价值趋“城”、趋“优”取向，是区域教育反梯度推进的制度阻碍

“城市中心”的价值取向，是我国历史上长期以来形成的一种忽视地区差别和城乡差别的思维定势，它依然潜存于社会决策包括教育政策制定的过程之中，并致使国家的公共政策往往优先满足甚至只体现城市人的利益。其作用于教育领域的结果是使城市和农村的儿童、发达地区和贫困地区的儿童在教育环境、教育资源上的巨大差别被明显忽略。而教育梯度推进战

略的惯性思维使然，又使教育决策者人为划定区域，以及推动教育的非均衡发展。正是由于几十年来教育决策的“城市中心”惯性思维存在，城市重点学校在人才引进、生源质量、社会资助等方面也获得了城市以外其他学校难以相比的竞争优势。而正因为重点学校品牌效益和教育政策效应的存在，受其影响，社会资金集中度将逐年上升，教育体系中强者更强、弱者更弱的马太效应将更加明显，社会各种资金涌向名校，而普通学校被边缘化。实践证明，相对完善的城市教育、重点学校也吸引了周边地区优质生源，造成城市教育、优质教育供给紧张，农村教育、边缘学校、山区学校教育资源闲置，这种普遍存在的现象是一种非常巨大的浪费。

三、区域教育反梯度推进实现教育均衡发展的几点建议

教育发展反梯度推进，其实质就是努力推进教育均衡发展，其着力点应该放在“超常规”、机制建设、城乡统筹、资源共享以及特色发展等方面。“超常规”，是一种山区县教育发展的战略构想，机制建设是一种制度保障，城乡统筹、资源共享是一种均衡手段，最终目的是让各类学校得以发展。

（一）“超常规”：教育均衡发展的战略构想

百年大计，教育为本。近代以来，特别是第二次世界大战之后，教育的战略地位越来越重要。在我国，教育的地位从“战略重点”到“突出的战略位置”又到“优先发展的战略地位”，再到“先导性、全局性、基础性的知识产业”和“科教兴国战略”的提法也表明教育的战略地位的认识越来越深刻。教育发展要反梯度推进，其实质也是一种富有效率地消除教育严重失衡的战略手段。教育发展要反梯度推进也不是“削峰填谷”式低水平的教育均衡，把好学校与一般学校拉平；而是“超常规”式高水平的教育均衡，把每一所学校办好，把好学校办得更好。根据这一精神“超常规”就是要抓好教育低梯度地区（包括山区）教育的标准化建设，加大投资；从中央到山区县各级政府在教育资源配置时，应该注意规则的公平，应尽可能地向经济欠发达地区倾斜，以主动缩小地区间的梯度差距“超常规”就是在抓好教育发达地区（重点学校）品牌建设的同时，要求他们“带动”山区县教育发展。而不是低水平均衡发展、不是把发达地区学校办差一些，“等一下”山区学校的教育现代化发展速度。

（二）机制建设：教育反梯度推进的制度设计

教育的梯度失衡一定程度上可归结为教育制度与政策中投资机制、激励机制等机制的某种缺失。为推动教育均衡发展的进程，必须建立起可以保障教育反梯度推进持续运作、不断深化的各项机制，进一步完善山区县教育投资机制。第一，创新教育治理体制，促进教育的管、办、评分离。政府应该从对学校事无巨细的直接干预，逐步转变为对学校的规范、监控、服务等间接管理，简政放权，把所有能交还给社会的权力都交给社会中介，实现“小政府、大社会”。学校由政府附属机构向直接面向社会自主办学的法人实体转变，并被赋予更多的办学自主权。社会中介则加强对办学行为以及教育质量的客观诊断、评价和指导，以维护市场竞争的公平性和有序性，从而形成“政府—中介—学校”的三段式管理链，各方相互作用、良性互动。

第二，进一步完善区域教育动力系统机制，调动优先发展欠发达地区教育发展的积极性。所谓动力机制就是要通过创造教育公平竞争环境，改革和完善教育考试机制、质量评价机制、教育监控机制、信息发布机制、奖惩机制等运行机制，使教育主体的努力得到相应回报的同时，积极推动教育的均衡发展。归根到底就是要调动各级政府、行政官员、学校、社会、家长及学生等区域教育相关利益者在推进区域教育均衡进程中的动力与积极性。尤其是各级政府是制度的供给者、政策的制定者，还掌握着公共资源，起着重要的发展导向作用，因政府在推动教育均衡发展的进程中是至关重要的，所以需要制定、完善政绩评价体系，激励行政官员去推动区域内教育均衡进程的发展。

第三，山区县的教育发展，若要“起跳”、要“赶超”、要“跨越”、要“反递度推进”，首要的一条就是要凭借智力资本。教育发达地区必须放弃掠夺式的人才引进制度，帮助教育薄弱地区吸引和稳定好教师队伍，积累智力资本。

（三）城乡统筹：强力推进山区县教育城镇化战略

城乡统筹滞后导致城乡教育分割于不同的市场，依循不同的游戏规则，进行不公正竞争，其后果只能是城乡教育发展的极度失衡。针对城市教育急剧扩张、城市教育资源也出现紧缺的现实困境，农村教育应该强力推进教育城镇化战略，重点建设城镇教育，基本消除薄弱学校和大班额现象，充分发挥城镇地区的辐射和带动作用，减少城市教育拥挤的压力，缩小城乡教育梯度差距。为此，要在加大教育财政倾斜力度的同时，动员和调动一切社会力量，发展山区县城镇的教育事业，使农村学校办学条件显著改善，使城镇学校建设明显加强，使区域内校际在办学条件、教学手段、师资水平和教育质量等方面达到基本均衡。同时坚持做好城镇教育的科学规划，搞好城镇教育资源整合。要坚持适度集中和合理布局的原则，即高中适度向城区和县城集中，初中适度向建制镇集中，小学适度向乡镇政府所在地和中心村集中，进一步完善规划，搞好学校布局调整。建设一批新学校，扩建一批老学校，改建一批中小学校，改善一批薄弱学校。

（四）资源共享：加快教育信息化进程

山区县应采取积极的态度，因地制宜地建立地区的信息化运作模式，尽早地实现优势资源共享，消除教育信息化中地域上的不平衡，缩小教育发展的梯度差距，使教育不平衡的现状趋于缓和。为此，教育发展低梯度地区要更加重视目前开展的“三通两平台”建设，构筑高效率的现代远程教育网络平台，普及信息技术教育，加强校园网和数字图书馆建设，普及网络知识，利用网上资源提高教学质量；努力建设一批有影响的教育信息资源和应用系统，重点扶持公共课程多媒体课件的开发；建立新的开放式教育体系，最大限度地为社会成员随时提供各种学习和培训机会；加快教育信息化进程，推动教育观念、教育手段、教学内容、教育技术和教育管理等的现代化，最大限度地实现公共教育资源无偿共享。

（五）引进民办学校，激发公办学校的办学活力

在山区县，通过引进民办教育，既可以引进教育资源，同时，还可以引进先进的教育思想、现代化的管理方式，建立现代学校制度，打造山区特色教育、特色学校。特色学校建设能促进山区县教育均衡发展，使之回归教育本质；可以激发公办学校的办学活力，改变千校一面的僵化局面，提供多层次、多样化的教育；可以让学生主动选择，最大限度地满足其个性化的教育需求。反过来，教师也应该能够很好地掌握学生的个别差异性，从学生的个别差异性出发来组织教育教学活动，使每个学生获得适合自己的教育教学资源。从发展的角度讲，学校教育特色化、人性化乃至品牌化，能使学校教育从“以物为本”的价值观念，上升到“以人为本”的价值追

求。这种“以人为本”的价值追求是教育本质的回归，有利于学生个性发展、教师的专业成长和学校的特色培育，它将扫除区域教育均衡发展过程的功利障碍。因此，作为各级政府和教育行政主管部门，应在均衡配置教育资源的前提下，引进民办教育，通过竞争，通过打破传统教育生态，优化教育氛围，积极引导和鼓励学校基于自身发展的“差异”打造特色，通过特色的培育来形成相对稳定的培养模式和自己的发展优势，从而推动发展，促进平衡，使本地区整体办学水平实现动态、均衡的螺旋式上升。

第十章 山区县教育现代化的教育生态优化策略

教育生态学是20世纪40年代兴起的运用生态学方法研究教育问题而形成的边缘科学。着重围绕生态平衡、环境与适应、人群分布与构成、人际关系等问题，试图建立合理的学校内外生态环境，促进教育发展。其基本观点是：教育是一个社会系统中子系统，如果用生态学的角度看待教育活动，那么，区域教育发展必然与区域社会生态系统有着密切的互动关系，特别是生态学理论的生态系统、自然平衡、协调进化等原理，在区域教育发展中依然适用。因此，可以说教育生态学研究教育与其周围生态环境之间相互作用的规律和机理的科学，它把教育与生态环境联系起来，并以其相互关系及其作用机理作为其研究的对象，研究各种教育现象与成因，进而掌握并指导教育发展的趋势和方向。教育生态学理论，为西部地区山区县教育的可持续发展，尽快步入教育现代化行列提供了新的思路。

第一节 山区县教育现代化的"生态系统"观念重塑战略

一、文化生态与文化生态学

教育是人类历史的产物，也是一种人类特有的文化现象，其发展、变化和区域文化生态有着密切联系。可以说，与教育联系最紧密的生态圈就是区域的文化生态圈。

（一）文化、文化学

1．文化的内涵与外延

"文化"，是20世纪以来特别是第二次世界大战之后，社会科学界出现频率最高的词汇之一，也是学术界研究的一个热点问题。但对于“文化”的概念，至今没有一个学术界公认的界定。1920 年以前只有 6 个不同的定义；20 世纪 50 年代初有 160 多种；到 20 世纪 90 年代有人统计有 300 余种[①]。定义的歧义，使许多学者丧失了界定“文化”内涵的勇气，认为“企图或者声称给文化概念确定范围是徒劳的”[②]，这也显示出文化本身的复杂性和多样性。尽管对“文化”的界定存在并将继续存在歧义，但文化的许多特征是大多数学者共同认可的，即文化为人类所特有、文化是人后天习得和创造的、文化为一定社会群体所共有、文化是复杂的整合体。

本书无意考证“文化”的诸多概念。但为了论述的方便，姑且将“文化”定义为广义文化和狭义文化。广义的文化指人类后天获得的并为一定群体所共有的一切事物，包括物质文化（如工具、武器、衣服、房屋、机器等）、制度文化（法律、政治等）和精神文化（语言、文学、艺术、宗教、道德、仪式、心理等）三方面。狭义的文化指人类后天习得并为一定群体所共有的一切观念和行为。本书所涉及的文化更多是从广义层面理解的。

2．作为“学科”的文化学

对知识体系的构建与追求，是近代以来所有科学研究者共同努力方向。当围绕一定且明确的研究对象、通过独特的专门术语、遵循严密的逻辑规则所组建的专门系统化知识体系，就是学科，即“××学”的过程。“文化学”一词最早由美国学者泰勒在《原始文化》（*Privimite Culture*）中提出“文化科学”这一概念，并阐述了文化科学研究目的、范围、原则[③]。其认为文化学将“文化”本身作为研究对象，而不是研究人的行为、社会过程等，文化科学的任务是研究知识、宗教、艺术、习俗等的条件，研究其范围、历史分布及其联系。此外，法国社会学家埃米尔·涂尔干（Durkeim E.）在其专著中多次提到“集体意识”，并进行了深入分析，“集体意识”与后来文化学所讲的“文化模式”非常相似。

文化学真正成为学术界公认的学科是 20 世纪 30 年代。美国新文化进化论的代表人物怀特（White J.）于 1939 年在一篇论文中首先明确提出了“文化学”一词，在 1949 年出版了《文化科学》，系统阐述了“文化学”作为一门学科存在的必要性和不可取代性。此后，文化学尽管受到许多学者的怀疑和批判，但总体是活跃的，成果是丰富的。

---

① 郑金州．教育文化学[M]．北京：人民教育出版社，2000：2.

② [法]埃尔．文化概念[M]．康新文，等，译．上海：上海人民出版社，1988：8.

③ [美]怀特．文化科学[M]．曹锦清，等，译．杭州：浙江人民出版社，1988：84.

（二）生态学、文化生态学

1．生态学

生态学是 19 世纪中后期到 20 世纪初逐步形成的。该词最早由博物学家索罗（Thoreau H. D.）于 1858 年提出，但内涵并不明确。1868 年，德国生物学家赫科尔（Haeckel E.）下了一个较明确的定义，认为生态学是研究动物与其无机环境和有机环境的全部关系的科学。目前，学界比较公认的定义是研究有机体或有机群体与其周围环境的关系的科学[①]。20 世纪初，生态学理论体系基本形成，并分化为植物生态学和动物生态学，并被社会科学领域所接受，形成人类生态学，即研究人类在其环境的选择力、分配力和调节力的影响作用下所形成的在空间和时间上的联系的科学。生态学原理和方法，被广泛应用到诸如人口、生态平衡、环境污染、粮食、战争等人类发展过程中的问题，并新产生了社会生态学、社会文化生态学、文化生态学等分支学科。

2．文化生态学及其发展

文化生态是指文化存在和发展的环境和状态。文化生态学（Cultural Ecology）是一门新兴的交叉学科，其学科来源主要是文化学和生态学，是文化学借鉴生态学理论和研究方法，研究人类社会文化现象的结果，文化是其研究对象，生态学是其主要的研究方法。即文化生态学就是将生态学的方法运用于文化学研究的新兴交叉学科。具体的讲，就是将生态学的方法运用于文化学研究的学科，是研究文化的存在和发展的资源、环境、状态及规律的科学，即主要研究文化适应环境的过程和由这种适应性所导致的文化习俗之间的相互适应性的学科。概括地讲文化生态学的外延包括文化系统、文化环境、文化资源、文化状态和文化规律五个方面；特点是以生态学为方法的文化学，是以文化为研究对象的生态学，是综合、交叉的新兴学科，是人类学、生态学、工程学、社会学、教育学、信息和传播学、经济学等学科共同关注的研究课题[②]。

“文化生态学”的概念最早由美国学者 J. H. 斯图尔德（J. H. Steward，1902—1972）于 1955 年提出，认为它主要是“从人类生存的整个自然环境和社会环境中的各种因素交互作用研究文化产生、发展、变异规律的一种学说”，文化生态学主张从人、自然、社会、文化的各种变量的交互作用中

① 范国睿. 教育生态学[M]. 北京：人民教育出版社，2000：4.

② 戢斗勇. 文化生态学论纲[J]. 佛山科学技术学院学报：社会科学版，2004（4）：1-7.

研究文化产生、发展的规律，用以寻求不同民族文化发展的特殊形貌和模式，以探究具有地域性差异的特殊文化特征及文化模式的来源。在他看来，文化的进化（cultural evolution）是文化对生态环境的"适应"（adaptation）过程，具体的文化形式是具体生态环境的结果。独特的生态环境，产生与之适应的特有的文化特质，这就是"文化核心"[①]。文化生态学的理论在斯图尔德的学生萨林斯等人的推动下得到进一步发展，成为文化人类学中颇为引人注目的流派。此后，文化生态学就一直成为西方国家人类学和地理学研究的重要视角。文化生态学在形成期主要在人类学家中进行小范围的区域性研究，也存在许多缺陷，如更多注重人对自然环境的"适应"、文化与环境的平衡，忽视了人类文化与环境的不适应，人对环境的改造、破坏；更多研究文化变迁的"过去时"，忽视文化变迁的"现在时""将来时"的研究。20 世纪 80 年代之后，文化生态学无论影响范围、研究方法、思想体系等都已经基本成熟，其表现是：系统论成为文化生态学研究的基本方法论和学科基础；从环境与文化的双向互动研究文化；除重视传统的自然环境外，还把人化环境，特别是信息环境也纳入文化生态环境进行研究；文化生态学成为全球许多领域研究的共同热点研究。20 世纪 90 年代，随着以电视、网络为代表的新传播媒体的流行，人们把目光投向了新旧媒体的文化生态关系，1997 年出版了 D. 克里克的《文化生态学：变化中的传播》一书；日本学者也发起了"传播新技术与文化生态学"的国际研究；1999 年 9 月在吉隆坡召开了"文化生态学国际讨论会"。目前，文化生态学已进入"大文化"研究的视野之中，探讨文化生态学的概念、斯图尔德的理论在当今世界的应用、媒体伦理学、文化资本、城市信息环境与文化生态、儿童成长与媒体生态、媒体的全球化和文化变迁、传播革命的基本性质及其对人类生活和社会尤其是文化的正、负面影响、新媒体环境对人类社会和文化的影响、多媒体与社会改造、后现代思想与新媒体的关系等等。可以说文化生态学已成为世界文化研究的新的前沿性学科。

在国内，文化生态学只是在某些文化人类学、社会学的著作中有简单介绍，以及有数篇文化生态学主题的论文。2006 年，广东学者戢斗勇出版了《文化生态学——珠江三角洲现代化的文化生态学研究》，这是属于国内比较系统的研究专著[②]。他在书中初步建构出一个较为完整的文化生态学

① Steward J. H. 文化变迁的理论[M]. 张恭启，译. 台北：台湾远流出版事业股份有限公司，1988：49-50.

② 戢斗勇. 文化生态学——珠江三角洲现代化的文化生态学研究[M]. 兰州：甘肃人民出版社，2006.

的理论体系，包括文化生态学的概念、历史、特点、任务以及文化生态的系统、资源、环境、态势和规律等内容，在文化生态学基础理论和学科建设方面成为一家之言。华南师范大学学者江金波[①]在对国外文化生态学理论进行系统梳理的基础上，提出文化生态学的学科新架构，从学科对象及定义上，认为文化生态学应当以文化生态系统为研究对象，着重研究文化群落与其地理环境之间关系的发生、发展及其演变规律的科学；文化生态学的概念体系有文化景观与文化群落、文化生态系统、文化变迁、文化区域等；基本理论除原有的进化论、人地关系论、文化时空耦合论外，还包括系统结构论、生态功能理论、景观感知与映射理论；在研究内容方面，主张从三个层面研究，宏观上考察区域文化与其所在地理环境之间的双向关系，中观研究探讨区域物质文化、精神文化和制度文化之间的关系，微观研究则探讨物质文化、精神文化、制度文化的内部机制，研究其内部各文化景观产生、发展的互相影响及其各自物质的形成与地理环境的感知、映射的密切关系，以及区域人群对景观的感知以及景观所映射的区域文化特质。

此外，近几年，许多学者开始从文化生态学视野研究民族、宗教、区域教育和社会发展等，并运用到具体的战略规划中去，产生了良好的社会效益。总之，文化生态学逐渐成为国内研究的一个热点问题。

二、区域文化生态学视野下的区域教育发展

（一）教育与文化的关系是最为本质、本源性的

从词源学上讲，中国古代的文化就是“观乎人文，以化成天下”“以文教化”“人文化成”，孔颖达把“文化”解释为“圣人观察人文，则诗书礼乐之谓，当法此教而化成天下也”。文化就是指礼乐制度的文治和迁善的教化。在西方，早期的文化本义就是“智慧的耕耘”“栽培”等，到16世纪，“文化”摆脱了“种植”的本义，有了比较明确的含义，专指才智、举止的培养与锻炼[②]。东西方文化不同，但对“文化”一词的认识却是相通的，即教育就是对一个人文化化的过程。因此，从文化传播过程上讲，文化与教育同义。或者说，文化是由人类创造的，创造文化的过程，就是教育的

① 江金波. 论文化生态学的理论发展与新框架[J]. 人文地理，2005（4）：119-124.
② 郑金州. 教育文化学[M]. 北京：人民教育出版社，2000：31-37.

过程，受过教育的人，就是文化人。这也就是教育与文化的基本关系。

（二）“文化”经常与“区域”相对应

文化具有“区域”的特点，有特色的文化，是区域文化，文化生态学者称之为“文化区”。一定区域的文化圈，构成特定的文化生态圈。在同一文化生态区内的文化景观具有极大的相似性：地理结构、自然风光、建筑、人物、风俗、服饰、观念、思想、价值观等。从世界范围看，不同区域有不同文化类型。德国历史学家斯宾格勒（Spengler O.，1880—1936）认为世界历史上有八种自成体系的文化，即埃及文化、巴比伦文化、印度文化、中国文化、希腊罗马的古典文化、墨西哥的玛雅文化、西亚和非洲的伊斯兰文化以及西欧文化①。在中国这个地域内，又有不同层级的文化区。可以将中国文化划分为比较大的文化区，如“华夏（汉）文化区”“西北文化区”“岭南文化区”等；也可细分为若干个亚文化区，即在一个比较大的区域下面再根据文化类型分为更小的区域，如“西北文化区”下可分为“秦文化区”“陇文化区”等。地域文化一般包括比较大的空间范围。一种地域文化的形成需要较长的年代，也有很长的延续性，目前常说的地域文化往往能追溯到遥远的古代，如秦文化、晋文化、楚文化、吴越文化，都可以追溯到春秋战国时代，至今已有两三千年的历史。地域文化是最能体现一个空间范围内的文化类型，这一文化类型和周围的其他区域有着明显的差异。

（三）区域教育发展与区域文化生态有密切联系

严格地从逻辑上讲，教育与文化是交叉关系，不是包含关系。教育中的一部分是文化的表现形式，是文化的重要组成部分；文化的流变制约着教育的发展历程。但它们有各自的生态圈，并在相互影响着。

1．“文化生态圈”的构成，离不开教育

从文化生态学角度讲，教育是文化生态圈的主要成员。在学术界，到目前为止，尽管对“文化”的内涵和外延并不确定，但教育属于文化，属于文化却是研究者的共识。虽然我们无法确切地指明文化应当包括哪些领域，一一说明其涉及内容，但它首先应包括教育等内容在内②。教育制度、

① [德]奥斯瓦尔德·斯宾格勒. 西方的没落：世界历史的透视[M]. 齐世荣，等，译. 北京：商务印书馆，1963.

② [美]巴格比. 文化：历史的投影[M]. 夏克，等，译. 上海：上海人民出版社，1987：88.

教育理论、教育内容、教育组织方式、教育手段和方法、师生关系等任何一个要素虽然分属物质、精神、制度等层面，但却都属于广义文化的范畴。因此，教育是文化的表现形式之一。没有教育的文化，就缺乏了智慧，缺乏了文化的传承、保存与创新。

2．文化的特色和变化制约着教育生态环境

从生态学角度讲，像不同区域的文化受该区域的生态环境影响一样，一定区域的教育也会受到该区域内环境与文化的影响。不同的地域文化、不同类型的文化直接或间接地影响教育的各个方面。只有为一定区域、一定群体成员“共同”认可的物质、精神、制度层面的思想行为模式，才可能称之为文化。“共同”文化的形成，依赖于教育的代代相传、人人相传；而教育活动的实现、实现的效果也无时不在受文化的影响。古希腊的哲学、文艺等，造就了对“哲学家”的培养，形成了人的全面发展教育思想的萌芽；中国春秋战国时期思想家的思想传播，使中国教育出现了空前活跃；清末民初的新文化运动，导致中国新教育制度的产生；“文化大革命”的出现，导致中国教育的空前劫难；对民族文化的保存呼声，使民族教育应运而生；美国、加拿大等国家的多元文化生态环境，形成了通过语言、课程、培养目标、教育方式、教育管理、教育评价等整体的多元文化教育。也是因为不同区域的文化特色和差异，形成了我国不同区域高考录取政策的巨大差异。

3．文化生态环境与教育发展具有在动态变化中互砺、创新等积极作用，也可能产生阻碍作用

不同区域的教育与文化还是一个动态的发展过程。但在这一动态的影响过程不是被动的，而是在各自的生态环境中进行“净化”和“升华”，甚至创新，也可能产生反作用。

首先，教育不但传承文化，还必须选择文化。教育具有文化传承的功能，但又不是毫无保留的传承，而要通过教育目的的规范，选择教师、教育内容、教育场所等，对自然的文化生态环境中消极的成分进行“净化”和选择。中国古代的“孟母三迁”、墨家的“染缸”理论就是要求教育对文化的警觉。信息时代的影视文化、网络文化有许多是不适合未成年人的，学校必须选择和净化。自古至今，学校的教育文化，既和时代主流文化同步，但又保持了相对的单纯性、独立性，才使教育更合乎人类的教育目的、合乎人的成长规律。教育不但对文化进行选择，同时还在创造新的文化。教育创造新的文化主要表现在两方面：一是来自教师的文化反思与文化自觉。教师是“文化人”，是富于理性的文化人。他们在文化的传承过程中，通过自己的反思与研究，发现文化中的消极成分，进而批判文化中的糟粕，引领文化的创新。西方古希腊时期、文艺复兴时期以及资本主义发展的各个时期著名教育家，也往往都是哲学家、新文化的创造者。中国也不例外，孔子、鲁迅、陶行知等，既是教育家，又是新文化的引领者、创造者和传播者。二是文化的创新，还可能来自接受文化的学生。学生往往代表新生代，是新文化的实践者和传播者，他们最易接受新文化甚至推动他们的老师更新文化。每一次大的文化变革，青年人特别是学生往往走在时代的最前列。比如，信息时代的网络文化，学生可能比老师要认同得更早、内化得更深刻。

其次，文化，特别是符合时代发展潮流的新文化，推动着教育的变革甚至革命，但是，落后或保守的文化对教育发展的阻碍作用。教育在选择文化，但她的选择并不一定永远是积极的，有时还可能落后于时代潮流，甚至阻碍历史的进步。社会生产力是整个社会发展中最具活力的要素。当生产力产生重大革命时，与新的生产力相适应的文化会应运而生。或者说，在包含物质要素的文化生态圈内，作为物质的生产力的变革，最先打破了整个文化生态圈的原有平衡，出现新文化形态。而教育、特别是制度化教育，为了维持原有的价值规范、社会制度，有可能拒绝新文化，教育在文化的变迁与革命中有正面与负面的双重作用。美国实用主义教育家杜威严肃的指出，从非正规教育到正规教育，固然是人类文明的巨大进步，但也带来非常明显的危险，因为“正规教育容易变得冷漠和死板——用通常的贬义词来说，变得抽象和书生气”[①]。所以，有时候教师、学校成为“老学究”的代名词，这在教育史上并不少见。因此，“在文化变迁的整个过程中，教育的作用，既可以为文化变迁提供基础，也可能产生阻碍作用；既可以促进文化间的融合，也可因封闭性而限制文化接触、交流与碰撞；既可以因培养创造性人才而增进文化变迁，也可能因教育的技术蜕变而造成创新精神的泯灭”[②]。

总之，不同的区域文化，造成了不同区域的教育差异；不同文化背景的区域教育，形成了不同区域的经济社会差异。因此，解决经济社会问题，不得不研究区域教育，而研究区域教育也不得不研究区域的文化生态和区域文化特质。

① [美]杜威. 民主主义与教育[M]. 王承绪，译. 北京：人民教育出版社，1990：9.
② 倪胜利. 教育文化论纲[M]. 重庆：重庆大学出版社，2011：83.

当然，我们说教育与文化有密切联系，并不等于说教育就是文化，或者说文化就是教育，二者的区别是明显的。正如叶澜教授所指出的："教育与文化关系的性质不同于教育与物质生产、教育与政治的关系它们不是决定与被决定的关系，而是相互包含、互相作用，并互为目的与手段的交融关系。"[①]

三、基于教育生态学视野下的区域教育发展观念

（一）教育优先发展的意识

从世界范围上讲，教育在各国社会经济文化发展中的战略地位已经成为共识，社会文明对教育的依赖程度越来越高，特别是舒尔茨的人力资本理论提出后，各国都把教育作为促进社会进步的主要途径。相应的对教育的不满和批判也越来越多、改革的呼声一浪高过一浪。如何办好教育，使教育适应、引领经济社会发展，必须树立科学的发展观，即教育文化生态意识的确立。具体表现为：

1．从文化生态学角度，认识人—教育—社会文化环境之间的关系

社会是由人组成的，社会文化是由人创造的，人创造了文化，并同时被文化所塑造、同化，真正意义上的人，是具有一定社会文化烙印的社会人，而不是一个单纯的生物人，不是没有社会"文化"的个体人。因此，个人与社会文化之间是一种相互依存关系、双向制约与塑造关系。正如马克思所说"像社会本身生产作为人的人一样，人也生产社会"。[②]恩格斯也认为"环境的改变和人的活动一致，只能被看作并合理地理解为革命的实践"。[③]

人是自然产物，必须也必然是社会的产物，而教育则是一个人由自然"人"向"社会文化"人之间转化和联系的桥梁。社会通过有组织、系统的教育，把一定社会的文化转化并构建为教育生态系统，在这个相对封闭的教育生态系统中，浸润、同化未来的社会文化人。当然，在这个过程中，作为教育对象——学生不是被动的，而是通过自己的个性、选择、潜能的

① 叶澜．教育概论[M]．北京：人民教育出版社，1991：176．

② 马克思恩格斯全集：第 42 卷[M]．北京：人民出版社，1979：121．

③ 上海师范大学教育系．马克思恩格斯论教育[M]．北京：人民教育出版社，1979：23．

发挥等，有区别地呈现自己的个体文化特色，并以有差异的“文化人”服务社会，从而形成社会的丰富多彩。

因此，从这个角度讲，一定社会阶级、一定区域的文化生态环境的保存与更新，离不开教育活动。而区域文化包括了物质文化、制度文化和精神文化三个层次，所以，区域整体的文明程度，文化生态风貌取决于教育的传承与创新。

2．借鉴生态学的原理，把握教育生态与文化生态圈之间、教育生态内各主体之间的关系

从生态学角度讲，自然生态系统和社会生态系统共同遵循的基本原理是：胜汰原理（差异导致竞争，竞争导致发展）、拓适原理（拓展资源生态位和需求生态位，以改造和适应环境）、生克原理、反馈原理、乘补原理（功能失衡时，某些成分乘机补位）、瓶颈原理、循环原理、多样性和主导性原理、生态发展原理、技巧原理等。所有这些原理的基本思想是生态系统思想和生态平衡思想。所谓生态系统，就是用系统科学整体的、联系的、反馈的原理看待此系统与彼系统、总系统与子系统及系统内各要素之间的联动关系，具体到生态系统就是在一定地域（空间）内生存的所有生物与环境作用具有能量转换、物质循环代谢和信息传递功能的统一体。生态平衡是指一定时间内生态系统中的生物与环境之间、生物各个种群之间，通过能量流动、物质循环和信息传递，使它们相互间达到高度适应、协调和统一的状态。[①]相应的，人类社会生态环境系统（或人类文化生态系统）也遵循此原理，就是一定地域的各类文化构成之间的系统联动和平衡关系。因此，在确立区域教育发展战略时，文化生态学原理为我们提供了很好的工作思路，就是在确立区域社会发展战略时，把教育作为社会文化生态系统中的重要因素，在确立区域教育发展战略，进行教育变革时，必须把教育外部的生态环境和教育内部的生态环境结合起来进行规划和涉及。一句话：树立教育生态意识，用生态学的视野看待社会发展、教育的作用以及教育内部的改革。

（二）教育发展的生态学意识

教育的生态意识主要体现在适应与发展、平衡与失衡、共生与竞争三个方面。

① 范国春. 教育生态学[M]. 北京：人民教育出版社，2000：20-23.

1．主动适应与主动发展

从生物的生态系统来讲，所有生命个体（动植物）为了生存，必须适应周围的环境，当环境改变时，有机体通过改变自己的身体结构、生活习性、防卫机制等，以适应生态环境，这就是“适者生存，优势劣汰”的自然规律。有机体在适应生态环境过程中，自身也得到发展和进化。因此，物种的适应过程，也就是发展和进化的过程。

对教育而言也是如此：作为文化生态环境的一个部分，教育必须适应区域文化生态，在适应中发展自身，体现自己的存在价值，并影响整个社会文化生态环境；同时，在教育生态系统内，学校、教师、学生等主体，也有各自不同的调适过程和机制。在学校，能否结合区域经济文化发展特点准确定位，学校布局的生态环境；教师的专业能力、现代教育技术手段的运用、课堂生态环境的优化、师生关系等能否适应学校和社会的生态环境，决定了教师的质量和命运；学生的质量、对社会的适应能力、素质结构等，决定了自己未来的人生道路和幸福指数。和其他动植物不同的是，“主动”使教育活动、教育活动主体更具目的性和方向性，同时，“主动”还隐含着在“适应”的同时，预测、前瞻、引领、创新和变革。

2．平衡与失衡

在生态学上，平衡是指生态系统的结构与功能、物质和能量的输入与输出的相对稳定状态，当生态系统受到外界干扰超过自身的调节能力时，平衡被打破，出现失衡。平衡是一种暂时状态、是相对的，由平衡到失衡是量变到质变的过程；失衡之后，生态系统不断重组、替补、增量与淘汰，形成新的平衡。实质上，再平衡的过程，对生物来讲，是物种进化的机遇，对人类社会文化生态环境来讲，是变革和创新的机遇。

教育生态环境的失衡，主要源自与社会文化生态环境的变化导致的教育不适应以及教育系统内部的不协调，这是教育病理学研究的主要命题。教育病理的概念及教育病理与社会病理的体系构建始于20世纪70年代的日本，代表人物是大桥薰和新堀通也。大桥薰的认为，“教育病理，简言之，是‘在教育过程中出现的偏移（deviance）、失调（dysfunction or malfunction）状态’。”[①] 新堀通也认为，教育病理也是一种社会病理。日本的教育病理主要有教育浪费、教育冲突、教育滞后、教育差别等。[②]有人认为我国的

① [日]大桥薰．现代教育的病理[M]//张人杰．国外教育社会学基本文选．上海：华东师大出版社，1989：485-505.

② [日]新堀通也．现代教育的病理[M]//瞿葆奎教育文集·教育与社会发展．吴康宁，译．北京：人民教育出版社，1989：554-572.

教育病理是：各系统之间、系统内部不协调；教育活动动力严重不足，教育经费不足，学生学习目的不明确；教学系统效率不高；学生片面发展，高分低能仍然存在[①]；加之现代教育媒体系统复杂，变化太快（比如网络化、虚拟化、无纸化等），使其他系统难于一步跟上等。比如，我国从20世纪70年代实行计划生育政策，经过几十年宣传、执行，“优生优育”“少生优生”已经成为一种新型的生育文化。人口数量的变化，在教育上引起了一系列的“失衡”现象：由于许多家庭只有一个孩子，家长有愿望、也有能力让孩子接受优质教育，使其对优质教育的期望非常强烈，甚至成为民生问题；入学儿童数量的减少，许多村小撤并，政府刚刚投资修起的“希望学校”成为空壳学校；学校撤并，许多小学生不得不长途步行上学、或者住校，又引发了寄宿学生管理、亲情缺失引发的心理问题以及校车的安全问题；学生数量减少，引发了师范生就业难问题，许多师范院校不得不转轨、缩小规模；独生子女的生长环境，导致了教师难教、学校难管；家长对教育质量的高呼声，使即将退休的教师，教了一辈子书，到退休时，发现自己成为“不合格教师”，自豪感、荣誉感荡然无存；学生数量的减少，使高校的“扩招”之风釜底抽薪、戛然而止，许多高校完成不了招生，学校的生存都成问题……作为社会生态中一个非常具体的要素——人口的变化，对教育生态环境的冲击非常巨大！教育如果不能及时调整和适应，可能会引发整个社会生态系统的失衡、甚至混乱。

3．共生与竞争

共生与竞争，是指同一生态环境内不同主体之间的相互关系。在同一生态环境内，不同生态主体既相互依存，有共生关系，环境是大家的，有共同的空间，都有生存与发展的平等权利。当环境资源有限时，就会出现竞争。

在教育生态环境中，共生关系表现为不同层级学校之间的供给、互助关系。比如，上一级的学校，有赖于下一级学校提供生源，下一级学校的师资、校园环境有赖于上一级学校提供或者引领，以及实践、研究、服务等。在我国，许多城市功能区划上，把各类学校规划的一个共同的空间，称之为“文化区”，就反映了文化上的同质性和共生性。同时，不同境遇主体间存在着竞争：比如，教育经费的分配，在各个层次学校之间普遍存在；在同一层次学校间，存在着经费、生源、师资、发展空间等各个方面；在同一学校内部，教师之间、学生之间也有不同形式的竞争。竞争有消极的

① 顾明远．教育大辞典（增订合编本）：上[M]．上海：上海教育出版社，1998：776.

作用，可能影响人际关系，造成“嫉妒”“防备”等消极的文化心态和文化生态环境，但基于道德和法律规范的竞争，可以增加生态环境内的活力，促进文化生态环境的更新与发展。

三、可持续意识

第二次世界大战之后，经济科技迅速发展，世界政治进入一个相对稳定时期，但同时人口激增、生态环境被破坏、资源紧缺、犯罪率上升等一系列人类从来没有遇到过的问题摆在各国政府面前。人们开始思考“人类究竟该怎样发展”的问题，成为20世纪70年代初叶以来世界范围内研究的主题，并逐步形成“可持续发展”的发展理念，随即，教育的可持续发展也成为教育发展的一种导向。

（一）可持续发展

最早出现“可持续发展”概念是1987年。早在1972年，联合国人类环境会议通过的《联合国人类环境宣言》，确立了“人是环境的产物，也是环境的塑造者”，已经出现了人类可持续发展的观念；1980年，世界自然及自然资源保护联盟（IUCN）发表了《世界自然保护战略》，“强调人类利用对生物圈的管理，使生物圈既能满足当代人的最大持续利益，又能保护其满足后代人需求与欲望的能力”。同年，联合国大会呼吁：“必须研究自然的、社会的、生态的、经济的以及利用自然资源过程中的基本关系，确保全球的持续发展。”1987年，成立于1983年的世界环境与发展委员会（WCED）在其向联合国提交的著名报告《我们共同的未来》中第一次明确提出了“可持续发展”的概念。该报告是在挪威前首相布伦特兰夫人的主持下，由世界环境与发展委员会的专家学者经过近两年的研究完成的，又称为布伦兰特报告。报告明确定义了“可持续发展”的概念，即“可持续发展是既满足当代人的需要，又不对后代人满足其需要的能力构成危害的发展。它包括两个重要的概念：‘需要’的概念，尤其是世界上贫困人民的基本需要，应将此放在特别优先的地位来考虑；‘限制’的概念，技术状况和社会组织对环境满足眼前和将来需要的能力施加的限制。”[①]该报告问世后的几年时间里，“可持续发展”迅速成为国际领域研究的热点，并进一步

① WCED. Our common future[M]. New York：Oxford University Press，1987：66.

拓展了“可持续发展”的内涵，并广为传播，成为世界各国广泛认可的、经济社会发展的一种价值取向。例如，在 1992 年 6 月联合国的环境与发展大会上，通过了《里约环境与发展宣言》，共提出了“可持续发展”27 条原则；1994 年 9 月召开的国际人口与发展大会上，“可持续发展”思想进一步得到发展，并充分体现在大会通过的《国际人口与发展大会行动纲领》中。在《行动纲领》所列的 15 个原则中，充分阐明了“可持续发展问题的中心是人”这一重要命题。

中国政府积极支持、参与、实行科学发展观。1994 年，中国政府公布了《中国 21 世纪议程——中国 21 世纪人口、环境与发展白皮书》[①]，宣布中国在未来发展中将贯彻“可持续发展”的科学发展观。从此以后，“可持续发展”成为中央决策、重大会议文件以及各种规划的基本指导思想。

综上所述，可持续发展概念的内涵是——社会发展既满足当代人的需要，又不对后代人满足其需要的能力构成危害的发展；其核心是环境保护经济增长的可持续性以及可持续的生产方式和消费方式，是一种整个社会生态圈的可持续发展；目的是协调自然、社会、与人的发展之间的关系；原则是发展的持续性、发展的共同性和发展的公平性。

（二）教育的可持续发展

“教育是可持续发展的一个关键因素。”[①]教育是人类社会文化生态环境中的重要因素，在自然、社会、人的可持续发展生态环境中起一个桥梁作用，是以人为本的经济、社会、自然可持续发展的根本大计。在“可持续发展”内涵中，人及其社会始终是可持续发展的主体和对象。可持续发展的实现主体是人及其社会；同时，社会的可持续发展和人的可持续发展是“可持续发展”的重要组成部分。社会的可持续发展，主要指持续改善人类的生活质量和社会和谐，提高人类健康水平和幸福感水平，创造和平、平等、自由、民主的社会环境。社会的可持续发展包括社会各子系统和谐、民主的社会管理、全社会公平平等的发展；人类自身的可持续发展是社会可持续发展的核心，是普遍受关注的可持续发展问题的中心。人类自身的发展包括控制人口数量与提高人口质量、儿童的生存与发展等。社会的可持续发展和人的可持续发展，势必引发教育的可持续发展问题。

---

① 中华人民共和国国家计划委员会. 中国 21 世纪议程[M]. 北京：环境科学出版社，1994.

① 赵中建. 教育的使命[M]. 北京：教育科学出版社，1996：87.

国际可持续发展教育是在可持续发展运动中成长起来的。早期的可持续发展教育，主要把教育作为落实社会可持续发展的一种途径，而关于教育自身可持续发展的问题要稍晚一些。直到 1992 年，英国学者斯特林等在发表的报告《善待地球：教育、培训和公众意识为可持续未来服务》中提出了可持续发展教育（EFS）的定义，这是在重要文献中最早给出的可持续发展教育的定义。国际 21 世纪教育委员会 1996 年发表的《教育：财富蕴藏其中》的报告指出，教育必须促进人的可持续发展，"教育在促进人的可持续发展方面的意义是指：既能满足当时发展的需要，又能保证其身心和谐、均衡与持久的发展而不受伤害，具有全面、长久与强劲的发展能力。"教育可持续已经成为全球教育发展战略的基本导向。2009 年，《联合国首届可持续发展教育会议（波恩会议）宣言》指出，教育促进社会经济环境与文化的可持续发展，"世界正面临严重的金融和经济危机、环境破坏和气候变化，以及各种紧张局势和冲突。全世界越来越意识到，国际社会必须团结起来为了创造一个属于我们共同的更美好未来而准备。联合国 2005—2014 年的可持续发展教育十年计划体现了这样的全球共识，指出了教育在可持续发展中将起到至关重要的促进作用。"

综上所述，可持续发展教育的基本涵义是，根据可持续发展需要而推行的教育，是以培养可持续发展价值观为核心的教育，其目标是帮助受教育者形成可持续发展需要的学习能力、科学知识、价值观念与生活方式，进而促进社会、经济、环境与文化的可持续发展。教育可持续发展应当包括以下几个方面：第一，教育的可持续发展是一种教育理念。社会的可持续发展来源于全体公民的素质，因此，教育应当以公平、公正、平等发展，实现社会和谐，激发所有人的创新能力。第二，教育可持续发展是一个整体系统工程。国家的教育政策应当关注的是教育事业的长远发展、健康、可持续发展；区域教育发展规划与战略必须服务于区域经济社会的可持续发展；区域可持续发展必须与区域经济、社会、环境、文化相适应，在为社会可持续发展服务，立足区域，服务可持续发展的未来。因此，教育目标、教育结构、人才质量标准、教育组织形式等应当避免短期效应，按照"全面协调可持续"的原则去规划和评价教育；第三，教育者应当关注学生的可持续发展能力，包括潜力、创造力、科学的价值观与生活观等。

（三）可持续发展的教育生态

如果把社会的可持续发展放在文化生态学视野下考察，那么教育既要适应社会文化发展的生态环境，成为社会发展可持续的一个重要组成部分，同时，教育系统内部也必然形成与可持续发展相适应的教育文化生态环境。可持续发展的教育生态系统表现是：全民化的教育、终身化的教育、适度超前与社会发展的教育、教育投资持续增长的教育、全面发展的教育、培养创新人才的教育、现代化的教育等。这都是伴随社会的可持续和教育的可持续发展浪潮，从20世纪末直至现在，仍然倡导的现代教育思想和现代教育思潮。

（四）可持续教育文化生态环境的优化

教育的可持续发展，离不开内外生态环境的协调与配合，也就是教育生态环境内外要素的再一次适应与发展、平衡与失衡、竞争与共生的调适过程。具体包括：

1．教育生态系统的外部环境优化与调适

教育的外部生态环境包括自然环境、社会环境以及规范环境。教育的自然环境，主要指人口、资源等物质环境，如学校周围的自然条件是否利于学生身心健康发展，是否利于学生的学习和成长，一个环境污染、噪声超标、灯光昏暗、网吧遍布的学校自然环境是不利于学校存在的；教育的社会环境主要表现为社会是否存在有利于兴办可持续发展教育的政治、政策环境，教育投入持续低迷、拖欠教师工资、各种形式的“读书无用论”“文化大革命”、应试教育等社会环境，和可持续发展的教育文化生态是格格不入的；教育的规范环境表现为与教育有关的人员及其群体的整体素质，比如教师的专业化水平、对教育的理解与态度、教育教学过程的规范化与创新程度，是可持续教育生态环境优化的内在关键要素。

总之，民主的政治环境、对教育的高度重视、教育的管理体制和政策导向、经济发展水平、区域教育文化特点、人口数量和质量等，都是形成良好的、可持续发展教育的外部生态环境。

2．学校内部的生态环境优化

这包括学校的物质文化生态环境、学校的管理制度文化以及学校的精神文化，也可以称之为校园文化。学校的物质文化生态包括学校的周边环境、校园绿化、建筑物，乃至草坪、操场、课桌、厕所等，这些既是学校教育教学活动所依赖的基本保障条件，也是学校可持续发展的教育元素；

学校的管理与制度文化,是保证学校成为一个利于可持续发展教育的组织,包括学校与社会的联系与互动关系、学校的价值观、学校的组织框架、人际关系以及管理文化与策略等;学校的精神文化主要是学校的办学理念、学校传统、校风、教风、学风、管理作风等,是校园文化的灵魂和潜在的文化生态环境。

三、质量文化意识

所谓质量文化意识就是学校教育有关人员(校长、教师、学生、家长等)对教育教学质量的自动觉知状态,并围绕提高教育教学质量所采取的一系列主动行为,包括质量标准、管理制度、校园质量文化、教学保障、教学行为、评价行为等。所谓教育教学质量,是指教育教学的特性满足教学价值主体(人与社会)需要的程度。即在既定的社会条件下,在教育活动客观规律的限制下,一定教育所培养的人才满足社会需要的程度与促进学生身心发展的程度。教育质量涉及教育所有环节和活动,是一个多层面活动效果的整体效果,诸如国家的教育目的、教育政策导向、教育评价机制、教育资源配置及绩效、校园育人环境、学校定位与文化传统、人才培养规格、教学计划、教学成就、教职工、学生、校舍、设备、社会服务与声誉等。

教育教学质量,是目前世界各国教育所面临的共同主题,更是我国政府和人民群众对教育的迫切要求。特别是经济发展方式的转变、区域社会特色经济的需求、家长对优质教育的期盼、国际的竞争等,都需要高质量的教育系统。

第二节 山区县教育生态环境的“信息化”战略

随着教育信息化的迅速发展,信息化环境下的教育教学活动不断普及深入,教育信息化环境在教育中的占的比重越来越重,但随之而来的包括教育者和受教育者的教育信息化意识弱、数字化教学资源重复建设、媒体技术教学应用效果差、信息化建设缺乏统筹与总体规划以及缺乏相应的建设标准等问题也不断凸显。因此,人们开始并密切关注教育信息化环境的生态建设问题,尤其构建山区县教育信息化生态环境的任务迫在眉睫,在这里，我们通过结合“绩效”的理念和方法，探讨了山区县教育信息化生态环境的构建思路。

一、教育信息化生态环境与绩效

教育信息化生态环境是在教育生态大环境下的一个表现方面，要构建教育信息化生态环境，我们必须首先要明确教育的生态环境的含义和发展规律。

（一）教育生态化环境

教育的生态环境是以教育为中心，对教育的产生、存在和发展起制约和调控作用的多元环境体系[①]。教育的内涵决定了教育生态环境包含三个层次：

（1）宏观教育生态环境：以“教育活动”为中心，包括一切与教育有关的环境，比如：社会教育环境、学校教育环境、社区教育环境以及家庭教育环境等。

（2）微观的学校教育生态环境，是以学校或区域教育机构为中心的教育生态环境，主要反映教育体系构成要素之间关系的相互协调过程。

（3）个别化教育生态环境，主要以学习者个体发展为中心，由其周围的自然环境、社会环境以及学习者个体的心理系统共同作用的生态系统。教育生态环境的发展应遵循教育生态的失衡与平衡、竞争与协同进化、良性循环等规律。

（二）教育信息化生态环境

教育信息化生态环境是以媒体技术的教学应用为基础，围绕开展教育信息化活动构建的，对教育信息化的发生和发展起制约、协调和优化作用的开放式多元环境体系。它是教育生态环境的一个重要组成部分，是教育发展到信息化时代的必然产物。吴永和、祝智庭等在《基础教育信息生态系统白皮书》中对基础教育信息生态系统的构成进行了全面深入的分析，如图 10.1 所示。

---

① 教育生态学[EB/OL].[2015-05-06] http：//baike.baidu.com/view/1280489.htm.

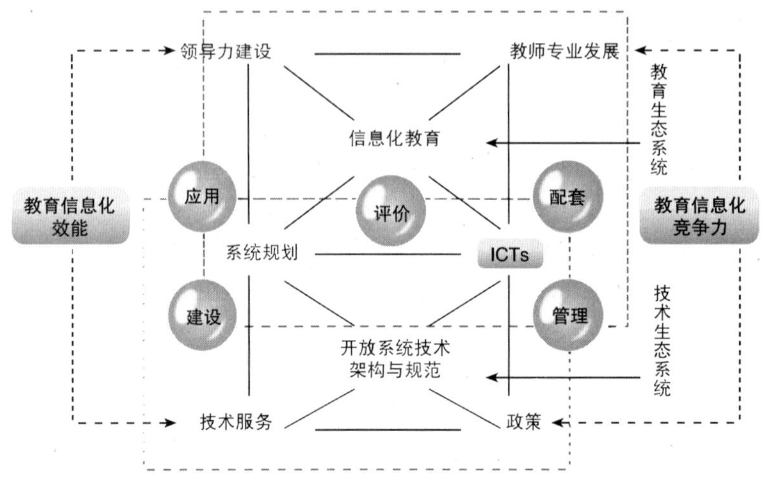

图 10.1 教育信息化生态系统[①]

吴永和、祝智庭等指出：教育信息化生态环境的建设应以学生为主体，采取开放、多样互补、因地制宜、综合配套以及协调发展的原则，主要围绕媒体生态、资源生态、学习生态和服务生态的理念展开相应的教学活动。教育信息化生态环境体系以教育网为基架平台，提供公共服务，包括学校、社会、家庭等三大信息化生态环境。学校信息化环境主要体现在课堂、实验室、图书馆、校园文化、教育管理等信息化生态环境方面；社会信息化生态环境主要是移动学习环境；家庭教育信息化环境主要体现在家庭、学校、社会互动，是链接学校、家庭和社会教育的信息化环境。如图 10.2 所示。

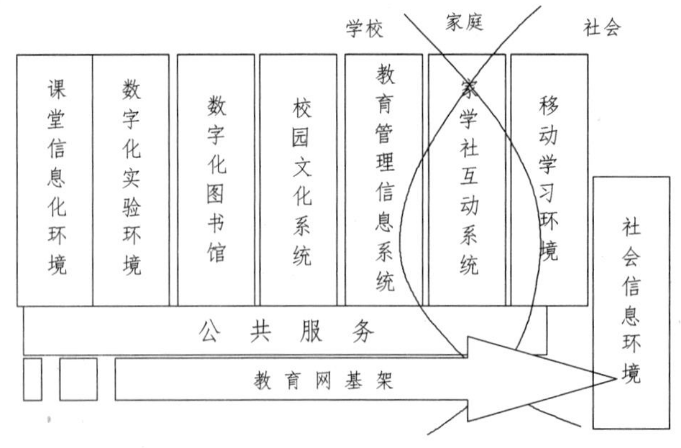

图 10.2 教育信息化环境体系[①]

① 祝智庭．教育信息化的生态观．第八届教育技术国际论坛专家报告[EB/OL].（2009-08-18）http://wenku.baidu.com/view/foo513e8f8c75fbfc77db225.html?from=search.

（三）绩 效

绩效一词最早应用于企业，从字面分析，它是成绩与效益的组合。从管理学的角度看，是组织期望的结果，是组织或个人为实现其目标而在一定时期内的投入产出情况①。投入的是人力、财力、物力、精力、时间等资源，产出的是工作成效，主要体现在成果的数量、质量等方面。

对于教育来说，影响教育绩效的因素包括：教育环境、教师教学技能和管理方式、学生学习能力、教师和学生的态度以及教育评价等。教师的教学技能和学生的学习能力经过培训和学习是可以提高的，他们的态度经过引导也是可以朝着预定的方向发生转变的；教育环境是客观因素，包括学校条件，教室环境、教学媒体设备、校风、班风等方面；评价是考核绩效的重要途径，只有进行科学合理的评价，才可以在一定程度上促进学生的个人成长并发挥其主观能动性，从而促进教育质量的提高。

二、绩效理念下的山区县教育信息化环境生态主体分析

教育信息化是教育走向现代化的重要途径，它要助力“加快教育均衡、促进教育公平、提高教育质量”目标的实现，就要构建生态化的教育信息化环境，这样才能使得教育信息化可持续发展。而教育信息化生态环境建设和利用的关键是“人”，即教育教学活动中的管理者、教学者和学习者。他们是教育信息化环境的生态主体，只有他们的观念和能力紧跟信息化发展的脚步才能实现真正的教育“生态”。

（一）山区县教育管理者要加强对教育信息化的研究

在基础教育信息化过程中，人们把更多的关注集中在了教师和学生的信息化教学应用活动上，而忽略了作为管理的省、市、县级教育相关部门领导以及山区县学校校长等领导层面对教育信息化研究能力的培养。很多实践经验告诉我们，在一线教师开展信息化教学活动和进行信息化课题研究过程中，由于山区县相关领导不理解教育信息化的本质，没有充分重视教育信息化教学科研活动，从而使得一线的教育信息化成效不明显，更何谈构建良好的教育信息化生态环境工作？

加强山区县教育信息化的系统规划与管理，加强对教育决策者与管

---

① 绩效[EB/OL].[2015-05-06] http：//baike.baidu.com/view/122994.html.

理者以及各层次关键性人物的最有效培训，提高整体绩效。作为管理层次的领导，尤其是一线领导，是教育信息化活动的领头羊，更要认识到教育信息化是教育改革的有效途径之一，是教育发展到信息时代的必然阶段，提高教育质量不仅仅要依靠教师的信息技术应用，更要依靠领导的引领、支持和推动。因此，在基础教育中，作为教育管理者的应该加强自身对教育信息化的研究力度，只有自身投入到教育信息化的实际工作中并亲身参与信息化教学和教育信息化研究，掌握信息化实践的指导理论和必要的信息化管理技能，才会对教育信息化的重要性认识到位，从而，会对教育信息化工作加大力度，才能充分保证教育信息化的质量和效益得到提高。只有充分认识和理解了教育信息化，才会更好的领导一线教师开展智慧校园、数字图书馆、智慧教室等教育信息化生态环境的建设、维护和使用。

（二）山区县教师要注重自身的专业化发展

传统的信息化教学者是信息资源的使用者和加工者，在分析资源的基础上，结合教学实际，在教学过程中或进行直接引用，或进行简单加工后使用，或直接进行创造性开发使用，开展信息技术与学科教学的整合，教学者注重的是自身信息能力的提升。

而在当今云时代背景下，学习者的学习环境受到了移动互联网和大数据的冲击，未来的教室环境是虚拟云教室，包括电子教材、电子书桌、电子书包、电子实验等，在学习资源方面，存储在教育云上，数量和质量都会得到极大的提高，从而满足学习者的个性化学习，这样的环境对教学者的能力提出了更高的要求，山区县教师在具有一定信息能力基础上应注重加强自身的专业发展，利用在线培训、网络研修、专业交流等机会，加深自己对教育信息化的认识，提升自身信息化教学、科研的能力，只有自身能力提高了，才能有效地创设生态化的信息化环境，才能有力地驾驭信息化环境，才能做到在信息化环境下，利用数据分析提供的准确信息，激发学习者学习兴趣，组织引导学习者开展自主的移动学习和泛在学习等，从而最终提高教育质量，促进学习者更好发展。因此，山区县教师应该充当学习者信息化学习活动的组织者、引导者、合作者，教学者要协调好教师教和学生学、网络资源和教材、信息技术和传统的媒体、课内学习和课外拓展延伸以及面向全体学生和发展学生个性的关系，既要引导学生运用原有合作学习方式协作交流，又要运用信息化环境优势拓宽协作学习渠道，并积极参与合作学习，以加快信息技术与学科教学的深度融合，形成师生互动、生生互动、人机互动的和谐、合作的良好生态环境。

（三）注重提升山区县学生的信息化学习能力

传统信息化学习环境下，教师合理的设计资源展示方法和顺序，可以实现一些机器内外的互动，以增强学生学习兴趣，扩展学生的知识面，否则学生只是资源的被动接受者和赏析者。

如今人们普遍拥有了终身教育的理念，认为受教育不再仅仅是知识的接收，更多的是为完整实现个人的发展和人生的目标。信息化生态环境的目的是协调各种要素促进教学质量提高，最终是为了提升学生的能力。在信息化生态环境下，学生能在网络和资源库上获得所需的课程和学习资源，可以不受时空和呈现方式的限制，通过多种终端设备，使用各种学习平台和 APP 软件，获得高质量的学习资源，有助于学生发现知识和加深对现实世界的理解，有助于学生创新能力的培养。信息技术成为学生学习的一项重要技能，它使得学生从信息资源的被动接受者变成了学习的主人，在绩效理念下，山区县学生要注重自身信息化学习能力的提升，在教师的指导下规划、组织、管理、评价自己的学习，学会甄选媒体终端、软件平台和学习资源，学会获取、分析、加工、使用和评价信息化学习资源，进行自我探究式的学习，注重形成个性化的知识结构，变成了资源的创造者和直接使用者。因此，学生的学习方式呈现了多样化，课堂学习与移动学习并存，正式学习和非正式学习并存，学生要协调好课堂学习和信息化学习、正式学习和非正式学习之间的关系，以达到既能充分利用信息化生态环境展开信息化学习，又能促进信息化环境生态的目的。

三、绩效理念下区域教育信息化生态环境建设实践——以陕西省汉中市为例

从上述分析我们可以看出，教育信息化生态环境的建设是个系统工作，教育信息化生态环境问题是个整体问题，在绩效理念下，我们应该注重协调前期的人力、物力和财力的投入，整合各种要素，以优化后期产出的教育质量、学生能力的提升。汉中市位于陕西省西南部，包括 5 个国家级贫

困县和 4 个省级贫困县，全市 80% 以上学校分布在山区和农村，但是在这里，基础教育信息化的水平却走在全省乃至全国的前列，这与省市教育部门、电教部门以及一线学校的领导教师的努力是分不开的。因此，我们选择汉中市基础教育领域为例，从平台生态、应用生态、评价生态三个方面分析了教育信息化生态环境的建设经验。

（一）平台生态——以平台建设为基础，以研究促建设，以建设促发展，加快开放式信息化网络环境构建进程

网络是教育信息化工程的基础，搭建教育信息化网络平台是构建信息化生态环境的关键。研究实践中我们以平台建设与应用研究为契机，结合电子书包、步步高学习机、智能手机等多种形式加快终端设施普及，促进媒体终端的教学应用研究，推进数字化校园乃至智慧校园的建设，完成了汉中教育城域网中心数据平台建设，初步搭建了汉中教育网、汉中教育资源网、汉中教育教学综合管理系统等市级平台，促进了全市教育信息化水平的提高和基础教育信息化进程的推进。目前，全市中小学校已 100% 接入教育专网及互联网，同时，为了加强教育系统网站管理，提高县校网站建设水平，政府组织举办了汉中市“优秀教育网站”的评选活动，以促进教育网站的建设、使用和维护。其中，西乡一中被中央电教馆确定为全国“首批百所数字校园示范校建设项目学校”，城固县被省教育厅确定为“省级教育信息化示范县”，洋县南街小学等 4 所子课题学校被确定为省级教育信息化示范校。

全市数字化校园及班班通建设统筹规划，分步推进，各具特色，为实现宽带网络校校通、优质资源班班通、网络学习空间人人通，提供硬件环境。比如：领导各县区完成了县级资源平台建设，在全省首家实现省、市、县三级平台互联互通和资源共享，教师可以上传自己的优秀课例、课件和教学反思，也可以下载别人的资源进行学习，它为全市中小学教育教学应用整合提供了资源保障，促进了优质资源班班通应用、教师应用能力和学生的信息化素养不断提升。汉中专网建设的思路和做法为全省做出了示范，被评为专网建设先进集体，同时，在国家的号召下，积极开展学籍管理平台和学前教育管理平台的建立，中小学电子学籍数据录入率位居全省地市前列，实现与国、省教育行政管理部门的信息互通，标志着该市教育管理工作步入信息化的轨道。

（二）应用生态——以应用研究为核心，以活动促应用，以应用促发展，促使信息化生态环境彰显效益

构建教育信息化生态环境的最终目的是提高教育质量，办人民满意的教育，而应用是实现目标的有效途径。该市以新媒体应用为切入点加强应用，利用竞赛交流活动拓展应用范围，以应用促发展，促使信息化生态环境彰显效益。

在实践中，该市以“基础教育成果（多媒体类）评选”和“全国中小学新媒体新技术暨基于交互式电子白板教学应用大赛”等信息化竞赛活动为抓手，重点培养和鼓励骨干教师积极参加具有代表意义的大型比赛，并取得了较好的成绩，以点带面带动了本校其他教师和其他学校的教师研究和使用新媒体新技术的积极性。学生也可以利用自己的移动终端在移动互联网的支持下，下载学习优秀的课例、课件进行自主学习，在一定程度上提升了教师和学生的信息技术素养。在比赛交流活动和应用研究的带动下，汉中市教师在国、省举办的各类信息化应用大赛中成绩优异，汉中市教育信息化协会连年荣获国、省优秀组织奖。在信息化教学应用中，重点突出了交互式电子白板等新媒体新技术在教学中的应用及研究并取得了丰硕的研究成果。比如：在 2012 年全市教育信息化应用工作推进会上，与会代表现场观摩了来自佛坪、洋县等县区子课题学校的教师在“电子白板+计算机”“多媒体投影+计算机”和网络教室环境下展示的示范课，使大家开阔了视野，拓宽了思路，更加深刻认识和理解信息技术对于教育产生的革命性影响。随着近两年“微课程”和“翻转课堂”理念的深入，该市通过借助企业的力量，为学校构建了一定的翻转课堂实施的环境要素，已经在全市展开了信息化环境下“翻转课堂”的研究与实践课题的试验研究，使教育信息化触及教育现代化过程中的深层次问题。

（三）评价生态——以评价研训为保障，以标准促规范，以规范促效益，确保信息化生态环境可持续发展

构建教育信息化生态环境是一项长期的任务，教育信息化评价体系建设是教育信息化生态环境可持续发展的保障。近年来，随着国家对基础教育信息化工作的重视，出台了一系列促进教育信息化工作的有力政策，也加大了对许多地区和学校教育信息化工作支持的投资和设备配备，目的当然是希望能够取得更好的教育质量和效益，但现实是很多地方和学校的设

备闲置了，并没有发挥其信息化教学的作用。正是因为缺乏对教育信息化生态环境的评价标准，无法保障教育信息化环境要素发挥应有的作用，导致了信息化进程推进缓慢，信息化成果产出效益低下。

因此，必须要建立完善的教育信息化生态环境，在前期的规划决策和管理中必须确立教育信息化生态环境的绩效理念，建立和逐步完善符合教育信息化环境系统发展规律的评价体制，才能保证政策、财力、物力和人力的作用落到实处，才能保证研究成果能够推广。因此，在实践中，该市注重对教育信息化环境要素的规范管理，制定本市的标准，努力建立健全相应的评价指标体系。并希望以评价研训为保障，以标准促规范，以规范促效益，创新方法出精品，互相交流促发展，推广成果出效益，努力提高全市广大中小学教师信息化应用能力及科研水平，构建服务于全市教育发展的信息化生态环境，只有这样才能确保信息化生态环境可持续发展。

我国基础教育信息化过程中可持续发展的教育生态环境建设之路才刚刚开启，虽然汉中市的基础教育信息化生态环境的建设工作取得了一定的成绩，但是前景并不乐观，部分学校领导和教师仍存在对于构建区域教育信息化生态环境的理念理论的学习和理解还不到位、教学科研能力素养有待提高、教育信息化生态环境建设标准不够完善等问题。因此，我们还需进一步坚定信念、统筹规划、提炼经验、探讨区域教育信息化生态环境的构建策略，加大对一线学校的指导和督促，以加快教育信息化生态环境建设的进程和提高实践的有效性。

第三节 民办教育“嵌入”战略

在山区县实现教育现代化，必须营造具有教育现代化特质的教育生态环境，如果说基于教育生态学理论的山区县教育现代化新观念可以通过各种宣传、培训的话，那也只能是理论上的洗礼，往往学的时候精神振奋，学完三天一切照旧，不能形成具体的压力，缺乏具体的示范榜样。而在山区县引进民办教育，强行“嵌入”完全不同的教育“新物种”，就会真实地改变区域教育生态环境。民办教育因其机制活、经费充足，为了面对激烈的竞争环境，许多民办学校引入现代化的教育理念和办学体制，教师管理打破铁饭碗，使民办教育充满活力，也为区域教育增加了教育的现代化元素。

一、试验与示范——教育现代化进程中的民办教育

地处陕南山区的汉中市，近年来教育现代化步伐加快，已经初步形成了实现区域教育现代化的良好势头，民办学校功不可没。汉中市民办教育状况进行了研究，先后对汉中市龙岗学校、汉中市国际中学、汉中市实验中学、洋县实验学校、城固信息技术学校、洋县文武学校、西乡县新希望幼稚园、西乡职业高中、西乡飞凤初中等4县区9所民办学校进行调研发现：汉中民办教育作为山区县整个教育体系中的一个重要组成部分，缓解了城镇中小学班额过大的压力，解决了山区留守子女和后进生入学难的问题，加快了普及九年义务教育和城镇化建设的步伐。

（一）民办教育的特点

1．办学层次多样，办学机制灵活

从幼儿园到职业高中和中专，涵盖了学前教育、基础教育、职业教育等各个层次。由于民办学校有“自主招生”“自主招聘教职工”“自主开展教育教学活动”的优势，很少受传统体制的约束，办学机制灵活，教育教学形式多样、活泼、实用，办出了特色。例如，在龙岗中学，在管理思想上，突出科学、人文、精细、三全，实施单元管理、一线管理、问题管理，以提高质量为目标，以效率、效益为核心，推行课程、教法、学法考试方法的改革，创新德育活动，创新沟通平台，取得了很好地教育教学效果。同时，民办学校各类机构设置合理、精简，各类人员职责明确、高效。各民办学校在“事业留人、待遇留人、感情留人”上做了大量行之有效的工作，教师工资与绩效挂钩多，体现多劳多得、以优取酬。还有教育的针对性强，通过灵活的机制和课程设置，民办学校不断加强学生的养成教育和素质培养。例如，汉中市实验中学开设了写作、国学等课程，注重学生的爱心教育，实施了一整套的感恩教育方案。

2．注重提高教学质量，不断提高服务水平

许多民办学校的创办者或校长充分地认识到，办学质量的高低是决定民办中小学成败和发展走向的标尺，而不断提升学校服务水平是实现民办中小学成功转型的核心。民办学校强调校长、教师及管理人员必须全力为学生服务，树立以学生为主体的意识。针对学生学习基础参差不齐的特点，构建课程差异教育的策略体系，精心设计个性化的教育实施计划，进行小

班化分层教学。例如，西乡县飞凤初级中学，从开办以来，一直以“提高教学质量”和“增强服务意识”作为立校之本，同时秉承“有教无类”的中国传统教育思想，大胆吸收其他学校没有能力教育的学生。西乡新希望幼稚园坚守“让每一孩子的每一天都开心快乐，得到满足，获得发展”的办学宗旨，主要开设启蒙数学、多元智能、游戏识字等适宜儿童的课程。龙岗中学坚持“创造适合每个孩子的教育”的教育追求，不让一个孩子掉队，关爱每一个孩子，发展每一个孩子，成功每一个。实践证明，许多民办学校的教学质量和服务水平都排在公办学校的前列。

（二）山区县发展民办教育的基本策略

1．政府要营造良好的政策环境

发展民办教育必须从实际出发，把民办教育的发展与整个教育发展结合起来，把民办教育纳入教育发展的总体规划，在全面发展的基础上，明确民办教育发展目标和措施。因此，政府应该按照《民办教育促进法》的规定，大胆创新，进一步解放思想，出台扶持民办学校发展的优惠政策。

一是政府要营造良好的舆论氛围，利用报纸、广播、电视等新闻媒体，大力宣传《民办教育促进法》及有关实施条例，宣传民办教育的历史贡献和先进典型，引导全社会提高认识，转变观念，改变对民办教育漠视甚而歧视的态度，真正从思想上、行动上理解和支持民办教育。

二是确定民办学校教师“民办事业人员”的身份定位，按事业人员实行人事代理，也才能按事业人员进行社会劳动保险。在民办学校教师职称评定、评优等工作中向社会开放，使其享有与公办学校教师同等的权利，将民办学校教师队伍建设列入当地政府教师队伍建设规划。

三是建立公、民办学校之间教师相互流通机制。打破民办学校与公办学校师资流动的壁垒，开通民办、公办学校教师双向流动的渠道。公办教师到民办学校任教应保留其公办教师身份，愿意回流到公办学校的，教育部门要予以妥善安置。

四是地方则政可以适当对民办教育经费给予财政资助。在加大国家财政支持力度的同时，还应当鼓励民办学校多方筹措教育经费，通过多渠道融资，将所得资金投资于办学，用以改善办学条件，提高教育质量，以利于学校的发展。

五是规范管理搞好服务。要狠抓了建章立制、管理、培训、评估等各个环节的工作，坚持对民办学校“有了困难帮，有了问题查，有了经验传”，依法规范、大胆管理、搞好服务，民办教育不仅不会“死”，不会“乱”，而且是其持续健康发展的推动力。

2．引导鼓励民办学校科学定位，坚持特色发展

要形成一所被社会高度认可、充分信赖的品牌学校，必须狠抓学校的发展趋势和市场需求，对学校品牌要有一个准确的定位，科学规划学校品牌管理。伴随着中国民办教育法制化、规范化的进程，民办教育必须根据不同地区、不同社会经济发展状况，寻求新定位、寻找新空间、采取新策略，办出各自的特色，创造独有的品牌。

一是在办学思想上体现特色。强调素质教育的理念，主张校长、教师及管理人员必须全力为学生服务，树立以学生为主体的意识，大力发展优质教育。提倡教育家办学。聘任德才兼备、有丰富教学和管理经验的教育专家出任校长，在人、财、物等方面予以充分的自主权，全面主持和负责学校的教育教学工作和校园内的管理。

二是在教育上体现新思维、新突破、新创造。民办学校应坚持健康人格培养、传授知识、挖掘潜能、发展个性并重。把侧重点放在每个学生的综合素质的发展提高上，要教导学生学会做人、善于学习，加强技能培训，提高创新素养，使他们终身受益。

三是在教育教学管理上体现特色。许多成功的民办学校坚持理论够用、实践为重的教学原则，把理论与实践操作结合起来，课堂教学与实习结合起来，不断断提升实践、操作在教学环节上的重要地位，对学生进行以“学会读书、学会做事、学会交际、学会做人”为教育支柱的全面素质训练，使学校教育逐步与社会、经济的发展紧密结合，体现出教育发展的生机和活力。

四是创学校的管理体制和管理模式，要实行单元管理、一线管理和问题管理，体现管理的效率和效果，不出现管理的漏洞和盲点。

五是建立务实高效的教师培训机制。教师队伍建设已经成为各民办学校的一项紧迫任务，没有一支高素质的教师队伍作保证，民办教育不仅很难发展，也很难生存。

二、陕南山区县民办学校典型个案研究——汉中市龙岗学校

（一）汉中市龙岗学校简况

汉中市龙岗学校，是汉中市教育局、南郑县人民政府大力扶持、陕西艺苑集团投资 3.15 亿元、占地 168 亩修建的一所集小学、初中、高中为一

体的陕南投资最大、起点最高、条件最好的现代化、高质量、寄宿制学校。2004 年获批建校，2008 年开始招生，截止 2013 年 5 月，在校学生 4 733 人，教职工 698 人。学校以为中华民族培养时代英才为办学追求，精心创造适合每个孩子的教育，力求实现高素质与高升学的统一、筑高原（大面积提高质量）与建高峰（培养优秀拔尖学生）的统一，致力于办高端教育、筑质量高地、讲高效发展，着力打造精致校园、精良师资和精细服务，努力实现优质化、国际化、个性化、全员化、最优化。短短 5 年时间，这所学校已经成为学生满意、群众认可、政府放心的优质学校。2009 年 12 月，学校被评为陕西省第一所民办基础教育示范学校；2010 年 4 月，陕西省教育厅在学校召开全省民办中小学现场会；2012 年 12 月，陕西省人民政府教育督导团到学校评估，通过问卷调查、随机抽查、师生访谈、资料查阅等形式，根据非常全面细化的评估指标体系考核，认为该校具有六大特点："先进的办学理念、精细的学校管理、优秀的教师队伍、特色的校本教研、优良的办学条件、卓越的办学质量"，学校被评为"陕西省素质教育优秀学校"。

（二）汉中市龙岗学校的外部文化生态

1．传承古老的"龙岗文化"

之所有起名为"龙岗"，其本意在于传承"龙岗"古人类遗址及其开放、多元的文化传统。龙岗遗址离学校只有 10 公里，位于汉中市南郑县梁山镇的汉江岸边，是汉水流域一处重要的旧石器遗址和新石器时代仰韶文化半坡类型遗址。该遗址包括旧石器文化、新石器时代李家村文化、仰韶文化半坡类型、汉代墓葬群等文化遗存。遗址出土的旧石器类型有砍砸器、石球、尖状器、刮削器等，与大熊猫、剑齿象、羚羊等第四纪哺乳动物化石伴生，地质年代为中更新世早期，绝对年代距今 120 万年以上。龙岗寺新石器时代遗址经陕西省考古研究所科学挖掘，清理了 430 座墓葬，其中李家村文化类型墓葬 6 座、仰韶文化半坡类型 423 座，从地层上证实了李家村文化早于仰韶文化半坡类型，为研究我国新石器时代仰韶文化半坡类型的渊源，分期和发展脉络等提供了宝贵的资料。龙岗寺汉代墓葬群分布在龙岗寺以东 50 米，发掘出土了青铜鼎、玉鸟、鎏金带勾等珍贵文物九十余件，为研究汉水流域汉墓的结构和分布情况提供了宝贵资料。2006 年 5 月龙岗遗址被国务院公布为全国重点文物保护单位。

龙岗文化具有南北过渡、东西杂糅的特点。正是来自不同地域的民众在汉江河边生存、繁衍，形成了开放、包容的龙岗遗址特点，也正是因为开放、包容、多元，才是其成为人类文明遗址、成为汉水流域文化发展的源头之一，也正因为如此，才有非常具有生产价值的石器和美学价值的陶器、青铜鼎等，墓葬头朝西方，又体现了对自己西方祖先的崇拜与归根情结。

2．人民群众对优质教育的期盼与政府的顺应民意

汉水流域有着悠久的历史文化，汉水上游的汉中是历史文化名城，汉字、汉族、汉人都与这里有着密切关系。但是，由于地理条件的限制和交通条件的制约，这里的基础教育一直落后于关中地区。改革开放后，特别是近 10 年来，随着城镇化步伐加快、民众外出打工人数增多，特别是随着西汉高速公路的通车，汉中民众开始“睁眼看世界”，从而对优质教育的愿望尤为迫切。许多有条件的家长把孩子送到外地上学，接受优质教育。正是基于这样的心态，汉中市龙岗学校应运而生，它虽然收取了较高的费用，但良好的教育教学设施、优美的校园环境、校园内随处可见的教育思想理念深深地吸引着学生和家长，他们发现，一开始投资近 2 亿元办学属于大手笔。短短五年时间里，在校园面积没有扩大的情况下，又净增 1.3 亿，平均每年增加近 3 000 万，主要用于教育教学条件的进一步改善，这对于一个公办学校来讲是根本不可能的。因为贫困地区的政府在教育上是精打细算，勉强应付的。老百姓明白，没有高投入，就请不到名师、高学历的师资和高水平的管理者，也就不能实现教育现代化。而包括教育思想、教育手段、教育环境等方面的现代化，是决定教育质量不可或缺的基础。

汉中市民办学校的产生，也和政府的推波助澜、顺应民意是分不开的。地方政府也想办高起点的优质教育，也看到因为待遇低许多培养多年的优秀教师被外地挖走，也对外地学校来汉中挖走优秀生源深恶痛绝，但因为经济原因，实在是力不从心。在企业有愿望、家长有需求、教育界一潭死水的局面确实需要冲击、需要改革的背景下，顺应形势，大力扶持，也算是一种难得的教育文化自觉。

3．投资者的远见卓识

汉中市龙岗学校的投资者是房地产开发商。出于投资多元性、与房地产发展有关的联动效应以及企业形象的动因，董事会曾经考虑围绕房地产开发环境周围投资建设一座公园。但经过论证、特别是对汉中优质教育资源缺乏及老百姓对优质教育的强烈需求，最终决定本着“厚德报桑梓、教育兴中华”的理想办学，包括后来的龙岗幼儿园。教育事业成为公司的重

要业务范围。随着龙岗学校的兴办，助推了其售房市场，并拉动了周边整个房地产市场的发展，也同时带动了整个大河坎镇经济文化的发展，实现了政府、企业、教育的综合发展。为了办好龙岗学校，董事会不惜重金，在全国范围内考察招聘校长，当发现理想的管理人才之后，董事长多次亲自出面、聘用校长，奠定了龙岗学校重视人才、依靠人才办学的良好传统。同时，为了打破公办学校校长办学自主权非常缺乏的弊病，董事会赋予校长的充分自主权，合理借鉴企业管理的优点，使学校形成高效的管理运营机制。

可见，龙岗学校的产生与发展，离不开宏观的文化生态环境，这也为学校内部的文化生态构建奠定了基础。

（三）龙岗学校的内部文化生态

1. 以校长为代表的“思想者”团队，具有多元、开放文化特质，是学校文化生态的灵魂

中国教育之所以落后，主要问题在于学校无特色、无活力，校长无思想、校长行政化，这样一种教育文化是培养不出来具有创新精神、适应时代需要的优秀人才的。我国当代著名教育学者朱永新认为，理想的学校具备七条标准：有特色的学校；有品位的学校；有一个富有人格魅力、有远大理想的校长；有一支创新型、有活力的教师队伍；有一批善于探索、具有良好习惯的学生；有一个面向所有学生的校本课程体系；有一个永远对学生开放的图书馆和计算机房。理想的校长有八条标准：具有奉献精神和人文关怀；珍惜学校的名誉；追求人生理想和办学理念，具有独特的办学风格；具有宽广胸怀、感召力和凝聚力；善于协调上下左右关系，能调动一切力量促发展；重视教育科学研究；能够给教师创造一个辉煌的舞台；使学校有优美环境和浓厚文化氛围①。仔细考察龙岗学校，比照朱永新先生提出的这些条件会发现，龙岗学校的发展关键在人，在于有以校长为代表的有思想、有远大理想的校长及其团队。

董事会为了选择一名理想的校长，多次考察、2 次全国招聘、两易其人，颇费周折，最后于 2007 年选定四川绵阳东辰学校副校长杨建平任校长。来龙岗学校任职前，他是四川省青年骨干教师、绵阳市劳动模范、绵阳市十佳青年岗位能手，在四川省教育界有重大影响。也是一位富于激情、诗

① 朱永新. 我的教育理想（增补本）[M]. 桂林：漓江出版社，2009.

意和教育理想的青年校长。比如，他在学校内部读物《龙骧》2011 年第一期上撰写的刊首语《让我们的孩子高高飞翔》中有这么一段："我们深知/一个孩子就是一个家庭的希望/一个孩子就是一个时代的栋梁/于是，我们啊/用智慧挺直脊梁/用品位树立形象/用知识增添力量/用才气抒写华章/用双手托起祖国的明天，让我们的孩子高高飞翔。我们深知/学校无小事，事事皆教育/教师无小节，处处是楷模/于是，我们啊/给每个孩子一张微笑的脸/让孩子在主动中发展/让孩子在成长中完善/让潜质在呵护中自由展现，让个性在爱的杠杆上蹁跹/用无言的爱心传递/书写龙岗那爱的风景线。"虽是一首短诗，但流露出了其教育之爱、教育之智、教育观念、教育理想。

龙岗学校的教职工队伍可以说来自五湖四海。本地、四川省、其他地方各占三分之一，有返聘的具有丰富管理经验的地方教育行政干部，也有来自各地的名师。正是来源的多样性，使其队伍开放、包容、充满活力和创新，因为，开放、包容的文化生态，是创新的动力之源。

2."人文"与"精细"高度结合的制度文化，是学校文化机体的心脏

珍惜人才、关怀人才发展与幸福，同时用精细化制度培养和管理人才，是其管理制度的基本特点。董事会以惜才之心选聘校长，校长也重视选聘有理想的教师。龙岗学校按照"广揽、慎选、勤教、善待"八字方针选聘教师，对选聘的教师从待遇、住房、子女上学、退休后待遇等充分考虑，不轻易批评教师、不轻易否定一个教师、不轻易处罚一个教师、不实行末位淘汰，因病不能上课的教师享受同类公办教师待遇。对教师实行人文关怀的"六必工程"，即有问题必解决、有困难必帮助、有矛盾必化解、逢生日必祝贺、凡生病必看望、有正当要求必尽量满足。

不但从感情上对教师体现人文关怀，而且把教师的成长，作为学校文化生态环境建设的重中之重，学校非常重视新入职教师的培训、老教师的职业生涯可持续发展培养。一是每年新进教师的入职培训持续半个月，包括教学理念、教学管理、师德修养、班主任管理、课堂教学、科研方法、现代教育技术应用，教学方式是专家讲座、个案分析、名师经验介绍、互动交流等；二是每年举行三轮赛教（新教师上过关课、优秀教师上示范课、年轻教师上汇报课）；三是抓强点和弱点，推广优秀教师的教育经验，对后进教师进行教育会诊，给目标、给方法、给时间，用集体智慧实现教师的个人价值；四是总结凝练了"阳光教师，开心工作"的十条经验，供教师在职业生涯发展中自勉和自励。

龙岗学校的管理制度是非常精细的。据不完全统计，单是对新教师培训中必须涉及的制度就有 14 种，包括汉中市龙岗学校教育服务纲要、行政管理纲要、德育纲要、教师行为规范 20 条、教职工请假制度、安全工作管理规范、关于加强学校安全工作的意见、教学纲要、教学管理制度、教师备课规范、"学案"编写管理使用条例，等等。每一项制度既有教育思想的渗透，又有具体的规范要求，也就是让教职工既明白怎么做，又明白为什么要这样做。比如《汉中市龙岗学校教育服务纲要》（2008 年 9 月）共有 7 800 多字，主要包括龙岗教育团队成功宣言、教育服务指导思想、教育服务规范程序、教育服务的评价等四大部分。比如在教育服务规范程序中，又包括了接待规范、着装规范、语言规范、集会规范、办公室规范、会议规范、就餐规范、物品管理规范、档案管理规范、家长送物管理规范、节约水电规范、学生眼保健操管理服务规范、学生课间加餐管理服务规范、学生晚加餐管理服务规范、学生病号餐管理服务规范等。

在"语言规范"中细化为：

（1）普通话是学校标准语言，重大集会一般使用双语主持。

（2）学校使用标准文明教育用语，日常教育用语主要有：早上好，您好，晚上好，欢迎光临；请，您请，请讲，请坐，请走好，请稍候；请稍等、很抱歉、对不起、请原谅、对不起打扰了、对不起让您久等了、真对不起，给您添麻烦了；再见，欢迎再次光临、祝您一路平安。

（3）接听电话时标准语言：提起话筒——您好，龙岗学校；接听电话中——用笔记清楚对方的主要要求，耐心和对方保持沟通；接听电话完毕——互道再见（咨询建议类结束语：谢谢，欢迎随时联系；意见批评类结束语：谢谢，感谢对学校的关心）；沟通时态度要诚恳，语调要平和，语言要得体。

仔细阅读龙岗学校的各项管理制度，会发现其特点。一是蕴含丰富的教育思想，比如《汉中市龙岗学校教育服务纲要》，增加了"服务"两个字，就是一种教育理念的革新。作为纲要的序言——龙岗教育团队成功宣言一开始的三句话是，我们相信：为了追求卓越，我们才走到一起；我们始终相信：是崇高的事业才让我们血肉相连；我们始终相信：其实最大的挑战，是来自我们自己。三句话之后五个排比句，每个排比句后面是简要的阐释。我们是学习的……；我们是真诚的……；我们是服务的……；我们是忧患的……；我们是秩序的……语言不多，但非常真诚、富有理想、充满自信。二是非常细，具有可操作性。这就是精细化管理，让学校的一切行为有章可循；三是文化内涵丰富，体现了开放、严谨、文明。

正是这些制度，保证了学校的文化品位、工作秩序和良好的可持续发展动力，也是学校文化机体的心脏。

3．有创意、有文化内涵的系统教育机构和活动，是学校文化环境的内涵

汉中市龙岗学校的文化生态载体是通过独有的机构和多样化的系统教育活动实现的，使其学校有着高深的文化内涵。

（1）独有的机构。

龙岗学校的机构设置，基本上围绕两条主线，一是教师的成长与发展，二是学生的生活和学习。除一般学校都有的教务处、德育处、总务处等机构以外，还特别设置的学校教育科学研究所和学生的十大中心。

教育科学研究所是学校成立时就设置的机构，虽然人数不多，但对学校的文化引领、教师成长却起到了重要作用。研究所主要职能包括四个方面，一是策划制作招生等文字宣传，有些资料是校长亲自把关甚至直接起草；二是办好内部刊物，为教师的反思型校本教研提供平台；三是组织编写校本教材；四是基于数据的教学状态研究。教科所的平台，实质上为校长的科学决策起到了重要参谋作用，也对教师的专业可持续发展起到了引领作用。

围绕学生的充分成长与发展，学校建设有十大中心，包括阅读中心、实验中心、科创中心、学生健康中心、网络中心、广播电视中心、运动锻炼中心、营养膳食中心、生活教育中心、心理素质拓展中心等。这些中心既有满足学生基本生理需要的机构，还有满足学生学习、探索、自我发展、自我实现需要的机构。

（2）丰富的活动。

德育方面，提出“阳光德育”，围绕养成教育、信心教育、感恩教育、安全教育、礼仪教育等五大主题开展系列活动。比如，围绕感恩教育，就有尊师典礼、孝敬典礼、成人典礼、“双节”（父亲节、母亲节）祝贺等活动。此外还有“阳光成长”十大工程，包括远足拉练、作业展评、学法交流、两库（语言库、错题库）展示、挑战迎战活动、特长发展展示、社会实践、社区服务、家庭德育作业、“十佳百优”学生评选等活动。同时，营造具有德育文化内涵的阳光校园十大风景，即书香校园、激情跑操、道德长跑、三省教育、主动问好、军歌嘹亮、记忆风景、一分钟军姿、十分钟安静、快乐交流。通过系统、多样的活动，营造了以积极向上、活泼全面的德育文化生态环境。

教学上，突出高效课堂和多彩课程。高效课堂的目标是自主、高效、优质；维度是有效教学、有效练习、有效管理，提倡读一读、试一试、讲一讲、练一练、记一记五环教学法。实行“1（国家课程）+7（学校课程）”，其中学校课程富于个性和特色。学校课程包括活动课、选修课、特长课、德育课、写字课、阅读课、心理健康课等7种。

在龙岗学校，一年的常规活动分布在每个月，从一月到十二月，依次是孝敬月、习惯月、艺术月、英语月、体育月、摘星月、实践月、尊师月、数学月、合唱月、国学月。每月都会围绕主题，开展一系列活动。特别是入学典礼、尊师典礼、孝敬典礼、青春典礼、成人典礼、毕业典礼属于学校的特色校本活动。

活动虽多，质量却不低。每次活动让学生策划、教师指导，活动或者文艺表演都源于校园生活，却高于生活，富于美感和教育意义。

3．立体的、有境界的校园文化，是学校文化生态环境的名片

龙岗学校从一开始就关注学校文化环境的营造，建设利于整体育人的校园环境，形成“平安校园、书香校园、人文校园、活力校园、生态校园”。凡参观过的人，都对其校园物质环境建设赞不绝口，学校也因此获得“全国校园文化建设先进单位”称号，这既是学校的教育手段，也是学校的一张宣传名片。

龙岗学校校园文化的建设策略是：以“学生第一”为指南，以“一缕阳光、一点爱”为品牌精神，以“培养阳光生命、奠基成功人生”为追求境界，以“葆有天性、启蒙心性、注重个性，三性并茂，阳光生命”为设计策略。学校对校园文化分解为精神文化、教室文化、寝室文化、学习文化、休闲文化。校园精神文化的建设重点是：不比阔气比志气，不比起点比进步，不比聪明比勤奋；教室文化建设的重点是安静、专注、思考、过手；寝室文化的建设重点是文明、秩序、自理、关怀；学习文化的建设重点是自学、自练、自测、自结；休闲文化建设的重点是：阳光、互助、沟通、服务。

走进龙岗学校，处处都是教育元素：

（1）建筑。学校建筑以黄、蓝、白三色相间搭配，每个建筑物都有体现人文科学精神的命名，如博雅楼、博艺楼、博慧楼等，体现着学校对全面发展教育思想的追求。学校大门正对的六层主楼“博雅楼”“博雅楼”顶是“龙岗学校”，两侧五层高副楼顶上分别是“崇尚科学人文”和“创造卓越人生”；操场南侧主楼顶上是“有决心当第一，有志气创奇迹”。

（2）道路。每条道路都是以“清华路”“勤思路”等励志色彩的内容命名，每个路牌底下还有诸如“举一反三，行成于思”的名言警句；校园许多要道口立有宣传性的经典路牌，如“校园箴言”牌，上面的内容是“文明休息不奔跑，上下楼梯往右靠，教学区内不喊叫，遇到师长要问好”，把日常安全、礼仪通过耳濡目染的环境深入其心，比说教可能效果要好得多；“阳光学子，快乐成长”的路牌上书写的是“快乐地迎接清晨，清晰地确立目标，自信地进入课堂，科学地规划学习，愉悦地完成作业，乐观地对待考试，快乐地参加活动，积极地表达自己，平等地与人交往，幸福地享受进步”“龙岗教育十大行动”路牌上书写的内容是“建设校园文化，创造双高质量，早就综合素质，培养一流学力，建设校本课程，构筑理想课堂，建设高效德育，建设现代班级，搭造国际舞台，打造金牌服务”。

（3）其他。在小学部门口，有“童真童趣，七彩育英”“阳光教育放飞金色童年，成长快乐演绎爱的五彩”；在操场，院墙上部竖着“顺应天性、尊重个性、启蒙心性、三性并茂，阳光生命”“每天锻炼一小时，健康生活一辈子”；在大礼堂两边墙上，书写的是对应“慈而慧，温而厉，教而导，用赏识激活生命；勤以恒，细以慎，诚以敏，以呵护温暖教育”。类似的教育文化元素在食堂、在草坪、在学生宿舍随处可见。

值得一提的是，龙岗的校园文化用语，基本上都是原创的，极少是现成的名人名言。这些原创的教育用语，既贴近学校生活，又有远大的理想和教育元素，并且和学校的办学理念有机统一。可见，没有精心设计，没有一个整体的校园文化设计理念是很难做到的。

总之，走进龙岗学校，完全可以沉浸在文化的海洋里：建筑物、教室、操场、草坪、墙壁等物质；各项管理制度；师生的言行等都在有声无声地诠释着其教育理想，每一个场所、每一个人、每一株花草都赋予了教育文化，构成了一所百花齐放、生机盎然的文化生态花园。

（四）龙岗学校学校文化生态对区域教育生态环境的影响

目前断定龙岗学校是成功的教育改革还为时尚早，但可以肯定的是它是一种全新的基础教育办学模式，最起码在汉水流域是一种创举，一种比较成功的尝试。尽管此前汉中、安康等地市也有民办基础教育，但效果并不理想，许多学校已经举步维艰，这是 2008 年 4 月在龙岗学校召开的陕西省民办中小学现场会上大家的普遍反映，而龙岗学校却一枝独秀。龙岗学校比较成功的学校文化生态环境建设，对汉中乃至汉水上游地区教育文化生态环境已经并将持续产生影响。

1．对教育行政及其决策的影响

基础教育的改革一直是我国民众近10年来最不满意的问题，老百姓意见最大，也因此成为政府所关注的问题，甚至已经成为社会的民生问题。这个问题，对处于贫困地区的汉水流域各地显得更为突出，汉中也不例外。伴随的经济社会的发展，特别是城镇化的进一步实施，基础教育怎样发展，教育布局如何调整，教育质量如何提高，一直成为汉中市政府思考和研究的重点。2010年国家颁布的《国家中长期教育改革和发展计划纲要 2010—2020》提出，要“大力支持民办教育”“民办教育是教育事业发展的重要增长点和促进教育改革的重要力量。各级政府要把发展民办教育作为重要工作职责，鼓励出资、捐资办学，促进社会力量以独立举办、共同举办等多种形式兴办教育。完善独立学院管理和运行机制。支持民办学校创新体制机制和育人模式，提高质量，办出特色，办好一批高水平民办学校。”受龙岗学校办学的启示，2012年4月，汉中市市长指示，由分管教育副市长带领全市教育系统部分干部和校长对四川省绵阳市教育发展情况进行专题考察。返回后，市政府多次召开区域教育发展专题会议，部署汉中教育未来发展，做出大力发展民办教育，实行“政府主导，集团管理”的建设思路，鼓励教育集团的产生，以配合“经济强市”“文化名市”和“宜居城市”的城市发展战略。

2．对基础教育的影响

在龙岗学校建立之前，汉中的基础教育主体都是公办学校，人们对民办学校总体上是缺少信任的。2000年前后，也有几所民办中小学开办，但存续时间并不长，即是仍然存在的，也是苦苦支撑。和全国其他地区一样，“上学难、上优质学校更难”成为汉中市的一种普遍的教育生态。由于公办学校不愁生源，教师也是铁饭碗，公办学校之间、公办与民办之间没有竞争，加之国家教育改革滞后，引起部分老百姓的不满，优秀生源外流。2004年之后，龙岗学校开始筹办，2008年开始招生。当龙岗学校出现了一个一个办学奇迹时，公办学校开始“研究”和“反思”了，并产生了紧迫感和压力感：校领导们开始以“研讨”“考察”的名义审视龙岗学校，反思自己学校；甚至一些原本对自己学校发展漠不关心的普通教师，目睹了家长选择龙岗学校时的执着，领略了龙岗学校独特的校园文化，表示叹服；也有不少校长、教师放弃原来供职的学校、放弃铁饭碗加盟龙岗学校；还有学校的校长让教师通过各种隐秘途径调查龙岗学校和自己学校的差异，目的

是寻找差距；由政府、学校组织的到龙岗学校参观、研讨、现场培训等活动络绎不绝。

一个龙岗，搅动着原本铁板一块、活力不足的汉中基础教育，孕育着巨大的、深层次的教育革命，教育文化革命。

3．对区域高等教育的影响

在汉中，有陕西理工学院和汉中职业技术学院两所高校，都承担有教师培养和教育科研的任务。汉中市龙岗学校的办学理念和运作模式使他们耳目一新。2012 年，陕西理工学院率先与汉中市龙岗学校签署了战略合作框架协议：龙岗学校为陕西理工学院提供教学实习、教育科研基地等，陕西理工学院则为龙岗学校提供教育科研指导、教师培训、拔尖学生科技实践等。陕西理工学院组织中教法老师与龙岗学校各科教师建立长期的科研合作关系，高校教师的教育科研项目立项、科研成果也因此明显增多，实现了双赢，也改变了高校教师的科研状态。

4．对区域民众教育文化的影响

（1）老百姓对基础教育有了一种新的选择。义务教育、义务教育均衡发展并不排斥家长对学校的选择权。在欧美国家，为了更好地服务家长，更好体现义务教育的公平性，鼓励学校提高质量，政府将国家投入教育的经费以“教育券”的方式发给适龄儿童，家长可以用“教育券”抵消学费，民办和公办学校就在一个公平的竞争环境中。我国虽然还没有实行“教育券”，但应当通过竞争、通过赋予老百姓的选择权给公办学校以办学压力。

（2）学生家长教育子女的观念发生了改变。家长通过《龙岗教育报》中校长给家长的系列公开信、校园内的各种宣传标识牌、家长会、家长委员会等方式，学到了新的教育理念，掌握了对子女的科学教育与沟通方法，通过孝敬节、双节祝贺，体验到作为家长的幸福与责任，实现了学校教育文化与家庭教育文化的互动。

（3）对区域社会教育的影响。龙岗学校的拉练活动、学生的社会服务活动、各种才艺大赛等，龙岗学校学生都有出色表现，对提升汉中市的文化品位也有很重要的影响。

需要特别说明的是，由于汉中市龙岗学校虽地处汉中，但其生源却不至于汉中，川北、陇南、渝北、安康等地，也有许多家长把孩子送到龙岗读书，因此，其影响可能是整个汉水上游地区。

第四节 区域高等教育“引领”战略

对于地处西部地区山区县而言，其教育落后的的原因可能很多，其中，教育思想、教育动力、教师水平等等都可能是制约县域教育现代化进程的要素。然而，要改变这一不利的教育文化生态环境，区域内高等教育可以发挥潜在的引领激发作用。

一、地方高校对区域教育生态具有引领优化作用，可以促进区域教育现代化的发展

相对于基础教育而言，高等学校是直接为社会培养人才的，是与社会生产发展联系最为紧密的教育机构。现代大学都承担着教学、科研和社会服务的三大基本使命，地方高校则更加直接地为地方经济社会发展培养高级应用人才、承担具有区域特色的科学研究、为区域经济社会发展提供服务，已经成为推动区域经济发展的助推器。

关于大学与区域发展的关系始于 19 世纪中后期美国的“赠地学院”运动，从而引发了继教学、科研职能外的大学第三种职能——社会服务。关于高等教育与区域互动的理论研究，则在 20 世纪 30 年代后逐步系统化并形成不同流派，其共同点都承认：政府、企业与大学是知识经济社会内部创新制度环境的三大要素，是交叉影响的螺旋关系；决定区域竞争力的关键是科技竞争力和国民素质竞争力；高等教育对国民经济贡献越来越高，高等教育是提升区域竞争力的核心要素；经济欠发达地区如果能有效利用资源、创新、机遇、政策的话，有后发优势。近年我国学者也就高等教育，特别是地方高校与区域经济社会互动关系等进行了深入研究，提出一些理论模型[①]。正如美国加利福尼亚大学教授卡斯特斯 1992 年指出，如果说知识信息是新的世界中新的电流，那么，大学就是就是产生这种电流的发动机之一[②]，是区域经济社会社会发展的不竭动力。它一方面为更高一个层次的学习输送研究生层次的生源，也为更大范围的经济圈输送劳动者，同时更重要的是为区域经济社会能够输送服务于地方的各级各类应用型人才。

随着经济全球化和知识经济的发展，高等教育特别是地方高等院校已

① 阮星光. 高等教育与地方经济互动发展的理论研究及现状分析[J]. 市场周刊，2007（7）.

② 王晓华. 大学服务职能的拓展的世界性努力[J]. 比较教育研究，2002（1）.

成为促进区域经济持续、健康发展的基础和强大的推动力。战后西方新兴工业化国家的实践证明了这一点。改革开放以来，我国东南沿海地区的经济腾飞的事实也证明了这一点。纵观我国改革开放后近几十年的发展历程，可以发现，现代化发展速度快的省份，往往也是地方高等教育发展快的省份。教育对经济发展的巨大推动作用在这些地方得到明显地体现。因此，高等教育区域化是我国近十年来高等教育建设与发展的共识，“高等教育区域化表现为，一方面高等教育系统作为区域经济社会发展整体的有机组成部分，为区域的经济、社会等各方面发展服务；另一方面区域在享有高等教育所创造的各项智力成果的同时也要承担发展高等教育的责任，两者是相互促进，融为一体的”。[①]

二、地方高等学校应突出为县域教育现代化服务

（一）我国地方高校办学定位存在的问题

高等学校办学定位问题，是高校办学指导思想的核心体现，包括特定高校在某一教育系统中的定位、在一定区域的定位、以及人才培养目标的定位。对外而言，体现了它在社会系统中的位置，同时，也意味着它对社会所承担的责任和所扮演的角色；对内而言，体现了自己的办学思想和特色，是高等学校“角色”意识的集中体现。它是时代要求、国情、行（业）情、区域情和校情等因素综合分析的坐标定位。在我国，高等学校的“办学定位”存在许多先天不足：

一是按照政府意志办学，缺乏研究市场、研究自身的历史和现状，学校的办学定位是粗放由部分学校“精英”甚至领导定下来的。一般而言，高校在制定办学定位时，往往紧扣校名，而校名是由政府定的，是计划经济的延伸；同时制定办学定位的过程，缺乏认真的调查研究，科学性欠佳，缺乏严肃的“自知之明”。

二是缺乏个性和特色。在学校类型上笼统地把学校建设目标定位为“同类一流”，在人才培养上笼统的提出培养具有“创新”精神的高素质“高级专门人才”，至于在什么领域创新、什么素质才是高素质，是很少涉及的，其实是不清楚的；在学科定位上，只是几句“以学科建设为龙头”的口号。所以，不提定位还好像明白，一提，反而糊涂了。

① 耿涓涓．区域高等教育发展战略研究的产生及动向[J]．江苏高教，2001（4）：27-29.

三是盲目攀比。盲目地向综合大学看齐，向名牌大学看齐，许多高校提出把学校建成国内一流、国际知名的高校，其实，西北地区高校除极少数几所大学有这个可能外，大多数高校这种想法都是在说连自己都不相信的假话、空话和大话。再如专科学校挤升本科、本科则争取硕士授权，有硕士授权资格的高校则急着争取博士授权单位。却没有认真研究西北地区的区域经济文化特点，没有研究区域经济和社会发展所需要的人才和科学技术。

（二）处于西部地区的地方高校、特别是承担教师教育的地方高校，通过服务山区县教育彰显特色

我国的高等学校分布的特点是：大多数分布在省会及其以上城市，还有少部分分布在经济相对欠发达的省会以下城市，基本上每个地级市都有一所普通高等学校，且大多在 20 世纪 50 年代建校，承担由教师教育任务。处于西部地区山区县，大多数在本地区都有一所市辖区内、位于中心城市的高等学校，是激荡山区县教育生态环境的动力源，更加直接地为县域现代化服务，培养中小学教师。

在陕西省，陕西高校大多有 50 余年的建校历史。截止 2014 年初，陕西省共有高等学校 96 所，其中普通高等学校 80 所，另有独立学院 12 所。在 80 所普通高等学校中，有省属 26 所地方本科高校，其中师范类（含主要承担教师教育任务）的高校有 13 所，其中在非省会城市本科高校 9 所，他们办学条件艰苦，扎根西部，甚至西部的山区，比如陕西理工学院、安康学院、商洛学院等艰苦奋斗精神是他们共同的财富。而且，这些高校学生也都大多来自于西部农村，甚至贫困地区，能吃苦、求学愿望强烈，是他们共同的优秀品质。所以，几十年来，陕西高校为陕西培养了各条战线上的优秀毕业生，并且大多数在基层，其中主体在基础教育战线。

新时期，在西部地区山区县实施教育现代化的道路上，承担教师教育的地方高校的特色和大学功能的实现主战场就是为山区县教育现代化服务，优化区域教育生态环境，诸如根据教育部 2012 年颁布的《中小学教师教育标准》，为区域基础教育培养现代新型教师、为在职教师承担“国培”“省培”计划项目，与区域学校及教育管理部门联合开展区域教育现代化对策研究等，通过为山区县的教师队伍建设、教育信息化建设、联合教育科研等引领区域教育现代化。目前，地方高校针对山区县教育现代化可以开展以下服务项目：

（1）县域教育现代化发展战略策划咨询，包括县域教育现状调查、教育结构布局存在的潜在问题与对策研究、实用技术人才需求预测、教育特色和亮点的培育凝练、教育事业成就宣传策划、教育科研项目申报和研究过程指导等。

（2）教育现代化背景下县域教师专业能力发展培训与选拔，包括教师教育教学理念更新、教育技术能力培训和认证、基于新课改环境下的教师课堂教学能力培训、教师赛教设计策划、新教师选拔过程中教师教学能力评价、教师招教考试命题等。

（3）基于现代教育技术背景下的教育产品开发，包括基于校本特色需要的教育教学软件开发、校园网设计、教育局域网设计开发、教育教学资源管理、学校宣传专题片制作（撰稿、采编制）、校园电视台设计。

（4）面向各级各类学校的教育等服务，包括新办学校论证、学校发展定位和特色设计、学校管理问题和对策诊断、教师科研能力训练与指导、学校心理咨询员培训、学校心理咨询师建设、师生心理问题诊断与矫治。

三、地方政府要鼓励山区县政府与地方高校的互动机制

（一）思想上充分认识地方高校对本域教育现代化的作用

各地方政府从现代经济学角度理解地方高校对区域经济社会和谐、可持续发展的重大意义，认识到地方高校对区域经济社会生态的引领作用。特别是涉及实现山区县教育现代化各要素与地方高校的紧密关系，发挥其教育观念优势、教育资源优势、教育技术优势等，支持山区县教育现代化发展。

（二）搭建各类合作平台

加强区域政府行政部门之间的横向联系，建立完善高校与区域各学校、教育科研机构、教育产业等单位之间相互了解、密切合作的平台，为山区县教育发展战略、教育现代化监测、教育合作实体等提供多方共赢的平台。

（三）为地方高校提供帮助

提供力所能及的支持，积极参与、支持、协调高等教育的发展，而不是袖手旁观，更不能把高等学校当成摇钱树，利用属地管理权利“卡拿要”。应当树立“我受益，我关注、我支持”的主人翁态度。

参考文献

[1] 谈松华，王建. 教育现代化区域发展模式研究[M]. 北京：北京师范大学出版社，2011.

[2] 闵维方. 中国教育与人力资源发展报告（2005—2006）[M]. 北京：北京大学出版社，2006.

[3] 彭世华. 发展区域教育学[M]. 北京：教育科学出版社，2003.

[4] 黄家泉，等. 教育区域化发展研究[M]. 太原：山西人民出版社，2002.

[5] 殷陆君. 人的现代化[M]. 成都：四川人民出版社，1985.

[6] 顾明远. 教育：传统与变革[M]. 北京：人民教育出版社，2004.

[7] 叶澜. 教育概论[M]. 北京：人民教育出版社，1991.

[8] 叶澜，等. 教师角色与教师发展新探[M]. 北京：教育科学出版社，2001.

[9] 张振助. 高等教育与区域互动发展论[M]. 南宁：广西师范大学出版社，2004.

[10] 梁克荫. 西部大开发与建设陕西高教强省研究[M]. 北京：人民日报出版社，2006.

[11] 郑度. 中国西部地区 21 世纪区域可持续发展[M]. 武汉：湖北科技出版社，2001.

[12] [美]菲利普·G. 阿特巴赫. 比较高等教育：知识、大学与发展[M]. 人民教育出版社教育室，译. 北京：人民教育出版社，2001.

[13] [日]天野郁夫. 高等教育的日本模式[M]. 陈武元，译. 北京：教育科学出版社，2006.

[14] 李锐，等. 中国西部农村“教育反贫困”战略报告[M]. 北京：中国社会科学出版社，2006.

[15] 联合国教科文组织国际教育发展委员会. 学会生存[M]. 华东师范大学比较教育研究所，译. 北京：教育科学出版社，1996.

[16] 施晓光. 现代教育思想专题[M]. 北京：当代世界出版社，2001.

[17] 袁飞云. 深化地方高校教育改革，培养应用型技术人才[J]. 榆林学院学报，2007（5）.

[18] 吴昌南. 地方高校创新教育与研究型教学模式探讨[J]. 韶关学院学

报：社会科学，2006（2）.

[19] 王锋，颜弘. 地方院校产学研合作与人才培养模式创新研究[J]. 科技创业月刊，2007（3）.

[20] 武斌. 我们离现代化还有多远[M]. 北京：中国经济出版社，1999：271-272.

[21] 尹文博. 地方综合性大学多样化人才培养模式探析[J]. 青岛大学师范学院学报，2007（2）.

[22] 江潭瑜. 中外高校人才培养模式的比较与借鉴[J]. 特区实践与理论，2007（4）.

[23] 王善迈. 以制度规范保障财政教育投入[J]. 教育与经济，2012（3）.

[24] 陈赟. 1978 年以来我国教育投入研究[J]. 清华大学教育研究，2006（4）.

[25] 顾明远. 民族文化传统与教育的现代转化[J]. 杭州师范大学学报：社会科学版，2001（11）.

[26] 雷兵. 教育学的文化观[J]. 云南民族学院学报：哲学社会科学版，2002（5）.

[27] 顾明远，高益民. 现代化与中国文化传统教育[J]. 北京师范大学学报：人文社会科学版，1995（5）.

[28] 顾明远. 教育与需求——现代教育发展中的主要矛盾（上）[J]. 比较教育研究，1995（3）.

[29] 顾明远. 教育与需求——现代教育发展中的主要矛盾（下）[J]. 比较教育研究，1995（4）.

[30] 顾明远. 新的科技革命和教育的现代化[J]. 北京师范大学学报：人文社会科学版，1984（4）.

[31] 杨德广. 经济全球化与教育国际化[J]. 中国高教研究，2002（3）.

[32] 《上海高等教育现代化指标研究》课题组. 上海高等教育现代化框架及其指标的展望[J]. 教育发展研究，2007（2B）.

[33] 褚宏启. 构建教育现代化指标体系的思考[J]. 中国高等教育，2013（11）.

[34] 尹文耀. 中国教育现代化标准量化方法研究——以中国人口预期受教育年数现代化标准为例[J]. 人口研究，2004（6）.

[35] 谈松华，袁本涛. 教育现代化衡量指标问题的探讨[J]. 清华大学教育研究，2001（1）.

[36] 滕珺. 关于中国教育现代化的理论探索——顾明远的教育现代化思

想探析[J]. 教育研究，2008（28）.

[37] 董焱，王秀军，张珏. 教育现代化发展评价指标体系研究[J]. 教育发展研究，2012（21）.

[38] 徐玲. 国际教育指标体系的分析与思考[J]. 教育科学，2004（2）.

[39] 熊明，刘晖. 教育现代化指标体系理论研究综述[J]. 江西教育科研，2007（8）.

[40] 李建宁，潘苏东. 关于教育现代化指标体系设置的构想[J]. 现代大学教育，2004（1）.

[41] 杨明，欧自黎. 我们需要什么样的县域基础教育现代化[J]. 浙江外国语学院学报，2011（5）.

[42] 鲁洁. 论教育之适应与超越[J]. 教育研究，1996（2）.

[43] 何传启. 世界教育现代化的历史事实和理论假设[J]. 教育学术月刊，2013（8）.

[44] 顾明远. 论教育现代化的基本特征[J]. 教育研究，2012（9）.

[45] 朱旭东. 杰弗逊的现代化教育制度思想[J]. 比较教育研究，2000（增刊）.

[46] 褚宏启. 教育现代化的本质与评价——我们需要什么样的教育现代化[J]. 教育研究，2013（11）.

[47] 冯增俊. 试论我国教育现代化的基本任务及主要特征[J]. 中国教育学刊，1995（4）.

[48] 成媛. 西部地区教育现代化指标体系的构建[J]. 北方民族大学学报：哲学社会科学版，2010（6）.

[49] 杨晓宏，梁丽. 全面解读教育信息化[J]. 电化教育研究，2005（1）：27-33.